La Voile

pour les nuls

La Voile pour les nuls

J.J. Isler
Peter Isler

FIRST Editions

La Voile pour les Nuls
Titre de l'édition américaine : Sailing for Dummies

Publié par
Wiley Publishing, Inc.
111 River Street
Hoboken, NJ 07030 – 5774
USA

ISBN 978-2-7540-7424-7
Dépôt légal : 2e trimestre 2015

Traduction : Claude Raimond
Mise en page : Catherine Kédémos
Imprimé en Italie par La Tipografica Varese Srl, Varese

Éditions First, un département d'Édi8
12, avenue d'Italie
75013 Paris – France
Tél : 01 44 16 09 00
Fax : 01 44 16 09 01
e-mail : firstinfo@efirst.com
Site internet : www.pourlesnuls.fr

Préface

Il est 10 heures du matin, le 7 décembre de l'année 1984, l'air est rare, la chaleur épaisse. Un goéland perce les nuages et descend en flèche jusqu'à la mer. L'océan Atlantique défile comme un tapis roulant sous ses ailes. Les mouvements du grand bleu sont si rares qu'en s'y penchant il aperçoit son reflet dans l'étendue bleue métallique. La couleur du ciel se confond avec celle de la mer. La grand-voile de la goélette familiale pend comme un vieux drap. Le voilier est englué, pris au piège, spectateur comateux du volatile en chasse.

Nous sommes à quelques dizaines de miles des côtes, au beau milieu de l'Océan. J'ai 7 ans. Je suis dans le cockpit, assise derrière l'immense barre en bois, à me demander ce qu'il y a sous mes pieds. Cinq mille mètres, peut-être 9000, 11 000 mètres de profondeur quasiment inexplorés. On connaît mieux la surface de la Lune que le fond des océans !

Depuis toute jeune, j'ai respiré, arpenté, décodé dans ses moindres détails notre grand bleu, les trois quarts les plus mystérieux de notre planète. Ma place était plus en mer qu'à terre. J'ai toujours été fascinée par ces paysages à perte de vue, par cette sensation du sans frontière ni limite.

C'est l'excitation des nuits sans toit, sans superflu ni horaire. Un univers moins rassurant que ce que l'on connaît, moins domestique, moins raisonnable, moins confortable j'en conviens, mais c'est une immensité inhumaine qui vous fait frissonner de bonheur.

Toute mon enfance sur le bateau a été un fabuleux mélange d'autonomie, d'autarcie, de sobriété et de simplicité. C'était une vie sans téléphone, sans eau courante ni chauffage. La chasse sous-marine quotidienne nous nourrissait et les journées étaient rythmées par l'école par correspondance, les réparations à réaliser sur le bateau, la confection des vêtements et la découverte des îles. Mes deux frères et moi étions élevés sous le soleil, avec des poulpes et des langoustes dans nos assiettes. Formés à observer, respecter, protéger ce qui nous entourait, nous vivions simplement pour simplement continuer à vivre au cœur de cet environnement merveilleux.

En mer, on avance à tâtons, sans autre repère que le soleil au rythme duquel on cale son existence résumée à l'essentiel. C'est ainsi que j'ai choisi pendant plus de la moitié de ma vie d'arpenter ce monde sans frontière pour savourer, à m'en soûler, cette délicieuse quiétude de me sentir à la fois prisonnière et libre.

En 1955, le téméraire Hannes Lindemann, médecin allemand, partit en kayak pour une traversée de l'Atlantique dans le but de comprendre comment le corps et l'esprit répondent au stress. Une expérience de près de 72 jours en solitaire, sur une embarcation où n'existe aucun habitacle étanche pour se mettre à l'abri des tempêtes. Pour l'époque, tout cela me semblait impensable !

Ces hommes qui ont ouvert la voie, ces vaillants marins qui sont partis vers l'inconnu à tâtons, sans équipement de qualité ni matériel de sécurité, ont bercé mon enfance. Du haut du hamac tendu entre les deux mâts du bateau, je me suis imaginée en Bernard Moitessier, Peter Blake, Alain Bombard, Jacques-Yves Cousteau… Je les ai tous aimés, tous m'ont donné cette envie, ce courage d'aller au bout de mes rêves.

En plongeant dans cet ouvrage, vous allez naviguer vers un monde sauvage, exhausteur d'émotions : un univers fascinant où l'on retrouve doucement notre place.

Quelle que soit notre époque ou les raisons pour lesquelles nous avons décidé d'embarquer, nous sommes tous en mer citoyens d'un pays libre, infini, un pays où les lois des hommes n'ont plus d'importance, un pays hors du temps, qui me paraît si idéalement construit que rien ne semble pouvoir y mourir.

C'est peut-être cela, être libre ? Cette fameuse liberté que nous n'avons de cesse de rechercher.

Et si ce livre devenait votre compagnon idéal pour y arriver sereinement ?

Larguez les amarres ! Embarquez dans cet indispensable manuel du parfait « navigateur » et apprenez l'essentiel pour partir en mer en toute sécurité.

« Une main pour soi, et ensuite seulement une main pour le bateau ! », c'est le seul conseil que je me permettrai de vous donner. Tout le reste, vous le trouverez au fil de ces pages qui est une main généreusement tendue à tous ceux qui « aimeraient » mais n'osent pas.

Ayons l'audace de nous défaire de nos habitudes qui collent, s'accrochent, s'attachent comme la terre meuble aux semelles des bottes du laboureur.

Échappons-nous avant qu'il ne soit trop tard, avant d'être trop imprégnés pour réagir.

Bernard Moitessier est reparti pour un second tour du monde afin d'y « sauver son âme ». Partons à notre tour pour y rêver d'un autre possible.

Maud Fontenoy

Sommaire

Cinquième partie : Considérations particulières 361

Introduction

Il n'y a rien – absolument rien – d'aussi intéressant que de s'activer de droite et de gauche sur un bateau.

– Le rat d'eau à la taupe, Kenneth Grahame, *Le vent dans les saules*

Au cours de l'histoire des hommes, les océans ont été les autoroutes permettant les échanges et l'évolution des civilisations. La navigation à voile a joué un rôle majeur dans la croissance et le développement du monde tel que nous le connaissons. En quittant la côte, il est facile de se sentir relié à ces anciens marins partis à la découverte de terres inconnues. En cinglant sur les eaux, vous maîtrisez les mêmes forces de la nature qui propulsaient les embarcations des premiers explorateurs.

Certains pensent que les humains sont attirés par la mer parce que les trois quarts de notre planète sont recouverts d'eau. Les générations précédentes ont perçu l'appel du vent et des vagues, leur offrant la perspective de possibilités mystérieuses – l'aventure et la sérénité. Même dans notre monde épris de vitesse et de haute technologie, les enquêtes d'opinion placent la voile parmi nos activités les plus désirables.

Cette attirance de la voile n'est pas une vaine promesse. Plus vous avancez dans ce sport, plus vous y découvrez de sensations et de joies nouvelles. Où que vous alliez sur l'eau, la voile vous emporte au loin. Vous sentez partir les tensions de la vie de tous les jours à mesure que le rivage s'éloigne et rapetisse.

Qu'est-ce qui peut bien conférer à la voile ses vertus enchanteresses ? Le rat d'eau détenait certainement l'une des pièces du puzzle. S'activer de droite et de gauche sur un bateau – n'importe quel type de bateau – est une merveilleuse distraction. Il est fascinant d'observer l'effet magique du vent sur les voiles. Echapper aux soucis et aux pressions de la vie quotidienne, porté par une embarcation guidée par les seules forces de la nature... il serait insensé de renoncer à une telle possibilité.

En tout cas, nous ne pensons pas que la voile soit une occupation déraisonnable. Dans notre cas, le sport vélique a enrichi nos vies de joies immenses. En croisière, nous avons exploré les parties du monde les plus lointaines et les plus belles. Les courses sur voilier nous ont permis de relever les défis de la compétition internationale, et de nouer des relations d'amitié dans le monde entier.

La voile donne à votre imagination la possibilité d'entrevoir des endroits où n'êtes encore jamais allé, et des expériences encore inédites. Et quelle que soit l'expérience acquise et la quantité d'eau qui soit passé sous votre quille, la voile aura toujours davantage à vous offrir. Ce sport est si vaste que nul ne saurait en vivre tous les aspects au cours d'une seul existence.

Mais assez de généralités. Après tout, vous n'auriez pas choisi ce livre si vous n'étiez pas déjà pour le moins intrigué par les charmes de la voile.

À propos de ce livre

Dans cet ouvrage, vous trouverez toutes les informations indispensables à la navigation à voile. C'est à la fois un livre d'apprentissage, un manuel de l'utilisateur, et un ouvrage de référence. Nous commençons par les savoir-faire basiques de la voile, puis nous passons à des sujets plus avancés, pour le moment où vous élargirez votre horizon à des activités telles que la location d'un bateau et la croisière. Nous vous présenterons même nos destinations de croisière favorites. Vous pourrez vous entraîner à faire des noeuds, et nous vous dirons ce que vous devez porter sur un bateau. (Vous pouvez vous dispenser du blazer bleu marine, mais les chaussures à semelle souple sont indispensables.) Vous découvrirez la façon de manoeuvrer une planche à voile et un catamaran, et vous apprendrez à distinguer une goélette d'un yawl, et à trouver le bateau qui convient à vos besoins. Vous découvrirez même les bases des courses à la voile. Nous traitons de tout ce que vous avez besoin de savoir pour être en sécurité sur l'eau, et nous rendons ce processus facile et agréable !

Organisation du livre

Contrairement à un roman, ce livre n'est pas conçu pour être lu de la première à la dernière page. Selon votre degré de connaissance de la voile, vous pouvez commencer à lire le Chapitre 1, ou le Chapitre 5, ou le Chapitre 15 – c'est à vous de choisir. Si un chapitre mentionne un point important, traité plus à fond à un autre endroit, nous vous indiquons où regarder.

Première partie : mouillez-vous les pieds

Les trois chapitres de cette partie visent à rendre vos premières expériences sur l'eau agréables et attrayantes, même si vous n'avez encore jamais mis les pieds sur un voilier.

Le Chapitre 1 examine les éléments communs à tous les voiliers, présente les différents types de voilier, et explique la façon dont les bateaux à voile utilisent le vent pour se déplacer. Le Chapitre 2 traite des endroits où vous pouvez vous rendre pour apprendre la voile. Et dans la perspective de votre premier jour sur l'eau, le Chapitre 3 répond à l'inévitable question, « que dois-je mettre ? ».

Seconde partie : prêt à larguer les amarres – les bases de la voile

Cette partie contient la substantifique moelle destiné au nouveau marin. Au Chapitre 4, vous montez à bord d'un bateau pour en préparer les voiles et l'équipement. Le Chapitre 5 est consacré au rite de l'initiation – les principes de la voile : comment faire aller votre bateau du point A au point B (et vice versa). Le Chapitre 6 en termine avec les bases, en vous montrant comment vous comporter sur un bateau et comment manipuler son équipement. Ce chapitre traite aussi du départ depuis le quai ou depuis un mouillage, ainsi que de la manière de mettre votre bateau à l'eau depuis une remorque, un plan incliné, ou une plage.

Au Chapitre 7, nous parlons de la sécurité, parce que vous devez absolument être préparé aux dangers lorsque vous êtes sur l'eau. Nous vous montrons les endroits les plus sûrs pour profiter agréablement de votre sortie, comment repêcher un homme à la mer, et comment repartir si votre bateau chavire. Ce chapitre traite aussi des équipements de sécurité que vous devez emporter sur le bateau, et comporte un examen des options en matière de gilet de sauvetage.

Troisième partie : mettre à la voile – application des techniques

Cette partie s'adresse surtout aux marins des niveaux moyen et avancé, ayant au moins l'expérience d'une bonne saison de voile. Le Chapitre 8 fournit un grand nombre de conseils pour naviguer plus vite, et vous initie aux subtilités du réglage de la forme des voiles. Ce chapitre vous montre aussi comment utiliser un spinnaker – cette voile colorée dont le nom abrégé est spi, et qui permet de naviguer très vite au vent arrière.

Le Chapitre 9 traite du mouillage et des techniques avancées d'amarrage – dont vous avez besoin après avoir acquis les connaissances qui vous permettent de vous aventurer plus loin en mer. Le Chapitre 10 plaira beaucoup à l'ensemble de ceux qui s'intéressent au temps (et dont d'ailleurs, nous autres marins, nous faisons tous partie). Il vous aide à déterminer si ces nuages sombres à l'horizon vont bientôt vous couvrir de pluie. Et le Chapitre 11 porte sur la navigation : comment lire des cartes, noter votre route, utiliser un compas, et trouver votre position en mer (faute de pouvoir vous arrêter à la prochaine station service pour demander votre chemin).

Quatrième partie : partir en mer pour un an et un jour – situations spéciales

Les deux premiers chapitres de cette partie visent à servir de référence. Le Chapitre 12 vous montre comment vous préparer aux tempêtes et ce que vous devez faire si vous êtes surpris par des vents violents. Le Chapitre 13, dont le numéro est approprié, vous montre ce qu'il faut faire un jour de malchance : celui où vous échouez votre bateau, où vous cassez quelque chose, ou celui où vous devez abandonner le bateau.

Le Chapitre 14 revient à un sujet plus serein : comment naviguer sur une planche à voile – une de ces planches de surf équipées de voile que nous adorons, et que vous avez toujours eu envie d'essayer. Le Chapitre 15 s'adresse aux marins des niveaux intermédiaire et avancé et montre comment utiliser un trapèze pour planer sur les vagues avec un voilier. Ce chapitre vous initie également à l'utilisation d'un catamaran – l'un de ces bateaux rapides à deux coques. Le Chapitre 16 vous fait faire connaissance avec notre domaine préféré, celui de la voile de compétition.

Cinquième partie : considérations spéciales

Vous voici désormais séduit par ce sport, et nous sommes sûrs que vous rêvez jour et nuit d'aventures et de voile. C'est cette partie qui vous aidera à réaliser ces rêves.

Le Chapitre 17 vous présente le vaste monde de la location de voiliers, et de la croisière. Des bateaux sont à louer à des prix abordables dans les endroits exotiques du monde entier. Le Chapitre 18 vous aide à apprécier la voile en compagnie d'enfants, parce que vous partirez en mer plus souvent si vos enfants aiment eux aussi ce sport. Au niveau du Chapitre 19, nous vous pensons suffisamment atteint par la contagion de la voile pour être initié aux bases de l'entretien – qui vous permettront de maintenir votre bateau en bon état.

Et si après avoir goûté les charmes de la croisière en location, vous aimez la voile autant que nous, nous supposons que vous ne résisterez pas à l'envie d'acheter le bateau de vos rêves. Le Chapitre 20 énumère les questions à poser pour trouver le bateau qui vous convient.

Sixième partie : la partie des Dix

Les informations regroupées dans cette sixième partie satisferont votre curiosité grâce à des informations rapides et précises sur les trucs à connaître avant d'acheter un bateau et les nœuds indispensables que tout voileux doit savoir faire. Des annexes concernant les secours en mer, les associations de voile dans le monde, ainsi qu'un glossaire, achèveront cet ouvrage.

Icônes utilisées dans l'ouvrage

Vous avez peut-être remarqué des icônes dans les marges du livre. Elles ne servent pas seulement à rompre la monotonie des pages blanches ; elles vous disent aussi quelque chose sur le paragraphe qui suit chacune d'elles.

Ce symbole vous aide à éviter les erreurs les plus courantes tant que vous en êtes au début. Au cours des chapitres ultérieurs, le même symbole de mise en garde vous signale des dangers potentiels. En tant que marins, nous devons tous avoir un respect salutaire pour la puissance du vent et de la mer.

Nous habitons à San Diego, en Californie du sud, mais une bonne partie de nos navigations préférées ont eu lieu à des milliers de milles nautiques de cet endroit. La version française de l'ouvrage tient compte des us et coutumes des marins européens. Lorsque nous mentionnons des points présentant un intérêt particulier pour ceux qui naviguent dans d'autres parties du monde que les États-Unis ou l'Europe, vous apercevrez ce symbole.

Nos nombreuses années de voiles nous ont apporté de merveilleux souvenirs et des histoires inédites. Cette icône annonce une histoire tirée des expériences personnelles de JJ.

Peter a lui aussi quelques histoires à raconter, et nous utilisons cette icône pour les signaler.

Peut-être rirez-vous du nombre incroyable de termes étranges utilisés par les marins. Les conversations entendues sur un quai de bateaux semblent parfois être tenues dans une langue étrangère. Heureusement, vous n'êtes pas obligé de connaître la totalité de ce langage pour vous mettre à faire de la voile ; disons pourtant que maint « véritable » yachtsman serait choqué de nous entendre dire une chose pareille. Cette icône signale l'utilisation de termes spécifiques de la voile.

La navigation à voile est riche pas son langage mais aussi par son histoire. Cette icône signale des extraits du passé mémorable de ce sport.

Nous essayons d'éviter les redites dans cet ouvrage, et c'est pourquoi nous utilisons cette icône pour vous signaler des informations que nous voulons pas vous laisser oublier.

Cette icône, dont la forme rappelle les gilets de sauvetage décrits au Chapitre 7, signale les conseils qui visent à votre sécurité, ainsi qu'à celle de ceux qui vous accompagnent.

Sur un voilier, parce que vous laissez le vent faire le travail, la méthode facile est la bonne méthode. Ces conseils vous aident à trouver la méthode facile.

Cette icône signale les passages spécifiques de la navigation dans les eaux américaines, sans intérêt immédiat pour la plupart des lecteurs de la version française. Il s'agit par exemple de règles imposées par les autorités compétentes, en matière d'équipement de sécurité, de documents nautiques obligatoires, etc. Ces informations figurent dans la version française à l'attention de lecteurs francophone résidant outre-Atlantique ou prévoyant d'y naviguer, et sont régulièrement précédées ou suivies d'informations de même nature sur la navigation à la voile dans les eaux européennes. Les passages correspondants de l'édition française sont généralement basés sur le « Nouveau cours des Glénans », Novembre 1997, Editions du Seuil, référence reconnue par tous les adeptes français du sport de la voile.

La terminologie dans la version française

La collection... *pour les nuls* met des sujets ardus à la portée de lecteurs non avertis, de manière distrayante. Elle se doit donc de ne pas abuser de la terminologie technique. C'est notamment le cas pour l'informatique, dont le vocabulaire foisonnant a surgi en quelques décennies et continue de se développer de manière explosive dans toutes les langues, tout en collant étroitement au modèle américain.

Par contraste, le vocabulaire marin prend ses sources dans tous les pays du monde, et a lentement évolué au cours des siècles. Et si dans le passé Français et Anglais se sont maintes fois rencontrés sur l'eau, ce n'était pas pour échanger des propos. Leurs façons respectives de percevoir les mouvements du bateau par rapport au vent, les manoeuvres en mer, au mouillage, etc. sont souvent différentes, et les descriptions utilisent alors non seulement d'autres mots, mais aussi se placent sous un autre angle. De ce fait, les passages de l'ouvrage centrés sur la terminologie, et signalés par une icône ou placés dans des encadrés, n'ont souvent qu'un lointain rapport avec les passages homologues de l'ouvrage américain.

Comme tous les livres... *pour les nuls*, *La Voile pour les nuls* a un grand souci d'efficacité. Mais sur un bateau, l'efficacité c'est d'abord la sécurité, impliquant une communication précise, rapide et sûre, car tout malentendu, toute réaction tardive, peuvent mettre des vies en danger. C'est pourquoi la version française fait un usage assez intensif des mots et des modes d'expression des marins français, mais en les expliquant (en français « ordinaire ») à la première utilisation et lors des quelques utilisations suivantes, pour exclure tout malentendu. Dans le même esprit, la préparation du glossaire et de l'index a fait l'objet d'un soin particulier.

Votre prochaine escale

Comme nous l'avons déjà dit, c'est à vous qu'il appartient de choisir votre point de départ. Si l'univers de la voile est entièrement nouveau pour vous, tournez simplement cette page et commencez par le Chapitre 1. Si vous êtes déjà familiarisé avec le sujet, parcourez la table des matières et choisissez un chapitre qui vous intéresse.

Mais commencez quelque part. Plus vite vous commencerez, plus tôt nous pourrons vous faire partager notre passion de la voile. Ce sport nous a apporté à l'un et à l'autre des moments inoubliables et nous a permis de rencontrer des gens merveilleux. Qui sait ? Peut-être aurons-nous même la chance de vous rencontrer un jour au cours de l'un de nos futurs voyages.

Première partie

Mouillez-vous les pieds

« Alors, comment un type du désert comme toi a-t-il pu s'intéresser à la navigation en mer ? »

Dans cette partie...

Certaines personnes s'imaginent les plaisanciers comme des personnes immensément riches et snobs, passant leurs journées au yacht club à siroter des gins and tonic, portant des blazers bleu marine, et parlant sans bouger les mâchoires. Si cette vision intimidante vous a empêché de commencer à faire de la voile, cette partie est pour vous. Nous vous y présentons un voilier de la manière la plus formelle, puis nous vous montrons où vous pouvez prendre des leçons de voile – données par des gens comme les autres à des gens comme les autres. Nous dissipons également ces mythes du blazer bleu marine et nous répondons à cette question incroyablement importante que l'espèce humaine se pose chaque matin – que faut-il porter ?

Chapitre 1

Examen d'un voilier de base

Dans ce chapitre :

- Revue des différentes parties d'un voilier de base
- La façon dont marche un voilier
- Les différentes types de voiliers

Ce qui contribue le plus à la beauté d'un yacht, c'est que rien n'y figure dans un but esthétique.

– John MacGregor

Avez-vous jamais écouté la conversation de deux marins entre eux ? La voile comporte tellement de termes spécifiques que les marins peuvent donner l'impression qu'ils parlent une langue étrangère. Mais que cela ne vous rebute pas. Le langage de la voile dérive d'une tradition à la fois lointaine et riche. En vous familiarisant avec le maniement d'un voilier, vous connaîtrez de mieux en mieux ce langage, et vous ferez vous-même partie de cette tradition.

Votre ignorance de la terminologie ne doit pas ralentir vos progrès, mais vous devez cependant vous familiariser avec les termes de la voile, et notamment avec certains mots qui ont plus d'importance que d'autres. Si par exemple vous naviguez avec quelqu'un qui fait les gros yeux lorsque vous parlez du « devant » du bateau au lieu de dire « l'étrave », et bien, allez naviguer avec quelqu'un d'autre. En revanche, lorsque le barreur prévoit une manoeuvre requérant un effort coordonné de l'équipage, l'utilisation des termes exacts et leur compréhension est indispensable pour que toute personne à bord comprenne ce qui se passe, et sache ce qu'elle doit faire.

Dans cet ouvrage, nous essayons de ne pas abuser du jargon de la voile, mais malgré nos efforts, nous sommes bien obligés de l'employer dans la section suivante, « Description d'un voilier ». Mais ne vous inquiétez pas. Ce livre ne fait par partie de ces descriptions de mission ultra secrètes du genre *Mission : impossible* qui s'autodétruisent à la suite d'une première lecture.

Vous pourrez toujours revenir à ce chapitre pour rafraîchir vos connaissances sur la terminologie – et vous pourrez aussi vous reporter au glossaire.

La terminologie n'est pas l'unique sujet de ce chapitre. Tout le monde aime connaître le *pourquoi* et le *comment* – pourquoi un voilier flotte-t-il, et comment puis-je savoir que cette chose ne va pas se renverser ? Ce chapitre traite du *pourquoi* et du *comment* de la voile et explique comment le bateau et les voiles coopèrent pour vous maintenir à la surface et vous faire avancer.

Description d'un voilier

Il existe toutes sortes de dimensions, de formes et de types de voiliers, mais toutes les embarcations à voile, grandes ou petites, ont des traits communs, et notamment les cinq caractéristiques mentionnées dans les sections suivantes.

Tous les voiliers ont une coque

La *coque* est la partie flottante (espérons-le) d'un bateau, et elle peut être réalisée dans une grande variété de matériaux, y compris le bois, la fibre de verre, le métal, le plastique – même le ciment ! La coque peut être aussi petite qu'une planche de surf, ou avoir plus de 30 mètres de long. Certains bateaux, appelés *multicoques*, ont (devinez quoi ?) plusieurs coques.

Tous les voiliers ont un mât

Le *mât* est le poteau vertical qui supporte les voiles. Les mâts sont dans un matériau robuste et léger tel que le bois ou l'aluminium. Sur les bateaux relativement grands, le mât est supporté par un ensemble de câbles faisant partie de ce qu'on appelle le *gréement dormant*. Certains bateaux on plusieurs mâts, leur permettant de supporter de nombreuses voiles. (Nous avons tous vu des gravures représentant des navires de ce type dans nos livres d'histoire.) On peut classer les voiliers en fonction du nombre et de la position de leurs mâts. En fin de chapitre, vous pouvez voir de nombreux types de voiliers.

Tous les voiliers ont des voiles

Le mât et le gréement dormant supportent le troisième élément commun des voiliers – les *voiles*. Une voile est simplement un immense morceau de tissu qui attrape le vent et vous permet d'utiliser sa force pour faire avancer le bateau. La *grand-voile* est fixée le long de la partie arrière du mât le plus haut. Certains bateau ont simplement la grand-voile, tandis que d'autres ont aussi une *voile d'avant*. La voile d'avant est fixée devant le mât. La voile d'avant la plus courante est le *foc*. Il existe de grands focs pouvant s'étendre jusque en arrière du mât, et que l'on appelle *génois*.

De nombreux marins modernes sont pointilleux au sujet de l'utilisation du terme *génois* au lieu de celui du mot *foc*. Pour être tout à fait exact, il est correct d'appeler un génois un « foc », mais appeler « génois » un petit foc (un foc qui ne va pas plus loin que le mât) est incorrect. Appelez-les tous des focs pour plus de sûreté.

Pourquoi les bateaux flottent-ils ?

Tout objet moins dense qu'un fluide dans lequel il repose flotte. La *densité* exprime la masse par unité de volume. La densité de l'eau douce est de 1 gramme par centimètre cube. La densité de l'eau salée est plus élevée, d'environ 1,03 grammes par centimètre cube, de sorte qu'un objet relativement lourd peut mieux flotter dans l'eau salée que dans l'eau douce. Dans l'eau salée, un bateau flotte à condition que sa densité soit inférieure à 1,03 grammes par centimètre cube, en tenant compte de tout ce qu'il y a à bord : le mât, les voiles, et les gens. Si par exemple la densité est de 0,5015 grammes par centimètre cube, le bateau flottera en ayant une moitié immergée et l'autre moitié hors de l'eau.

Le poids d'un bateau s'appelle le *déplacement* parce que le bateau déplace (ou repousse) un volume d'eau égal à son poids. Un objet ayant un déplacement très faible, tel une planche de surf, repose à la surface de l'eau comme une feuille. Un bateau ayant un déplacement plus important s'enfonce plus profondément dans l'eau, déplaçant davantage d'eau.

Les bateaux peuvent être construits à partir de matériaux qui ne flottent pas, comme l'aluminium, l'acier, la fibre de verre, et même le béton, pourvu qu'ils soient conçus avec un volume suffisant pour que leur densité totale soit inférieure à celle de l'eau. Une boîte vide en aluminium flotte, mais cette même boîte coule si vous l'aplatissez et réduisez ainsi son volume. (Ne faites surtout pas cette expérience sur l'eau, elle contribuerait à la pollution.)

Toutes les voiles ne sont pas égales entre elles. Les bateaux de compétition de haute technologie ont des voiles en matériaux exotiques, légers, néanmoins solides, tels que le Kevlar (la matière dont sont faits les gilets pare-balles). Lors de la course de la coupe de l'America de 1988, j'étais à bord du *Stars & Stripes*, un catamaran de 20 mètres. Au lieu de voiles « soft », ce bateau avait une « aile dure » – très semblable à une aile de Boeing 737. Construite à parti de fibres de carbone et d'autres matériaux très solides et légers, cette aile dure était en réalité un mât et une voile d'un seul tenant. Grâce à sa forme d'aile en trois dimensions, elle était extrêmement rapide – et nous avons remporté la coupe ! Mais à la suite de chaque jour de voile, le bateau devait être soigneusement couché sur le côté (au moyen d'un énorme engin hydraulique) derrière un mur, pour protéger la voile contre toute action du vent. Comme une aile dure ne peut pas être abaissée et repliée après une journée de voile en mer, ce type de voile n'est pas très pratique pour qui navigue tous les jours.

Vous pouvez utiliser de nombreux types de voiles spéciales pour faire aller un bateau le plus vite possible à différents angles par rapport au vent. La voile spéciale la plus courante est le *spinnaker*, ou *spi* – une grande voile colorée en forme de parachute, utilisée pour naviguer *au portant* (en allant dans le sens du vent). Vous trouverez davantage d'explications sur les voiles au Chapitre 8.

Comme vous vous en doutez, chaque partie d'une voile comporte également un nom. Nous avons mentionné un grand nombre de ces termes sur les Figures 1.1 et 1.2.

- **Point de drisse** : le coin supérieur d'une voile triangulaire
- **Point d'amure** : le coin inférieur et en avant d'une voile
- **Point d'écoute** : le coin inférieur et en arrière d'une voile
- **Bordure** : le bord inférieur d'une voile
- **Chute** : le bord arrière d'une voile
- **Guindant** : le bord avant d'une voile
- **Lattes** : des baguettes rigides insérées dans des poches (appelées goussets) le long de la chute d'une voile pour contribuer à maintenir sa forme

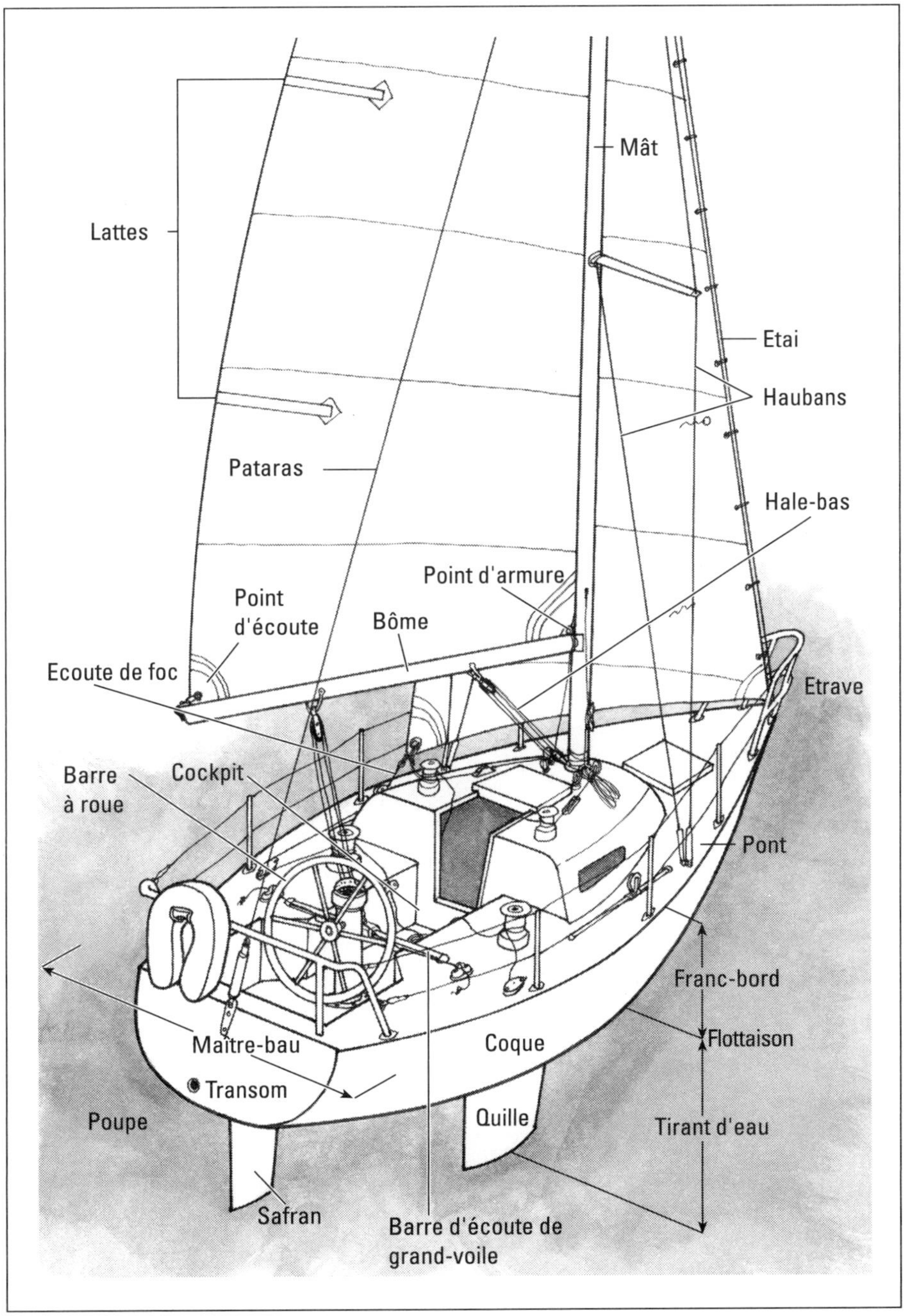

Figure 1.1 : Les différentes parties d'un voilier à quille (dit quillard).

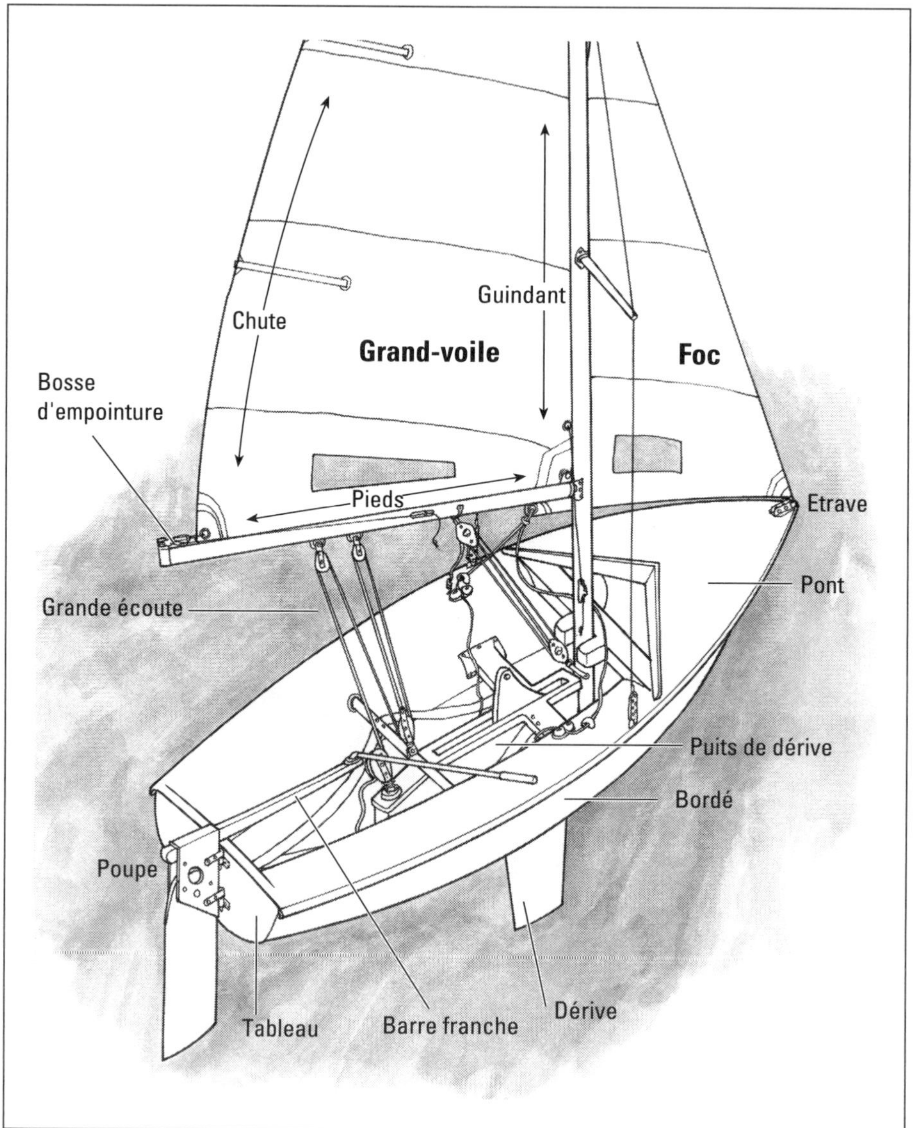

Figure 1.2 : Les différentes parties d'un dériveur.

Tous les voiliers ont plein de cordages

Lorsqu'un voilier est *armé* (préparé et prêt à partir à la voile), tous les cordages utilisés pour hisser et ajuster les voiles peuvent ressembler à des spaghettis. Ils font tous partie du *gréement courant* du bateau. Même le plus simple des voiliers, une planche à voile, comporte plusieurs cordages, et chacun d'eux a son nom particulier. Pour compliquer un peu plus les choses, un cordage, sur un bateau, est « convenablement » appelé un *bout* (prononcé boutte). Dans les débuts, il est cependant plus important de comprendre ce que font les bouts que de se préoccuper de leurs noms.

Pour les curieux, voici les noms de nombreux bouts et autres équipements servant à manoeuvrer les voiles, et que pour cette raison on appelle aussi manoeuvres courantes, ou tout simplement manoeuvres. La plupart sont indiqués sur les Figures 1.1 et 1.2.

- **Ecoute** : la manoeuvre principale servant à régler l'angle que fait la voile avec la direction du vent, et dont le nom précise la voile ainsi réglée (par exemple, *grande écoute* pour l'écoute de grand-voile, ou *écoute de foc*)
- **Drisse** : une manoeuvre (un bout) située le long du mât et servant à hisser les voiles
- **Poulie** : même terme que celui utilisé par les terriens. De nombreuses manoeuvres circulent à travers des poulies ; une drisse passe par une poulie située en haut du mât, une grande écoute passe le plus souvent par un palan (comportant plusieurs brins et une ou plusieurs poulies), etc.
- **Taquet, ou coinceur** : dispositif servant à coincer un bout pour qu'il ne glisse pas. Il existe différents types de taquet
- **Cunningham** : l'oeillet de Cunningham, situé près du point d'amure d'une voile, permet d'ajuster la tension du guindant de la voile. (Augmenter la tension d'une voile ou d'une manoeuvre se dit étarquer, et cette action s'appelle l'étarquage.)
- **Bosse d'empointure (ou bosse d'écoute)** : manoeuvre (montée sur la bôme) et servant à étarquer la bordure de la grand-voile
- **Barre d'écoute** : rail perpendiculaire à l'axe du bateau, permettant de placer le point d'attache principal – dit *point de tire* – de la grande écoute à différents emplacements de part et d'autre de l'axe du bateau, pour agir sur la forme de la voile
- **Hale-bas** : manoeuvre à base de palan, reliant la bôme au pied du mât et servant à étarquer la chute de la grand-voile

Ne vous croyez pas obligé de mémoriser tous ces termes avant de mettre les pieds sur un voilier. Contentez-vous de les regarder, enduisez-vous d'écran solaire, et partez faire de la voile.

Tous les voiliers ont des nageoires immergées

Au-dessous de l'arrière de la plupart des voiliers, on trouve une sorte de nageoire mobile appelée *safran*. Le safran fait partie du système servant à diriger le bateau. Sous le milieu de la coque se trouve une seconde nageoire, plus grande. Son but principal est d'empêcher le bateau de glisser latéralement (de dériver) lorsque le vent souffle de côté (voir « Comment marchent les voiliers », plus loin dans ce chapitre). Cette nageoire est appelée *quille* ou *dérive*, selon le type de voilier. Si elle est fixe (non relevable) c'est une quille. Si la nageoire est rétractable, c'est une dérive.

Les voiliers pourvus d'une quille sont appelés *quillards*. La Figure 1.3 présente deux quillards. Celui de droite est classique. Celui qui comporte trois nageoires dispose sous sa coque d'un système révolutionnaire appelé CBTF (*canting ballast twin foil – lest de redressement avec deux foils*). Grâce au *lest* (poids) de leur quille (souvent en plomb), les quillards résistent aux forces du vent qui font *gîter* le bateau, c'est-à-dire qui le font s'incliner sur le côté (l'action ou la position correspondante s'appelle la *gîte*). Les plus petits quillards sont les modèles réduits de voiliers, mais les quillards accueillant des passagers humains ont habituellement plus de 6 mètres de long.

Figure 1.3 : Les quilles et les safrans peuvent avoir des formes variées.

PETER RACONTE

En 1983, un équipage australien a marqué l'histoire du sport nautique en gagnant la Coupe de l'America, objet de grandes convoitises. Leur victoire privait les Etats-Unis de la coupe pour la première fois en 132 ans – la plus longue série de victoires dans l'histoire du sport. Les Australiens ont dû leur succès à une excellente équipe, un bateau rapide, et une quille secrète, qu'ils ont réussi à cacher au reste du monde jusque après la course. Lorsqu'ils ont révélé les dessous de leur bateau au cours de la célébration de la victoire, le monde de la voile a eu la surprise de découvrir des ailerons à l'extrémité de la quille. Cette technologie des ailerons est aussi utilisée dans d'autres domaines

– si vous observez les avions à réaction d'aujourd'hui, vous verrez que certains comportent des ailerons à l'extrémité de leurs ailes.

Un bateau équipé d'une dérive est appelé *dériveur*. On parle de *dérive latérale*, de *dérive pivotante*, ou de *dérive sabre*, selon sa position et son mouvement (voir Figure 1.4). Lorsqu'elle est rétractée, la dérive est placée dans un *puits de dérive*.

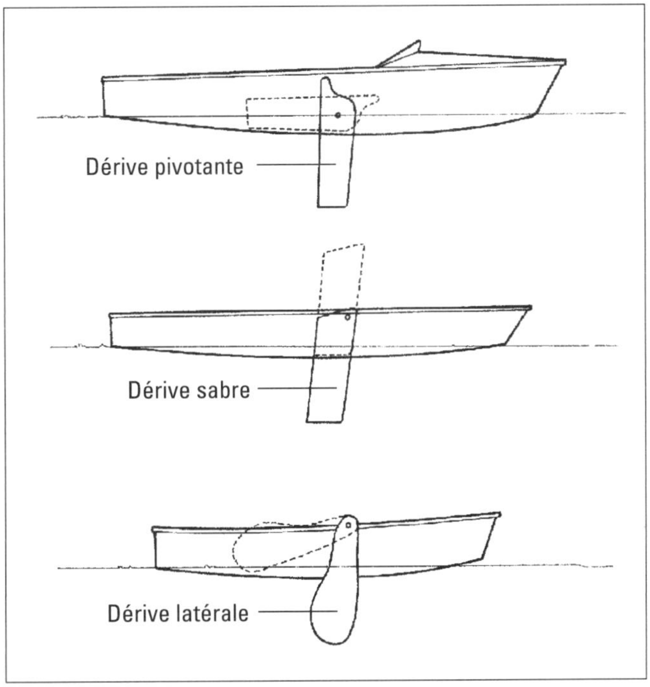

Figure 1.4 : dériveurs équipés d'une dérive, d'une dérive sabre, et d'une dérive pivotante.

Comme aucun des types de dérive n'a un poids approchant celui d'une quille, le marin sur dériveur doit se déplacer d'un bord à l'autre pour équilibrer le bateau et l'empêcher de chavirer – alors que sur un quillard, cet équilibrage est automatique, grâce à sa quille lestée.

Maintenant que vous comprenez ce que tous les voiliers ont en commun, nous devons à regret vous présenter d'autres aspects de ce langage des marins mentionné en début de chapitre. Regardez de plus près les deux types de base de voiliers que nous présentons dans l'ouvrage – quillards et dériveurs – sur les Figures 1.1 et 1.2, pour y reconnaître d'autres éléments communs aux voiliers (la plupart se trouvent aussi bien sur les quillards que sur les dériveurs).

Tous les bateaux sont différents, et nous ne pouvons vous garantir que votre bateau possède tous ces éléments, ou seulement ces éléments, mais ces figures et ces listes sont un début ! Rappelez-vous que vous pouvez toujours revenir à ces pages et que vous n'avez pas besoin de mémoriser ces termes dès maintenant.

Certaines parties des quillards et des dériveurs sont définis sur la liste ci-après :

- **Pataras** : le câble de support du mât allant du mât jusqu'à la poupe
- **Etai** : le câble de support allant du mât jusqu'à l'étrave
- **Haubans** : les câbles de support allant du mât jusqu'au milieu du pont de chaque côté
- **Bôme** : espar horizontal (les espars sont les éléments du gréement à la fois rigides et de forme allongée, comme le mât, mais aussi le tangon, que nous rencontrerons dans un chapitre ultérieur) qui supporte le bord inférieur de la grand-voile. La bôme peut passer d'un bord à un autre lorsque le bateau tourne, et vous devez faire attention de ne pas vous trouver sur son passage lorsqu'elle pivote ou sinon... boum !
- **Barre franche** : la barre qui permet au barreur d'agir sur la position du safran, et que l'on trouve en général sur les bateaux de petite taille (au lieu d'une barre à roue)
- **Barre à roue** : sur les bateau plus grands, une roue verticale qui agit sur la position du safran
- **Etrave** : l'avant du bateau
- **Poupe** : l'arrière du bateau
- **Cockpit** : un espace où l'équipage peut s'asseoir pour faire marcher le bateau
- **Pont** : partie du bateau au-dessus de la coque
- **Coque** : le corps ou la partie flottante du bateau
- **Tableau** : paroi extérieure de la proue
- **Bau** : la largeur du bateau en un point quelconque. Le *maître-bau* est le point où le bateau est le plus large
- **Flottaison** : le niveau de l'eau sur la coque
- **Tirant d'eau** : la distance entre la surface de l'eau et le point le plus bas de la partie immergée du bateau
- **Franc-bord** : la distance entre le pont du bateau et la surface de l'eau

Comment marchent les voiliers

Il n'est pas nécessaire de savoir comment marche un voilier pour profiter des plaisirs de la voile, mais la découverte de la façon dont ils marchent peut être fascinante. Les équipes modernes de la Coupe de l'America dépensent des millions d'euros pour essayer de quantifier ce qui fait avancer un bateau – et le fait avancer rapidement (ou en tout cas plus vite que les concurrents). Le mouvement des bateaux est un problème d'une grande complexité impliquant des fluides de densité extrêmement différentes (l'air et l'eau), et ce mouvement intervient au niveau de l'interface confuse entre ces deux fluides. Il est beaucoup plus facile d'imaginer une forme d'aile idéale pour voler à Mach 2 à l'altitude de 20 000 mètres que de déterminer la meilleure forme de coque et de voile d'un voilier de compétition, car dans le cas d'un avion, on peut se contenter d'examiner l'interaction avec l'air.

Pour comprendre les principes physiques impliqués, examinez les forces de base qui font avancer un voilier : le mouvement de l'air sur les voiles, et celui de l'eau sur la dérive ou la quille. Lorsqu'un voilier avance en ayant le vent derrière lui, ce qui se passe est assez évident : les voiles agissent comme un parachute en avant du bateau, tandis qu'il avance dans le même sens que le vent. Mais la dynamique devient plus intéressante lorsque l'équipage veut que le voilier avance selon un angle par rapport au vent.

Voyez d'abord comment une aile peut générer une *portance*. Placez votre main à l'extérieur de la fenêtre d'une voiture en déplacement, paume vers l'avant, et elle est simplement repoussée vers l'arrière. Mais si vous faites tourner lentement votre main dans le vent, en basculant la paume vers le bas, vous pouvez sentir que votre main commence à se soulever. Ce soulèvement, la *portance*, est dû au mouvement de l'air qui passe au-dessus et au-dessous de votre main. Lorsque vous commencez à tourner la main, l'air qui passe au-dessus s'accélère par rapport à l'air qui passe au-dessous, comme le montre la Figure 1.5. Les fluides en déplacement rapide créent une pression plus faible, et donc en tournant votre main, vous générez une zone de basse pression sur le dessus de la main. Cette différence de pression (causée par « l'aile » de votre main prenant un léger *angle d'attaque* par rapport à l'écoulement de l'air, c'est-à-dire légèrement tournée dans le vent) entraîne une force dirigée vers le haut qui soulève votre main, en même temps qu'une légère force latérale qui pousse votre main dans le sens du vent. La compréhension de ces deux forces est cruciale pour celle de la portance et de ce qui fait avancer un voilier. Le même principe de base s'applique aux oiseaux, aux avions, et aux voiliers.

Figure 1.5 : Des mains placées à l'extérieur d'une fenêtre de voiture suivant différents angles avec le vent ressentent des forces différentes.

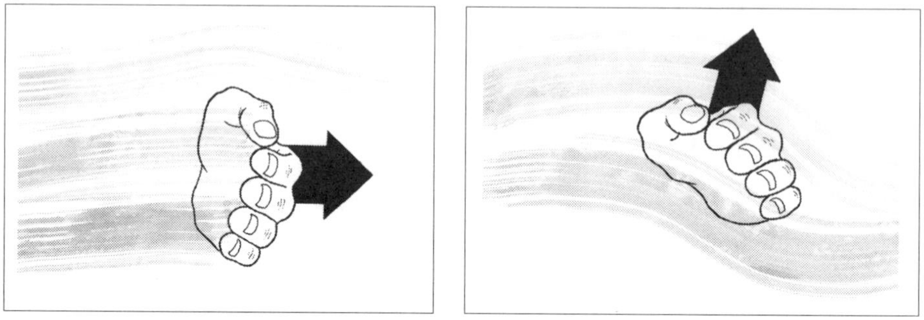

Voici ce qui arrive lorsqu'un bateau avance contre le vent. Tout d'abord, observez la voile. Lorsque vous tirez sur la grande écoute (vous l'embraquez) et que vous remplissez la grand-voile de vent, la voile prend la forme d'une aile. Tout comme dans le cas de votre main à l'extérieur de la fenêtre de la voiture (ou de toute aile à un certain angle d'attaque avec le flux), l'air passant à l'extérieur de la voile va plus vite que l'air qui passe sur l'autre face. La différence de pression résultante crée une portance – une force qui pousse le bateau vers le côté et vers l'avant.

Si le flux de l'air sur la voile était la seule force mise en jeu, les voiliers se déplaceraient en même temps de côté et vers l'avant. Cependant, un voilier possède des ailes au-dessus et au-dessous de l'eau. Lorsqu'un voilier commence à se mouvoir dans l'eau, l'aile immergée (la dérive ou la quille) crée également une force, laquelle, combinée à celle de la voile, propulse le bateau vers l'avant. Voici comment : comme dans le cas de n'importe quelle autre aile, l'eau qui passe sur la partie extérieur de la dérive ou de la quille va plus vite que l'eau qui passe de l'autre côté. La différence de pression de l'eau créée de chaque côté par le flux de l'eau tire le bateau vers l'avant et sur le côté – mais dans une direction latérale opposée à celle de la force qui s'exerce sur la voile. Les forces latérales opposées s'annulent, comme on peut le voir sur la Figure 1.6, et les forces qui s'exercent dans l'axe du bateau subsistent.

Ensemble, les forces du vent sur les voiles et de l'eau sur la dérive ou la quille permettent à un bateau d'avancer suivant un angle faible par rapport au vent. Vous ne pouvez cependant pas naviguer directement contre le vent, parce qu'alors les voiles battent comme un drapeau (on dit qu'elles *faseyent*) et donc elles ne peuvent générer aucune force. La plupart des voiliers modernes peuvent naviguer à un angle de 45 degrés par rapport à la direction du vent (voir moins), une performance remarquable si l'on songe que les bateaux à voiles sur lesquels Magellan et ses pairs ont exploré le monde étaient si peu efficaces qu'ils pouvaient tout juste naviguer à un angle de 90 degré par rapport au vent.

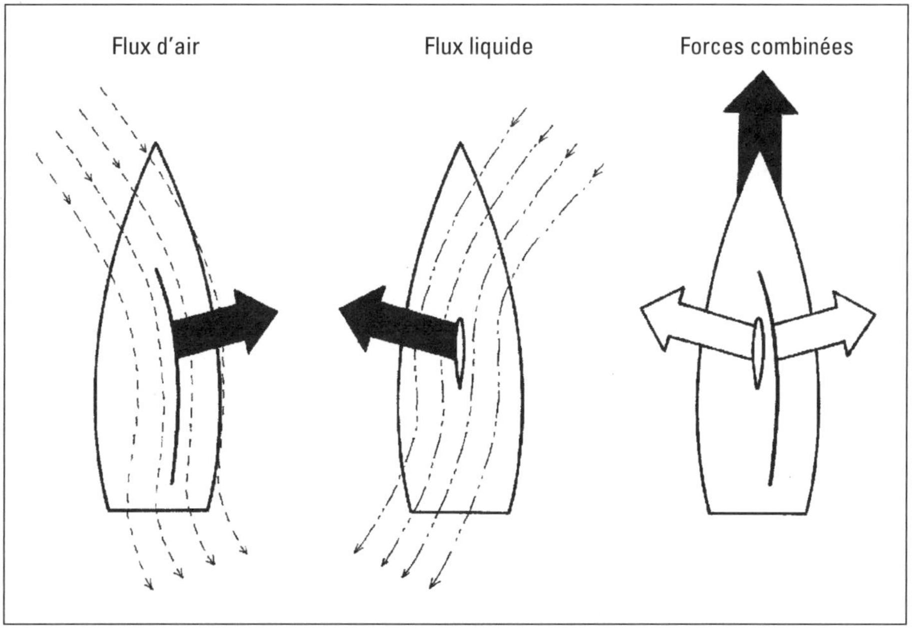

Figure 1.6 : Flux passant sur la voile et sur la quille et force de propulsion résultante.

Cette description est par nécessité quelque peu simplifiée. Voyez-vous, même aujourd'hui, 200 ans après la découverte par Bernoulli des différences de pression générées par l'écoulement de fluides à différentes vitesses, les savants continuent d'affiner les théories physiques mises en jeu par un bateau qui remonte au vent.

La complexité des lois physiques impliquées peut augmenter l'intérêt du sport vélique, en faisant de vous, le marin, un véritable pilote d'essai, jouant sur divers ajustements de la forme de la voile et sur l'angle du bateau par rapport au vent, pour obtenir encore plus de vitesse de votre embarcation… ou vous pouvez simplement vous contenter de faire de la voile.

En continuant à pratiquer la voile, vous aurez toujours davantage de choses à découvrir. Si vous persistez (ce qui n'est guère difficile, compte tenu des attraits de cette activité), vous constaterez comme nous qu'après des décennies, il vous reste encore bien d'autres aspects à maîtriser et à apprécier dans ce sport incroyable.

Types de voiliers

Il existe une infinité de formes et de tailles de voiliers. C'est l'une des beautés de la voile – vous trouverez ainsi certainement un bateau qui vous convient parfaitement. Vous pouvez vous faire une bonne idée de la vitesse d'un bateau rien qu'à son aspect. De la même façon que vous pouvez voir qu'une grosse Cadillac ou une grande Mercedes sera très confortable à l'intérieur mais consommera beaucoup de carburant, vous pouvez voir qu'un gros bateau lourd et large est un bon bateau de croisière, mais qu'il ne battra pas de records de vitesse sur l'eau. Voici un aperçu des nombreux types différents de voilier.

Planches à voile

Une *planche à voile* est dans son principe une planche de surf équipée d'une voile. Même les planches à voiles comportent de nombreuses formes et diverses tailles, selon leur usage prévu et le niveau d'habileté du véliplanchiste.

La planche à voile est facile à apprendre – à condition d'accepter de passer quelques heures à maîtriser les opérations de base (et à tomber à l'eau un grand nombre de fois en essayant d'acquérir cette maîtrise). La planche à voile est un excellent moyen de jouir des plaisirs de la voile avec un équipement que vous pouvez installer sur le toit de votre voiture. S'agissant de la pratique de la voile en tant que pure distraction (par opposition à la compétition), nous adorons la planche à voile plus que tout autre aspect de notre sport. A ceux d'entre vous qui douteriez des bienfaits aérobiques de la voile, nous suggérons d'essayer la planche à voile pendant un après-midi. Nous vous promettons que chacun des muscles de votre corps en ressentira les effets. Pour en savoir plus sur la planche à voile, voyez le Chapitre 14.

Multicoques

Plus haut dans ce chapitre, nous avons défini le multicoque comme un bateau ayant plusieurs coques. Un bateau à deux coques est appelé un *catamaran*, à trois coques, un *trimaran*. La navigation sur multicoque est fascinante – avec un peu de vent, une coque sort de l'eau, et vous avez l'impression de voler sur l'eau. Vous en apprendrez davantage sur les catamarans au Chapitre 15.

Les grands multicoques sont d'excellents bateaux de croisière. Grâce à leur largeur, ils sont très stables. Les multicoques sont rapides, également, parce qu'ils sont légers, n'ayant pas de lourdes quilles ni autant de surface immergée que les *monocoques* (les bateaux à une seule coque) de la même dimension. D'immenses multicoques (18 mètres) participent à des compétitions à travers les océans. Certaines de ces compétitions se courent en solitaire, et d'autres avec des équipages complets. (Pour en apprendre davantage sur le monde fou de la compétition sur voilier, voyez le Chapitre 16.) Mais la navigation et la compétition sur voilier sont un peu partout dans le monde le fait du monocoque, le type de bateau le plus courant.

C'est un navire ; non, c'est un yacht ; non, c'est seulement un bateau !

Les dictionnaires ont quelque difficulté à distinguer entre eux les objets désignés par les appellations navire, bateau, ou yacht. Un navire est selon le Petit Robert « une construction flottante de forme allongée, pontée, destinée aux transports sur mer. (Moins courante que bateau, Surtout en parlant des forts tonnages.) » Bateau, selon la même source, est « le nom générique des ouvrages flottants de toutes dimensions, destinés à la navigation » Mais c'est aussi le « nom générique des embarcations et navires de très faible tonnage ». Navires et bateaux peuvent utiliser différents moyens de propulsion (voiles, avirons, vapeur...). Le yacht, en revanche, comporte une définition plus étroite, puisque c'est un « navire de plaisance à voile ou à moteur » et qu'il existe « des yachts de croisière et des yachts de course ».

Dans ce livre, nous parlons de *bateaux* ou de *voiliers*, et nous faisons ensuite une différence entre les voiliers plus grands comportant une quille (quillards) et les voiliers plus petits comportant une dérive, les dériveurs. Vous trouverez au Chapitre 2 nos observations sur les bateaux convenant le mieux aux débutants.

Monocoques

Nous avons vu que les monocoques peuvent être classés comme quillards, ou comme dériveurs. Mais ces bateaux peuvent aussi être caractérisés par leur *gréement* – le type de le nombre de mât(s) qu'ils ont et les types et les nombres de voiles qu'ils portent.

Bateaux à un mât

Deux types de bateaux ont un seul mât :

- **Sloops** : le type le plus courant de monocoque à un mât est le sloop. Les sloops ont soit un *gréement en tête*, soit un *gréement fractionné*. Il est facile de les différencier – regardez simplement à quel niveau l'étai est attaché au mât. Si l'étai est attaché au sommet du mât, le gréement est un gréement en tête, et la grand-voile et le foc sont hissés à la même hauteur. Sur un sloop à gréement fractionné, l'étai arrive seulement à peu près aux trois-quarts de la hauteur du mât, et la grand-voile est plus haute (et généralement plus grande) que le foc.

  Certains sloops sont appelés *cotres* parce que leur mât est placé assez loin de l'étrave (à peu près au milieu du bateau).
- **Cat-boats** : le cat-boat n'a pas de foc, seulement une grand-voile.

Vous pouvez voir des exemples de sloop, de cotre et de cat-boat sur la Figure 1.7.

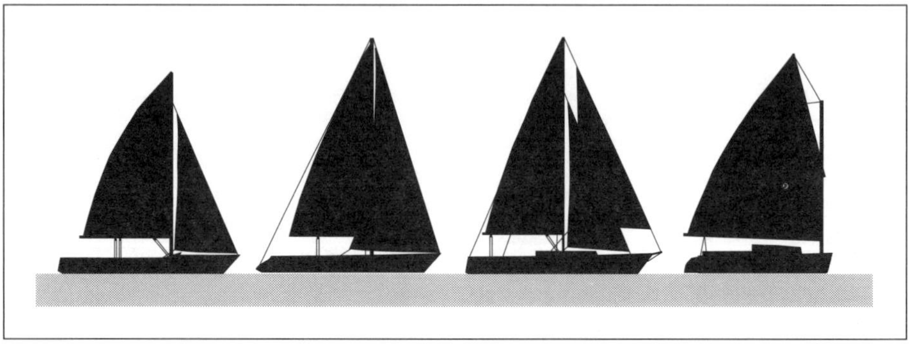

Figure 1.7 : Voiliers à un mât : un sloop à gréement fractionné, un sloop à gréement en tête, un cotre, et un cat-boat.

Bateaux à deux mâts

Très peu de bateaux modernes sont construits avec deux mâts, mais c'est très amusant de pouvoir identifier ces types de bateaux plus anciens. Les types les plus courants sont :

- **Ketchs** : un *ketch* a deux mâts, et le mât avant est plus haut. Sur un ketch, le mât arrière doit se trouver en avant de la mèche du gouvernail (sur laquelle s'articule le safran).
- **Yawls** : le gréement du yawl est très similaire à celui du ketch, et on ne l'observe plus guère que sur des bateaux plus anciens. La seule différence entre un yawl et un ketch est que sur un yawl, le mât arrière est situé en arrière de la mèche du gouvernail.
- **Goélettes** : la goélette désigne un gréement très classique à deux mâts ou plus. Le mât avant d'une goélette est plus court que le grand mât, et s'appelle mât de misaine. Si les voiles sont gréées de la manière ancienne, on parle de gréement aurique (comportant des voiles rectangulaires montées sur des espars appelées vergues et placés en travers du mât avec lequel ils forment un T). Le gréement aurique donne lieu à une autre famille de noms de gréements, dont nous vous faisons grâce.

Vous pouvez voir des exemples de bateaux à deux mâts sur la Figure 1.8.

La différence entre un ketch et un yawl peut vous sembler assez difficile à mémoriser – et assez insignifiante. Je suis de votre avis en ce qui concerne le deuxième point, mais j'ai un truc pour vous éviter de confondre désormais les ketchs et les yawls. K vient avant Y dans l'ordre alphabétique, et le mât arrière du ketch est placé avant celui du yawl ! Facile, non ? Bien sûr, comment savoir où se trouve la mèche du gouvernail sans nager sous le bateau ? C'est une question à laquelle je n'ai pas trouvé de réponse.

Figure 1.8 : un yawl, un ketch, et une goélette.

Types de grand-voile

Pour faire plaisir à tout le monde, voici maintenant les différents types de grand-voile :

- **Gréement Marconi** : c'est le gréement le plus courant, dans lequel la grand-voile a une forme triangulaire et est montée sur un espar inférieur qui est la bôme. Ce gréement s'est popularisé dans les années 20. On l'a appelé gréement Marconi à cause des câbles de support du mât (le gréement dormant) et de sa grande hauteur (par comparaison à celle du *gréement aurique*), qui le faisaient ressembler aux tours d'émetteur radio construites pour l'invention de Guglielmo Marconi. Ce gréement est aujourd'hui tellement répandu que plus personne ne s'y réfère par un nom spécial.
- **Gréement aurique** : le gréement Marconi a remplacé le gréement aurique que vous voyez encore sur des bateaux plus anciens, plus traditionnels. Un gréement aurique a une grand-voile à quatre côtés attachée à deux espars, un à la base de la voile appelée la bôme (comme dans le cas du gréement Marconi), et un autre espar plus court en haut de la voile appelé la *vergue*.
- **Gréement à voile latine** : la voile latine est une disposition de grand-voile que l'on peut trouver sur le très populaire dériveur Sunfish. Dans ce gréement, la bôme se croise avec le mât et est rattachée à un autre espar long et mince appelé *antenne*. La bôme et l'antenne pivotent l'une et l'autre autour du mât. Une grand-voile latine possède trois côtés.
- **Gréement à wishbone** : on trouve ce gréement sur les planches à voile et sur de tout petits voiliers. La bôme est dédoublée, placée de part et d'autre de la voile, et a la forme de l'os de poulet que, selon une superstition anglo-saxonne, deux personnes peuvent rompre en faisant un voeu, exaucé pour celle qui obtient le plus grand morceau – d'où son nom.

La Figure 1.9 vous présente ces types de grand-voile.

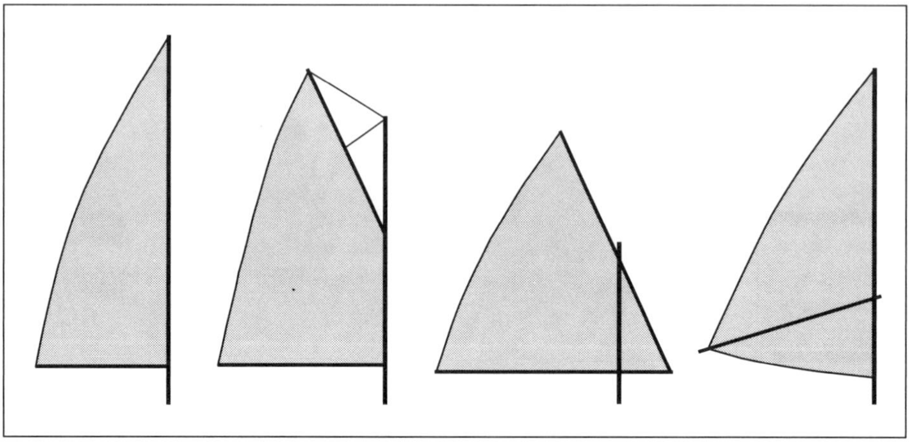

Figure 1.9 : Les gréements Marconi, aurique, à voile latine, et à whishbone.

Pour l'amour des bateaux

Il existe une incroyable variété de voiliers, et d'immenses améliorations leur ont été apportées en matière de confort et de vitesse depuis que les hommes ont commencé à utiliser la force du vent pour traverser les mers. En Mésopotamie, il y a plus de 5 000 ans, les premiers bateaux construits en papyrus (la plante, non le papier obtenu à partir de ses tiges) ont servi à voyager jusqu'à divers ports de commerce. Ces anciens bateaux étaient lourds et lents, et atteignaient sans doute rarement la vitesse de 4 noeuds. Les derniers records de vitesse à la voile sont dix fois supérieurs à cette vitesse et ont été atteints par des hydroptères trimarans à voiles ailes semblables à celles des avions, y compris l'hydroptère trimaran australien *Yellow Pages Endeavor*. (Les *hydroptères* ont des foils attachés par des supports, permettant de soulever la coque hors de l'eau aux grandes vitesses.)

Lorsque Magellan a pris la mer en 1519 avec cinq bateaux lourdement chargés pour aller d'Europe jusqu'à l'extrémité orientale du Brésil, son voyage a duré deux mois. En 1994, le catamaran *ENZA* barré par Peter Blake et Robin Knox-Johnson a effectué la circumnavigation du globe en 74 jours, 22 heures et 17 minutes. Du fait des développements constants dans la conception et la technologie des bateaux, attendez-vous à ce que les derniers records soient bientôt battus. L'une des choses les plus merveilleuses de la voile est qu'après en avoir maîtrisé les bases, vous retrouvez les mêmes principes sur tous les types de voiliers.

Chapitre 2

Où aller pour apprendre ?

Dans ce chapitre :

- Différentes façons d'apprendre la voile
- Sur quel type de bateau apprendre
- Facilitez-vous la vie au début
- Choix d'une école de voile
- Autres cours de voile
- Passage au stade supérieur

Il y a trois choses qui sont trop merveilleuses pour moi,
Oui, quatre choses que je ne connais pas :
La manière d'un aigle dans les airs ;
La manière d'un serpent sur un rocher ;
La manière d'un navire au milieu de la mer ;
Et la manière d'un homme avec une vierge.

– *Ancien testament*, Proverbes 30:18,19

Supposons que vous ne connaissiez pas la voile mais que vous souhaitiez l'apprendre. (Pas mal deviné, hein, puisque vous lisez ce livre ?) La voile est un sport très accessible dès lors que vous savez où regarder. Il y a en fait beaucoup de gens qui seraient enchantés de vous faire connaître les joies de la voile. Selon l'endroit où vous vivez, votre âge, et les gens que vous connaissez, vous disposez d'innombrables options. Ce chapitre répond à des questions clés telles que le choix du lieu où vous pouvez commencer à apprendre la voile et celui du type de bateau sur lequel vous devriez démarrer. Nous vous aidons à choisir une école de voile et nous examinons toutes les options dont vous disposez pour découvrir ce sport formidable.

Différentes façons d'apprendre

Voici différentes façons d'apprendre la voile :

- **Vous pouvez apprendre grâce à des amis**. Peter a été initié à la voile par des amis lorsqu'il était adolescent. Si vous avez des amis qui ont un voilier, c'est peut-être à bord de leur bateau que vous obtiendrez un avant-goût de ce sport. Un jour, espérons-le, vous pourrez partager avec eux toutes les joies de la voile. Mais sauf si vos amis sont des moniteurs brevetés et s'ils peuvent consacrer beaucoup de temps à votre formation, contentez-vous d'apprécier votre sortie en mer, et prévoyez d'obtenir votre première formation officielle d'un véritable professionnel.
- **Vous pouvez apprendre en lisant des livres et des magazines**. D'innombrable ouvrages ont été écrits sur tous les aspects de la voile – depuis l'apprentissage de la voile jusqu'aux aventures en mer, et sur tout ce qu'il y a entre les deux. A la fin de ce chapitre, nous vous suggérons quelques-unes de nos lectures préférées. Comme beaucoup d'autres sports, la voile fait appel au mental et au physique. Vous pouvez étudier les théories dans un article, dans un livre, ou dans une salle de cours, mais il y a des choses que vous ne pouvez découvrir qu'en ayant le vent sur le visage et votre main sur la barre ou sur les cordages.
- **Vous pouvez apprendre par vous-même**. Acheter (ou emprunter) un bateau et apprendre la voile par vous-même est tout à fait possible. Après tout, il ne s'agit pas de physique nucléaire. Cependant, nous ne vous recommandons pas d'apprendre par vous-même (en fait, nous vous le déconseillons fortement) parce que dans le meilleur des cas, vous vous apprendrez de mauvaises habitudes, et il vous faudra beaucoup de temps. Cette approche peut même être carrément dangereuse. Lorsque nous laissons la côte derrière nous, nous autres marins sommes dans les mains de Mère Nature – qui peut être à l'occasion une maîtresse impitoyable. Nous consacrons un chapitre entier de ce livre à la sécurité en mer (Chapitre 7) et nous donnons en outre des conseils de sécurité tout au long des autres chapitres. Vous pouvez pratiquer par vous-même, mais apprenez d'abord grâce à un professionnel.
- **Vous pouvez apprendre dans un cours formel avec un moniteur professionnel**. Voyez-vous maintenant où nous voulons en venir ? Nous avons la très ferme conviction qu'en dépit de l'existence d'autres options, vous devez obtenir votre formation d'un pro. Voir « Choix d'une école de voile », plus loin dans ce chapitre.

Sur quel type de bateau apprendre ?

Non seulement vous pouvez choisir où et comment apprendre, mais vous pouvez décider sur quel type de bateau commencer. Nous avons l'un comme l'autre appris à naviguer sur dériveur, et c'est ce qu'ont fait Dennis Conner, Ted Turner, et d'autres marins de compétition « célèbres ». Toutefois, nous étions alors des gamins, et les dériveurs sont utilisés de façon à peu près universelle dans les programmes de formation pour les jeunes. Pour rafraîchir vos souvenirs du Chapitre 1 : les dériveurs sont des bateaux plus petits (ayant moins de 6 mètres de long), pourvus d'une dérive rétractable. Vous vous rappelez peut-être aussi que les dériveurs peuvent chavirer. Les quillards sont habituellement plus grands et comportent des quilles donnant une meilleure stabilité.

CONSEIL

Conclusion : examinez les avantages et les inconvénients respectifs des dériveurs et des quillards décrits dans cette section, puis allez prendre des leçons avec le meilleur moniteur que vous puissiez trouver !

Dériveurs

De nombreuses écoles de voile et de programmes pour les jeunes font pratiquer les débutants dans de petits bateaux pour une personne (de 3 ou 4 mètres) ; d'autres utilisent des dériveurs plus grands pour deux ou trois personnes. Le bateau idéal a une forme de coque relativement stable (qui ne tend pas trop à chavirer) et une surface de voile raisonnable, comme l'exemple de la Figure 2.1. Vous n'avez pas besoin de battre des records de vitesse dès votre première sortie !

Figure 2.1 : Le 420 est un dériveur d'apprentissage pour deux personnes, populaire dans le monde entier.

Avantages

Voici les avantages de l'utilisation des dériveurs pour votre formation :

- **Ils répondent mieux**. Grâce à la légèreté du bateau, les modifications de la position de la barre ou des poids, et du réglage des voiles vous donnent un feed-back immédiat. Vous pouvez véritablement « sentir » le comportement du bateau.
- **Le barreur ajuste une voile**. Sur la plupart des dériveurs (et notamment sur ceux pour une seule personne), le barreur doit faire plus que simplement barrer, ce qui lui permet de comprendre plus complètement comment marchent les choses.
- **Ils sont peu coûteux**. Cet avantage les fait préférer pour de nombreux programmes dont les budgets sont limités.
- **Leur faible dimension les rend moins intimidants**. Aimeriez-vous prendre des cours de conduite sur une petite voiture ou sur une camionnette ?

Inconvénients

L'apprentissage de la voile sur les dériveurs présente les inconvénients suivants :

- **Ils peuvent chavirer**. Vous pourriez avancer l'argument que la possibilité du chavirage est un avantage, d'autant plus que nous pensons que toute personne qui navigue en dériveur a besoin de savoir comment redresser un dériveur chaviré. (Nous traitons ce sujet au Chapitre 7.) Apprendre à redresser un bateau chaviré, toutefois, n'est plus une priorité si vous commencez votre apprentissage sur un quillard.
- **Ils sont humides**. Il peut être inconfortable d'être mouillé. Typiquement, vous êtes assis plus bas sur l'eau sur un dériveur que sur un quillard. Mais au fait, si l'eau était une mauvaise chose, les marins n'iraient pas en mer (ou en tout cas ils iraient moins souvent). Allez voir au Chapitre 3 trouver quelques idées sur la manière de vous protéger de l'humidité inévitable associée à la pratique de la voile.
- **Le moniteur n'est pas avec vous**. La présence du moniteur avec vous est une option, mais certains petits dériveurs sont pleins à craquer avec deux personnes à bord. Souvent, le moniteur vous suit dans un bateau à moteur, en vous criant des conseils au fur et à mesure des besoins.

Quillards

La plupart des écoles commerciales de voile destinées principalement aux adultes utilisent de petits quillards (de 6 à 9 mètres) comme embarcation d'initiation, comme ceux de la Figure 2.2. Le *gréement de sloop* (voir Chapitre 1) est le gréement le plus courant. Dans le meilleur des cas, le bateau comporte un vaste cockpit capable de contenir une classe de un à quatre élèves plus un moniteur. Ici encore, un bateau qui ne comporte pas une nuée de voiles est plus facile à manoeuvrer par un équipage néophyte.

Figure 2.2 : Le Colgate 25 est le pre-mier quillard spécialement conçu pour les écoles de voile.

Avantages

Voici les avantages de l'apprentissage de la voile à bord d'un quillard :

- **Le moniteur est à bord**. Il est agréable d'avoir un feed-back immédiat du moniteur. En outre, il peut être amusant d'apprendre avec les autres élèves du bord.
- **Vous ne chavirerez pas**. Sans la menace permanente d'un éventuel chavirage, les élèves peuvent mieux se concentrer sur l'apprentissage de la voile.
- **Un quillard est plus confortable pour naviguer**. Sur un dériveur, vous devez constamment faire attention à l'endroit où vous êtes assis pour empêcher le bateau de gîter de manière excessive. L'une des choses que vous devez apprendre sur tous les bateaux est l'endroit où vous devez vous asseoir (voir Chapitre 4). Sur un quillard, toutefois, vous ne nuirez pas trop à la performance si vous êtes un peu lent à réagir ou si votre position est à quelques dizaines de centimètres de celle qu'il faudrait. En outre, répétons que vous serez davantage au sec sur un quillard – mais nous ne pouvons vous garantir qu'une grosse vague ne passera pas par-dessus bord pour atterrir sur vos genoux !

- **Il peut utiliser un moteur**. Si le vent meurt ou s'il n'y a pas de vent dans le port, vous pouvez démarrer le moteur et atteindre plus rapidement une zone favorable à la voile.

Inconvénients

Voici les inconvénients qu'il y a à commencer votre carrière de marin sur un quillard :

- **Le bateau répond moins bien**. Les quillards sont plus lourds et répondent moins bien à de subtiles modifications du réglage des voiles et du cap, qui sont immédiatement perçues sur les dériveurs. Il peut de ce fait être plus difficile de « sentir » le bateau, qui est pourtant un aspect important de l'apprentissage de la voile.
- **Tout tire plus fort**. Plus le bateau est lourd, plus les voiles sont grandes et plus il y a de tension sur toutes les manoeuvres (les cordages utilisés pour la manoeuvre du bateau). Le bateau peut alors avoir à être gréé de mécanismes tels que des *winches* (appelés aussi *cabestans*) pour faciliter leur manipulation.
- **Le bateau peut comporter une barre à roue**. Les barres à roue sont normalement utilisées sur les quillards plus importants (de plus de 12 mètres), mais certains quillards plus petits en sont également pourvus. Les barres franches permettent de sentir beaucoup mieux le bateau et l'écoulement de l'eau, et vous trouverez certainement plus amusant d'apprendre sur un bateau avec une barre franche.

Prenez vos aises la première fois

Voici les conditions idéales pour l'apprentissage de la voile, par ordre de priorité :

- Des vents légers à moyens (6 à 12 noeuds) dont la direction est bien stable.
- Des eaux calmes dans une zone protégé des déferlements, de la houle ou des vagues causées par le vent local.
- Une zone peu fréquentée, ouverte, comportant un minimum d'obstructions, et de la place pour naviguer dans n'importe quelle direction. Si vous n'avez pas affaire à d'autres bateaux lorsque vous êtes en train d'apprendre, vous pouvez mieux vous concentrer sur votre sujet.
- De l'air et de l'eau à bonne température – plus de 21 degrés C dans les deux cas sont assez agréables ; de 27 à 33 degrés C – un vrai paradis !

Naturellement, si vous habitez à Stockholm, vous risquez d'avoir à attendre longtemps avant que l'air et l'eau n'atteignent ces températures. Les caractéristiques les plus importantes sont les trois premières. Si le vent change constamment de direction, ou s'il est si léger que les voiles ne se gonflent pas, il peut être difficile d'acquérir des réflexes et de sentir ce qui se passe. En revanche, trop de vent est une mauvaise chose pour les débutants. Les vagues bousculent le bateau en tous sens, les voiles claquent si fort que vous ne pouvez pas entendre votre moniteur, et tout se passe beaucoup trop vite. De sorte qu'il vous est très difficile de comprendre ce qui se passe et pourquoi.

Choix d'une école de voile

Après vos avoir chaudement recommandé de commencer votre carrière de marin à voile par quelques leçons, nous aimerions attirer votre attention sur divers points avant de vous laisser choisir une école de voile. Les enfants et les adolescents peuvent avoir certaines options dans le cadre de colonies de vacances ou de programmes pour les enfants dans des clubs, lesquelles ne sont pas disponibles pour les adultes. C'est pourquoi nous examinons d'abord la question du choix des meilleurs écoles pour enfants, avant de voir ce qui convient le mieux pour les grandes personnes.

Enfants et adolescents

Des programmes pour les enfants existent dans de nombreuses régions. Ils sont organisés le plus souvent par un club de voile, une colonie de vacances, ou une municipalité, et ont lieu pendant les vacances d'été. Ne soyez pas détourné de ces possibilités par le fait que vous n'êtes pas membre du club, ou par exemple étudiant à l'université concernée. La plupart des programmes organisés pour les jeunes accueillent volontiers les non membres (heureusement, sinon Peter continuerait toujours aujourd'hui à jouer au base-ball). Préoccupez-vous des formalités d'inscription au cours des mois d'hiver, pour éviter que les cours ne soient pleins avant l'inscription de votre enfant.

JJ RACONTE

Si vous trouvez plusieurs programmes possibles dans votre région, demandez à votre enfant de participer à la décision. Neuf fois sur dix, le meilleur cours sera celui qu'il suivra avec ses amis. J'ai continué à faire de la voile parce que toutes mes amies faisaient de la voile. S'il s'amuse bien, il y a de grandes chances pour que votre enfant persiste !

CONSEIL

Voici quelques questions à poser à propos d'un programme de formation à la voile destiné aux jeunes :

- **Le planning** : certains programmes durent deux mois, d'autres sont prévus à raison de deux fois par semaines. Les groupes avancés peuvent se réunir l'après-midi et les débutants le matin. Soyez sûr d'avoir compris combien d'heures votre enfant naviguera chaque jour. Et le repas de midi ? Des enfant affamés n'apprennent pas grand chose.
- **Type de bateaux** : renseignez-vous sur les bateaux destinés aux débutants. Devez-vous posséder un bateau, ou le club en fournit-il un ? Dans certains programmes, si vous ne possédez pas le bateau, vous faites seulement partie de l'équipage. Cette solution convient pour le niveau intermédiaire, mais les débutants doivent aussi apprendre à barrer le bateau.
- **Groupements selon l'âge et les capacités** : la plupart des programmes prévoient une répartition par groupes d'âge, ce qui peut créer un petit problème si votre enfant commence avec quelques années de retard, comme cela a été le cas pour Peter. Demandez aux organisateurs comment ils résolvent cette question.
- **Contenu du programme** : certains programmes (notamment dans les yacht-clubs) peuvent mettre l'accent sur la compétition (que nous adorons) au détriment de la voile comme activité de loisir. Cette approche est admissible, mais il est bon qu'il y ait un équilibre, et l'idéal est que le programme soit amusant.
- **Moniteurs** : quel est le rapport entre le nombre de moniteurs et le nombre d'élèves ? Quels sont les diplômes des moniteurs ? Souvent les moniteurs sont des étudiants d'une université ; renseignez-vous pour savoir combien d'entre eux ont une expérience antérieure d'enseignement. C'est toujours un bon signe si un moniteur est embauché de nouveau pour la saison suivante.
- **Sécurité** : le programme a-t-il eu des problèmes dans le passé ? Quelles sortes d'équipements spéciaux, de procédures de sécurité, et d'assurances comporte-t-il ? Quelles sont les exigences concernant l'âge et la maîtrise de la natation ?
- **Equipement** : de quel équipement votre enfant a-t-il besoin ? Des gilets de sauvetage sont-ils fournis, ou devez-vous fournir les vôtres ?

Adultes

Si vous habitez là où il y a des marins et des bateaux, il y a probablement un programme de voile organisé par les autorités locales ou une ou deux écoles commerciales de voile qui vous donne un certain choix. Des yacht-clubs, des universités, et certaines sociétés de location de bateau peuvent aussi proposer une formation. Bien sûr, vous pouvez toujours regarder les pages jaunes sous « Ecoles » ou « Voile ». Toutefois, nous avons tenté l'expérience à

San Diego, avec un résultat néant. (En France, le Minitel, sous la rubrique « Pratique de la voile, de la navigation, des sports nautiques et aquatiques », propose une liste assez fournie.) Vous pouvez aussi demander des recommandations à un marin ou à un shipchandler (magasin de fournitures nautiques), et les expositions de bateaux sont également une bonne source d'information.

Heureusement, il existe d'autres procédés. En France, une association peuvent fournir des informations détaillées sur la question. Il s'agit de la Fédération Française de Voile, 17,rue Henri Bocquillon, 75015 Paris. Ces deux adresses figurent parmi d'autres sur la listes des adresses utiles du « Nouveau cours des Glénans », déjà cité. L'association des Glénans, elle-même fondée en 1947, et qui a accueilli en un demi siècle plus de 200 000 stagiaires, organise sur ses bases des côtes françaises et en Irlande de nombreux stages et croisières pour l'apprentissage de la voile et le perfectionnement.

Aux Etats-Unis, deux associations supervisent des programmes nationaux de formation de moniteurs brevetés et fournissent aux écoles à caractère commercial des programmes et des standards de cours. Vous pouvez les contacter pour recevoir une listes des établissements accrédités.

The American Sailing Association : fondée en 1983 (Peter en est l'un des fondateurs et appartient toujours au conseil d'administration), l'ASA a tout d'abord pris une licence pour exploiter aux Etats-Unis le programme de formation réputé de la Canadian Yachting Association. Depuis, ce système de formation a évolué et a acquis une haute réputation en matière de formation à la voile. L'armature du système est représentée par le programme de brevet comme moniteur ASA. Plus de 150 écoles de voile sont affiliées à l'ASA et proposent le brevet des élèves dans le cadre du programme ASA, qui commence par la navigation de base sur quillard. Le système de l'ASA a démarré avec des quillards, mais un nombre croissant de programmes à base de programmes pour petits bateaux et destinés aux organismes locaux utilisent le programme élaboré pour les dériveurs et les planches à voile, à partir de programmes similaires qui ont fait leurs preuves en Europe.

American Sailing Association

13922 Marquesas Way

Marina del Rey, CA 90292

310-822-7171 ou 800-877-7774, poste 1512 (pour obtenir une liste des écoles affiliées)

Site Web : http ://www.american-sailing.com

courrier électronique : ouch9@cinenet.net

usenet : alt.sailing.asa

US Sailing Association : il s'agit de l'organisme officiel supervisant le sport de la voile aux Etats-Unis. Son rôle essentiel pendant plus d'un siècle a consisté à superviser les compétitions dans ce sport, y compris l'équipe olympique de voile, dont JJ faisait partie en 1992. Cette association est le représentant U.S. auprès de l'International Sailing Federation, l'organisation qui élabore les règles de compétition et qui représente à son tour le sport de voile (le yachting) auprès du comité international olympique. L'U.S. Sailing Association s'est longtemps impliquée dans des programmes consacrés aux yachting pour les jeunes, compte tenu de son orientation vers la compétition. Récemment, elle a développé un système de brevet similaire à celui de l'ASA ; son système de brevet sur quillard commence pour les débutants par le standard dit Basic Keeboat. L'association possède également un programme de certification des moniteurs.

US Sailing Association

P.O. Box 1260
Portsmouth, RI 02871
401-683-0800
Site Web : www.ussailing.org

Apprendre la voile en camp de vacances

L'American Camping Association (800-426-2267) publie une guide des camps classés par activités. La liste coûte environ 17 dollars, mais vous pouvez aussi trouver gratuitement ces informations par Internet sur le site Web de l'association (http://www.aca-camps.org), lequel comporte une fonction de recherche vous permettant de trouver les camps comportant de la voile (ou même de la danse moderne, s'il y en a).

En dehors de l'Europe et des Etats-unis

Certains pays ont un organisme national tel que l'ASA ou l'US Sailing Association assurant la promotion d'un système de formation standardisé. Vous pouvez contacter l'International Sailing Federation en Angleterre (voir Annexe C) pour lui demander une liste des pays comportant des programmes de formation à la voile. Cette organisation doit être en mesure de vous fournir une liste des écoles accréditées. Vous pouvez aussi vous adresser, en France, à l'International Sailing Schools Association (ISSA), c/o Fédération Française de Voile, 17, rue Henri Bocquillon, 75015 Paris. Vous pouvez aussi solliciter des recommandations auprès de marins ou de shipchandlers dans le pays concerné.

La section suivante peut vous aider à interroger une école de voile pour vérifier si elle vous convient.

Interview d'une école de voile

Voici quelques points à élucider au cours de votre processus de sélection d'une école de voile :

- **Contenu des cours** : le cours d'initiation à la voile offre-t-il un diplôme conforme à un standard national ? Ne vous contentez pas d'une réponse du genre « Notre programme est meilleur que ceux des diplômes officiels », à moins de disposer d'informations internes sur le programme. Le fait qu'une école n'offre pas de diplôme ne veut pas dire que son cours soit déficient ; le cours peut être excellent, mais s'il n'est pas conforme à un standard autre que le sien propre, comment pouvez-vous le savoir ? Renseignez-vous aussi sur la durée du cours. Un cours typique d'initiation d'une école de voile commerciale s'étend sur quatre jours, souvent deux week-ends, et combine des cours en salle avec une formation sur l'eau.
- **Moniteurs** : les moniteurs sont-ils diplômés ? Si seulement certains d'entre eux le sont, assurez-vous que le vôtre est diplômé.
- **Bateaux** : quel genre de bateau ? Dériveur ou quillard ? Barre franche ou barre à roue ? Moteur ?
- **Taille d'une classe** : combien d'élèves y aura-t-il sur le bateau ? Pouvez-vous prendre des leçons particulières ? La présence d'autres élèves avec vous sur le bateau présente des avantages et des inconvénients. Pour passer suffisamment de temps dans les diverses positions, il ne doit probablement pas y avoir plus de quatre élèves (y compris vous-même) sur un quillard moyen de 8 mètres.
- **Mauvais temps/jours de substitution** : combien de vent est considéré comme trop de vent pour le cours d'initiation ? Quelle est la politique de l'école pour le remplacement des formation supprimées parce qu'il y a trop de vent ?
- **Sécurité** : demandez à l'école quels sont ses états de service en matière de sécurité et ses procédures particulières à cet égard. A-t-elle des exigences particulières concernant la natation ?
- **Equipement** : que devez-vous apporter ? La plupart des écoles fournissent des gilets de sauvetage mais non l'habillement pour le gros temps.
- **Sorties consécutives à la formation** : l'école met-elle un bateau à la disposition des élèves qui ont suivi avec succès le cours de base pour qu'ils sortent et consolident leur expérience de la voile ? Si c'est le cas, y a-t-il des règles particulières concernant son utilisation ?
- **Formation avancée** : l'école a-t-elle des cours plus avancés que vous pouvez suivre après avoir acquis une certaine expérience ?

JJ RACONTE

Sorties en mer gratuites

Une autre source d'informations sur les écoles de voile aux Etats-Unis est la National Sailing Industry Association. Son programme « Découverte de la voile » fournit par la poste une liste des écoles aux personnes qui s'adressent à sa hot line : 800-535-SAIL. Une aspect sympathique de ce programme est la promesse de sorties en mer de 30 minutes, gratuites, à tout nouveau venu dans ce sport. Lorsque vous appelez le numéro 800, vous êtes dirigé vers une société de voile proche (pouvant ne pas être une école) qui vous fournira une sortie gratuite en voilier. Ne vous méprenez pas – cela ne peut absolument pas remplacer une leçon donnée dans une école homologuées par un moniteur diplômé, mais c'est une excellente façon d'avoir un avant-goût du sport vélique.

Votre moniteur de voile

Voici les caractéristiques souhaitables d'un moniteur pour des stages d'initiation à la voile :

- **Brevet** : le brevet vous assure que le moniteur a fait l'effort de comparer ses aptitudes et ses connaissances à un standard national.
- **Un bon pédagogue** : quelles que soient les qualités du moniteur en tant que marin, ses qualités en matière de communication et de pédagogie sont ce qui importe le plus.
- **Patience** : les moniteurs ont énormément besoin de cette qualité lorsqu'on leur demande pour la 50ème fois d'expliquer quelque chose.
- **Sens de l'humour** : après tout, il s'agit de la voile, non de quelque chose de sérieux comme les déclarations d'impôt. Plus les élèves s'amusent, mieux ils apprennent.
- **Aptitude à prévoir d'éventuels problèmes** : cette qualité est liée à l'expérience. Une fois le bateau engagé sous le vent dans un passage étroit bordé de rochers de chaque côté, c'est trop tard.
- **Aptitude à la communication** : la faculté de rendre des choses complexes parfaitement compréhensibles – un peu comme la série d'ouvrages... *pour les nuls* !

JJ RACONTE

Cours de voile pour les femmes

Il existe d'excellent T-shirts pour les couples qui font de la voile. Celui qu'elle porte dit, « Ne crie pas après moi, je fais de mon mieux », et le sien dit, « Je ne crie pas ». Si ces slogans décrivent votre relation à bord d'un voilier, vous pouvez avoir envie de cours de voile spécifiques pour les femmes. Il existe de nombreux programmes de ce type aux Etats-Unis. Un programme organisé par Womanship (basée à Annapolis, dans l'état de Maryland) a des cours spécifiques pour les femmes, y compris un cours intitulé « rentrez chez vous à la voile en toute sécurité », un cours de deux jours conçu pour aider une épouse moins expérimentée à avoir confiance dans son aptitude à revenir au port après que son mari plus expérimenté ait été victime d'un accident.

Autres cours nautiques

Si vous êtes d'humeur à apprendre, vous pouvez aussi envisager des cours en salle de classe. Vous ne trouverez peut-être pas de cours de ce type consacrés de manière spécifique à la voile, mais vous trouverez probablement des cours nautiques génériques sur des sujets tels que la sécurité, l'amarinage, les règles de base en mer (règlement pour prévenir les abordages en mer), la navigation, les noeuds (le matelotage), et le temps. Certains de ces cours sont orientés vers la navigation à moteur, mais la plupart des sujets enseignés en classe s'appliquent aussi bien aux voiliers.

NAVIGATION US

Aux Etats-Unis, contactez la U.S. Coast Guard Safety Hotline au 800-368-5647 ou le Power Squadron au 888-828-3380 pour obtenir davantage d'informations sur ces cours.

Apprendre la voile en vacances

Pourquoi ne pas prendre des leçons de voile pendant vos vacances dans un endroit exotique (et chaud) ? De telles vacances sont un des meilleurs moyens de trouver le temps d'aller sur l'eau en dépit de toutes vos occupations, et d'aller voir d'où souffle le vent. Vous pouvez utiliser les sources d'information mentionnées dans ce chapitre pour trouver une école à votre destination de vacances.

Des milliers et des milliers de navigateurs plus expérimentés prennent des vacances de voile en *louant* des bateaux. Nous traitons de ce type idéal de vacances au Chapitre 17. De nombreuses sociétés de location de voiliers offrent un cours plus avancé destiné à initier un marin expérimenté aux joies de la location de bateau nu (louer un bateau « nu » veut dire sans barreur ni équipage), mais ne vous attendez pas à ce qu'elles vous proposent un stage d'initiation à la voile. Téléphonez d'abord pour voir si c'est envisageable.

La pratique

Après avoir suivi avec succès votre premier cours de voile, pratiquez toutes ces connaissances nouvellement acquises et développez votre niveau d'expérience. De nombreuses écoles proposent des cours de « formation avancée », mais ne vous précipitez pas. Vous devriez consacrer une saison ou davantage à simplement renforcer votre expérience avant d'aborder le niveau suivant de formation. Vos connaissances et vos aptitudes fraîchement acquises s'évanouissent rapidement à défaut d'une pratique régulière.

Nous vous déconseillons d'apprendre la voile avec des amis, mais après avoir acquis les bases dans un cours, c'est une très bonne chose d'avoir des amis marins. Les propriétaires de voiliers sont souvent très heureux de trouver des volontaires enthousiastes pour compléter leur équipage. Il n'est pas indispensable que ce soit des amis de toujours ; faites simplement savoir aux alentours des quais que vous êtes disposé à participer aux manoeuvres du bateau et à préparer des sandwiches. Servir d'équipage à quelqu'un de plus expérimenté est une excellente façon de développer vos propres connaissances.

Vous pouvez aussi profiter de cette occasion pour essayer d'autres types de bateaux. Si vous avez appris sur un quillard, trouvez quelqu'un qui vous emmènera sur un dériveur, ou vice et versa. Naviguer sur différents bateaux est un excellent moyen d'élargir votre horizon, parce chaque bateau est différent par son gréement et par la façon de le manoeuvrer.

A moins que vous n'habitiez près de l'eau à un endroit où vous ne pouvez pas vous passer d'un bateau, vous avez probablement intérêt, pour la phase suivante de votre progression dans ce sport, à louer ou à emprunter des bateaux (si vous avez des amis généreux). Vous pourrez ainsi essayer différents types de bateau et vous éviterez de placer tous vos fonds dans un bateau qui ne vous conviendrait pas. Nous évoquons les considérations relatives à l'achat de votre premier bateau au Chapitre 20.

Beaucoup d'écoles de voile à caractère commercial ont aussi des clubs de voile ou des activités de location de voiliers, et elles sont heureuses de continuer de servir comme clients ceux qu'elles ont formé récemment. La location est une excellente manière de passer du temps à naviguer, sans les agréments (ni les soucis) liés à la possession d'un bateau. Vous pouvez même envisager de faire appel à un moniteur pour un après-midi en mer, au cours duquel vous pourrez affiner ces aptitudes de base que vous mettez en pratique.

Si vous n'êtes pas l'un de ses élèves, une société de location de bateaux risque de demander la preuve de votre niveau d'expérience avant de vous confier l'un de ses bateaux, et c'est aussi l'une des raisons pour lesquelles il vaut mieux suivre des cours dans un établissement homologué. La société de location peut aussi exiger de vous faire « expertiser » sur un bateau particulier par l'un des membres de son personnel avant de vous louer le bateau, quelle que soit l'expérience que vous prétendez avoir.

Le simple fait que vous ayez suivi un cours de voile ne veut pas dire que vous êtes prêt pour une croisière autour du monde. Evitez de naviguer dans des conditions de vent et de mer qui dépassent vos capacités. L'expérience vient avec le temps, et vous en êtes au stade où il faut prendre confiance dans des conditions favorables.

Formation avancée

Après une saison consacrée à l'affinage de vos aptitudes de base à la voile, vous êtes prêt à passer au stade suivant de votre formation. Si vous êtes intéressés par la navigation de plaisance et de croisière sur quillard, vous devez passer aux stades de certification suivants, tels que ceux prévus (aux Etats-Unis) par l'ASA ou l'US Sailing. Par exemple, voici la progression des standards prévus par l'ASA :

- Bases de la voile en quillard
- Bases de la navigation côtière
- Location de bateau nu
- Navigation côtière
- Croisière côtière avancée
- Navigation astronomique
- Navigation hauturière

Le niveau que vous atteindrez dans la structure d'un système de formation dépend du genre de navigation à voile que vous voulez pratiquer et des possibilités que vous avez d'acquérir plus d'expérience et de formation pratique. Après avoir franchi trois ou quatre niveaux de formation en deux années environ, vous pouvez trouver bon d'en rester là. D'autres peuvent aimer le challenge offert par l'ascension dans un système de brevets.

Si vous êtes davantage intéressé par la compétition, il vous faut trouver un bateau sur lequel vous pouvez courir. Faites savoir que vous êtes très désireux de faire partie d'une équipe. Nous ne connaissons pas de meilleure façon d'apprendre les courses à la voile que de se mettre à en faire. Pour en savoir plus sur les compétitions en voile, lisez le Chapitre 16. En dehors de la saison des courses, vous pouvez envisager de participer à des cours sur la compétition à la voile disponibles dans votre région.

Deux séries de cours réputés aux Etats-Unis sont ceux de North U. et Performance Racing. Nous avons enseigné dans ces deux cours ; qui sait, peut-être nous vous y verrons-nous un jour !

Les magazines et les livres de voile

La voile étant une activité à la fois physique et mentale, vous pouvez contribuer à votre formation par la lecture. (Au fait, vous le savez déjà – vous avez ce livre dans les mains.) Nous avons l'un et l'autre accéléré notre formation à la voile en lisant tout ce que nous pouvions sur le sujet. De nombreux magazines de voile offrent une combinaison de formation, de distractions, et d'histoires pour le marin à voile. Celui que nous préférons est *Sailing World* parce qu'il se concentre sur la compétition (et Peter y est éditeur extérieur). D'autres magazines lus dans tous les Etats-Unis sont *Cruising World, Sail, Yachting*, et *Sailing.*

Il y a aussi d'innombrables publications régionales destinées aux marins. Celle qui domine sans discussion possible est LATITUDE 38, de la région de la Baie de San Francisco. Vous trouverez peut-être ces publications gratuitement chez votre shipchandler.

Voici une liste de quelques-uns de nos ouvrages favoris. (Vous trouverez la mention de nos livres préférés pour enfants au Chapitre 18.)

- Nathanial Bowditch, *The American Practical Navigator*
- Erskine Childers, *Riddle of the Sands*
- Paul Elvström, *Expert Dinghy and Keelboat Racing*
- Ernest K. Gann, *Song of the Sirens*
- Alfred Lansing, *Endurance*
- C.A. Marchaj, *Sail Performance*
- Patrick O'Brian, *Master and Commander* (lisez ensuite la série)
- Dave Perry, *Winning in One-Designs*
- John Rousmaniere, *The Annapolis Book of Seamanship*
- Joshua Slocum, *Sailing Alone Around the World*

Voici les ouvrages cités comme « incontournables » par la bibliographie du « Nouveau cours des Glénans » :

- Deniau Jean-François, *La mer est ronde*, Gallimard, 1992
- Duma Vito, *La route impossible*, EMOM, 1991
- Forester Cecil Scott, *Capitaire Hornblower* (*Aspirant de marine* , *Lieutenant de marine, Seul maître à bord, Trésor de guerre* et *Retour à bon port*), Omnibue, 1994
- Gerbault Alain, *Seul à travers l'Atlantique et autres récits*, Grasset, 1991
- Janichon Gérard, *Damien*, Ed. AE, 1994
- Le Toumelin Jean-Yves, *Kurun autour du monde*, Hoëbeke, 1995
- Moitessier Bernard, *Cap Horn à la voile*, Arthaud, 1986
- Moitessier Bernard, *La longue Route*, Arthaud, 1986
- Pestel Yves, *L'Auberge des trois caps*, Albin Michel, 1990
- Slocum Joshua, *Seul autour du monde*, Chiron, 1994
- Stern-Veyrin Olivier, *Solitaire ou pas*, Arthaud, 1987
- Tomalin Nicholas et Hall Ron, *L'Etrange Voyage de Donald Growhurst*, Stock, 1990

Chapitre 3
L'habillement

Dans ce chapitre :

- Etre au chaud
- Rester sec sur un petit bateau
- L'équipement pour le mauvais temps
- Les chaussures
- Emmener ce qu'il faut

Sois vaillant, mais pas trop téméraire. Que ton accoutrement soit confortable, mais non trop coûteux

– John Lyly

Attendez-vous à vous faire mouiller sur un voilier. Peut-être ne recevrez-vous sur le pont que quelques embruns inoffensifs, mais tôt ou tard vous risquez d'avoir affaire à une grosse vague dont le seul but est de s'engouffrer dans le col de votre chemise et de vous tremper complètement, vous et vos vêtements. Si cette eau est de la soupe de Gulf stream à 32° C un jour de grande chaleur, la douche sera bienvenue. Mais par un jour de bourrasques et de temps froid, vous vous devez de rester le plus au sec possible – ce qui implique le port de quelque vêtement extérieur imperméable.

Nous vous recommandons de faire plusieurs sorties à la voile pour découvrir le genre de pratique de la voile que vous préférez avant de dépenser de l'argent en équipements spéciaux pour la voile. Assurez-vous que vos achats correspondent bien à vos besoins. Vous pouvez découvrir que le voilier que vous adorez est une planche à voile, et dans ce cas votre principale acquisition vestimentaire sera une combinaison de plongée (voir la photo de gauche de la Figure 3.1). Ou vous pouvez décider de sortir en dériveur et de porter l'équipement présenté au milieu de la Figure 3.1. Ou vous pouvez vous apercevoir que votre grande passion est la croisière côtière et hauturière en quillard, et vous devez alors investir dans un habillement adapté au mauvais temps pour les jours très humides (voir la photo de droite de la Figure 3.1).

Figure 3.1 : À partir de la gauche, JJ en habit de véliplanchiste ; habillée pour les sorties en dériveur ; et Peter en tenue de mauvais temps doublant le Cap Horn.

L'occasion de sortir le blazer bleu marine

Si quelqu'un de très distingué vous invite à une sortie en mer sur son yacht en même temps que plusieurs centaines de personnes, il y a de bonnes chances que ce yacht soit un bateau à moteur et non un voilier, et vous devez alors porter un blazer bleu marine. Dans toutes les autres circonstances, on s'attend rarement à ce que vous portiez le blazer traditionnel sur l'eau. Les seules occasions où vous porterez ce vêtement ou un habillement pour cocktail party sur l'eau sont les mariage, les baptêmes de bateaux, ou toute autre cérémonie formelle. L'un des plus grands marins internationaux que nous connaissons ne possède même pas de blazer. Mais si vous allez déjeuner au Yacht Club de New York (qui d'ailleurs se trouve au milieu de l'Ile de Manhattan, et non au bord de l'eau), prévoyez de porter un costume et une cravate.

Même lors d'invitations formelles à bord de grands yachts, il vaut toujours mieux porter des chaussures à semelles molles. Les femmes doivent également éviter les chaussures à semelle dure, notamment celles qui ont des talons à aiguille. Si vous êtes invitée à sortir en mer sur un yacht distingué, spécialement s'il s'agit d'un antique bateau en bois, sachez qu'on risque de vous prier de vous déchausser pour ne pas endommager le pont en bois. Veillez alors à ce que les ongles de vos orteils (et ceux de la personne qui vous accompagne – ce qui est toujours encore plus embarrassant) aient été coupés récemment et à ce que vos chaussettes soient présentables.

Devez-vous vous précipiter et acheter toutes sortes de nouveaux vêtements pour aller faire de la voile ? Vous avez vraisemblablement déjà des vêtements à vous qui peuvent très bien convenir pour vos premières sorties. Lorsque vous aurez répéré le type de bateau et le type de sorties en mer que vous préférez, vous pourrez procéder à l'achat d'un ensemble de vêtements pour le mauvais temps, d'une combinaison de plongée, ou de tout équipement plus spécialement adapté à vos besoins. A cet égard, la voile est comme le ski : il existe une gamme étendue de vêtements prévus pour la pratique du sport en question, mais il n'est pas nécessaire de dépenser de grosses sommes d'argent tant que vous pouvez trouver dans votre garde-robes actuelle des vêtements qui conviennent.

Vos besoins vestimentaires dépendent de trois facteurs : le temps, la température de l'eau, et la taille du bateau sur lequel vous sortez. Les considérations sur le temps et la température de l'eau sont assez évidentes : si vous partez faire de la voile au début du printemps sur le lac Ontario, admirable autant que frisquet, vous avez absolument besoin de plus d'épaisseurs de vêtements que votre ami qui décide d'aller passer ses vacances à Key West, en Floride, pour y apprendre la voile.

Mais la taille du bateau intervient aussi dans le choix de ce que vous devez porter, et emporter. A bord d'un petit bateau avec une dérive (les dériveurs et les catamarans), vous êtes très près des vagues – et s'il y a du vent, le bord recevra beaucoup d'embruns. En plus, vous risquez toujours de chavirer et de prendre un bain inopiné, et donc vous devez vous habiller de manière à rester au chaud même si vous êtes mouillé. Sur un plus grand bateau, vous êtes beaucoup plus haut sur l'eau – ce qui vous assure une sortie plus sèche. En outre, les bateaux plus importants (les quillards) résistent au chavirage, et donc vos besoins en matière d'habillement sont différents.

Lorsque j'ai commencé à faire des compétitions, je n'avais pas de vêtements spéciaux pour la voile et je ne n'avais pas les moyens de m'en acheter. Bien sûr, j'ai été complètement trempé et j'ai eu froid plus d'une fois, mais j'y allais pour m'amuser. Dites donc, un peu d'eau n'a jamais fait de mal à personne, surtout si une douche chaude et des vêtements de rechange vous attendent à terre !

Rester chaud + sec = s'amuser

Prévoir ce que vous porterez lors d'une journée sur l'eau s'apparente aux préparatifs d'une longue marche dans la nature. Dans les deux cas, vous devez vous demander si vous serez toujours confortable si vous êtes mouillé ou si l'air est humide.

Dans cette section, nous supposons que vous n'allez pas faire de la voile dès la fin des frimas, et nous examinons les vêtements que vous pouvez apporter pour une journée typique de voile par des vents légers ou modérés au cours des mois d'été.

Plusieurs couches

Lorsque vous vous habillez pour la voile, pensez que la température sur l'eau varie beaucoup plus que la température à terre. Pendant une minute le vent est léger, et vous vous chauffez au soleil, sans chemise ; la minute suivante arrive du vent qui est passé sur toute cette eau froide, et vous êtes pressé de mettre une veste.

Apportez des vêtements qui peuvent être portés en couches successives pour pouvoir varier votre accoutrement selon vos besoins de confort. Les couches de vêtements sont un moyen efficace de rester au chaud lorsque l'air est froid parce que l'air emprisonné entre les couches se réchauffe et agit comme un isolant supplémentaire. Lorsque la température augmente, vous pouvez enlever des couches jusqu'à ce que vous ayez atteint votre niveau de confort.

Couche extérieure

La meilleure façon d'être au chaud sur l'eau est de rester au sec. Ce conseil peut sembler plutôt basique, mais rester au sec sur l'eau demande une certaine prévoyance – particulièrement en ce qui concerne la couche extérieure. Nous vous recommandons comme couche extérieure une veste du type coupe-vent.

Quel que soit l'endroit où je vais faire de la voile, le premier article qui va dans le sac de marin est un coupe-vent (avec une doublure si le temps est frais). Dans toutes les conditions de temps sauf les plus mouillées (ou sous les tropiques !), cette veste est ma couche extérieure pour faire de la voile.

Vous avez probablement déjà une veste de ce type dans votre armoire. A peu près n'importe quelle veste en nylon peut convenir pour 95 pour cent de vos besoins sur voilier. Un coupe-vent un peu trop grand est préférable, car il vous permet de porter au-dessous un sweater et deux couches supplémentaires. De bonnes poches pour mettre les mains au chaud (et y fourrer d'autres choses) sont d'autres attributs agréables.

Des matériaux synthétiques incroyables, qui « respirent » ont été créé pour le marché des activités sportives. Ces tissus sont véritablement étanches à l'eau provenant de l'extérieur, mais ils permettent à la vapeur d'eau de s'échapper depuis l'intérieur, ce qui réduit la sensation de moiteur que donnent la plupart des vêtements imperméables. Vous pouvez envisager finalement l'achat d'une veste dans l'un de ces nouveaux matériaux, mais tenez-vous en à des vêtements simples pour vos premières sorties.

Lorsque vous allez vous faire mouiller

Si vous sortez en dériveur dans les conditions estivales, vous vous amuserez mieux si vous ne cherchez pas trop à rester sec. Voici quelques conseils vestimentaires pour la voile sur dériveur :

- Apportez une serviette de toilette et des vêtements de rechange et laissez-les à terre. Rien n'est pire que de rentrer chez soi en voiture dans des sous-vêtements mouillés et salés.
- Laissez le sac d'équipement à terre. Vous n'avez probablement pas assez de place sur un dériveur pour une bouteille d'eau, un tube de crème solaire, et une veste (qui pourrait être complètement trempée elle aussi).
- Laissez aussi votre portefeuille et les clés de votre voiture à terre, dans un endroit sûr.
- A moins que vous ne veuillez briller comme finaliste des concours de T-shirt mouillé, portez un maillot de bain sous vos vêtements.
- Le coton est très bien pour vous tenir au frais quand il fait chaud, mais il ne retient pas la chaleur lorsqu'il est entièrement trempé. La laine est bien meilleure pour garder la chaleur lorsqu'elle est mouillée, mais des matériaux modernes molletonnés tels que Polyprylene, Capilene, et Polartec sont les meilleures couches sous-jacentes lorsqu'il fait vraiment humide et frais, parce qu'ils renvoient l'eau à l'écart de la couche intérieure de sorte que votre peau reste plus au sec.
- Comme vous êtes toujours assis sur un dériveur, la semelle de vos chaussure a moins d'importance. Des chaussures de combinaison de plongée peuvent être ce qu'il y a de plus confortable.
- Remettez de la crème solaire souvent si vous vous faites mouiller.
- N'oubliez pas de porter un gilet de sauvetage !

Equipement pour le mauvais temps

Qu'il s'agisse d'un dériveur ou d'un quillard, si vous ne voulez vraiment pas être mouillé (même par beau temps), voici les qualités à rechercher dans les vêtements pour le mauvais temps :

- **Style** : une combinaison montant jusqu'à la poitrine et une veste sont ce qu'il y a de plus adaptable et de plus chaud. (Vous rappelez-vous de l'importance des couches multiples ?) En outre, la veste peut être une addition élégante à votre accoutrement une fois à terre. Les vêtements d'une seule pièce ont la faveur des marins sortant sur les petits bateaux (dériveurs et catamarans) parce qu'ils sont moins encombrants et laissent une plus grande liberté de mouvements. Les *combinaisons de plongée* comportent des entourages élastiques au cou et aux poignets.
- **Matériau** : choisissez ce qui vous va, mais ne prenez pas quelque chose de trop luxueux. De nombreux fabricants offrent différentes gammes de vêtements pour le mauvais temps. Les tissus légers sont faits pour les coureurs très actifs sur de petits bateaux dans un contexte tempéré, et l'équipement « à l'épreuve des balles » est fait pour naviguer en haute mer par temps froid. Dans le doute, prenez un équipement de poids moyen.
- **De la place pour bouger** : vous devez pouvoir bouger dans tous les sens, même lorsque vous portez au-dessous toutes les couches prévues pour avoir chaud. Le slogan américain *bigger is better* (si c'est plus grand, c'est mieux) est ici amplement justifié.
- **Construction** : l'eau peut passer par les coutures, et vous devez veiller à ce que les coutures soient scellées à l'intérieur par des bandes de tissus. Vérifiez qu'il y a du tissus supplémentaire au niveau du postérieur et des genoux – ces régions peuvent s'user au contact des surfaces rugueuses d'un bateau.
- **Capuchon** : un capuchon intégré qui peut être roulé et caché sous le col est extrêmement précieux lorsqu'il commence à pleuvoir.
- **Poches** : assurez-vous que la combinaison et la veste ont des poches – plus il y en a et plus elles sont grandes, mieux cela vaut.
- **Couleur** : choisissez des couleurs vives qui permettent de vous distinguer dans la foule – et surtout pour qu'on puisse vous voir si vous tombez par-dessus bord. Evitez des vêtements extérieurs blancs ou bleus qui vous rendraient difficile à distinguer dans l'eau.

Sur vos pieds

Faire de la voile pieds nus peut sembler une bonne façon d'être au contact de la nature, mais le déplacement sur un bateau sans chaussures est le meilleur moyen de se cogner les doigts de pied – ou pis encore. A bord de tout bateau assez grand dont vous allez parcourir le pont glissant et humide, des chaussures antidérapantes font partie de l'équipement indispensable. Evitez des chaussures dont la semelle est découpée pour accrocher dans les sols meubles, et prenez par exemple ce que vous portez sur un court de tennis ou de basket. Vous possédez probablement une paire de chaussure de sport à semelle souple qui convient pour votre première saison de voile.

Pendant des années, j'ai porté des chaussures de sport sur les grands bateaux de course parce qu'elles étaient beaucoup plus confortables que les chaussures de bateau en cuir, et parce qu'elle donnaient une bonne prise sur une plage avant glissante. Il y a quelques années, les fabricants de chaussures ont lancé des chaussures de sport avec une semelle véritablement antidérapante faite pour le bateau. Je porte désormais ces chaussures jusqu'à ce que le temps devienne tellement humide que je suis obligé de sortir les *sea boots* (des chaussures très montantes et imperméables).

Certaines semelles de chaussure conviennent très bien pour le bateau (nous trouvons que les semelles en caoutchouc souple comportant de nombreuses rainures pour s'agripper au pont sont ce qu'il y a de mieux). Si vous trouvez que vous glissez sur le pont dans vos chaussures habituelles, envisagez de vous acheter une paire de chaussures spéciales pour la voile.

Emporter l'équipement adéquat

Votre sac de marin doit comporter les articles suivants :

- **Gilet de sauvetage** : même si vous êtes capable de traverser la Manche à la nage pendant votre sommeil, assurez-vous que vous avez votre gilet de sauvetage à bord avant de partir en mer. Si vous sortez avec des amis ou si vous prenez des leçons, des gilets de sauvetages seront probablement fournis, mais posez toujours la question pour en être sûr. Si vous succombez au virus de la voile (et son effet est considérable !), vous devez vous acheter votre propre gilet de sauvetage – notamment si vous prévoyez de sortir sur de petits bateaux (dériveurs ou catamarans). Consultez le Chapitre 7 pour voir tout ce que vous devez savoir sur les gilets de sauvetage. Les gilets de sauvetage étaient autrefois encombrants et inconfortables, mais vous pouvez trouver aujourd'hui des gilets homologués (en Europe, conformes à la réglementation CE, en vigueur depuis le 30 juin 1995 – aux Etats-Unis, approuvés par les U.S. Coast Guards –) qui sont confortables et ne gênent pas les mouvements. Un jour humide et venté, une gilet de sauvetage peut représenter une couche de vêtement supplémentaire bien agréable !
- **Une veste ou des affaires pour le mauvais temps et/ou un maillot de bain** : vous êtes ainsi couvert pour les conditions de temps aux deux extrêmes.
- **Des chaussures à semelles de caoutchouc antidérapantes** : ne quittez pas la côte sans les emporter.

- **Ce qu'il faut pour le soleil – lunettes de soleil, chapeau, et crème solaire** : la lumière du soleil (même par un temps légèrement couvert), en se réfléchissant sur la surface de l'eau et des voiles, rend ces articles indispensables. N'oubliez pas de prévoir une ficelle ou autre système de retenue pour vos lunettes de soleil et votre chapeau. Nous avons prouvé au-delà de toute possibilité de doute que les lunettes de soleil coulent.

  Si nous devons passer toute la journée au soleil, nous mettons de la crème solaire dès le matin, lorsque nous nous brossons les dents, parce que la crème solaire est plus efficace si elle a eu le temps de pénétrer la peau. (Ne confondez pas toutefois votre crème solaire et votre dentifrice.) Puis nous remettons de la crème avant d'aller sur l'eau, et nous essayons de penser à en remettre une autre couche deux fois durant la journée. N'oubliez pas de mettre de la crème solaire derrière votre cou, sur vos oreilles, et sur le dessus de vos mains, et utilisez un produit offrant un niveau de protection voisin de celui de l'écran total.

  Lorsque je navigue sous les tropiques, je porte pendant une journée entière, tous les deux ou trois jours, une chemise à manches longues (une vieille chemise qui se boutonne jusque en bas) et un pantalon léger, uniquement pour reposer ma peau du soleil.

- **Gants** : les gants de voile sont un bon investissement, à moins que votre autre hobby ne soit l'escalade et que vos mains soient bien calleuses. Allez chez votre shipchandler local (magasin d'articles pour le bateau) et choisissez-en une bonne paire. Les gants laissant passer les doigts sont les meilleurs parce que vous pouvez toujours utiliser vos doigts pour faire des noeuds et pour ouvrir la boîte qui contient votre déjeuner.
- **Maintien des cheveux** : arrangez les longs cheveux en queue de cheval ou en tresses. Les cheveux longs peuvent se prendre dans les cordages et les poulies et être arrachés par paquets. (Cela fait mal rien que d'y penser – aie !)
- **Eau** : boire beaucoup d'eau les jours chaud est indispensable pour éviter la déshydratation, ct donc placez-en une bouteille de plus dans votre sac. Evitez l'alcool si vous devez manoeuvrer un bateau, exactement comme lorsque vous devez conduire une voiture.
- **En–cas** : si vous disposez d'une pomme ou d'une orange de plus (évitez les fruits qui peuvent s'écraser), ou d'une barre de pâte de fruits ou d'une barre énergétique, les autres apprécieront votre prévoyance si votre brève sortie en mer se transforme en une sortie de trois heures.
- **Le choix du marin** : nous ne sommes pas du même avis sur ce point. JJ veut un téléphone portable (en bonne Californienne), mais Peter apporterait un couteau (« le meilleur ami du marin »). Votre choix peut être des pilules contre le mal de mer.

Ce que vous devez laisser à terre

Laissez vos bijoux à la maison – vous ne voulez pas voir les perles de votre grand-mère disparaître par-dessus bord. Enlevez aussi vos bagues, car vous devrez saisir des cordages avec vos mains, et les bagues peuvent vous pincer les doigts (ou pis encore !). Tout article vestimentaire ou ustensile (tel qu'un appareil photo) que l'eau peut abîmer doit rester à terre. (Si vous devez en apporter un, placez-le au moins dans un sac dont le haut comporte une fermeture éclair.) Répétons-le – la voile est un sport humide, et même les grands bateaux peuvent être mouillés à l'intérieur.

Rangement de vos affaires

Si le bateau est assez grand pour comporter une cabine en dessous, placez-y votre sac de marin, de préférence sur le côté sur une couchette ou dans un placard pour que les gens ne marchent pas dessus. Ne posez pas votre sac sur le sol où l'eau peut s'accumuler. Mettez vos vêtements supplémentaires dans un petit sac ou un sac à dos qui ferme bien. Dans le meilleur des cas, ce sac sera étanche – ou en tout cas, il résistera à la pénétration de l'eau. Laissez à la maison votre élégant sac de cuir ou votre valise, et n'emportez que ce dont vous avez besoin – il est mal vu d'apporter trop de choses sur le bateau d'un autre.

Si vous faites de la voile sur un dériveur, vous n'y trouverez guère, ou pas du tout, d'espace de rangement vraiment sec. Toutes vos affaires (et vous-même) peuvent être mouillées, et donc vous devez emporter le minimum de choses et essayer de trouver une bonne place pour les arrimer – peut-être trouverez-vous quelque part un sac en filet, ou encore vous pourrez attacher votre veste là où elle ne gênera pas.

Notre ultime conseil relatif à l'éternelle question « que dois-je mettre ? » est de demander l'avis des gens avec qui vous partez faire de la voile. Ils ont les meilleures idées sur ce qui marche bien sur leur bateau.

Deuxième partie

Préparation à l'appareillage – les bases de la voile

Dans cette partie…

Supposons que vous vous teniez au bord d'un lac, prêt à aller nager. Etes-vous comme ceux qui démarrent en courant et qui plongent ? Ou restez-vous au bord en trempant d'abord un doigt de pied dans l'eau avant d'y entrer progressivement ? Si vous faites partie du premier groupe, vous avez probablement ouvert le livre juste au niveau de cette partie – et c'est très bien ainsi. Il s'agit de la partie du livre qui est la plus utile aux débutants, celle qui vous présente les bases de la voile. Elle indique aussi de quelle manière préparer votre bateau pour partir à la voile (c'est-à-dire comment l'*armer*) et comment le mettre à l'eau (c'est-à-dire comment le *lancer*). Naturellement, nous espérons que vous êtes assez emballé par ce sport pour continuer votre lecture (et même revenir en arrière pour voir ce que vous avez manqué dans la première partie).

Chapitre 4

Avant de quitter le quai

Dans ce chapitre :

- Monter à bord
- Gréer le bateau
- Hisser les voiles
- S'asseoir dans le bateau
- Barrer le bateau

Et traversés toutes voiles dehors, les méridiens défilent
Ton but – encore une rive au-delà du désir !
Les tours vertes de la mer vociférantes qui se balancent. Au-delà

– Hart Crane

Monter à bord d'un voilier peut être plus délicat que vous ne le pensez, surtout sur un petit bateau. Comme vous ne voulez pas passer pour un lourdaud auprès des équipiers, vous avez intérêt à faire attention à cette opération. Une fois parvenu à bord (nous espérons que vous êtes toujours sec), vous devez préparer le bateau à appareiller en accrochant tout ce qui doit l'être et en faisant monter les voiles. A la suite de ce processus consistant à *armer* le bateau et à *hisser* les voiles, vous êtes probablement prêt à partir à la voile depuis le quai. Cependant, à certains endroits, tels que des marinas ou il y a de nombreux bateaux tout autour, vous pouvez avoir à partir au moteur vers les eaux plus libres avant de hisser les voiles et de vous amuser.

La plupart des marins débutants ont avec eux un moniteur de voile ou un ami expérimenté qui installe le mât (on dit gréer le mât, ou mâter) et qui *lance le bateau* (qui le met à l'eau). Dans ce chapitre, nous supposons que le bateau est déjà lancé et attaché à un quai ou un *mouillage permanent* (un flotteur relié au fond de façon permanente). Si vous devez mâter ou lancer le bateau, voyez le Chapitre 6.

Dans ce chapitre, nous examinons principalement les gréements que l'on trouve habituellement sur de petits quillards (de 6 à 8 mètres), ce qui fournit une excellente introduction aux différents composants impliqués dans le processus du gréement, quel que soit le bateau considéré. Toutefois, tous les bateaux sont différents, et le gréement du vôtre peut comporter certaines opérations spécifiques du type de bateau. C'est pourquoi nous vous recommandons de gréer le bateau avec un moniteur ou quelqu'un qui connaît votre bateau.

Monter à bord

La façon de monter à bord dépend du type de bateau. Cette section comporte des conseils pour monter à bord de toutes sortes de bateaux. Nous commençons par les bateaux moins stables – les dériveurs – et nous verrons ensuite comment monter à bord d'un quillard de bonne taille.

Monter à bord d'un dériveur

Les *dériveurs*, comme nous l'expliquons au Chapitre 1, sont des bateaux plus petits (habituellement de moins de 6 mètres) qui ne peuvent pas avoir de lest dans leur dérive amovible. Vous vous rappelez peut-être aussi que les dériveurs peuvent chavirer. Comme il s'agit d'un livre sur l'apprentissage de la voile et non celui de la natation, veillez à ce que votre premier pas dans un dériveur soit aussi proche que possible de son axe (une ligne imaginaire qui passe par le centre du bateau et qui va d'une extrémité à l'autre), et proche du milieu du bateau entre l'*étrave* et la *poupe* (l'avant et l'arrière). Vous savez maintenant pourquoi nous suggérons que vous mettiez vos affaires dans un sac – c'est pour que vous puissiez facilement le passer à quelqu'un qui est déjà à bord ou le jeter dans le *cockpit* (l'intérieur du bateau, où s'assoient les équipiers). Vous avez besoin de vos deux mains libres pour monter sur le bateau.

Si le bateau a des câbles (*haubans*) reliant le mât (en haut ou près de son sommet) aux côtés droit et gauche du bateau pour le maintenir, vous pouvez tenir l'un d'eux pour rester en équilibre et garder le bateau près de vous tandis que vous mettez un pied à bord. Vous pouvez aussi envisager de partir d'une position assise ou accroupie sur le quai. En tout cas, ayez votre centre de gravité le plus bas possible et aussi proche que possible de l'axe du bateau, comme sur la Figure 4.1.

Figure 4.1 : JJ montre comment rester au sec en grimpant sur un dériveur.

Il n'est pas facile de raconter des histoires drôles à propos de chutes dans l'eau depuis le quai, parce que même si nous sommes déjà tombés dans l'eau en montant à bord, nous n'écrirons jamais sur ce sujet – c'est trop embarrassant.

Faire descendre la *dérive* tout en bas augmente la stabilité du bateau, ce qui permet de s'y déplacer plus facilement. Pour cette raison, descendre la dérive est la première chose à faire une fois à bord.

Le bateau est beaucoup plus stable lorsqu'il avance et reçoit la pression du vent sur ses voiles, mais jusqu'au moment où vous naviguez, maintenez votre poids aussi bas et aussi proche de l'axe du bateau que possible tandis que vous gréez le bateau.

Monter à bord d'un quillard

Bien que les quillards aient une plus grande stabilité, grâce à leur quille lestée, il peut aussi être difficile de monter à bord d'un quillard. Plus le bateau est grand, plus le *franc-bord* est haut (le franc-bord est la distance entre le pont et l'eau). Les quillards plus grands (au-dessus de 8 mètres) ont habituellement des *filières* (un pourtour en fil de fer tout autour du pont, supporté par des tiges métalliques qu'on appelle des *chandeliers*). Les filières aident l'équipage à rester à bord, mais elles peuvent être difficiles à escalader en montant à bord.

Les plus petits quillards n'ont souvent pas de filières, de sorte que vous pouvez utiliser les mêmes techniques pour monter à leur bord que celles décrites pour les dériveurs. En revanche, monter à bord d'un grand quillard comportant des filières depuis un quai situé au niveau de l'eau demande d'autres méthodes. Peut-être y a-t-il des escaliers conduisant à une grille d'ouverture dans les filières, vous donnant la sensation d'être en train de monter à bord du *Queen Mary*. Ou encore, sur certains bateaux, un *tableau* (la partie arrière) ouvert peut permettre de monter à bord sans aucun effort. Mais si vous devez escalader les filières, essayez d'attraper une filière d'une main, puis de lancer une jambe par-dessus les filières, un peu comme pour monter à cheval, comme on peut le voir sur la Figure 4.2.

Figure 4.2 : Peter grimpe par-dessus les filières d'un quillard.

CONSEIL

Si vous pouvez attraper un hauban, évitez d'utiliser comme support une filière ou un chandelier, qui pourraient ne pas être assez solides pour supporter votre poids.

Si vous n'êtes pas tenté par cette sorte de gymnastique, et si les filières ne comportent pas une porte, ou si le tableau n'a pas d'ouverture pour faciliter votre entrée, vous pouvez toujours grimper à bord en passant à quatre pattes à travers les filières. Votre ego supportera mieux ce manque de dignité que votre abandon sur le quai.

Armement du bateau

Vous *armez* le bateau (vous le préparer à partir à la voile) en mettant en place tous les éléments nécessaires, y compris les voiles. La meilleure façon d'apprendre à armer un bateau est d'observer quelqu'un d'autre effectuant cette opération puis d'essayer de le faire vous-même la fois suivante.

Jusqu'à ce que vous ayez acquis suffisamment d'expérience, vérifiez toujours avec votre moniteur ou un marin compétent que tout est gréé correctement avant de hisser les voiles.

Même lorsque Peter et moi partons sur un nouveau bateau, nous finissons toujours par poser au propriétaire quelques questions sur le gréement de son bateau – par exemple des questions sur la fixation de différentes manœuvres (éléments du gréement courant servant à la manœuvre du bateau). (Bien sûr, je pose plus facilement des questions que Peter – exactement comme dans notre voiture, il ne demande jamais son chemin, même si nous nous sommes complètement perdus.)

Préparation des voiles

Lors de notre présentation du processus de gréement des voiles, tenez compte du fait qu'il en existe de nombreuses variantes. Par exemple, sur certains bateaux vous conservez la voile (repliée, on dit ferlée) sur la bôme, sous une bâche pour la protéger du soleil. En pareil cas, enlevez la bâche et passez à la section relative au gréement de la drisse.

Préparation de la grand-voile

La première voile qui doit être préparée est la grand-voile. Vous pouvez avoir à sortir la voile de son sac et à l'étendre sur le pont, toujours repliée, son bord avant (le *guindant*) dirigé vers l'avant du bateau.

Insertion des lattes

Commencez par vérifier si la grand-voile comporte des lattes que vous devez insérer. Les lattes sont des plaquettes de bois ou de fibre de verre que vous insérez dans des poches appelées goussets, perpendiculairement au bord arrière de la voile, qui s'appelle la chute, de la manière indiquée sur la Figure 4.3. Les lattes contribuent à donner à la voile sa forme d'aile et à la protéger d'un faseyement excessif (le flottement de la voile, tel un drapeau dans le vent).

Figure 4.3 : Insérez les lattes dans les goussets.

Si l'une des extrémités de la latte est plus flexible, insérez-la par cette extrémité.

Assurez-vous que les lattes sont bien fixées et ne peuvent pas glisser hors de leurs goussets lorsque les voiles *faseyent* (battent dans le vent). Les fabricants de voiles utilisent différents systèmes pour maintenir les lattes en place. Nous rajoutons souvent du ruban collant solide ou des points en fil à voile par-dessus les ouvertures des goussets pour être sûr que les lattes ne s'envoleront pas un jour de grand vent.

Enverguer la bordure

Si la *bordure* (bord inférieur) de la voile comporte une *ralingue* (un cordage, parfois recouvert de tissus) cousue tout du long, vous devez alors faire glisser la bordure dans la gorge située en haut de la bôme. (Cela s'appelle *enverguer la bordure dans la gorge de la bôme*.) Commencez par le *point d'écoute* (le coin arrière inférieur) de la voile et faites-le glisser tout le long de la bôme d'avant en arrière, de la manière illustrée par la Figure 4.4. Ce processus nécessite habituellement l'intervention de deux équipiers – un qui alimente la ralingue dans la gorge et l'autre qui tient la voile et l'aide à glisser. Au lieu d'une ralingue, certaines grand-voiles comportent des coulisseaux – petites glissières de métal ou de plastique – fixés le long de la bordure et que vous faites glisser dans la gorge de la bôme, de la même manière que dans le cas d'une ralingue.

Les grand-voiles conçues sans ralingue ni coulisseaux sur la bordure sont dites voiles *à bordure libre*. Pour ces voiles, vous n'avez pas besoin de la section précédente et vous pouvez aller directement aux sections relatives à la fixation du point d'amure et du point d'écoute.

Figure 4.4 : On fait glisser (ou envergue) la ralingue de la grand-voile dans la gorge de la bôme.

Fixation du point d'amure

Le *point d'amure* (le coin inférieur avant) de la grand-voile se fixe habituellement à un système d'attache placé à l'extrémité avant de la bôme ou placé sur le *vit-de-mulet* – on appelle ainsi une ferrure articulée qui relie la bôme au mât et lui permet de pivoter horizontalement et verticalement – illustré par la Figure 4.5. La préparation de la grand-voile commence à ressembler à une description anatomique du genre « ... l'os de la hanche est rattaché au fémur... », mais restez branché, tout cela prend un sens une fois que tout est assemblé.

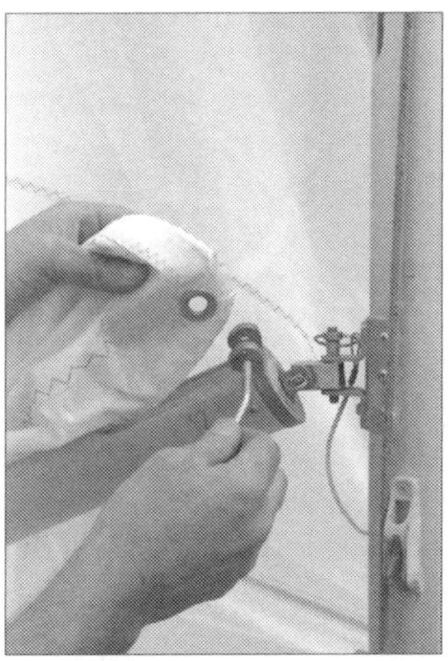

Figure 4.5 : On fixe le point d'amure sur le système d'attache à l'avant de la bôme.

Chacun des trois coins de la voile est pourvu d'un œillet ou d'une boucle qui permet de le fixer à une manœuvre (cordage servant à manœuvrer le bateau) ou au système d'attache adéquats. Un *œillet* est un anneau en métal ou en plastique inséré dans une voile. Le plus souvent, on utilise une *manille* (un système d'accrochage en forme de U fermé par une barrette) pour relier l'un des trois points d'attache d'une voile (point d'amure, point d'écoute, ou point de drisse – dont nous verrons le rôle plus loin) à l'élément approprié du gréement. (Voir à l'annexe B comment faire un *nœud de chaise*, le meilleur nœud pour attacher une manœuvre à une voile.)

Fixation du point d'écoute

Attachez ensuite (habituellement au moyen d'une manille) le point d'écoute à la *bosse d'empointure* (*ou bosse d'écoute*) (un bout, c'est-à-dire un cordage) qui passe par l'extrémité de la bôme et sert à tendre (on dit *étarquer*) la bordure lors du gréement ou à régler sa tension (on dit son *étarquage*) une fois en mer.

Certains petits dériveurs (habituellement de moins de 5 mètres) doivent être lancés avec leur grand-voile déjà hissée et faseyante (flottant au vent). Sur ces bateaux, fixer le point d'écoute est la dernière chose que vous faites avant de quitter le quai. Mais sur la plupart des bateaux, l'approche la plus commode consiste à fixer les coins inférieurs de la grand-voile (le point d'amure et le point d'écoute) avant de hisser. Après avoir relié le point d'écoute à la bosse d'empointure (ou bosse d'écoute), étarquez suffisamment cette bosse et fixez-la.

Fixation de la drisse

Pour hisser la voile jusque en haut du mât, on utilise une *drisse*. Une drisse est un cordage ou un câble, attaché au *point de drisse* au niveau de la *têtière* (le coin supérieur, renforcé) de la voile, et qui est gréé de telle manière que vous puissiez hisser la voile jusque en haut du mât depuis le cockpit.

Avant de fixer la drisse sur la voile, tendez-la et regardez en haut, en la suivant du regard jusque en haut du mât. Défaites tout tour ou emmêlement éventuel de la drisse avant de la relier à la voile.

La drisse est fixée au point de drisse par une manille ou un nœud, de préférence un nœud de chaise. Vous trouverez toutes les indications nécessaires sur les nœuds à l'Annexe B.

Assurez-vous toujours que la drisse est attachée de façon sûre. Utilisez des pinces pour serrer une *manille à visser* ou assurez-vous que votre nœud de chaise tient bien.

L'un des moments les plus embarrassants sur un bateau est lorsqu'un équipier hisse une voile de travers. Ne riez pas, nous l'avons tous fait en confondant les coins de la voile lors du gréement. Vous pouvez souvent les repérer par la position des *ralingues* (par exemple, seul le point d'amure peut avoir une ralingue – un cordage cousu sur le bord de la voile – sur chacun des deux côtés de l'angle où il se situe) ou par l'ouverture de l'angle (la têtière – partie renforcée au sommet de la voile et comportant le point de drisse – forme habituellement l'angle le plus fermé), ou vous pouvez inscrire le nom de chaque coin sur la voile.

Alimenter le guindant de la grand-voile dans le mât.

Non, le *guindant* (le bord avant de la voile) n'est pas un animal affamé. Alimenter le guindant consiste à engager son extrémité supérieure dans la gorge située à l'arrière du mât juste au-dessus de la bôme – suivant le même processus que celui utilisé pour enverguer la bordure dans la gorge de la bôme. Sur certains bateaux, vous alimentez environ cinquante centimètres de voile dans le mât avant de hisser ; sur d'autres, en revanche, vous n'attachez pas la drisse, vous laissez la têtière sur le pont ou vous l'attachez à la bôme, et vous attendez jusqu'au moment de hisser.

Gréement du foc

Si votre bateau a un foc, voici comment se préparer à hisser cette voile située à l'avant. (Un *génois* est un grand foc. Pour plus de simplicité, nous utiliserons systématiquement le terme *foc*.)

1. **Sortez le foc de son sac et placez-le sur la plage avant dans le sens de la longueur, le *guindant* (le bord avant) tourné vers l'étrave.**

   Les focs sont fixés aux trois coins (qui heureusement s'appellent comme pour la grand-voile *point de drisse, point d'amure*, et *point d'écoute*), et en plus le long du guindant.

2. **Fixez le point d'amure sur une manille ou une ferrure près de l'étrave.**

3. **Préparez le guindant en vue de hisser le foc.**

   Le système utilisé pour fixer le foc sur l'*étai* (un câble de support du mât allant du sommet du mât jusqu'à l'étrave) peut varier d'un bateau à l'autre. Certaines voiles s'attachent au moyen de *mousquetons* placés à intervalles réguliers le long du guindant de la voile. D'autres ont une *ralingue de guindant*, similaires aux ralingues de la bordure et du guindant d'une grand-voile, susceptible de glisser dans une tringle intégrée dans l'étai ou une tringle qui lui est rattachée. Avec un tel système, la ralingue doit être alimentée au fur et à mesure que le foc est hissé. Dans le cas d'un foc comportant des mousquetons, vous les accrochez sur l'étai (en commençant par ceux du bas et en continuant vers le haut) sans hisser la voile, de la façon illustrée par la Figure 4.6.

4. **Fixez la drisse en haut du foc.**

   Comme dans le cas de la drisse de grand-voile, tirez sur la drisse de foc et étarquez-la (tendez-la) et assurez-vous qu'elle n'est pas emmêlée.

Figure 4.6 : Ce foc est prêt à être hissé, avec ses mousquetons accrochés sur l'étai.

5. **Fixez les écoutes de foc, en vous assurant qu'elles sont passées dans les poulies et les taquets appropriés sur chaque bord du bateau.**

   Il existe de nombreux systèmes d'écoute de foc différents. Les écoutes (il y en a deux, une de chaque côté) peuvent être reliées à la voile par un nœud de chaise (le voici encore, ce nœud !) ou une manille, et elles sont ensuite passées jusqu'au cockpit, depuis lequel elles sont manœuvrées par l'équipage. Les écoutes de foc doivent être gréées par un chemin spécifique pouvant les faire passer à travers plusieurs poulies ou filoirs. La Figure 4.7 présente le système d'écoute de foc d'un dériveur typique.

Figure 4.7 : Écoute de foc d'un dériveur de la classe 420.

6. **Attachez le foc pour qu'il ne s'envole pas dans l'eau avant d'être hissé.**

Check-list avant de hisser les voiles

Avant de hisser les voiles, assurez-vous que tout est prêt et que vous pouvez partir. Lorsque vous avez hissé les voiles, elles commencent à battre dans le vent – ce qui, bien que cela soit sans danger, n'est pas très digne pour un marin, parce que ces battements entraînent une usure supplémentaire des voiles. C'est pourquoi vous devez partir à la voile le plus vite possible après avoir hissé les voiles. Voici une check-list à utiliser pour être sûr que vous êtes prêt à partir :

CONSEIL

- **Le bateau est dans une bonne position pour partir et il pointe dans la direction du vent**. Essayer de hisser la grand-voile avant d'avoir mis le bateau dans la direction du vent est une erreur souvent commise par les débutants. Si le bateau ne pointe pas dans la direction du vent (n'est pas vent debout), il peut être impossible de hisser la grand-voile, car le vent la gonfle dès qu'elle est hissée partiellement, ce qui exerce une tension trop importante sur la drisse. Après avoir déterminé d'où vient le vent (voir Chapitre 5), pensez à la façon dont vous pouvez placer votre bateau pour qu'il pointe vers le vent. Un bateau fixé par l'étrave pointe naturellement dans le vent (à moins qu'il ne subisse l'effet d'un courant important).
- **Les manœuvres – tout particulièrement la grande écoute (c'est-à-dire l'écoute de la grand-voile) et les écoutes de foc sont correctement gréées et ont beaucoup de mou (on dit qu'elles sont choquées).**
- **Tout le monde est à bord.**
- **Les gilets de sauvetage et les équipements de sécurité sont prêts et à portée de main**. Le Chapitre 7 traite de la sécurité.
- **Tout ce qui pourrait bouger est *saisi* (attaché avec un bout).**
- **La grand-voile et le foc sont gréés et prêts à hisser.**
- **Le safran (et la dérive si votre bateau en a une) sont abaissés et *assurés* (fixés de telles manière qu'ils restent en place ou ne puissent être perdus)**. Assurez le safran pour être sûr qu'il ne quitte pas le bateau si vous chavirez. La plupart des dériveurs ont un système de verrouillage à ressort ou une bosse (un bout – un cordage) pour empêcher le safran de glisser et de s'échapper si le bateau chavire. Pour les dériveurs équipés d'une dérive sabre, utilisez un bout pour le retenir (un sandow convient bien) et ajuster sa position plus ou moins haut tout en le maintenant attaché au bateau en cas de chavirage.
- **Vous avez les vêtements qu'il faut et vous avez mis de la crème solaire.**

Avant de hisser, assurez-vous qu'il y a assez d'eau autour de vous pour partir à la voile sans encombre. Rien n'est plus embarrassant que de quitter le quai pour aller se cogner contre un bateau adjacent. Pensant à cet avertissement, vous pouvez envisager d'emmener le bateau, avant de hisser, en le tirant depuis le quai jusqu'à un emplacement moins embouteillé.

Hisser les voiles

Vous êtes maintenant prêt à hisser les voiles. La règle générale est de hisser d'abord la grand-voile, mais le choix de la voile hissée en premier n'a pas une importance considérable. Néanmoins, vous pouvez décider de partir avec seulement la grand-voile, remettant à plus tard l'attrait et les responsabilités supplémentaires qu'implique l'utilisation du foc.

Hisser la grand-voile

Comme nous l'avons indiqué plus haut dans ce chapitre, vous devez alimenter manuellement le guindant de la grand-voile dans le mât pour la hisser. Si vous n'êtes pas vigilant, le guindant se coince régulièrement pendant que vous hissez. Sur un dériveur, vous pouvez avoir à alimenter le guindant vous-même tout en hissant. Sur un quillard assez important, un équipier doit être debout près du mât pour guider le guindant dans la gorge du mât, de la manière présentée sur la Figure 4.8. Quelqu'un d'autre (s'il le faut, une troisième personne) peut alors tirer lentement et régulièrement sur la drisse.

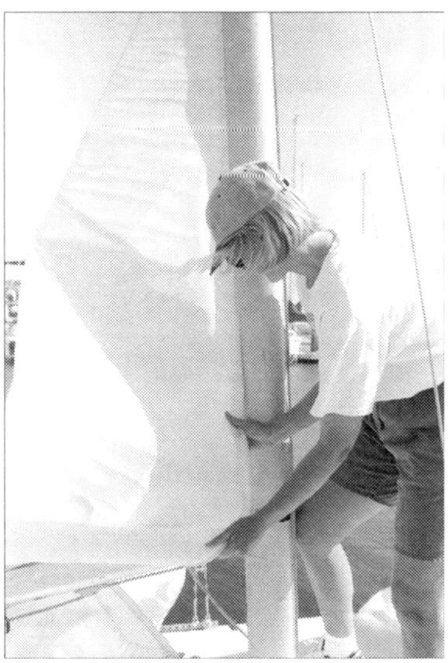

Figure 4.8 : Guidage du guindant de la grand-voile dans la gorge du mât pendant que l'on hisse.

Il faut bien se distinguer des autres, n'est-ce pas ?

Votre bateau peut être gréé différemment, mais l'armement d'un bateau comporte toujours plusieurs des étapes décrites dans ce chapitre. Certains bateaux ont un foc gréé de façon permanente sur un *enrouleur de foc*, de sorte que le foc reste enroulé autour de l'étai même à quai, comme on peut le voir sur la figure. Pour dérouler le foc, tout ce que vous devez faire est de tirer sur un bout !

Certains bateaux (y compris les planches à voile) n'ont même pas de drisse de grand-voile. La grand-voile de ces bateaux comporte un manchon le long du guindant, lequel s'enfile sur le mât comme un gant sur un doigt. Le mât et la voile sont ensuite gréés ensemble sur le bateau. Le Chapitre 6 montre comment gréer le mât (comment *mâter*), et le Chapitre 14 explique le gréement des planches à voile.

Voici quelques exceptions indiscutables à la règle « hisser d'abord la grand-voile » :

- Si le quai est orienté de telle façon que vous ne puissiez pas pointer le bateau vers le vent, vous pouvez avoir à hisser le foc d'abord et à partir vent arrière jusqu'à un point où vous pourrez pointer l'étrave vers le vent et hisser la grand-voile. Cette opération étant néanmoins délicate, ne la tentez pas sans avoir à bord un moniteur ou un marin expérimenté.
- Certains dériveurs exigent que le foc soit hissé en premier parce que l'étarquage (la tension) de la drisse du foc sert à maintenir le mât en place sur le bateau.

Hisser la grand-voile avec un winch

Les bateaux de plus de 8 mètres peuvent avoir un winch pour aider à tirer sur les drisses. Un *winch* est un tambour tournant sur un axe vertical, dans lequel on peut placer une manivelle dont la longueur donne à l'opérateur plus de force pour embraquer ou étarquer une manœuvre sous tension ; on dit aussi *cabestan*, mais ce terme ancien désigne plutôt les appareils servant sur de gros bateaux et n'est guère utilisé par les plaisanciers. Voyez au Chapitre 6 la façon d'utiliser un winch.

Pour tirer sur la drisse de grand-voile au moyen d'un winch, commencez par faire deux tours de la drisse dans le sens des aiguilles d'une montre autour du tambour (de la *poupée*) du winch. Vous devez faire juste assez de tours pour vous permettre de tenir la manœuvre sans qu'elle glisse. Quand la tension augmente (lorsque la voile est partiellement hissée), vous devez ajouter un ou deux tours.

Même avec un winch, la manière la plus facile de hisser une voile sur un bateau assez gros est de tirer sur la drisse au niveau du mât. Demandez à un équipier de se placer près du mât à la sortie de la drisse (probablement au-dessus de sa tête – sinon l'opération sera inefficace). Il est alors dans une position avantageuse du point de vue mécanique pour tirer sur la drisse. Tandis qu'il tire, une autre personne dans le cockpit embraque le mou de la drisse en tirant sur la drisse entourée autour du winch. Lorsque la voile s'approche du haut du mât, la charge peut augmenter tellement que l'action de l'équipier près du mât devient inefficace. Vous devez alors utiliser la manivelle pour faire tourner le winch (toujours dans le sens des aiguilles d'une montre) jusqu'à ce que la voile arrive tout en haut.

Erreurs à éviter

Un problème fréquemment rencontré en hissant la grand-voile est le coincement de la ralingue du guindant, ce qui ne permet plus de tirer sur la drisse. Si la ralingue se coince, cessez de tirer sur la drisse et choquez-la (donnez-lui du mou) jusqu'à ce que l'équipier qui alimente la voile dans le mât ait pu remédier au coincement et préparer la voile pour qu'elle puisse de nouveau grimper proprement. Si vous hissez la drisse, surveillez l'endroit où la voile s'engage dans le mât pour voir si un problème est sur le point de survenir.

Veillez à ce que la *grande écoute* (la manœuvre qui sert à régler la grand-voile et est fixée à la bôme) ait beaucoup de mou et ne soit pas sur un taquet. Autrement, la voile se gonfle dès qu'elle est hissée à moitié, s'opposant aux efforts de la personne qui hisse. Libérez la *bosse d'amure* passant éventuellement dans l'*œillet de Cunningham* (œillet situé juste au-dessus du point d'amure) et qui sert à régler l'étarquage du guindant une fois en route, ainsi que le *hale-bas*, pour pouvoir hisser plus facilement. (Voyez le Chapitre 8 pour découvrir l'effet de ces manœuvres sur la forme des voiles.)

D'autres problèmes peuvent survenir en hissant la voile si vous oubliez (ou si vous essayez de sauter) l'une des étapes décrites ci-dessus, ou si vous faites une erreur dans le gréement des voiles. Une erreur embarrassante consiste à hisser la drisse avant de l'attacher au point de drisse de la voile. Sur de petits dériveurs, vous pouvez ramener le mât vers le quai pour récupérer la drisse, mais sur les grands bateaux, vous devez grimper au mât ou hisser quelqu'un en haut du mât pour récupérer la drisse. (Pour plus d'explication sur les exercices de voltige en haut du gréement, voir le Chapitre 19.)

Quelle hauteur est la bonne hauteur ?

Jusqu'où devez-vous hisser la voile ? Jusqu'au bout ! La quantité de tension (d'étarquage) nécessaire pour optimiser la forme de la voile varie (voir Chapitre 8), mais en général, vous devez hisser la voile jusqu'à ce que le tissus de la voile soit tendu et commence seulement à comporter des lignes de tension verticales lorsque vous lofez (lorsque vous rapprochez l'axe du bateau du lit du vent). Plus il y de vent, plus il faut d'étarquage. Vous devez vous régler sur la tension du guindant, non sur la position de la voile en haut du mât, comme le montre la Figure 4.9. Sur la photo de droite, la grand-voile est trop basse – remarquez toutes les rides le long du guindant et l'espace en bas du mât. Sur la photo de gauche, l'étarquage de la drisse de grand-voile est excessif – remarquez les marques de tension verticales juste derrière le mât.

Figure 4.9 : Etarquage (tension) du guindant de la grand-voile : trop fort (gauche) et insuffisant (droite).

Blocage de la drisse sur un taquet

Une fois la drisse de grand-voile correctement étarquée, bloquez-la en la tournant sur un *taquet* (une pièce d'accastillage solidaire du bateau, servant à immobiliser une manœuvre sous tension).

Taquet de tournage

Sur les dériveurs et les plus petits quillards, un taquet couramment utilisé pour les drisses est le *taquet de tournage*. Il s'agit d'un dispositif simple n'ayant aucune partie mobile susceptible de se casser ou de fonctionner mal. Pour assurer une manœuvre grâce à un taquet de tournage, faites un tour mort avec la manœuvre autour de la base du taquet. Ce tour provoque une friction qui empêche la manœuvre de glisser au moment où on la fixe ou au moment où on la libère. Faites ensuite un demi huit et une demi-clé en la tordant pour que l'extrémité libre de la drisse soit au-dessous (voir Figure 4.10).

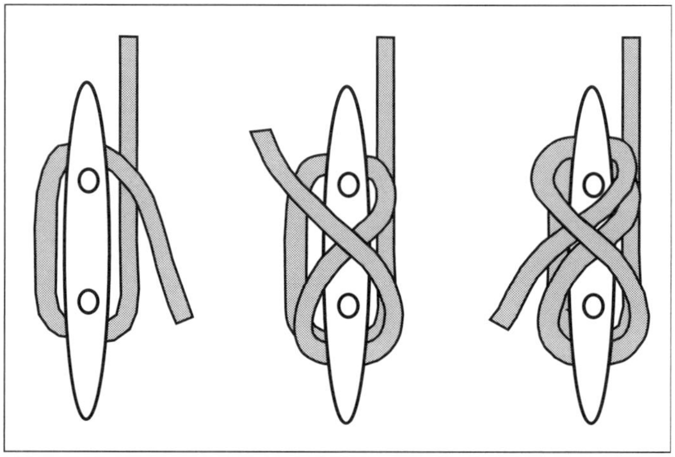

Figure 4.10 : Fixation d'une manœuvre sur un taquet de tournage.

Taquets coinceurs

Un autre système de blocage couramment utilisé pour les drisses (notamment sur les bateaux plus gros, où la tension sur les manœuvres est plus forte) est le taquet à coincement, dit simplement coinceur, comportant de nombreuses variétés, dont plusieurs sont bien adaptées au maintien de drisses sous tension. Le coinceur peut être équipé d'un levier qui serre la manœuvre assez fort pour qu'elle ne puisse plus glisser, même sous une tension intense. La plupart des coinceurs vous permettent, lorsque le levier est abaissé, de tirer sur la manœuvre, mais non de la laisser filer. Laissez le coinceur ouvert en hissant la grand-voile de manière à pouvoir libérer la drisse rapidement si la voile se coince au point où elle s'engage dans la gorge. Lorsque la voile est hissée et que le guindant est convenablement étarqué, vous abaissez simplement le levier du coinceur pour fixer la drisse dans sa position.

Figure 4.11 : Coinceurs en action.

SÉCURITÉ D'ABORD

Faites très attention en ouvrant un coinceur maintenant une manœuvre sous tension. Commencez par reprendre cette tension sur un winch derrière le coinceur, pour éviter que la manœuvre ne vous brûle les mains en filant à toute vitesse (voir Figure 4.11).

Hisser le foc

CONSEIL

On hisse le foc un peu de la même façon que la grand-voile. Sur les petits bateaux, vous pouvez hisser le foc en étant toujours relié au quai, pointé vers le vent. Assurez-vous que les écoutes sont complètement larguées (sont libérées) pour que la voile puisse faseyer librement (et ne se gonfle pas) pendant que vous la hissez. Vous pouvez aussi hisser le foc après le départ – veillez seulement à ce que les écoutes soient larguées pour empêcher la voile de se gonfler.

Hissez un génois vent arrière (voir les différentes allures au Chapitre 5), car si vous le hissez en pointant vers le vent, il bat contre le mât pendant que vous le hissez. En hissant un génois vent arrière, comme sur la Figure 4.12, il est protégé de la force du vent par la grand-voile. Ce système marche tout aussi bien si vous n'avez qu'un foc, plus petit.

ATTENTION !

Chaque fois que vous marchez vent arrière, vous devez veiller à ne pas empanner par erreur (consultez le Chapitre 5 au sujet de l'empannage).

Si votre foc a une ralingue ou une bande de tissus sur son guindant, un équipier peut avoir à se tenir près de l'étrave pour alimenter cette ralingue dans la gorge de l'étai. Si le foc a des manilles ou des mousquetons, vous n'avez besoin de personne près de l'étrave, puisque les mousquetons ont été mis en place au cours du processus de gréement du foc.

Figure 4.12 : Foc hissé après le départ et à l'allure vent arrière.

Rangez vos drisses

Avant de quitter le quai ou le mouillage et de partir à la voile, vous devez ranger tout ces spaghettis de cordages que vous avez créé en armant le bateau. Certains voiliers ont un nombre impressionnant de manœuvres, et les manœuvres, livrées à elles-mêmes, ont une propension incroyable à faire des nœuds. Certaines manœuvres, telles que les drisses, peuvent être rangées de telle manière qu'elles ne puissent pas se mélanger avec les manœuvres dont vous vous servez pour *border* les voiles (les ramener vers l'axe du bateau).

TERMES SPÉCIFIQUES

De l'usage du mot lof

Comme son cousin anglais *luff*, la racine lof sert en français à différents usages en rapport avec le vent (mais pas les mêmes, car luff désigne le guindant, et utilisé comme verbe, veut dire faseyer). Le *lof* est le côté du bateau frappé par le vent. On dit qu'un bateau *lofe* (vient au *lof*) pour indiquer que son axe se rapproche du lit du vent, vient *plus près* du vent. Lorsqu'il est très accentué, et spontané, avec des conséquences éventuellement très négatives, ce mouvement l'appelle l'*auloffée*. Nous avons aussi le *virement lof pour lof*, qui est un virement de bord exécuté vent arrière (on dit aussi *empannage*).

N'attachez jamais une drisse lovée d'une manière telle que vous ne puissiez pas la libérer immédiatement pour la laisser filer librement ; vous pouvez devoir *affaler* (faire descendre) une voile rapidement dans une situation d'urgence.

Vous pouvez ranger la drisse dans un sac de rangement ou la lover (voir le Chapitre 6 pour en savoir plus sur la façon de lover des manœuvres) dans un endroit adéquat où elle ne gênera pas, et qui dépend du bateau. Si vous utilisez un sac, commencez par l'extrémité et rangez soigneusement la drisse dans le sac de manière qu'elle puisse en sortir exactement de la même façon que vous l'y avez mise – sans emmêlements !

Si vous n'avez pas de sac pour la drisse, lovez-la, en commençant à environ 50 centimètres de son taquet. Lorsque vous avez fini de la lover, passez la main à travers la *glène* (les spires que vous avez formées en lovant la drisse) pour attraper une partie de la drisse proche du taquet, tirez-la vers vous en faisant une petite boucle, et *capelez* (accrochez) cette boucle sur le taquet, de la manière indiquée sur la Figure 4.13, de façon à pouvoir libérer la glène facilement.

Figure 4.13 : Rangement d'une drisse lovée pour pouvoir la libérer facilement.

Assis dans le bateau près du quai donnant sur la baie

Après avoir hissé les voiles, mais avant de quitter le quai, le moment est venu de vous demander où vous asseoir, et de quelle manière vous allez diriger ce bateau. Tandis que vous êtes assis dans le bateau encore attaché au quai, les voiles faseyent dans le vent. Ce faseyement est bruyant, la bôme se balance d'un bord à l'autre en passant juste au-dessus de votre tête, et vous n'avez pas la moindre idée de ce que vous devez faire maintenant. Ne paniquez pas. Asseyez-vous simplement assez bas pour que la bôme ne vous frappe pas en décrivant son arc de cercle, et respirez un bon coup. Vous devez vous habituer au faseyement parce que vous vous trouverez assez souvent dans cette situation au début de votre apprentissage de la voile.

Une voile qui *faseye* bat parce que le vent souffle le long de sa surface d'avant en arrière – exactement comme un drapeau, une voile faseyante vous indique la direction du vent. Lorsque vous *bordez* une voile (en tirant sur la grande écoute – ou l'écoute de foc, selon le cas) pour qu'elle cesse de faseyer, vous la forcez à faire un angle avec le vent et pour cette raison elle se « gonfle » de vent. (Mais si vous êtes dans l'angle mort, où on ne peut faire avancer le bateau à la voile, vos voiles continueront de faseyer même si vous les bordez.)

Lorsque les voiles faseyent complètement, elle n'ont aucune force de propulsion, de sorte que le bateau ralentit et finit par s'arrêter. Les voiles qui faseyent, par conséquent, sont vos freins. Vous activez ce « frein nautique » simplement en laissant filer l'écoute, en la choquant.

Gouverner le bateau

Tous les voiliers ont un *safran*, une nageoire mobile immergée qui fait tourner le bateau. Ce safran est relié soit à un grand levier horizontal appelé *barre franche*, soit à une roue appelée *barre à roue*, dont vous vous servez pour *barrer*. Dans cette section, nous expliquons les différences entre ces deux appareils à gouverner. Nous vous indiquons également où vous asseoir pour gouverner – sur un voilier, le siège du conducteur n'est pas toujours évident.

Barre franche ou à roue ?

La plupart des voiliers de plus de 9 mètres sont gouvernés avec une barre à roue, un peu comme une voiture est conduite avec un volant. Par le biais de liaisons mécaniques, la roue contrôle la position du safran. Lorsque le bateau avance, tournez la barre à roue vers la gauche, et le bateau va à gauche – et vice versa. Vous pouvez penser que nous mentionnons une évidence, mais vous verrez pourquoi nous le faisons en comparant la rotation de la barre à roue à l'autre façon de gouverner un bateau – avec une barre franche.

La plupart des voiliers plus petits sont gouvernés avec une barre franche. Il faut un peu de temps pour s'habituer à une barre franche, parce que le bateau tourne dans la direction opposée à celle dans laquelle vous déplacez la barre. Si vous déplacez la barre vers la gauche, le bateau tourne à droite ; si vous déplacez la barre vers la droite, le bateau tourne à gauche, comme le montre la Figure 4.14.

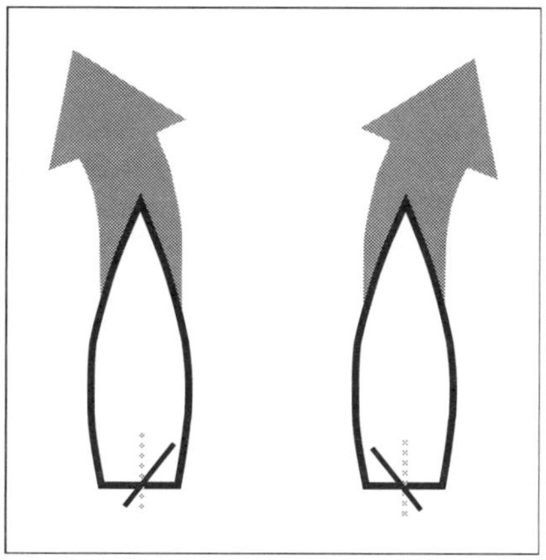

Figure 4.14 : Déplacez la barre franche d'un côté pour faire tourner le bateau du côté opposé.

Pour le plaisir de la voile, je préfère la barre franche sur n'importe quel bateau, disons jusqu'à 12 mètres. Bien qu'une barre à roue prenne moins de place, elle limite la possibilité de « sentir » le bateau. A cause des mécanismes et des connexions qu'il nécessite, cet appareil à gouverner comporte beaucoup plus de frottements internes. Avec une barre franche, vous êtes directement relié au safran, vous sentez l'eau qui passe sous le bateau, et pour moi, cette sensibilité est un avantage déterminant.

Prenez la barre...

Encore un terme marin dont la signification dépend du contexte. Il y a sur un voilier d'autres barres que celles qui font partie de l'appareil à gouverner, et on peut même en trouver une aux abords d'une côte, lorsque la configuration du fond oblige les vagues à déferler toutes au même endroit, ou dans les estuaires lorsque les vagues se brisent sur un obstacle créé par l'accumulation des sédiments apportés par la rivière. Les voiliers comportent très souvent une barre d'écoute, qui sert à modifier la position du point de tire de la grande écoute (le rôle de la barre d'écoute est expliqué au Chapitre 8). Par ailleurs, les catamarans comportent deux safrans reliés entre eux par une barre d'accouplement...

Où s'asseoir pour gouverner

L'une des façons les plus simples de repérer ceux qui ne sont pas des marins consiste à regarder où ils s'assoient sur un bateau. Si vous gouvernez, vous voulez non seulement gouverner correctement, mais vous voulez aussi avoir l'air d'un marin. Les conseils suivants peuvent vous y aider

- **Si vous barrez un dériveur, pensez à l'effet de votre poids sur l'équilibre du bateau**. Non seulement vous devez vous asseoir le plus bas possible, mais votre poids est très vraisemblablement nécessaire sur le bord *au vent* (le bord sur lequel souffle le vent), afin de contrebalancer les forces qui s'exercent sur les voiles pour faire *gîter* le bateau (le faire pencher). (Aux Chapitres 8 et 18, nous expliquons les techniques servant à limiter la *gîte*.)
- **Asseyez-vous juste devant l'extrémité de la barre, pour pouvoir librement la déplacer d'un bord à l'autre**. La plupart des dériveurs et des petits quillards ont un *stick* attaché à l'extrémité de la barre et qui vous permet de vous asseoir le plus loin possible de l'axe du bateau pendant que vous barrez. En utilisant constamment le stick, vous pouvez vous asseoir confortablement pour barrer – et donner l'impression d'être à l'aise. Tenez le stick dans la main qui est vers l'arrière du bateau pour que l'autre main puisse ajuster la grande écoute, de la manière illustrée par la Figure 4.15.

Figure 4.15 : Le barreur d'un dériveur tient le stick d'une main et la grande écoute de l'autre.

- **Sur les quillards équipés d'une barre à roue, asseyez-vous ou tenez-vous debout derrière la barre ou sur l'un des côtés de la barre**. Sur les quillards avec une barre franche, asseyez-vous de n'importe quel côté, là où vous avez la meilleure visibilité et où vous vous sentez le plus à l'aise – toutefois sur un quillard relativement petit, il peut être important de placer votre poids sur le côté surélevé pour compenser la gîte.

- **Si votre bateau présente un point aveugle à cause du rouf (le haut de la cabine) ou de la voile, déplacez-vous de temps à autre pour regarder ce point aveugle.** Cela ne fait pas de mal non plus de demander périodiquement à un équipier de vérifier s'il y a d'éventuels obstacles.

Où asseoir l'équipage

Sur la plupart des bateaux, les équipiers s'assoient en avant du barreur. Ils sont souvent responsable d'ajuster le foc et de placer leur poids à l'extérieur (*de faire du rappel*) pour empêcher le bateau de gîter. La plupart du temps, ils peuvent s'asseoir du côté au vent. Mais si le vent est très léger ou si le bateau est à l'allure vent arrière, ils peuvent avoir à s'asseoir sur le bord opposé pour aider à équilibrer le bateau.

Sur les bateaux plus grands ayant plusieurs équipiers, répartissez les tâches pour que chacun se sente utile. Le chef de bord gouverne généralement (bien que rien ne vous empêche d'échanger les rôles pour partager avec les autres la joie d'être à la barre). Au Chapitre 8, vous verrez d'autres travaux de manipulation des voiles à confier aux équipiers. Plus le bateau est gros, moins votre poids peut jouer pour compenser les forces qui produisent la gîte, mais vous verrez que la position la plus confortable est d'être au vent, que vous participiez à la manœuvre ou non.

Chapitre 5

Partons à la voile

Dans ce chapitre :

- Sentir le vent
- Les allures – près, bon plein, petit largue, vent de travers, largue, grand largue, et vent arrière
- Bâbord et tribord
- Virement de bord vent debout
- Sortir de l'angle mort
- Empannage (virement lof pour lof)
- Eviter de naviguer sur la mauvaise panne

Je pense que ce qui importe ici-bas n'est pas tant de savoir où nous sommes, que de savoir dans quelle direction nous allons. Pour atteindre le havre du ciel, nous devons parfois naviguer avec le vent et parfois contre lui – mais nous devons naviguer, et non dériver, ni rester au mouillage.

– Oliver Wendell Holmes

Comprendre la relation importante qui existe entre le vent et votre bateau et être prêt, soi-même, le bateau et les équipiers, sont les conditions de ce miracle – naviguer à la voile ! Si vous n'avez le temps que de lire un chapitre avant de partir sur l'eau, que ce soit celui-ci. Ce chapitre porte sur les principes de la voile. Hissez vos voiles (reportez-vous au Chapitre 4 si vous avez besoin d'aide), et partez sur l'eau !

Trouver la direction du vent

Le vent est au centre de tout ce qui touche à la voile. Votre bateau ne peut aller nulle part sans vent (à moins que vous ne lanciez le moteur, ce qui, à ce stade, serait une tricherie).

Un mot sur la sécurité

Que vous soyez un vieux loup de mer ou un débutant, vous ne pourrez apprécier ce sport que si vous êtes conscient des questions de sécurité. Au Chapitre 7, nous examinons en détail divers points relatifs à la sécurité. Mais disons d'emblée qu'aucun marin ne doit sortir dans des conditions qui excèdent ses capacités. Si vous êtes un débutant, votre première sortie doit avoir lieu par vent faible ou modéré, dans des eaux calmes. De plus, comme nous le soulignons au Chapitre 2, la façon la meilleure et la plus sûre de commencer à faire de la voile consiste à prendre des leçons d'une personne expérimentée et qualifiée. Grâce à l'expérience, vous pourrez étendre vos limites.

Déterminer la direction du vent est de la plus haute importance pour un marin. La direction du vent est son étoile polaire, le centre de l'univers du voilier. Où il va, la façon d'établir ses voiles, et les modalités de sa navigation, humide ou sèche, rapide ou lente – tout cela dépend du vent et de sa direction.

Savoir détecter exactement les modifications de la vitesse et de la direction du vent est le talent le plus précieux que vous puissiez apporter à bord d'un voilier. La première étape de votre progression dans la voile est de développer votre sensibilité à l'égard du vent.

Sentir le vent

La meilleur façon de suivre l'évolution du vent est de le sentir. Votre corps, spécialement votre visage, peut sentir la direction exacte du vent si vous le laissez faire. Voici comment :

Fermez les yeux et tournez votre visage jusqu'à ce que vous sentiez que le vent souffle directement vers vous. Pivotez légèrement votre tête dans les deux sens jusqu'à ce que vous sentiez que le vent souffle avec la même force sur les deux côté de votre visage et que le « bruit » du vent est le même dans chaque oreille.

CONSEIL

Entraînez-vous à « sentir » le vent chaque fois que vous le pourrez.

Autres indices pour trouver d'où vient le vent

En plus de sentir le vent, vous pouvez regarder autour de vous et chercher des indices sur la direction du vent. Un drapeau ou une manche à air en haut d'un mât peuvent montrer la direction du vent, il en est de même d'une voile qui bat, en ondulant dans le vent à la manière d'un pavillon. Sur votre propre bateau, de petits morceau de fil ou de bande de cassette attachées aux *haubans*, les câbles du gréement qui supportent le mât, peuvent vous fournir cette information cruciale. Cherchez aussi des bateaux au mouillage, car ils pointent vers le vent (sauf dans des courants violent).

Une autre façon de repérer la direction du vent consiste à examiner les rides à la surface de l'eau. Observez la portion plus foncée de la surface de l'eau, provoquée par une rafale de vent. Les mouettes planent face au vent, et l'on dit que les vaches pointent toujours leur derrière vers le vent – mais à moins que vous ne naviguiez près d'un pré comportant des vaches, cette précision vous sera sans doute inutile.

Avec l'expérience, vous serez aussi capable de juger de la vitesse du vent en regardant l'eau. Par exemple, les moutons commencent à se former sur des vagues à partir de vents de 12 nœuds. (Voir le Chapitre 10 pour plus d'informations sur la vitesse du vent.)

Si vous êtes un peu perdu et ne savez plus sur quelle manœuvre tirer (quelle manœuvre *embraquer*), ni comment s'appelle tel ou tel élément du gréement, relaxez-vous et sentez simplement le vent sur votre visage. Le vent est au centre du monde du marin, et vous êtes en train de devenir un marin.

Les allures

La Figure 5.1 est le décor dans lequel se déroule toute navigation à voile, le *diagramme des allures*. En apprenant la voile, vous pouvez vous tirer d'affaire même si vous oubliez sur quel bord se trouve tribord, et lequel des coins d'une voile est le point d'amure, mais vous ne pouvez pas naviguer à la voile sans comprendre les informations de ce diagramme.

Le diagramme des allures ressemble au cadran d'une horloge, avec le vent qui souffle depuis 12 heures. En haut du cadran, d'environ 10 heures 30 à environ 1 heure 30, se trouve le secteur dit « angle mort ». Il tire son nom du fait qu'il est impossible de faire avancer un voilier dans cette direction. Toutes les autres directions sont possible pour le voilier, et se subdivisent en sept *allures* définies comme suit :

- **Près** : il s'agit de l'allure la plus proche du vent à laquelle on puisse naviguer. Elle se situe juste à 10 heures 30 ou à 1 heure 30 (pour la petite aiguille). C'est la première des *allures de près*.
- **Près bon plein** : en *abattant* (en s'écartant du lit du vent) le bateau passe à la seconde allure de près, le *près bon plein*. Sur la moitié droite de notre cadran, cette allure couvre un secteur assez étroit, balayé par la petite aiguille de 1 heure 30 à 1 heure 45, et un secteur symétrique sur la moitié gauche.
- **Petit largue** : en abattant encore, le bateau aborde la troisième allure de près, dite *petit largue*. Le secteur correspondant est beaucoup plus ouvert, et va jusqu'à la position de l'aiguille des heures à 3 heures sur notre cadran, ou plutôt, juste avant cette position.
- **Vent de travers** : comme son nom le suggère, à cette allure le bateau navigue dans une direction perpendiculaire à celle du vent, après avoir abattu encore un tout petit peu. Notre petite aiguille indique exactement 3 heures. L'allure *vent de travers* marque la séparation entre les *allures de près*, qui permettent de *remonter au vent*, et les trois allures suivantes, qui sont les *allures portantes*.

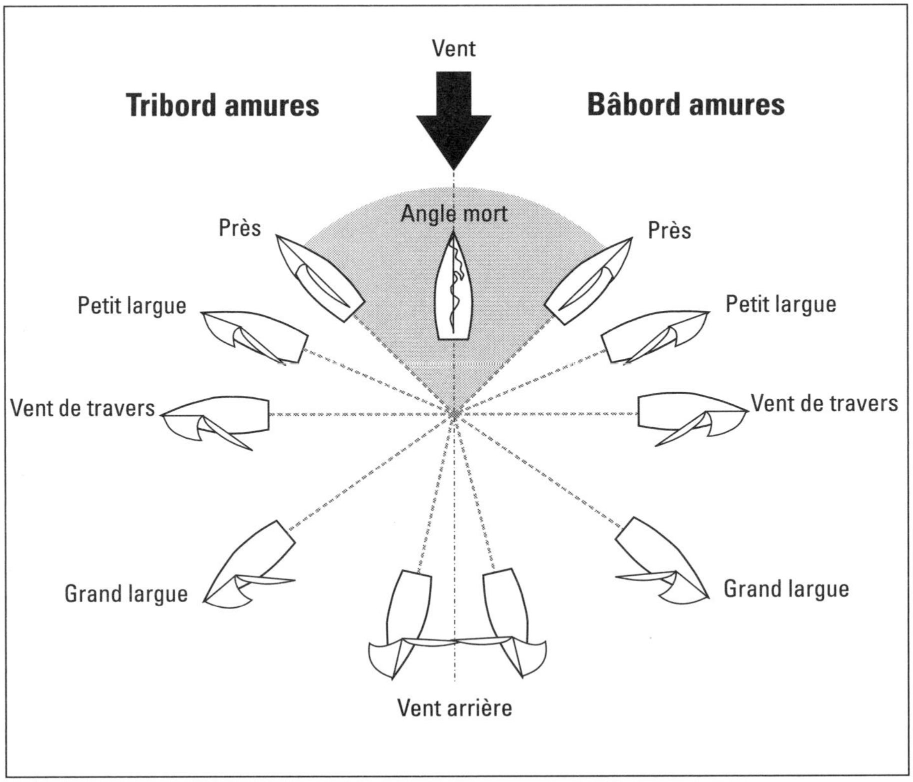

Figure 5.1 : Le diagramme des allures.

- **Largue** : en continuant d'abattre, on arrive au *largue*, la première allure portante, à peu près entre 3 heures et 4 heures suivant nos conventions.
- **Grand largue** : cette allure portante couvre un secteur plus important que le largue, disons qu'il va de 4 heures à 5 heures 30.
- **Vent arrière** : c'est l'allure portante par excellence, mais dont le maintien est assez délicat, comme nous le verrons plus loin.

L'angle mort

L'angle mort mesure environ 90 degrés – à peu près 45 degrés de chaque côté de la direction du vent, ou de 10 heures 30 à 1 heure 30, sur notre cadran. Dans cette zone, un voilier ne peut pas obtenir de puissance de ses voiles et finit par s'arrêter. Le problème est que les voiles *faseyent* (battent), même si vous les bordez à plat (complètement), et il n'y a simplement aucune façon d'obtenir assez de puissance pour avancer.

Lorsque vous commencer à entrer dans cette zone depuis le près, le bord avant de vos voiles (le guindant) commence à faseyer un tout petit peu (on a l'impression que l'avant de la voile « bouillonne »), et vous commencez à ralentir. Si vous tournez pour atteindre le milieu de l'angle mort, vos voiles claquent comme des drapeaux et votre bateau s'arrête rapidement. En fait, si vous restez dans l'angle mort trop longtemps, votre bateau est repoussé en arrière par le vent. Ceci arrive au moins une fois à tout amateur de voile débutant. Vous verrez comment sortir de l'angle mort, plus loin dans ce chapitre.

Mais la beauté de la navigation à voile est qu'il y a une façon de contourner ce territoire apparemment interdit. Pour atteindre une destination située directement *au vent* dans cet angle mort, vous pouvez prendre une route en zigzag (voir Figure 5.2), un peu comme pour progresser vers le sommet sur le flanc très en pente d'une montagne. Cette technique implique de naviguer au près et périodiquement de *virer de bord vent debout* (une manoeuvre par laquelle vous faites passer le bateau de 1 heure 30 à 10 heures 30 ou vice versa). Sachant cela, vous pouvez littéralement aller à la voile n'importe où selon votre bon plaisir ! Les merveilles du virement vent debout sont expliquées plus loin dans ce chapitre.

N'OUBLIEZ PAS

Il faut que vous compreniez clairement le point suivant : aucun bateau ne peut suivre une route directement au vent (vers le vent). Si vous essayez de le faire, les voiles commencent à faseyer, quel que soit le zèle avec lequel vous les bordez – comme elles le font lorsque l'étrave est pointée vers le vent sur le quai. Le bateau s'immobilise et finalement se met à culer (à reculer), comme n'importe quel objet flottant sur l'eau.

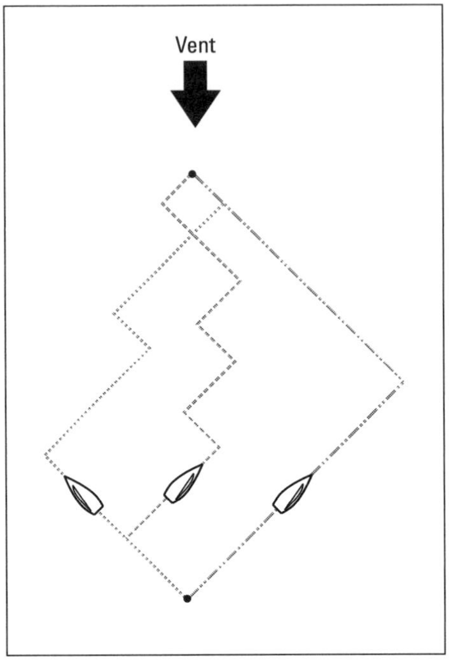

Figure 5.2 : Pour faire aller votre bateau jusqu'à un point situé directement au vent, vous devez prendre une route en zigzag qui vous permet d'éviter la zone interdite de l'angle mort.

Navigation dans la « zone autorisée »

Pour naviguer dans n'importe quelle direction en dehors de la zone interdite, il suffit de *border* la voile, en tirant sur sa manoeuvre – en embraquant son écoute – et vous partez. Ou vous pouvez simplement *tourner l'écoute sur un taquet* (fixer la manoeuvre pour que la voile reste à la même place) et tourner le bateau en l'écartant du vent – c'est-à-dire *abattre* – jusqu'à ce que la voile se gonfle. Pour plus d'explications sur la manière de border les voiles, voyez le Chapitre 6.) Le diagramme des allures montre des bateaux naviguant à des angles tous différents dans la « zone autorisée ».

Pourquoi la zone interdite a-t-elle 90 degrés ?

La taille de la zone interdite est légèrement différente selon les bateaux. Certains bateaux de course avec des voiles et des quilles très efficaces peuvent naviguer aussi près que 35 degrés du vent. Pour eux, l'angle mort ne mesure qu'environ 70 degrés (l'angle qui va du près d'un côté de la zone au près de l'autre côté). La dimension de l'angle mort dépend aussi de la vitesse. Dans une très légère brise, tous les bateaux vont plus lentement, et les « foils » (la quille, le safran, et les voiles) sont moins efficaces, de sorte que vous naviguez au vent selon un angle plus ouvert qu'avec des vents plus forts.

Pour aller vite, établissez les voiles selon un angle approprié par rapport au vent. Comme vous pouvez le voir sur la Figure 5.1, les voiles sont bordés différemment aux différentes allures. Elles sont bordées à plat lorsque le bateau est au près et sont complètement débordées vent arrière. Aux allures intermédiaires, les voiles sont bordées pour s'établir dans des positions intermédiaires. C'est logique, non ?

Du près bon plein au grand largue

Toutes ces allures, près bon plein, petit largue, vent de travers, largue, et grand largue sont regroupées par nos amis anglophones sous un même concept, appelé *reaching*, dont ils distinguent tout de même trois variétés, *close reach, beam reach*, et *broad reach*, correspondant à peu de choses près, et respectivement à (près bon plein + petit largue), à vent de travers, et à (largue + grand largue) en français. Ces allures ont en commun deux caractéristiques, en plus de leur appellation anglaise : elles sont nettement plus faciles pour un débutant, et elles sont plus rapides, donc plus amusantes.

Pour votre première utilisation de cette famille d'allures, gouvernez le bateau pour que le vent arrive à peu près perpendiculairement à l'axe du bateau et bordez vos voiles seulement jusqu'à ce qu'elles cessent de faseyer. Essayez de gouverner le bateau un peu vers la droite et vers la gauche, simplement pour voir comment il répond à la barre franche ou à roue.

Figure 5.3 : Réglage des voiles du près bon plein au grand largue : bordez vos voiles seulement jusqu'à ce qu'elles cessent de faseyer.

TERMES SPÉCIFIQUES

Ayant établi les voiles de la façon indiquée ci-dessus, vous êtes *vent de travers*. Si vous *lofez* (si vous rapprochez le bateau du vent), la nouvelle allure sera le *petit largue*. Si vous *abattez* (si vous éloignez le bateau du vent) la nouvelle allure sera le *largue*.

Dans toutes ces allures, les voiles sont bordées jusqu'au point où elles cessent de faseyer, comme on peut le voir sur la Figure 5.3. Elles auront l'air davantage gonflées si vous les bordez davantage, mais vous perdrez ainsi une partie de la puissance des voiles.

N'OUBLIEZ PAS

Une règle importante relative au réglage des voiles est *dans le doute, choquez !* vérifiez le réglage de vos voiles en *choquant* légèrement leurs écoutes respectives (en les laissant filer). Si elles se mettent à faseyer, vous étiez bordé parfaitement, et donc bordez les voiles pour les remettre dans la même position. Si elles restent pleines, vous étiez trop bordé. Vérifiez périodiquement l'établissement des voiles de cette manière.

Naviguer tout au bord : le près

La clé pour remonter au vent consiste à gouverner suivant un cap à la limite de l'angle mort, aussi près physiquement du vent que possible – à environ 1 heure 30 ou 10 heures 30 sur le cadran, selon le côté où vous naviguez. Comme le vent n'est jamais parfaitement stable, rester au bord de l'angle mort exige une attention constante et de subtiles ajustements de la barre. Lorsque vous naviguez au près, les voiles sont bordées de façon très serrée, comme le montre la Figure 5.4. Lorsqu'elles commencent à faseyer, vous ne pouvez pas les border davantage, et donc vous devez vous écarter du vent (avec le gouvernail) c'est-à-dire *abattre* juste un tout petit peu jusqu'à ce que les voiles cessent de faseyer.

CONSEIL

Lorsque les voiles sont pleines, essayez de tourner le bateau un tout petit peu vers le vent pour voir si vous pouvez vous rapprocher du vent sans faire faseyer les voiles. Vous voyez, cette allure vous fait vraiment passer tout au bord de la zone interdite !

Remonter au vent est une prouesse moderne. Christophe Colomb a traversé l'océan en laissant agir ses voiles auriques comme un parachute, aux allures grand largue et vent arrière. Mais votre bateau peut remonter au vent en tirant un parti efficace de la portance générée par la voile et la quille ou la dérive. Vous pouvez ainsi naviguer beaucoup plus près du vent que n'a jamais pu le faire Christophe Colomb. Pour en savoir plus sur cette question de portance, voyez le Chapitre 1.

Figure 5.4 : Navigation au près avec les voiles bordées à plat.

Allure vent arrière

Naviguer avec le vent derrière soi (aller dans la même direction que le vent) s'appelle le *portant* ou l'allure *vent arrière*. Naviguer avec le vent dans le dos est agréable – le bateau ne gîte pas, et comme votre avancement réduit la vitesse du vent sur le pont et que les embruns ne viennent pas à bord, vous avez plus chaud. Naturellement, vous aimeriez naviguer vent arrière tout le temps. Mais si votre voyage est un allez/retour, vous devez en payer le prix en revenant contre le vent.

Vent arrière, vous devez établir les voiles en les étendant le plus possible vers l'extérieur – à 90 degré par rapport au vent. Les voiles agissent comme une grande porte de grange plutôt que comme une aile, et il n'est plus question de trouver la façon optimale de border une voile en la débordant jusqu'à ce qu'elle faseye. Le vent fait simplement avancer le bateau en le poussant.

TERMES SPÉCIFIQUES

Vous avez probablement vu des photo de voiliers avec d'immenses voiles colorées en forme de ballons. Ces voiles spéciales pour les allures portantes sont appelées *spinnakers*, et elles vous aident à aller encore plus vite en attrapant encore plus de vent. Vous pouvez voir comment naviguer avec un spinnaker au Chapitre 8.

CONSEIL

Si votre bateau a un foc, vous pouvez constater qu'il refuse de se gonfler lorsque vous êtes vent arrière parce qu'il se trouve sous le vent de la grand-voile. Vous pouvez cependant obtenir un peu plus de puissance *en établissant les voiles en ciseaux* pour que le foc ne soit plus déventé. Embraquez simplement l'écoute de foc au vent jusqu'à ce que la voile se gonfle sur le côté du mât opposé à celui de la grand-voile. Puis tournez l'écoute sur un taquet de manière à ce que la voile soit établie approximativement à 90 degrés du vent, comme on le voit sur la Figure 5.5. Le vent arrière et le grand largue sont les seules allures où la grand-voile et le foc peuvent être établis sur des bords opposés.

Figure 5.5 : L'établissement des voiles en ciseau vous donne une plus grande vitesse au portant.

Principaux termes de voile

Vous devez vous familiariser avec une partie de la terminologie de base de la voile avant d'aborder les manœuvres sur un voilier. La section qui suit porte sur *bâbord* et *tribord*, *au vent* et *sous le vent*, et *lofer* et *abattre*.

Bâbord amures et tribord amures

Bâbord est à gauche et *tribord* est à droite (lorsque vous êtes sur un bateau face à l'étrave). Dans beaucoup de cas on pourrait, sur un bateau, utiliser à la place de bâbord et tribord les termes utilisés à terre, qui sont tout aussi clairs, mais leur usage est important lorsqu'il s'agit de décrire l'*amure* sous laquelle navigue un bateau.

A la voile, un bateau navigue soit *bâbord amures* soit *tribord amures*. Comme pratiquement pour tout ce qui touche à la voile, le facteur déterminant est le vent. Lorsque vous naviguez avec le vent passant d'abord sur le bord gauche du bateau, vous êtes bâbord amures. Lorsque le vent passe d'abord sur le bord droit du bateau, vous êtes tribord amures. Que vous soyez dans une allure de près ou dans une allure portante ne change rien à l'affaire ; le facteur décisif est le bord du bateau touché en premier par le vent.

Au vent et sous le vent

Le côté gauche du bateau est toujours bâbord, mais le côté *au vent* et le côté *sous le vent* changent selon l'angle que fait le vent avec votre bateau. Vous devez savoir de quel côté vient le vent. Le vent frappe toujours d'abord le bord au vent. Le bord sous le vent, par conséquent, est le bord opposé. Le vent pousse vos voiles vers le bord sous le vent. Si vos voiles sont au milieu, alors elles faseyent et vous êtes dans l'angle mort. (Voir « Comment sortir de l'*angle mort* », plus loin dans ce chapitre.)

Sauf lorsque les voiles sont établies en ciseaux, vent arrière ou grand largue, vous placez toujours vos voiles sur le bord sous le vent. Si vous ne savez plus quel bord est sous le vent et lequel est au vent, laissez simplement la grand-voile ou le foc faseyer jusqu'au moment ou la voile bat comme un drapeau. Le bord vers lequel la voile bat est le bord sous le vent, comme le montre la Figure 5.6.

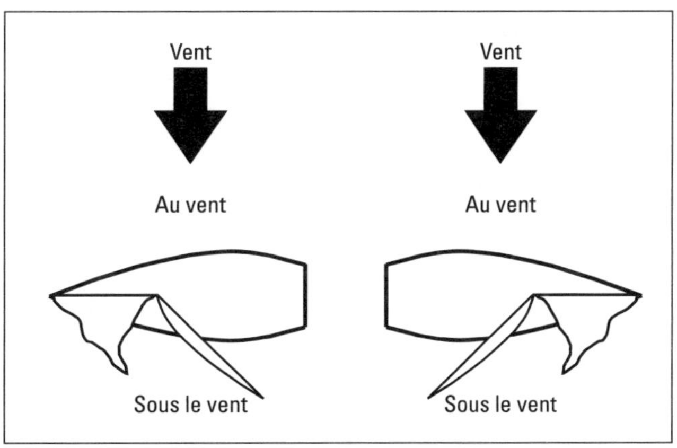

Figure 5.6 : Le vent pousse les voiles vers le bord sous le vent.

Lofer et abattre

Les deux termes *lofer* et *abattre* vous sont utiles lorsque vous gouvernez le bateau. Leurs définitions sont aussi relatives à la direction du vent. Lorsque vous tournez vers le vent, vous *lofez*. Lorsque vous gouvernez avec une barre franche (et que vous êtes assis dans la position appropriée – sur le côté au vent, face aux voiles, comme nous l'avons indiqué au Chapitre 4), vous lofez en poussant la barre pour l'éloigner de vous. Pour lofer, on dit aussi venir au lof, ou aller au lof. Le mouvement effectué par le bateau s'appelle l'*aulofée*, mais ce terme s'emploie surtout pour un mouvement ample et spontané, non contrôlable par le barreur.

Le terme *abattre* s'emploie pour dire que vous faites un virage pour écarter le bateau de la direction du vent. Vous tirez la barre vers vous pour abattre – en supposant que vous soyez assis dans la position convenable. Si vous deviez faire un tour complet, vous devriez, par définition, abattre la moitié du temps et lofer la moitié du temps.

L'*abattée* est le terme utilisé pour désigner un mouvement du bateau qui s'écarte brusquement du vent, en échappant au contrôle du barreur comme dans le cas d'une aulofée.

La Figure 5.7 illustre les termes lofer et abattre.

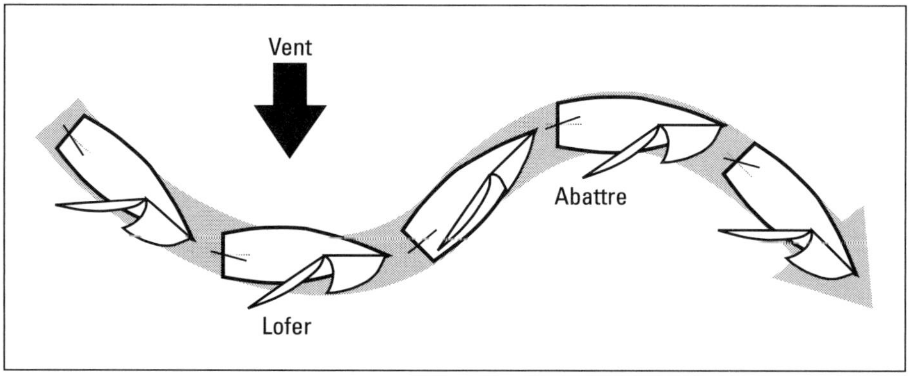

Figure 5.7 : Poussez la barre en l'éloignant de vous pour lofer ; tirez-la vers vous pour abattre.

Les manœuvres de base de la voile

Nous allons maintenant présenter les manœuvres de base du *virement de bord vent debout* (le changement d'amure effectué en faisant tourner le bateau d'un côté de l'angle mort jusqu'au côté opposé) et de l'*empannage* ou *virement lof pour lof* (le changement d'amure effectué en écartant le bateau du vent – en abattant – jusqu'à que le vent souffle du côté opposé). Imaginez que vous naviguiez confortablement vent de travers, mais qu'un énorme rocher apparaît devant votre étrave. Vous pouvez éviter cet obstacle soit en virant de bord vent debout, soit en empannant.

Nous décrivons aussi les deux erreurs les plus courantes commises lors du virement vent de bord vent debout ou de l'empannage : le *manque à virer* (après lequel on se retrouve dans l'angle mort, face au vent) et la *navigation sur la fausse panne* (consistant à naviguer vent arrière avec la bôme du mauvais côté du bateau), qui a toutes les chances de provoquer l'empannage accidentel, redouté à juste titre.

TERMES SPÉCIFIQUES

Panne, fausse panne, empanner

Voici un mot dont la signification est différente à bord d'un voilier de ce qu'elle est à terre (mis à part le moteur – s'il y en a un – et tous les instruments utilisés pour la navigation ou les manoeuvres, et qui peuvent tomber en panne !). Le mot panne est visiblement apparenté au mot panneau, et désigne l'une des deux faces d'une voile.

Virement de bord vent debout

Plus haut dans ce chapitre, nous avons vu que vous pouvez utiliser une route en zigzag pour atteindre une destination au vent. Vous commencez par naviguer au près sous une amure (tribord ou bâbord), puis vous *virez de bord* (vous lofez jusqu'à ce que le bateau soit dans l'axe du vent et vous abattez en sens inverse pour le faire passer de l'autre côté de l'angle mort) et vous naviguez au près sous l'autre amure. Cette manœuvre consistant à faire passer le bateau au travers de la zone interdite « à travers le lit du vent », s'appelle *virement vent debout*, et entraîne un changement d'amures (de tribord à bâbord ou vice versa).

Pour atteindre un point sous le vent, vous pouvez soit faire un seul virement de bord (en supposant que le port ou la baie soient assez grands) ou vous pouvez virez de bord un grand nombre de fois. Reportez-vous à la Figure 5.2 qui illustre cette alternative.

Voici les étapes du virement vent debout :

1. **Préparez vos équipiers en criant : « Parer à virer ! »**

   Assurez-vous qu'ils sont prêts et à leurs postes.

A

B

C

Figure 5.8 : Les étapes du virement vent debout.

2. **Criez « On vire ! » et commencez à tourner le bateau vers le vent (à lofer), comme sur la photo du haut dans la Figure 5.8.**

   Au lieu de « On vire », certains marins utilisent l'expression « barre sous le vent » pour indiquer que la barre franche a été poussée à fond vers le bord sous le vent pour initialiser le virement. Toute autre phrase peut convenir, pourvu qu'elle soit comprise.

   Au début du virement de bord, la voile commence à faseyer fortement. C'est à ce point que les débutants ont des problèmes, car si vous arrêtez le virement, vous vous retrouvez coincé dans l'angle mort.

   N'oubliez pas de baisser la tête au moment où la bôme passe d'un bord à l'autre.

3. **Larguez l'écoute de foc qui était embraquée précédemment et embraquez celle de l'autre bord tandis que le bateau traverse l'angle mort.**

   Votre équipage peut sauter cette étape s'il n'y a pas de foc.

4. **Changez de bord (voir la photo du milieu sur la Figure 5.8).**

   Vous (et vos équipiers si nécessaire) changez de côté pour conserver la visibilité et pour placer votre poids sur le nouveau bord au vent. Il n'y a pas un moment particulier pour changer de bord, mais vous pouvez trouver que le moment le plus commode est celui où l'axe du bateau passe dans le lit du vent – notamment sur un dériveur où votre poids est nécessaire comme lest au moment où les voiles se gonflent à l'allure du près sur la nouvelle amure.

5. **Continuez à faire tourner le bateau jusqu'à ce que vous soyez sorti de l'angle mort.**

   Diminuez l'angle de la barre dès que les voiles commencent à se gonfler. Lorsque vous êtes clairement sorti de l'angle mort, commencez à gouverner droit.

6. **Ajustez le réglage des voiles sur la nouvelle amure (voir la photo du bas sur la Figure 5.8).**

   Le vent souffle désormais sur l'autre bord. Félicitations ! Vous avez réussi à changer d'amure. Vous peaufinez maintenant votre nouveau cap au près sous la nouvelle amure en vérifiant que les voiles sont correctement bordées, et en tournant les écoutes sur leurs taquets si elles sont trop inconfortables à tenir.

Lors du virement vent debout, il est important de franchir complètement l'angle mort. Lorsque le bateau tourne et que les voiles commencent à faseyer, le bateau perd de la vitesse. Restez trop longtemps dans cette zone, et vous risquez de perdre votre élan et de vous retrouver dans la situation du *manque à virer*, parce que le gouvernail n'agit pour faire tourner le bateau que lorsque celui-ci avance. Vous devez donc continuer à tourner jusqu'à ce que le bateau soit passé assez loin sur l'autre amure pour border les voiles sans aucun faseyement et commencer à accélérer. La totalité du processus doit prendre environ cinq secondes sur un petit quillard.

Se sortir de l'angle mort

TERMES SPÉCIFIQUES

L'erreur la plus courante des débutants lorsqu'ils essaient de virer vent debout consiste à mettre le bateau dans une position où il ne peut plus manœuvrer. Comme le volant sur une voiture, la barre est sans effet sur le bateau s'il est immobile. Cette situation embarrassante face au vent est désignée par l'expression *manque à virer* lorsqu'elle résulte d'un virement raté parce qu'on a pas fait tourner le bateau suffisamment pour le sortir complètement de l'angle mort, et ne porte pas de nom particulier lorsqu'on y arrive en naviguant trop près du vent. (Nous verrons cette autre situation, la navigation trop près du vent, au Chapitre 8).

Voici comment vous sortir de l'angle mort et reprendre votre navigation sur un bateau dépourvu de foc :

1. **Larguez (si elle est sur taquet) ou choquez (si vous la tenez) l'écoute de grand-voile.**
2. **Poussez la barre (ou tournez la barre à roue) à fond d'un côté.**

   Maintenez la barre dans cette position jusqu'à ce que le bateau cule et se retrouve dans une position correspondant à l'allure du près. Cette manœuvre est un peu l'équivalent nautique d'un demi-tour en trois manœuvres avec une voiture. Pour accélérer le processus, vous pouvez pousser sur la bôme pour faire reculer le bateau plus rapidement.
3. **Bordez la voile et gouvernez droit (ne venez pas trop près du vent !)**

   Vous êtes reparti !

Cela paraît facile, non ? Mais les marins débutants ont tendance à déplacer la barre d'un côté et de l'autre, restant ainsi dans l'angle mort tandis que le bateau cule. Laissez seulement la barre poussée à fond d'un côté, ou de l'autre.

CONSEIL

Si votre bateau a un foc, vous pouvez utiliser une méthode plus simple pour sortir de l'angle mort.

1. **Embraquez (tirez) à fond l'une des écoutes de foc.**

   Les deux écoutes du foc marchent aussi bien l'une que l'autre pour cette opération, qui suppose néanmoins que l'écoute opposée soit larguée (pas sur taquet). Le foc est alors *masqué* (il se gonfle à contre) et pousse l'étrave dans la direction opposée au côté sur lequel le foc est bordé.

2. **Laissez filer la grande écoute pour que la grand-voile ne puisse pas se gonfler, jusqu'à ce que le bateau ait tourné suffisamment pour reprendre une des allures du près bon plein au grand largue.**

   Maintenez la barre à fond du côté opposé au foc.

3. **Larguez l'écoute du foc sur le bord où il est masqué, et bordez le foc du « bon » côté tandis que le bateau accélère.**

Je me souviens de la première fois où j'ai navigué seul sur un voilier, à l'âge de 13 ans. J'avais fait la moitié du chemin pour sortir du port quand ça m'est arrivé – je me suis retrouvé dans l'angle mort. Je n'avais à l'époque aucune idée de ce qui se passait, si ce n'est qu'à l'évidence, le bateau était immobile. Mon moniteur de voile est venu jusqu'à moi en bateau à moteur et m'a dit « tu sais que tu t'y prend mal », ce qui, bien sûr, était parfaitement évident. Comme vous ne pouvez guère éviter de tomber dans cet embarras en commençant à faire de la voile, il vaut mieux être averti pour pouvoir y remédier lorsqu'il surviendra !

Empannage ou virement lof pour lof

L'autre méthode pour changer d'amure (changer votre direction pour que le vent souffle sur l'autre bord) consiste à abattre (vous écarter du lit du vent) et à *empanner*, ce qui se dit aussi *virer lof pour lof*. Le virement vent debout est plus facile et moins risqué que l'empannage, notamment par vent fort. Mais l'empannage est une manœuvre importante, spécialement si vous naviguez au portant (grand largue ou vent arrière) par vent léger ou modéré et si vous avez seulement besoin de modifier légèrement votre cap.

Comme quelques autres termes de voile (le winch...) le terme anglais désignant ce virement, *jibe*, s'est infiltré dans le langage des marins français, mais seulement pour désigner une forme d'empannage dite « dynamique » en planche à voile, décrite brièvement au Chapitre 14.

Comme la partie sous le vent du diagramme des allures ne comporte pas d'angle mort, l'empannage devrait être plus facile que le virement vent debout, et à certains égard, il est plus facile, parce que vous ne devez modifier votre cap que de quelques degrés, au lieu des 90 degrés nécessaires dans le cas du virement vent debout. Cependant, l'empannage est intrinsèquement plus dangereux que le virement vent debout, à cause de la force avec laquelle la bôme passe au-dessus du cockpit. Souvenez-vous que par définition, vous êtes vent arrière quand vous empannez, de sorte que les voiles sont entièrement déployées. De ce fait, la bôme doit faire beaucoup de chemin pour passer d'un bord sur l'autre.

Voici les étapes d'un empannage, illustré par la Figure 5.9 :

Figure 5.9 : Les étapes d'un empannage (virement lof pour lof).

1. **Assurez-vous que vous naviguez à peu près exactement vent arrière.**

   Vous pouvez aussi partir d'une allure plus près du vent (largue ou grand largue), mais vous devrez alors à faire un virage plus important, ce qui est plus dur.

2. **Préparez vos équipiers à l'empannage en criant « parer à empanner ! »**

   Assurez-vous que vos équipiers sont prêts. Cela ne peut pas nuire de leur rappeler de se baisser.

3. **Criez « On empanne ! » et commencez à abattre (à écarter le bateau du vent).**

   Ne tournez pas trop vite – il n'y a pas de raison de se presser parce qu'il n'y a pas, dans le bas du diagramme des allures, d'équivalent de l'angle mort.

4. **Au moment où vous passez *exactement vent arrière*, embraquez la grande écoute pour que la bôme vienne au milieu du bateau et choquez doucement l'écoute du nouveau côté.**

   Lorsque vous tournez et que le vent passe d'un bord du bateau à l'autre, le vent tend à pousser la voile sur l'autre bord avec une force considérable. Si vous ne faites pas passer la bôme sur l'autre bord en contrôlant son mouvement au cours de l'empannage, à un certain point elle va arriver à toute vitesse, emportant tout ce qu'elle trouve sur son passage – et donc l'empannage est un excellent moment pour garder la tête basse.

5. **Arrêtez de tourner et gouvernez droit tout en réglant les voiles sur la nouvelle amure.**

6. **Le barreur et les équipiers changent de bord.**

   Comme dans le cas d'un virement vent debout, cette étape peut avoir lieu au moment qui vous paraît le plus confortable. Sur un dériveur, où votre poids sert de lest, vous avez intérêt à changer de côté au moment où la bôme passe au-dessus des têtes ou immédiatement après. Ensuite, c'est terminé !

A cause de la violence avec laquelle la bôme peut pivoter, vous devez être certain que vos équipiers sont prêts pour la manœuvre. Sur les bateaux plus important avec plusieurs équipiers, il est préférable qu'un autre équipier que celui qui barre embraque (tire sur) la grande écoute, compte tenu de la longueur de cordage qu'il faut embraquer puis choquer (laisser filer) après le passage de la bôme sur l'autre bord. (Veillez à ce que les équipiers tiennent leurs pieds à l'écart de toute la longueur de la grande écoute.) Lorsque tout le monde est prêt, commencez la manœuvre en disant « On empanne » et commencez à faire tourner le bateau. N'hésitez pas à ajouter « Attention à la bôme » ou « Baissez-vous » si vous voyez que quelqu'un risque d'être heurté par la bôme.

CONSEIL

Contrairement au virement vent debout, où vous devez continuer à faire tourner le bateau pour éviter de rester dans l'angle mort, vous pouvez ne pas avoir besoin de modifier le cap si vous êtes déjà exactement vent arrière. Faites simplement passer la grand-voile sur l'autre bord (ou faites-le faire par un équipier).

Par vents forts, faire passer la bôme de l'autre côté du bateau lors d'un empannage peut demander de très gros efforts. En pareil cas, vous pouvez avoir intérêt à changer d'amures sans empanner. Au lieu de cela, lofez, virez de bord vent debout, puis abattez jusqu'à votre nouveau cap.

JJ RACONTE

Il est facile de casser du matériel lors d'un empannage par vents forts à cause de la charge forte et soudaine qui s'exerce sur la grand-voile après son passage sur l'autre bord. Sur les grands bateaux de la classe conçue pour la Coupe de l'America, avant la course, nous avons toujours viré vent de bout au lieu d'empanner quand il y avait du vent, pour réduire les chances de briser nos coûteuses lattes en fibre de carbone.

Pour éviter l'empannage accidentel

Un empannage accidentel (qui se produit lorsque le vent pousse la bôme sur l'autre bord de manière inattendue) peut être dangereux parce que la bôme passe avec une violence inouïe et peut infliger de graves blessures à toute personne rencontrée sur son chemin.

L'empannage accidentel peut se produire lorsque vous *naviguez sur la fausse panne* au portant, c'est-à-dire avec le vent venant du même côté que celui sur lequel se trouve la bôme (voir Figure 5.10). Cette situation peut se produire si vous avez le vent en poupe, et donc vous devez y faire très attention aux deux allures du grand largue et du vent arrière. L'accident se produit à un moment où le barreur relâche son attention et par inadvertance, abat (s'éloigne du vent) un peu trop. La navigation sur la fausse panne peut aussi être due à un changement de direction du vent tandis que vous naviguez dans la même direction.

La navigation sur la fausse panne peut être très dangereuse, surtout par les vents importants, parce que si le vent attaque l'autre face de la grand-voile, il renvoie la bôme sur l'autre bord de façon tout à fait inattendue. Vous pouvez généralement naviguer au grand largue sur la fausse panne à 5 à 10 degrés d'écart (par rapport à l'allure vent arrière) sans voir la bôme passer violemment sur l'autre bord. Mais, à un point qui dépend du réglage de la grand-voile, dès lors vous vous éloignez du strict vent arrière en naviguant sur la fausse panne, ce vent, à un moment ou à un autre, vous expédiera la bôme et la grand-voile sur l'autre bord par courrier express.

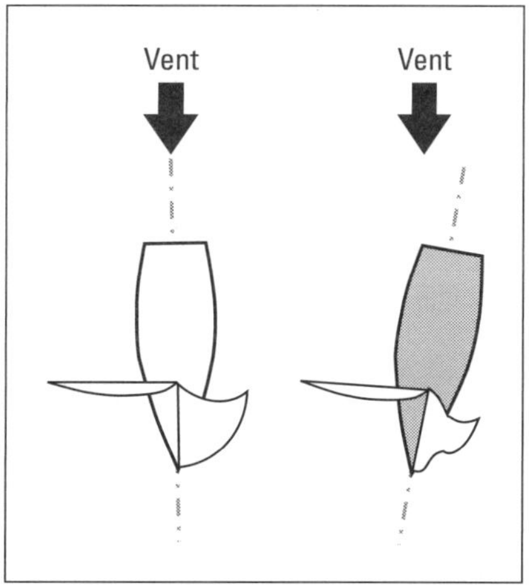

Figure 5.10 : A gauche : Vent arrière. A droite : navigation sous la fausse panne.

Vous pouvez éviter de naviguer sous la fausse panne en surveillant vos voiles et la direction du vent. Certains bateaux ont une girouette en haut du mât, qui peut vous renseigner. Observez aussi les lattes ; si elles essaient de passer de l'autre côté, vous êtes dans une zone de danger.

Une autre bonne indication de la précarité de la situation est le manque de tonus du foc, qui faseye parce qu'il est déventé par la grand-voile. Demandez-vous sans cesse « d'où le vent vient-il maintenant ? » Si le vent arrive directement derrière vous, lofez légèrement (sur l'amure qui convient) jusqu'au grand largue pour éviter les ennuis et le danger potentiel de l'empannage accidentel.

SÉCURITÉ D'ABORD

Si la bôme amorce de manière inattendue son transfert sur l'autre bord, n'oubliez pas de crier « Baissez-vous » aussi fort que vous le pouvez pour avertir vos équipiers qu'ils doivent SE BAISSER !

HISTOIRES DE MARINS

L'un des grands entraîneurs de l'équipe de voile de l'université américaine Tufts était Joe Duplin, un coureur de réputation mondiale, connu pour sa créativité lors des compétitions, mais non pour sa patience lorsqu'il enseignait la voile à des étudiants débutants. Il résumait toutes les informations des deux derniers chapitres en deux phrases. En montrant la barre il disait : « Voilà le volant, tirez-le de ce côté pour tourner à droite, et de ce côté pour tourner à gauche. » Puis, en attrapant l'écoute de grand-voile, il terminait la leçon en disant : « Voilà l'accélérateur ; pour accélérer, tirez-le ; pour ralentir, laissez-le filer ! »

Comment vous adresser à vos équipiers

Comme vous vous en doutez, les marins ont de nombreux termes pour désigner celui qui gouverne le bateau – barreur, *chef de bord, skipper, timonier* (un peu vétuste), *capitaine*... Le seul nom que vous ne voulez pas qu'on vous donne est « Capitaine Bligh » – comme le Capitaine Bligh des *Révoltés du Bounty*.

Un phénomène psychologique intéressant peut se produire lorsqu'une personne apparemment normale prend la barre franche ou passe derrière la barre à roue d'un voilier – il ou elle peut devenir un maniaque assoiffé de pouvoir, vociférant ses ordres ou traitant ses équipiers comme des moins que rien. Si vous ne voulez pas de mutinerie à votre bord, ne traitez pas vos équipiers autrement que vous voudriez être traité vous-même.

« On vire » et « On empanne » sont des ordres importants, mais les ordres « Parer à virer » et « Parer à empanner » sont tout aussi importants. Vos équipiers ont besoin d'un certain temps (30 secondes à peu près) pour se mettre en position avant que vous n'amorciez le virement. S'il y a du vent, vous pouvez avoir à hurler (gentiment) pour qu'ils vous entendent.

Préparer à l'avance les manœuvres à effectuer est l'une des responsabilités du chef de bord ou du barreur. Dans un but de sécurité, le barreur doit toujours s'assurer que tout le monde est paré et à l'abri des dangers avant de virer. Si quelqu'un est frappé par la bôme, c'est presque toujours par la faute du barreur.

Chapitre 6

Éléments du savoir-faire du marin et lancement du bateau

Dans ce chapitre :

- Tirer sur les bouts
- Se servir des winches et des taquets
- Partir des quais et des mouillages et y revenir
- Amarrer un bateau de façon sûre
- Lancer un bateau
- Gréer un mât

C'est d'un cœur léger que le brave Ulysse étendit sa voile pour qu'elle se gonfle de vent, manœuvrant l'aviron de direction pour guider sa course, confiant dans son savoir-faire de marin.

– Homère

Le savoir-faire du marin englobe trop de choses pour se prêter à une définition précise. Le bon marin doit être capable de maîtriser la manœuvre de son bateau dans toutes les conditions. Pour mériter ce qualificatif, il doit entre autres éprouver un respect salutaire pour la puissance du vent et de la mer.

Dans ce chapitre, nous décrivons certains éléments de ce savoir-faire. Par exemple, vous verrez comment border une voile de manière sûre, de sorte qu'un brusque coup de vent ne puisse vous surprendre et arracher l'écoute de vos mains. Nous vous montrons aussi comment quitter le quai ou le mouillage (appareiller) et comment y revenir (accoster un quai ou un ponton et amarrer le bateau, mouiller, ou prendre un coffre ou un corps mort), et nous examinerons différentes manières de faire passer votre bateau de la terre à la mer.

Embraquer et étarquer

Certaines manœuvres (c'est ainsi que s'appellent les bouts servant à la manœuvre du bateau) ne sont que légèrement chargées, et leur réglage est facile. Mais d'autres supportent des tensions extraordinaires, spécialement par vent fort. En essayant d'embraquer ces manœuvres, vous pouvez vous claquer un muscle ou vous brûler les mains. Demandez-vous quelle est la tension qui s'exerce sur une manœuvre avant de la libérer de son taquet et d'essayer de la tenir. « Pincer » la manœuvre comme la corde d'une guitare vous donne une indication de la tension qu'elle supporte. Si elle a la consistance d'une barre d'acier et rend un son aigu, n'essayez pas de tirer dessus.

Pour mieux utiliser toute votre force, vous devez prendre une position qui vous permette d'embraquer (de tirer) ou d'étarquer (de tendre) efficacement une manœuvre. Vous pouvez avoir besoin de vous asseoir face à la manœuvre, les pieds prenant appui sur un objet solide. Etendez vos bras complètement et saisissez la manœuvre avec les deux mains pour pouvoir tirer avec la plus grande force possible, de la manière illustrée par la Figure 6.1.

Figure 6.1 : Aine McLean fait la démonstration d'une bonne position du corps donnant l'efficacité maximale pour tirer sur un bout.

Si vous ne pouvez pas tirer sur une manœuvre même en étant dans la position correcte, n'abandonnez pas. Des marins de tous âges et de toutes tailles peuvent faire marcher n'importe quel bateau grâce à différentes combinaisons de palans et de winches permettant à un gringalet de faire le travail d'un colosse.

Utilisation de poulies

TERMES SPÉCIFIQUES

La grande écoute (l'écoute de grand-voile) et la plupart des autres manœuvres d'un voilier passent à travers des poulies. Certaines poulies ne font que modifier la direction par laquelle passe une manœuvre, mais plusieurs poulies utilisées ensemble – combinées pour former un palan – rendent la manœuvre plus facile à embraquer ou étarquer.

L'effet démultiplicateur du palan dépend du nombre de brins et de poulies qu'il comporte, ainsi que de la façon dont il est gréé. La démultiplication est normalement égale au nombre de brins ; un palan de grande écoute à *quatre brins* ne demande qu'un quart de l'effort qui serait nécessaire pour border la voile en embraquant un simple bout relié à la bôme. En contrepartie, vous devez embraquer une longueur de cordage quatre fois plus grande pour border la voile.

Un système de palans en cascade consiste à gréer un palan sur un autre palan, ce qui donne une démultiplication égale au produit du nombre de brins de chaque palan. Un palan à 2 brins gréé sur un palan à 4 brins (système de *l'anglaise*, souvent appliqué aux drisses) donne une démultiplication de 8, comme l'exemple de droite de la Figure 6.2. Le Chapitre 19 donne des précisions sur la sélection et l'entretien des poulies. Quel que soit leur style, les palans ont tous le même but : permettre l'utilisation optimale des forces d'une personne moyenne pour qu'elle puisse tirer sur les bouts et faire naviguer le bateau facilement.

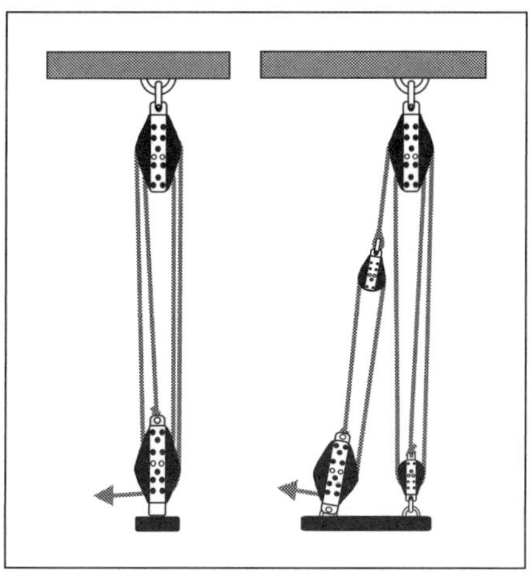

Figure 6.2 : Un palan à 4 brins (à gauche) peut être transformé en un système de palans en cascade comportant une démultiplication de 8 par l'ajout d'un palan à 2 brins (à droite).

Quel que soit le système de palan utilisé, vous devez empêcher la manœuvre de glisser une fois la voile bordée de la façon voulue. Pour cela, vous avez deux options : soit tenir la manœuvre, soit la coincer – ou la tourner – sur un taquet.

Poulies à cliquet

Certaines poulies sont à *cliquet*, ce qui veut dire que leur réa tourne librement lorsque vous embraquez la manœuvre, mais qu'il ne tourne pas du tout dans l'autre sens. Le frottement supplémentaire de la manœuvre sur les réas ainsi immobilisés fait qu'il est plus facile de la tenir. Les poulies à cliquet sont couramment utilisées sur les écoutes de grand-voile ou de foc des petits quillards et des dériveurs. Ces poulies ont en général un bouton ou un levier pour activer ou désactiver l'action du cliquet, permettant au réa de tourner librement dans les deux sens, ce qui est utile par vent faible. La résistance des poulies à cliquet permet de tenir la grande écoute beaucoup plus facilement par un jour de grand vent.

Taquets

Rendons-nous à l'évidence – la plupart des voiliers ont plus de manœuvres que vous n'avez de mains. On sait que certains marins imaginatifs utilisent leur bouche pour tenir un bout ou deux (non recommandé par les dentistes), mais la plupart des manœuvres peuvent être fixées à un taquet d'un type ou d'un autre.

Les taquets de tournage et les coinceurs (voir la section indiquant comment hisser les voiles au Chapitre 4) sont des taquets très sûrs et conviennent bien aux drisses qui ne sont pas ajustées souvent. Deux autres types de taquets, les clamcleats et les coinceurs à came (présentés sur la Figure 6.3), sont faciles à larguer, ce qui les rend bien adaptés pour les grandes écoutes, les écoutes de foc, et d'autres manœuvres que vous avez besoin de régler régulièrement.

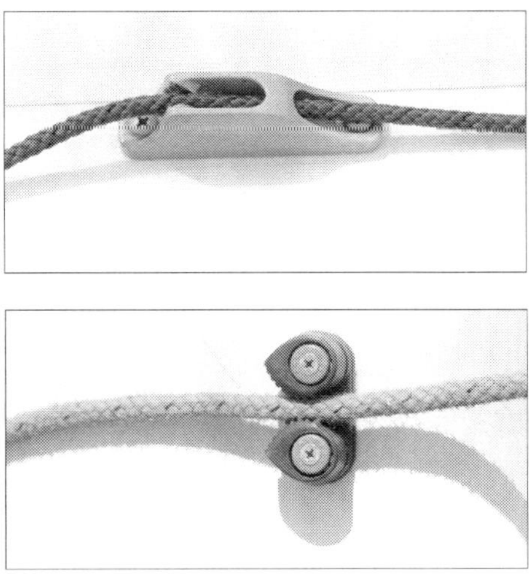

Figure 6.3 : Clamcleat (en haut) et coinceur à came (en bas).

A l'intérieur d'un *clamcleat*, des rainures rappelant celles que l'on trouve à l'extérieur des coquilles de palourde – *clam*, palourde ; *cleat*, taquet – sont orientées de façon que le bout puisse glisser dans un sens, mais non dans l'autre. Un taquet à came comporte deux parties mobiles en forme de mâchoire crantée, utilisant l'action d'un ressort pour s'ouvrir et pour tenir la manœuvre. Pour libérer la manœuvre, vous la tirez vers le haut et vers vous (parfois avec force), la faisant sortir des mâchoires. Le grand mérite de ces deux taquets est qu'ils sont faciles à utiliser.

Si votre bateau utilise des taquets à came ou des clamcleats, veillez à ce que le bout soit enfoncé complètement, pour rester solidement sur son taquet.

Utilisation des winches

Nous avons tous à l'esprit des images de vieux films d'aventure en mer montrant des marins hagards tirant sur une manœuvre, en haletant « Ho, hisse » au rythme des claquements de fouet d'un surveillant cruel. De nos jours, vous pouvez utiliser un *winch* pour embraquer cette manœuvre (et laisser votre fouet à la maison). Les winches, un autre système de démultiplication des efforts appliqués à des manœuvres sous tension, sont utilisés sur les plus gros voiliers, où les tensions exercées sur les manœuvres peuvent être vraiment importantes.

Les winches utilisent un système d'engrenages à l'intérieur d'un cylindre appelé *poupée* pour vous permettre de tirer avec davantage de force. Faites avec le bout des tours autour de la poupée dans le sens des aiguilles d'une montre (le sens dans lequel marchent tous les winches), en ajoutant des tours à mesure que la tension du bout augmente – ces tours permettent un frottement qui vous permet de tenir en main un bout lourdement chargé.

Vous faites tourner la poupée au moyen d'une *manivelle* amovible. L'équipier qui fait tourner la manivelle d'un winch *mouline*.

Mouliner

Tandis qu'un équipier mouline, un autre équipier embraque la manœuvre qui sort de la poupée. Une seule personne peut faire les deux actions, mais c'est moins efficace. Certains winches sont équipés d'un *embraqueur* permettant à une personne seule de mouliner à deux mains. L'embraqueur est un dispositif appelé aussi *self-tailing* – *tailing*, embraquage – comportant des crans qui maintiennent solidement en place le bout sortant de la poupée. En l'absence de ce complément du winch (cas le plus fréquent) mouliner implique la participation de deux équipiers, comme sur la Figure 6.4.

Figure 6.4 : Jeff Johnson en train de mouliner un winch tandis que Peter embraque.

Voici quelques recommandations pour mouliner et embraquer convenablement :

- **Choisissez la bonne vitesse. De nombreux winches ont deux vitesses ou davantage**. Vous changez de vitesse en modifiant la direction dans laquelle vous tournez la manivelle ; vous pouvez ainsi changer de vitesse si le moulinage devient trop dur.
- **Moulinez en faisant un tour complet, à deux mains si nécessaire**. Si vous n'arrivez pas à faire un tour complet, allez le plus loin possible et ramenez la manivelle à votre point de départ.

  N'OUBLIEZ PAS

  Vous avez plus de force en tirant qu'en poussant.
- **Si vous sentez que la manœuvre dérape, soit vous ne tirez pas assez fort, soit vous devez ajouter un tour supplémentaire sur la poupée du winch**. Pour des tensions légères, un ou deux tours sont en général nécessaires ; pour des tensions plus importantes, quatre tours suffisent le plus souvent ; il vaut mieux n'ajouter de nouveaux tours que juste avant que la manœuvre ne devienne trop chargée, car un trop grand nombre de tours peut faire qu'ils se chevauchent sur la poupée – on dit alors qu'ils *mordent*. Dans la section suivante, nous verrons comment ajouter des tours pour qu'ils ne mordent pas.
- **Placez-vous debout dans une position confortable devant le winch**. Vous pouvez mouliner un winch en étant assis (et certains winch sont placés à des endroits où il n'est pas commode d'être debout au-dessus du winch), mais vous ne pourrez pas mouliner aussi fort.

  CONSEIL
- **Quand vous n'êtes plus en train de mouliner, rangez la manivelle dans son logement**. Cet article coûteux ne flotte pas, et il vaut mieux, par sécurité, que la manivelle doit déjà enlevée si vous devez rapidement larguer la manœuvre qui est sur le winch.

Régler sans danger des manœuvres tendues par un winch

SÉCURITÉ D'ABORD

Il peut être dangereux de choquer ou d'embraquer une manœuvre soumise à une tension très importante. Commencez par réfléchir. La dernière chose que vous voulez est de vous brûler les mains en tenant un bout qui défile à toute allure. Enlevez toutes les bagues que vous pourriez avoir aux doigts, car les bagues peuvent s'accrocher dans les bouts. Méfiez-vous tout particulièrement des winches quant vous portez des gants. Assurez-vous que vos gants collent à vos mains et vos doigts, car le tissus ou le cuir de gants trop grands peut être attrapé et pincé par la manœuvre qui s'enroule ou se déroule sur la poupée du winch.

Lorsque vous devez ajouter un tour supplémentaire à un winch sous tension, tenez soigneusement la manœuvre dans vos deux mains. Maintenez la tension sur la manœuvre en faisant passer vos deux mains tout autour de la poupée, en tournant vos mains de telle façon que vos doigts ne puissent pas être attrapés, conformément à la démonstration de la Figure 6.5.

Figure 6.5 : Continuez d'embraquer la manœuvre en utilisant vos deux mains pour ajouter un tour supplémentaire sur la poupée d'un winch fortement chargé.

Pour *choquer* une manœuvre lentement et sans danger, tenez la manœuvre dans votre main droite et placez votre main gauche sur les tours de la poupée. Faites tourner la poupée en sens inverse des aiguilles d'une montre, en choquant ainsi la manœuvre d'environ 5 cm à chaque mouvement de cette main, tout en maintenant une certaine tension sur la manœuvre avec la main droite.

Pour enlever rapidement tous les tours d'un winch (ce qui est courant lors d'un virement de bord sur les bateaux plus grands qui utilisent des winches pour leurs écoutes), tirez la manœuvre vers le haut dans l'axe du winch avec un léger mouvement de rotation. Avant cette opération, faites attention, notamment dans le cas d'une écoute de foc, que la longue partie du bout en aval du winch puisse filer librement, et ne soit pas entortillée dans votre pied (ou une partie d'un membre quelconque de l'équipage !).

Lorsque vous larguez une écoute de foc sur un winch au cours d'un virement vent debout, attendez que l'écoute ait juste cessé de tirer avant d'enlever tous les tours de la poupée. Observez le début du faseyement du guindant du foc, qui vous indique que le barreur a commencé à faire tourner le bateau. Si vous enlevez trop tôt tous les tours de la poupée du winch, vous risquez de vous faire brûler les mains par l'écoute qui tire encore trop et file à toute vitesse. Attendez trop, et le foc se gonfle à contre.

Un de ces jours, probablement un jour où tout va mal, vous aurez des tours qui *mordent* sur la poupée d'un winch – le tour inférieur passe sur le tour voisin et le coince, de sorte que la manœuvre ne peut plus être larguée, formant un nœud autour de la poupée, comme sur la Figure 6.6. Cet incident peut venir de ce que le winch est à un mauvais emplacement, ou de ce qu'il y a trop de tours sur la poupée quand vous embraquez un bout qui a du mou.

Figure 6.6 : Des tours qui mordent.

S'il y a très peu de vent, vous pourrez peut-être réussir à démêler les tours en tirant sur la partie libre du bout vers le haut et autour du winch « à l'envers » (dans le sens inverse des aiguilles d'une montre). Par des vents plus forts, la meilleure façon d'opérer est probablement d'enlever la tension qui tire sur le winch, puis de défaire l'emmêlement.

Pour supprimer la tension qui s'exerce sur une manœuvre, gréez une autre manœuvre pour faire le même travail. Ou encore vous pouvez attacher un autre bout sur la manœuvre emmêlée (en amont de l'emmêlement) au moyen d'une demi-clé à capeler (voir Annexe B) et tendre le nouveau bout pour donner du mou à la manœuvre emmêlée. L'option finale, lorsque le danger est imminent et qu'aucune des autres méthodes ne marche, consiste à couper le bout récalcitrant avec un couteau. Coupez le à son extrémité (près du point d'écoute du foc dans le cas d'une écoute de foc, par exemple) de façon qu'il soit toujours utilisable (et seulement un peu plus court).

CONSEIL

Le travail d'équipe facilite la tâche

Voici peut-être le conseil de marin le plus utile de tout cet ouvrage : vous pouvez rendre l'embraquage des manœuvres beaucoup plus facile en gouvernant intelligemment.

Par exemple, mouliner pour embraquer l'écoute de foc sur un gros bateau de croisière par vent fort peut être une véritable corvée. Mais si le barreur lofe simplement un peu (se rapproche du vent), la voile commence à faseyer, et l'écoute tire beaucoup moins. Vous arriverez peut-être même à embraquer l'écoute à la main. Une autre manière de diminuer fortement la tension sur toutes les manœuvres est de mettre le bateau à une allure portante, grand largue ou vent arrière. (Attention – pas d'empannage accidentel, de grâce !)

La prochaine fois que vous serez confronté à une tâche demandant un gros effort physique sur un bateau, demandez-vous si le travail ne serait pas plus facile en plaçant le bateau sous un certain angle. En général, la réponse est oui.

Être un bon marin

Comme le suggère la loi de Murphy, la manœuvre que vous avez absolument besoin de laisser filer *maintenant* est empêtrée dans un sac de nœuds avec tous les autres bouts, y compris vos lacets de chaussure. Un bon marin prend le temps et fait l'effort de garder tous les cordages aussi bien rangés que possible. Cette précaution est également importante du point de vue de la sécurité, car la possibilité de laisser filer la grande écoute rapidement lors d'une brusque rafale de vent peut vous éviter de prendre un bain (vous devez veiller à ce que les écoutes soient *claires*).

Au Chapitre 4, nous vous disons comment ranger une drisse pour qu'elle ne soit pas emmêlée lorsque vous devez *affaler* (faire descendre) la voile. Tout cordage qui n'est pas en cours d'utilisation doit être lové pour pouvoir être rangé. Voyez le Chapitre 19 au sujet du rangement correct des cordages.

Pour lover, commencez à une extrémité et faites des boucles d'égale longueur (d'un diamètre d'1 mètre environ) jusqu'à ce que vous approchiez de l'autre extrémité. Lorsqu'il vous reste environ 1 mètre 50, faites trois ou quatre tours à une extrémité de la glène (la « bobine » de cordages lovés), puis faites passer l'extrémité libre à travers les boucles, comme sur la gauche de la Figure 6.7, ou doublez-la avant de la faire passer plusieurs fois autour de la partie supérieure pour obtenir une glène encore plus solide. Ces façons de finir de lover un cordage sont plus sûres que celle décrite au Chapitre 4.

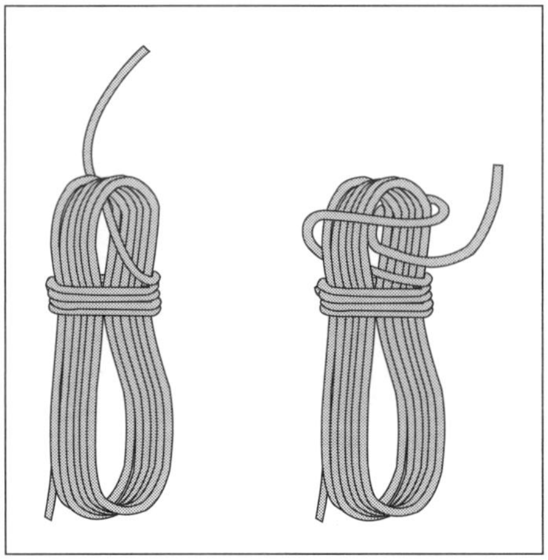

Figure 6.7 : Une manière sûre de terminer une glène de cordages lovés en vue de son rangement.

Tôt ou tard, vous aurez besoin de lancer un bout avec précision et au loin. La clé de cette opération est d'avoir un bout bien lové. Mettez quelques spires (jusqu'à environ 4 mètres 50 dans la main qui lance le bout et placez votre autre main (qui tient les autres spires) ouverte et pointée vers la cible pour fournir des spires supplémentaires si besoin. Puis lancez les spires (par en dessous), en visant légèrement au-dessus de la cible. Vous pouvez voir Peter en train de lancer un bout sur la Figure 6.8.

Figure 6.8 : Lancement d'un bout.

Maintenant que vous savez certaines choses sur la manipulation des bouts, vous pouvez découvrir comment quitter un quai et y revenir.

Appareillage depuis un quai, un coffre ou un corps-mort

Le terme utilisé pour le départ d'un bateau, qu'il soit amarré à un quai, un *coffre* (flotteur maillé à une chaîne ancrée au fond de manière permanente), un *corps-mort* (flotteur relié par un orin – cordage reliant un objet immergé à un flotteur ou un bateau – à une chaîne reposant sur le fond auquel elle est fixée à titre permanent), ou à l'ancre (nous verrons ce cas au Chapitre 9), s'appelle l'*appareillage*. L'appareillage sur ancre pose des problèmes spécifiques justifiant son examen dans un chapitre ultérieur.

L'appareillage traité dans la présente section peut être une opération délicate, parce qu'il y a en général de nombreux autres bateaux à proximité (sans parler de la côte), et parce que le gouvernail ne vous donne pas beaucoup de contrôle au départ du bateau. Nous vous recommandons de prendre des leçons avant de partir, mais si vous ne l'avez pas fait, essayez d'emmener avec vous un moniteur ou un ami compétent lors de vos premiers appareillages.

Utilisation de la voile de fer (le moteur)

Si votre bateau a un moteur, vous pouvez partir au moteur et hisser les voiles une fois au large. Mais il est bon de savoir appareiller à la voile depuis un quai, un coffre ou un corps mort (et de savoir s'y amarrer de nouveau), pour le jour où votre moteur refusera de coopérer.

Le principal souci lors de l'utilisation du moteur (à part la pollution de l'environnement) est d'éviter que des bouts ne s'entortillent dans l'hélice. Nous évoquons ce problème et d'autres incidents au Chapitre 13. Assurez-vous qu'il n'y a pas de bouts libres qui pendent hors du bord, et larguez toujours l'orin (le bout relié de façon permanente à la chaîne d'un corps-mort) sur le bord au vent, pour éviter de passer par-dessus tandis que le bateau dérive en prenant de la vitesse.

Appareiller à la voile depuis un coffre ou un corps-mort

Il est généralement plus facile d'appareiller depuis un coffre ou un corps-mort que depuis un quai, parce que le bateau se trouve déjà sur un plan d'eau relativement dégagé. Mais il est alors plus difficile de placer le bateau dans une direction extérieure à l'angle mort. (Nous supposons que votre bateau est attaché par l'étrave et est pointé vers le vent.) Voici les étapes de l'appareillage depuis un coffre ou un corps-mort, illustrées par la Figure 6.9.

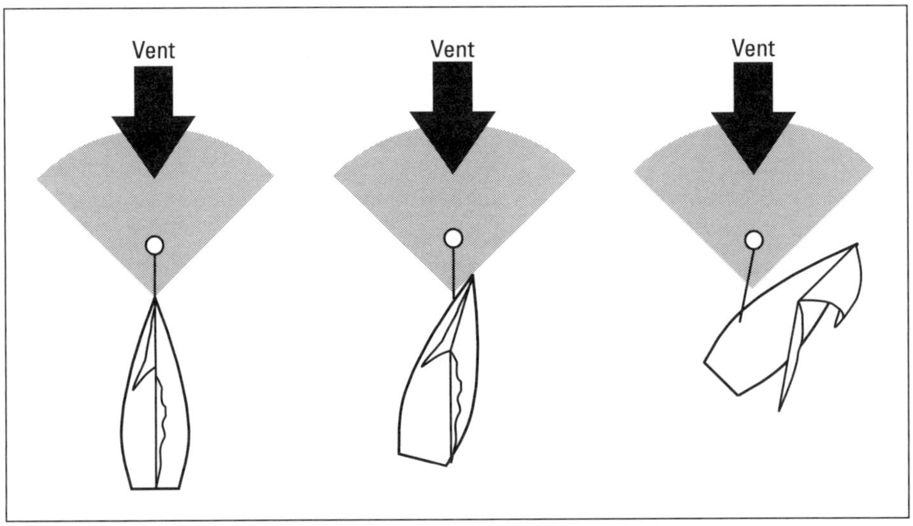

Figure 6.9 : Appareillage depuis un coffre ou un corps-mort.

1. **Avant d'appareiller, planifiez votre route d'appareillage.**

   Choisissez une route qui vous permette d'adopter rapidement une allure permettant d'accélérer rapidement – près bon plein, travers, ou largue. Communiquez le plan à tout l'équipage.

2. **L'équipier d'avant détache l'orin mais continue de le tenir.**

   Sur des bateaux relativement gros ou s'il y a beaucoup de vent ou de courant, une personne peut ne pas avoir assez de force pour tenir l'orin. En pareil cas, conservez un tour mort du cordage sur la base du taquet de l'étrave (s'il y en a un) pour augmenter la friction et être capable de tenir tout en se tenant prêt à larguer rapidement.

3. **Tandis que la grand-voile faseye, masquez le foc.**

   Bordez le foc sur le bord opposé à la direction dans laquelle vous voulez partir, pour que le foc se gonfle *à contre* (reçoive le vent du « mauvais » côté) et pousse l'étrave en dehors de l'angle mort. Assurez-vous que la grande écoute est *choquée* (a du mou) et est *claire* (on peut la laisser filer) pour que la grand-voile puisse faseyer et ne se gonfle pas. Voyez au Chapitre 5 la manière de sortir le bateau de l'*angle mort* – c'est la même technique.

4. **Faites passer l'orin vers l'arrière sur le bord au vent pour lancer le bateau.**

   L'équipier qui tient l'orin le largue de son taquet et marche vers la poupe – sur le bord au vent, pour éviter que l'orin ne se prenne dans le bateau. Tandis que l'équipier passe à l'arrière, l'étrave est poussée vers l'avant, surtout dans le cas d'un bateau plus petit, ce qui l'aide à prendre de l'*erre* (de l'élan) et a vous donner plus de contrôle sur le safran. Sur les plus gros bateaux, il est trop difficile de tenir l'orin lorsqu'il a été largué, et on se contente de le soulever et de le jeter lorsque le barreur en donne l'ordre.

5. **L'équipage lâche l'orin et borde les voiles.**

   Vous êtes parti !

CONSEIL

Comment savoir sur quel bord le foc doit être masqué ? Supposons que vous vouliez appareiller tribord amures. Lorsque vous naviguez tribord amures, le foc est bordé sur le côté sous le vent (à bâbord). Par conséquent, pour faire sortir le bateau du lit du vent du bon côté, bordez le foc à bloc à tribord pour qu'il se gonfle *à contre* et pousse l'étrave dans une direction correspondant à une allure tribord amures.

Appareiller à la voile depuis le quai

Comme vous pouvez le voir sur la Figure 6.10, la recette pour accoster facilement à un quai et en appareiller facilement consiste à s'amarrer toujours *sous le vent* du quai. Si vous essayez d'appareiller à la voile depuis un quai au vent, le bateau dérive sur le côté en prenant de la vitesse et racle le quai – cela ne se fait pas ! De plus, il vaut mieux être amarré au côté sous le vent parce qu'alors le vent pousse le bateau en l'éloignant du quai, minimisant ainsi le risque de frottement de la coque sur le quai.

Si vous voulez appareiller à la voile et si votre bateau n'est pas amarré sous le vent du quai, déplacez-le. On peut généralement déplacer les bateaux de moins de 8 mètres jusqu'à un emplacement plus favorable en les tirant par leurs amarres ou en les tenant par un *hauban* (l'un des câbles supportant le mât) et en tirant. Sur un bateau plus gros, vous pouvez utiliser le moteur et hisser les voiles au large. Si le quai est encombré, le meilleur emplacement peut être de s'amarrer (au moins temporairement) face au vent, à un angle du quai.

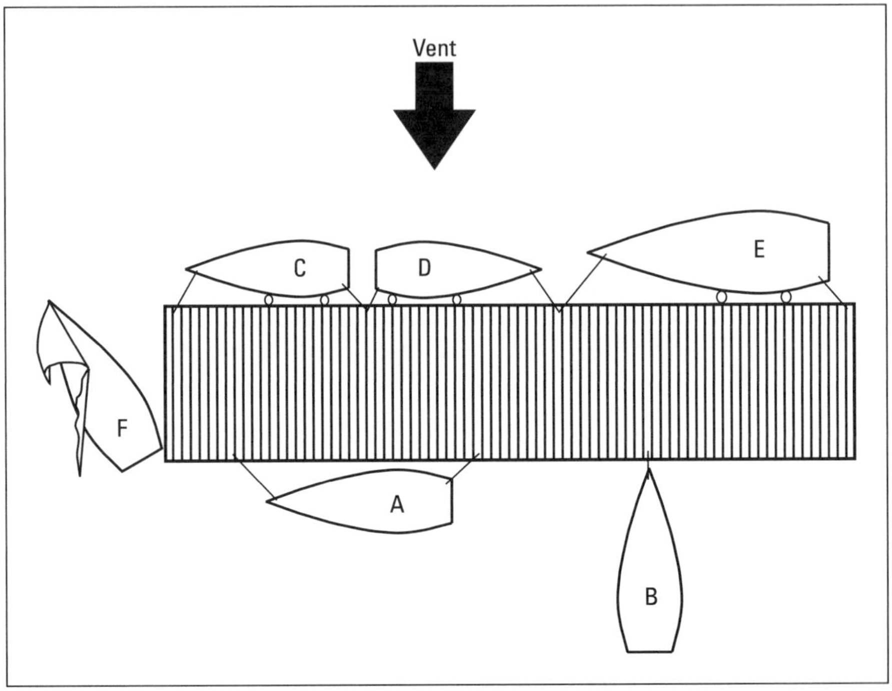

Figure 6.10 : Les bateaux A et B sont les plus faciles à faire appareiller à la voile parce qu'ils sont amarrés sous le vent du quai.

Comme dans le cas de l'appareillage depuis un coffre ou un corps-mort, vous ne devez pas vous détacher tant que le bateau n'est pas sorti à coup sûr de l'angle mort. Si vous avez de la place autour de vous sur le quai, vous pouvez commencer à faire tourner le bateau en tirant sur l'amarre dite de pointe avant (celle qui retient le bateau au quai vers l'avant) et en le faisant avancer le long du quai et lui donner de l'erre pour que le gouvernail puisse opérer.

CONSEIL

Si vous avez beaucoup de place, votre bateau peut acquérir de l'erre (et ainsi atteindre sa *vitesse de manœuvrance* – une vitesse suffisante pour que le gouvernail opère) si un équipier le pousse en sautant à bord ou en s'approchant suffisamment d'un bateau voisin ou d'un quai pour pousser et obtenir ainsi un peu plus de vitesse.

CONSEIL

Après avoir quitté le quai sans encombre, enlevez toutes les *défenses* (protections en caoutchouc attachées sur les côtés du bateau pour l'empêcher de heurter le quai) et rangez-les à leur place à l'intérieur du bateau. Libérez aussi toutes les amarres, lovez-les et rangez-les à leur tour.

Retour au quai, à un coffre ou un corps-mort

Quitter ce sujet sans indiquer comment revenir serait un peu comme vous apprendre à skier et à vous lancer dans la pente sans vous montrer comment vous arrêter. A ski, vous pouvez toujours vous arrêter en rentrant dans un arbre ou un gros talus de neige. Cette technique marche aussi à la voile – vous pouvez toujours échouer le bateau ou le faire rentrer dans le quai – mais vu le coût de l'assurance, nous souhaitons vous indiquer des solutions meilleurs marché et moins douloureuses.

La clé de la réussite en matière d'accostage ou de prise de coffre ou de corps-mort, c'est de ralentir de manière contrôlée avant d'arriver au but. Vous ralentissez en laissant faseyer les voiles et en laissant le bateau ralentir sur son erre jusqu'à ce qu'il s'arrête. Toute l'astuce consiste à savoir quand commencer le faseyement de manière à ne pas tomber trop tôt au-dessous de la *vitesse de manœuvrance*, sans pour autant avoir une vitesse telle que le terme *vitesse d'éperonnage* risque de s'appliquer.

CONSEIL

Dans le doute, il vaut mieux arriver trop lentement. Si vous constatez que vous n'atteindrez pas votre destination, vous pouvez toujours accélérer en bordant de nouveau vos voiles. Il y a néanmoins un piège : si vous ralentissez au-dessous de la vitesse de manœuvrance (c'est-à-dire si le safran n'opère plus) et si le bateau est dans l'angle mort, la situation décrite au Chapitre 5, c'est votre jour de malchance. Cette situation peut présenter un gros problème si vous êtes dans une zone confinée, alors de grâce, n'allez ni trop vite, ni trop lentement !

Que faire si vous approchez trop vite et ne pouvez pas suffisamment réduire votre vitesse ? La meilleure solution est de virer et de recommencer votre approche. (Rien ne faut un tour d'essai pour vous aider à juger quand commencer à faire faseyer vos voiles au deuxième essai !) En fait, un marin avisé pilotant un nouveau bateau s'entraîne sur un plan d'eau ouvert, à proximité d'une bouée ou d'un autre objet flottant, pour mieux juger de la façon dont le bateau manœuvre sur son erre.

Voici d'autres façons de ralentir le bateau :

- **Sur de plus petits bateaux, vous pouvez casser la vitesse en *masquant la grand-voile*. Le masquage de la grand-voile opère à la manière d'un gigantesque aérofrein. Pour masquer la grand-voile, poussez-la au vent (la voile se gonfle à contre). N'essayez cette technique que si vous êtes assez fort pour contrôler la bôme et si vous savez comment la laisser repartir (et vous baisser) si elle commence à gagner la partie de bras de fer.**
- **Vous pouvez réduire la vitesse à l'aide du gouvernail**. Si vous pensez arriver trop vite, faites quelques virages en S pour que le bateau dispose d'une plus grande distance pour ralentir. Assurez-vous que vos équipiers s'attendent à cette manœuvre et tiennent bon.

Prise d'un coffre ou d'un corps-mort

Dans le cas d'un retour (ou d'une arrivée) à un coffre ou un corps-mort, on effectue de qu'on appelle une prise de coffre (ou de corps-mort), le terme *accostage* étant réservé à l'arrivée à un quai ou un ponton, ou au niveau d'un autre bateau.

Dans tous les cas de figure, vous devez avoir un plan. S'il s'agit d'un coffre ou d'un corps-mort, soyez sûr que vos équipiers savent quel coffre ou corps-mort vous allez prendre. Désignez celui qui saisira le flotteur ou son orin, selon sa configuration. Ceci peut nécessiter l'utilisation d'un *gaffe*, une perche munie d'un crochet à son extrémité, pour atteindre des objets éloignés. Les autres équipiers doivent être prêts à faire faseyer les voiles à votre signal.

1. **Approchez le flotteur au près bon plein et mettez le cap sur un point imaginaire situé deux ou trois longueurs de bateau directement sous le vent du flotteur.**

   Ajustez cette distance de garde pour tenir compte de la façon dont votre bateau se comporte sur son erre. Les dériveurs légers ralentissent très vite. L'inertie des bateaux plus lourds fait qu'ils mettent plus de temps à ralentir.

2. **Selon le vent et la vitesse du bateau (et d'autres facteurs, tels que le courant, que nous verrons au Chapitre 12), utilisez votre bon sens pour décider quand faire faseyer les voiles pour commencer à casser la vitesse.**

3. **Lorsque vous vous trouvez presque directement sous le vent du flotteur, et si votre rythme de décélération vous paraît correct, lofez en décrivant un arc régulier et approchez-vous du flotteur vent debout.**

   Si vous allez trop vite, annulez votre approche et faites un autre essai. Si vous allez trop lentement, bordez à nouveau les voiles. Si vous ne pouvez pas voir le flotteur, demandez à un équipier de vous le montrer. Au moment où l'étrave arrive au niveau du flotteur, le bateau (dans le meilleur des cas) s'immobilise complètement, bout au vent.

4. **Un équipier amarre le bateau au flotteur.**

   Utilisez un cordage suffisamment solide, amarré sur la chaîne ou l'orin du flotteur et fixé au bateau (tourné sur un taquet ou tout autre objet solide à l'avant du bateau). Le barreur doit être informé dès que l'amarrage du bateau est terminé.

5. **Vous pouvez maintenant *affaler* (faire descendre) les voiles qui n'arrêtaient pas de battre !**

CONSEIL

Sur un bateau comportant une grand-voile et un foc, il est généralement préférable d'affaler le foc (et même de le ranger pour qu'il n'encombre pas la plage avant) avant l'approche. Cette précaution donne à l'équipage plus de facilité pour travailler sur l'avant, réduit votre puissance de voile, et vous permet de mieux voir. L'inconvénient est que sans foc, vous avez moins de contrôle et de possibilité de vous sortir de l'angle mort le cas échéant, et donc vous devez alors veiller à conserver une erre suffisante pour que le bateau reste manœuvrant.

Accostage sur un quai

L'accostage sur un quai est souvent plus délicat que l'approche d'un flotteur, car le quai est en général un espace plus confiné. Cependant, les mêmes règles de base s'appliquent :

- **Approchez sous le vent du quai.**
- **Il vaut mieux approcher lentement.**
- **N'allez pas trop lentement ; si vous vous arrêtez, vous ne pouvez plus manœuvrer.**
- **Planifiez votre approche pour que l'équipage sache à quoi s'attendre.**

Une situation idéale est celle où le vent souffle dans une direction quasi parallèle à celle du quai. Comme dans le cas du coffre ou du corps-mort, planifiez votre approche de telle manière que le bateau ait assez d'espace pour arriver à sa position en décélérant (voir Figure 6.11). Lorsque le bateau est suffisamment près du quai (et est suffisamment ralenti), un équipier doit passer du milieu du bateau sur le quai pour commencer à fixer les amarres. Ne criez jamais à l'équipier de sauter ; laissez-le juger si le bateau est assez proche pour ce faire. Dans ce type d'approche, où les voiles sont encore hissées, la première amarre à fixer est l'amarre de pointe avant. Dès que le bateau est amarré, commencez à affaler les voiles et finissez d'amarrer le bateau complètement.

Si vous devez vous amarrer au vent d'un quai, naviguez jusqu'à une position directement au vent du quai, affalez les voiles, et laissez le vent vous pousser gentiment jusqu'au quai.

SÉCURITÉ D'ABORD

Lorsqu'un bateau approche un quai, ne placez jamais une partie quelconque de votre corps entre le bateau et le quai. Il est plus facile de réparer un peu de fibre de verre que de réparer votre corps.

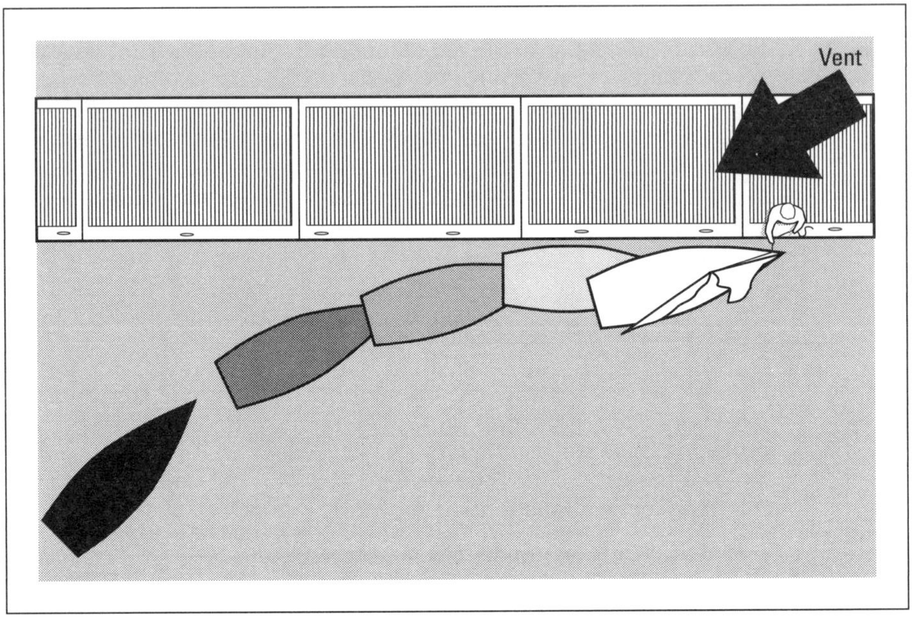

Figure 6.11 : Approchez du quai en ayant suffisamment de place pour tourner et ralentir jusqu'à l'arrêt.

Accostage au moteur

Il vaut toujours mieux accoster lentement – y compris au moteur. Le fait d'avoir un moteur ne rend pas le bateau aussi manœuvrable qu'une voiture. En fait, aux faibles vitesses, la rotation de l'hélice fait que le bateau tire, ou tourne plus facilement, d'un côté. Dans une aire dégagée, exercez-vous à ralentir le bateau pour voir de combien le couple de l'hélice fait tourner le bateau et dans quelle direction, particulièrement en marche arrière. Comme dans le cas de l'accostage à la voile, l'erre du bateau, la poussée du vent sur la coque, et d'autres facteurs tels que le courant affectent également vos possibilités de manœuvre. Lorsque vous avez découvert la façon dont le bateau manœuvre au moteur, vous pouvez appliquer les mêmes principes d'accostage que ceux de la section précédente.

CONSEIL

Affalez toujours les voiles (et veillez à ce qu'aucun bout ne traîne dans l'eau) avant d'accoster un voilier au moteur ! Approchez lentement ; ne comptez jamais sur la marche arrière pour ralentir un bateau.

Amarrage d'un bateau de façon sûre

Après votre journée de voile, lorsqu'il est temps d'affronter de nouveau les rigueurs de la vie à terre, vous voulez que votre bateau soit heureux jusqu'à votre prochaine visite. Tout bateau se contente d'être tenu temporairement à une seule amarre de pointe avant, mais pour un amarrage plus durable, vous avez besoin de plusieurs amarres.

Cette section explique comment amarrer un bateau de façon sûre à un quai. Les principes ci-après s'appliquent à tous les bateaux, mais ils concernent plus particulièrement l'amarrage d'un quillard relativement important le long d'un quai.

- **Vérifiez toujours si l'amarre comporte des parties raguées (endommagées par le frottement).**
- **Placez toujours des *défenses* (coussins de caoutchouc, dits aussi pare-battage) entre le bateau et le quai ou les poteaux.**
- **Utilisez toujours des *gardes* – les amarres favorites de Peter.**
- **Les amarres doivent avoir une bonne solidité et une bonne épaisseur – au moins 1 cm pour un bateau de 6 mètres. Les cordages en nylon conviennent bien.**
- **Ne raidissez pas trop les amarres de pointe (avant et arrière).** L'idéal est que le bateau soit juste suffisamment éloigné du quai pour ne pas frotter.
- **Les amarres de pointe doivent être fixées en faisant un angle d'environ 45 degrés avec le bateau pour le maintenir solidement.**

Gardes

Les gardes sont des amarres extrêmement efficaces. Attachées au milieu du bateau, elles l'empêchent de bouger vers l'avant ou l'arrière et le maintiennent bien en place de sorte que les quelques défenses placées au milieu du bateau soient toujours maintenues. La Figure 6.12 montre un bateau amarré par 1) l'amarre de pointe avant, 2) une garde avant, 3) une garde arrière, 4) l'amarre de pointe arrière. Dans un contexte très agité, vous pouvez ajouter des gardes supplémentaires et doubler toutes les amarres.

Les amarres doivent être convenablement fixées à chaque extrémité. Voyez le Chapitre 4 sur la manière de tourner un bout sur un taquet ; si vous devez *frapper* (attacher) une amarre sur un piquet, utilisez un nœud de chaise ou un nœud de cabestan ; ces nœuds sont décrits à l'Annexe B.

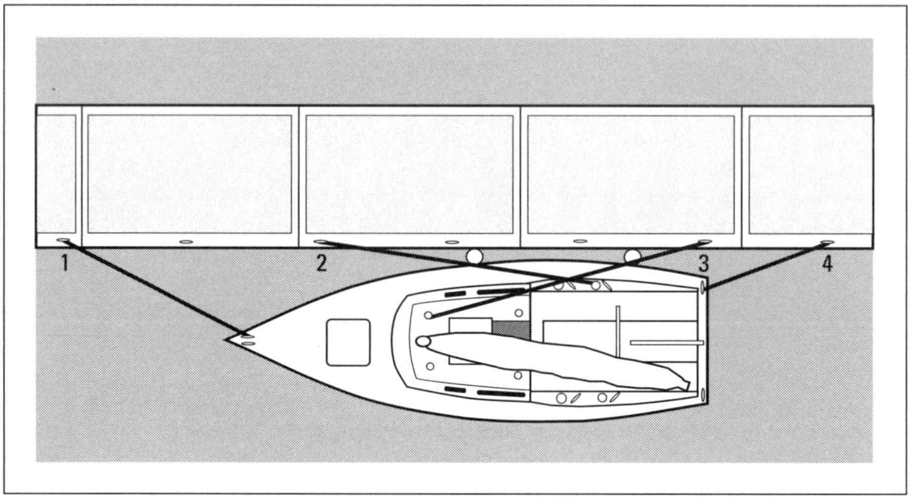

Figure 6.12 : Les gardes contribuent à maintenir le bateau en place.

Tenez compte de la marée !

Comme vous le découvrirez au Chapitre 10, la plupart des masses d'eau importante subissent des marées, dues à l'action de la lune. Faites preuve de bon sens en amarrant un bateau. S'il doit s'élever ou s'abaisser avec la marée, évitez si possible de l'amarrer sur un quai ou un piquet. Si vous amarrez ainsi votre bateau à marée haute, vous risquez de le retrouver suspendu hors de l'eau à marée basse.

CONSEIL

Si vous devez quitter votre bateau amarré à des points fixes dans un port à marées, prévoyez un angle plus ouvert pour toutes les amarres (et donc une plus grande longueur) en les *frappant* (en les fixant) le plus loin possible sur le quai. Vous trouverez au Chapitre 9 davantage de conseils sur d'autres scénarios d'accostage.

Mettre votre bateau à l'eau

Comme nous l'avons dit au Chapitre 4, lorsque vous commencez à faire de la voile, vous n'avez généralement pas à vous soucier du lancement de votre bateau – l'école, ou le propriétaire du bateau, se sont déjà sans doute occupé de la question. A un certain stade, cependant, vous pouvez être prêt à partir, mais avec un bateau qui n'est pas encore dans l'eau. Cette section vous montre comment lancer aussi bien des quillards que des dériveurs dans les situations où vous avez le plus de chances de vous trouver.

Lancement d'un voilier sur remorque

La mise à l'eau du bateau peut être un processus compliqué – un processus qui peut impliquer le mâtage (la mise en place du mât). De nombreux petits quillards (moins de 8 mètres) ou dériveurs sont rangés à terre pour ce qu'on appelle l'hivernage dans les régions moins clémentes que la Californie. Si votre bateau hiverne à l'abri, vous aurez moins de soucis de maintenance (moins d'anatifes – sorte de coquillage – ou d'algues à enlever) et pas de redevance de quai. Si vous rangez votre bateau à terre sur une remorque, vous pourrez plus facilement aller naviguer à différents endroits. N'oubliez pas qu'en fonction des caractéristiques du bateau et de la remorque, vous pouvez avoir besoin d'un autre type de permis que le permis classique. C'est une des raisons pour lesquelles la plupart des quillards transportables sur remorque sont plus courts (moins de 9 mètres).

Deux méthodes courantes pour le lancement d'un quillard ou d'un gros dériveur sont la grue ou le lancement depuis une rampe.

Que vous lanciez depuis une remorque ou un chariot, ou que vous portiez le bateau à bout de bras, vous devez faire attention à d'éventuelles lignes électriques après avoir gréé le mât. Fort heureusement, la plupart des yacht clubs, des aires de lancement, et des marinas, ont éliminé les lignes haute tension, mais nous voulons que vous soyez vigilant.

La plupart des bateaux rangés sur des remorques ont des vannes d'écoulement. Si vous les laissez ouvertes, l'eau de pluie pourra s'en aller au lieu de s'accumuler. Mais plus d'une sortie à la voile a été anéantie faute d'avoir refermé ces vannes avant le lancement, et donc pensez à vérifier ce point – et notez que certains bateaux ont plusieurs vannes !

Utilisation d'une grue

Lancer un bateau depuis une grue est chose facile – a condition d'avoir quelqu'un pour vous aider, une ceinture adaptée pour soulever le bateau, et un bateau qui pèse moins que le maximum permis pour la grue. Voici les étapes à suivre en général pour lancer un bateau à partir d'un engin de levage :

1. **Déplacez le bateau pour le mettre sous la grue.**

   De nombreuses grues ont un arc dessiné sur le sol pour vous guider lors du placement du bateau. Placez-le pour que la grue le soulève directement à partir de la remorque. Sur les bateaux qui ont un *pataras* (un câble allant de la tête du mât à l'arrière du bateau), vous pouvez avoir à faire pivoter le bras de la grue tout en roulant le bateau à la bonne place (voir Figure 6.13).

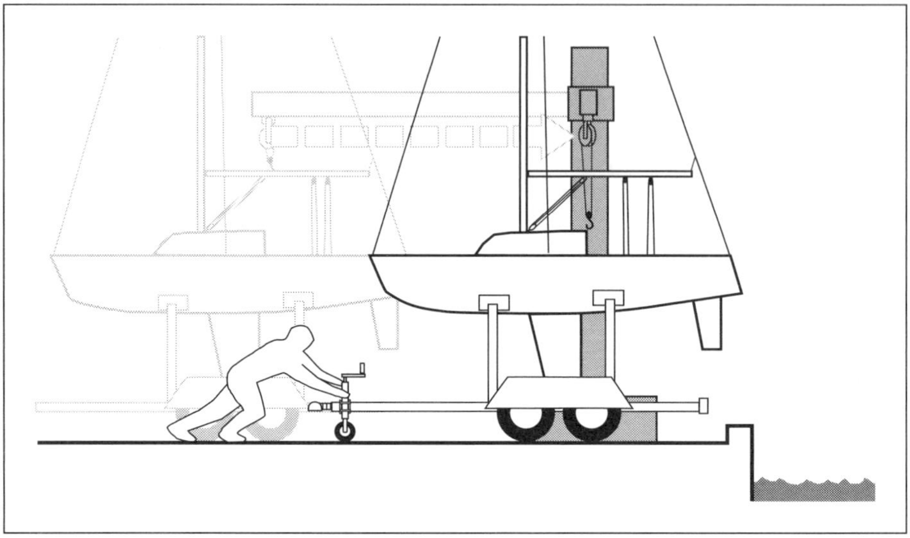

Figure 6.13 : Tandis que la remorque est poussée sous la grue, faites pivoter le bras de la grue derrière le pataras.

2. **Attachez la bride de *soulèvement* – un harnachement fait de câbles ou cordages passant sous le bateau pour le soulever en le maintenant en équilibre.**

   Vérifiez l'usure de la bride de soulèvement (ou tout autre système de soulèvement) et des points de fixation.

3. **Mettez en place les amarres de pointe avant et arrière pour pouvoir faire pivoter le bateau dans la position voulue pendant qu'on le descend dans l'eau.**

   Ne laissez jamais personne se tenir ou marcher au-dessous d'un bateau en train d'être soulevé.

4. **Une personne doit manœuvrer la grue et l'autre tenir les amarres.**
5. **Commencez à lever, en vous assurant que le mât et les haubans sont clairs par rapport au bras de la grue (qu'ils ne risquent pas de le heurter).**

   Essayez de maintenir le bateau perpendiculaire au bras qui tourne pour le placer au-dessus de l'eau et pendant la descente.

   N'essayez pas de mettre un bateau à l'eau tout seul ; faites cela avec l'aide d'un copain.

6. **Une fois le bateau dans l'eau, une personne peut détacher la bride de soulèvement et une autre frapper l'amarre de pointe avant.**

Il vous reste encore quelques opérations pour terminer :

- **Avant d'armer le bateau, déplacez-le, et déplacez la remorque pour que d'autres puissent utiliser la grue.**
- **Ramenez le bras au-dessus du sol.**

CONSEIL

Comme le câble ou la chaîne peuvent déposer de la graisse sale sur vos voiles (et vos mains et le reste), attendez toujours pour hisser les voiles que le bateau soit dans l'eau et loin de la grue.

Lancement depuis une remorque à partir d'une rampe

Nos deux règles principales pour réussir le lancement à partir d'une rampe sont :

- **Soyez d'accord pour vous mouiller les pieds.**
- **Prévoyez bien votre coup.** Arrêtez-vous, descendez de voiture, et vérifiez la configuration de la rampe avant de faire descendre la remorque en marche arrière. Examinez son inclinaison, vérifiez si elle ne descend pas brusquement à son extrémité, et prévoyez l'endroit où vous placerez la remorque. Puis examinez les emplacements le long du quai. Une fois le bateau lancé, où allez-vous l'amarrer pour hisser les voiles ? Comment allez-vous atteindre ce quai ?

Ayant votre plan à l'esprit, remontez dans votre voiture et passez à l'action. Faire reculer une voiture et une remorque est du même degré de difficulté que de vous taper sur la tête et de vous frotter le ventre en même temps – ce peut être difficile. Les remorques sont des animaux bien élevés lorsqu'elle vont en avant, mais les faire reculer est une autre affaire. Un braquage trop accentué, et la remorque se referme sur la voiture comme la lame d'un couteau de poche sur le manche. Si votre bateau et la remorque sont assez légers pour qu'une personne puisse les manœuvrer, vous pouvez envisager de détacher la remorque et de faire descendre prudemment la remorque dans l'eau. Mais faites attention – la rampe peut être très en pente et couverte d'algues gluantes sur lesquelles vous allez déraper.

Voici les étapes à suivre en principe pour lancer votre bateau depuis une remorque sur une rampe en utilisant une voiture :

1. **Gréez le mât.**

   Voir la section « Gréement d'un mât » plus loin dans ce chapitre.

2. **Placez la voiture et la remorque sur une ligne parallèle à la rampe.**

   Il est beaucoup plus facile de reculer si vous n'avez pas à tourner.

3. **Enlevez les divers bouts et autres moyens servant à tenir le bateau, à l'exception de l'amarre de pointe avant.**

4. **Descendez la rampe lentement en corrigeant toute velléité d'angulation en tournant l'arrière de la voiture dans la même direction que l'arrière de la remorque.**

5. **Reculez jusqu'à ce que le bateau commence à flotter au-dessus de la remorque, et avant que les roues (ou au moins les roulements et les freins des roues) ne touchent l'eau.**

6. **Assurez-vous que votre frein à main (ou frein de parking) est serré et sortez de la voiture pour déconnecter le bateau de la remorque.**

   L'eau salée est hautement corrosive (comme vous le savez à propos du sel que l'on jette sur les routes après des chutes de neige), et même dans l'eau douce, les voitures ne savent pas nager, ce qui fait deux bonnes raisons pour ne pas mettre votre voiture dans l'eau.

   SÉCURITÉ D'ABORD

   Si le bas de la rampe est recouvert d'algues gluantes, faites attention, vous pouvez glisser dessus comme sur du verglas.

7. **Lorsque le bateau flotte, décrochez ou dénouez l'étrave de la remorque.**

   C'est à ce stade que vous allez vous mouiller les pieds (et peut-être aussi les jambes). Si un quai se trouve à proximité, vous pourrez peut-être prendre l'amarre de pointe avant, et tirer ainsi le bateau tout en restant au sec, mais n'y comptez pas.

   S'il n'y a pas de quai, vous pouvez envisager de gréer les voiles (mais non de les hisser) avant de lancer, parce que vous devrez probablement grimper sur le bateau depuis l'eau, comme lorsque vous lancez le bateau depuis une plage, de la manière décrite plus loin dans ce chapitre.

8. **Après avoir lancé le bateau et l'avoir amarré au quai, revenez sur vos pas et déplacez la voiture et la remorque.**

Lancement sans remorque

Les dériveurs sont généralement rangés à terre, et comme la plupart d'entre eux sont plus légers que les quillards, vous pouvez souvent les lancer depuis un quai ou une rampe ou même depuis une plage sans l'aide d'une grue ou d'une remorque.

Un petit dériveur peut être transporté sur une galerie fixée au toit d'une voiture. Pour descendre le bateau sans l'endommager, assurez-vous l'aide de plusieurs amis, et effectuez les opérations suivantes, illustrées par la Figure 6.14.

Figure 6.14 : Obtenez toute l'aide possible pour soulever un bateau.

1. **Trouvez un *diable* (un chariot léger à deux roues manœuvrable à la main), ou aménagez au sol un espace rembourré, sur lequel placer le bateau.**
2. **Rassemblez suffisamment de monde pour qu'il soit facile de soulever le bateau.**
3. **Faites glisser ou soulevez le bateau pour l'enlever du toit et descendez-le, et placez soigneusement le bord du bateau (à son emplacement le plus large) sur le diable ou le rembourrage, coque toujours vers le haut.**

   Prenez toujours soin de placer le bateau sur un endroit rembourré pour protéger la coque.
4. **La plus grande partie du poids reposant sur ce bord, retournez le bateau.**
5. **Soulevez le bateau et mettez-le en place sur le diable ou le rembourrage pour procéder à son armement.**

   Dès lors, avec des variantes selon le mode de lancement, vous pouvez préparer le bateau pour partir à la voile. (Voir Chapitre 4 pour plus de détail sur l'armement.)

Glisser un dériveur à l'eau depuis un quai

Même sans diable, des dériveurs légers peuvent être lancés depuis le quai – vous n'avez besoin que de la complaisance et des muscles de quelques amis pour mettre le bateau en place au bord du quai.

Le bateau étant placé le long du quai, préparez son gréement pour qu'il soit prêt à naviguer (voir Chapitre 4) si vous ne l'avez pas déjà fait. Soulevez le bateau de chaque bord et faites-le glisser dans l'eau (voir Figure 6.15). Si le bord du quai n'est pas rembourré, placez-y un rembourrage pour former un coussin sous la coque pendant qu'elle glisse dans l'eau. Puis attrapez l'amarre de pointe avant et attachez le bateau au quai pour finir de le gréer et hisser les voiles.

Figure 6.15 : Soulevez le bateau de chaque côté et faites-le glisser dans l'eau.

N'OUBLIEZ PAS

Chaque fois que vous devez soulever un bateau, demandez toujours beaucoup d'aide. Pliez les jambes et maintenez votre dos vertical pour éviter de vous blesser.

Si le vent est très léger ou s'il souffle du quai vers l'eau, vous pouvez envisager de hisser les voiles avant de lancer, mais normalement vous hissez les voiles dans un deuxième temps. Pensez en tout cas à abaisser la dérive dès que vous montez dans le bateau, sinon il sera très instable.

Départ depuis la plage

Le lancement depuis une plage est délicat à moins que le vent et les vagues ne soient très modérés. Dans le meilleur des cas, il n'y a pas de vagues, mais vous bénéficiez d'une brise de terre (soufflant de la côte vers l'eau) ou d'une brise parallèle à la côte, qui facilite un départ perpendiculaire à la plage sous une allure assez arrivée (se rapprochant du vent arrière) telle que le largue.

Vous devez encore faire différentes choses avant de mettre le bateau à l'eau :

- **Envisagez de hisser une voile ou les deux tandis que le bateau est toujours sur la plage, parce que ce peut être difficile à faire une fois le bateau lancé.** Le bateau sera alors néanmoins plus difficile à porter dans l'eau.
- **Si votre bateau a une dérive *pivotante* (que l'on sort de l'eau en la faisant pivoter), gréez-la dans la position « haute » avant de lancer.**
- **Gréez le bateau et placez à bord tout ce que vous emmenez.**

Les bateaux peuvent être gréés de manières très différentes, et donc n'ayez pas peur de demander l'assistance du moniteur ou du propriétaire si vous avez un doute sur un point quelconque. Voyez le Chapitre 4 au sujet du gréement d'un bateau typique.

Vous êtes maintenant prêt à lancer le bateau depuis la plage :

1. **Réunissez autant de monde que vous pouvez et transportez le bateau dans l'eau.**

   Vous ne pouvez pas éviter de vous mouiller cette fois-ci ! Orientez le bateau bout au vent si les voiles sont hissées.

2. **Lorsque le bateau flotte dans une hauteur d'eau allant des genoux à la taille, une personne tient le bateau tandis qu'au moins un équipier monte à bord pour préparer le bateau au départ.**

   Le bateau est incroyablement instable à ce stade parce que vous ne pouvez descendre votre dérive complètement qu'après avoir atteint une eau plus profonde.

3. **Hissez les voiles et abaissez la dérive (si elle est du type pivotant) au moins en partie (si l'eau est peu profonde) pendant que quelqu'un tient le bateau à l'avant.**

4. **La dernière personne pousse le bateau dans une direction correspondant à l'allure voulue (de préférence une allure assez arrivée telle que le largue) et grimpe à bord.**

   Vous êtes parti !

Si vous êtes celui ou celle qui tient le bateau dans l'eau, tenez compte des mesures de sécurité suivantes :

- **Envisagez de porter des chaussures – il peut y avoir des objets pointus au fond de l'eau.**
- **Si les vagues sont grosses, essayez de maintenir le bateau perpendiculaire aux vagues, à la manière d'une planche de surf gagnant le large à travers les rouleaux.** Il y a ainsi moins de chance qu'une vague vous attrape – vous et le bateau – et vous ramène à la plage. Cette tâche peut être malaisée si les voiles sont hissées.

- **Dans les vagues, ne vous tenez jamais entre le bateau et la plage.** Placez-vous toujours du côté du large par rapport au bateau (bien que cela puisse être difficile si les voiles sont hissées).

Sauf si vous êtes à un endroit sans vagues importantes (cette recommandation s'applique aussi aux bateaux à moteur), ne laissez jamais un bateau à moitié dans l'eau avec l'étrave tirée sur la plage. Les vagues qui déferlent peuvent endommager le bateau, ou encore il peut s'en aller.

Retour sur la plage

Le retour à une plage peut être encore plus difficile que le lancement. Ici encore, vous ne pouvez pas éviter de vous mouiller. Voici les étapes de base pour ramener un bateau sur une plage :

1. **Faites faseyer vos voiles et cassez votre vitesse à bonne distance et approchez la plage lentement, voiles entièrement débordées (écoutes choquées à fond).**
2. **S'il n'y a pas beaucoup d'eau, levez partiellement le safran et la dérive avant l'approche.**
3. **Lorsque vous êtes près de la côte, tournez le bateau bout au vent et stoppez-le.**
4. **Faites sauter votre équipier par-dessus bord (vous devez vous trouver assez près du rivage pour qu'il ait pied) pour tenir le bateau à l'étrave pendant que vous affalez (faites descendre) les voiles, que vous remontez complètement la dérive, et que vous enlevez ou relevez le safran.**
5. **Sautez dans l'eau et allez chercher le diable ou des renforts pour vous aider à transporter le bateau sur la plage.**

   Tirer le bateau sur le sable provoque des égratignures sur la coque.

Gréement d'un mât (mâtage)

Certains bateaux sont rangés avec le mât gréé. Sur d'autres bateaux (habituellement les dériveurs), les équipiers doivent gréer le mât (*mâter*, procéder au *mâtage*) avant toute sortie. Le mâtage peut faire appel à diverses techniques suivant le gréement du bateau. Certains mâts, sur les plus gros dériveurs ou sur les quillards, pèsent si lourds qu'ils requièrent l'utilisation d'une grue (ou d'un autre engin de levage spécial). Si c'est votre premier mâtage, assurez-vous l'assistance d'une personne expérimentée. Sur les bateaux plus petits (jusqu'à 4 mètres), une personne peut en général lever le mât et le placer sur le bateau, mais cela ne peut pas nuire d'avoir de l'aide.

SÉCURITÉ D'ABORD

Répétons-le : si vous mâtez en étant à terre, regardez bien autour de vous s'il n'y a pas de lignes électriques aériennes.

Voici comment faire passer le mât d'une position horizontale à sa position verticale :

1. **Demandez à quelqu'un de lever la tête du mât vers le haut tandis que sa base est bloquée contre votre pied ou un autre objet.**
2. **Lorsque le mât est vertical, soulevez-le pour le mettre *à poste* (en place).**

   Vous pouvez trouver qu'il est plus facile de passer le mât vertical à une personne assise dans le bateau.

   Si vous êtes inconfortable, n'hésitez pas à demander de l'aide ; il n'y a guère de bruit plus intense que celui fait par un mât qui tombe à terre dans un parking !
3. **Lorsque le pied du mât est placé dans l'*emplanture* (l'emplacement où se fixe le pied du mât), vous pouvez commencer à mettre en place tout le gréement dormant (*haubans, étai*, et *pataras*).**

   Le plus souvent, la fixation du gréement dormant requiert la coopération de deux personnes, pour être sûr que le mât reste vertical pendant tout le processus (voir Figure 6.16).

Figure 6.16 : Une personne tient le mât tandis que la seconde personne fixe les haubans et l'étai.

4. **En mettant en place le gréement dormant, inspectez soigneusement toutes les fixations qui supportent le mât pour en contrôler la solidité.**

   Serrez les éventuelles *manilles* avec des pinces et assurez-vous que toutes les fixations (telles qu'une *cadène* – ferrure fixant un câble du gréement dormant au bateau – et un *ridoir* – qui sert à raidir un câble du gréement dormant) sont *assurées* (ne peuvent se défaire). (Consultez le Chapitre 19 pour plus de détails sur les manilles, cadènes, ridoirs, et autres pièces d'*accastillage*.)

Certains petits dériveurs ont des mâts fixés directement sans aucun gréement dormant. Sur ces bateaux, il peut être nécessaire d'enfiler sur le mât une manche placée le long du guindant (le bord antérieur de la voile) avant de mâter, comme sur la Figure 6.17.

Figure 6.17 : Mise en place de la voile d'un Laser en glissant la manche de la voile autour du mât.

Chapitre 7

Sécurité : une main pour toi, une main pour le bateau

Dans ce chapitre :

- Comment rester à bord
- Portez votre gilet de sauvetage
- Sauvetage d'une personne passée par-dessus bord
- Redressage d'un bateau chaviré
- Vérification de l'équipement de sécurité
- Utilisation de la VHF
- Les règles de navigation

Ce n'est pas la peine de parler de pousser et de tirer. Les bateaux sont suffisamment compliqués pour ceux qui restent tranquillement assis sans aller chercher plus loin la source des difficultés.

– J.R.R. Tolkien

Ne sous-estimez jamais la puissance de Mère Nature ! Lorsque vous naviguez à la voile, vous êtes son hôte, et même les jours de voile les plus décontractés, vous devez craindre les effets de sa force démesurée.

La sécurité sur l'eau prend d'innombrables aspects et doit être prévue à de nombreux niveaux différents. Par une chaude journée d'été, votre souci principal peut être d'appliquer à nouveau des couches de crème solaire et de boire assez d'eau. Mais si vous êtes au milieu de l'océan, ballotté par des vagues qui donnent à votre bateau l'apparence d'un jouet, votre savoir-faire de marin est sollicité jusqu'à l'extrême limite, et le concept de sécurité prend tout son sens.

Nous insistons toujours sur la nécessité de ne jamais sortir sur un bateau dans des conditions qui dépassent les limites de votre expérience et de votre sens du confort, mais dès que vous vous trouvez sur l'eau, vous devez vous attendre à l'inattendu. Comme les scouts – soyez prêts. Assurez-vous que vous avez le savoir-faire et l'équipement requis pour faire face à tout ce qui peut se passer sur votre voilier, c'est la seule manière dont vous pouvez aborder une journée de voile dans de bonnes conditions de sécurité. S'amuser en naviguant à la voile est facile. Etre prêt est l'unique sujet de ce chapitre.

Restez à bord

Si vous naviguez suffisamment longtemps à la voile, vous finirez probablement tôt ou tard par passer par-dessus bord. (Cela nous est arrivé à tous les deux !) Il n'y a pas beaucoup de gens qui s'en doutent (y compris les millions de gens qui suivaient la chose à la télé), mais le jour où nous avons gagné la coupe de l'America en 1987, je suis tombé par-dessus bord.

Quelques minutes après le franchissement de la ligne d'arrivée, notre bâtiment de support a amené à bord 25 membres de l'équipe et quelques bouteilles de champagne, et il y avait beaucoup de monde sur le pont du *Stars & Stripes*. J'étais debout sur la plage avant en train de célébrer l'événement et j'avais décidé de revenir à mon poste à l'arrière du bateau pour parler à des personnes qui s'y trouvaient. Au lieu de traverser l'attroupement qui occupait le bord au vent, j'ai décidé de prendre le chemin express, en passant par le bord sous le vent. J'étais en route vers l'arrière, assurant mon équilibre en me tenant à un bout tourné sur un taquet de la bôme, lorsqu'une grosse vague a frappé le bateau. Cela m'a fait placer plus de poids sur ce bout, et *paf* – il s'est libéré de son taquet. Avant d'avoir compris ce qui se passait, j'étais remorqué dans l'Océan Indien à 9 nœuds, cramponné à l'extrémité de ce bout comme à la vie elle-même.

J'ai survécu – ne devant subir que les railleries de mes coéquipiers qui me voyaient me débattre dans l'eau. Mais laissez-moi vous dire – les conseils de sécurité pour vous tenir et pour éviter les zones de danger ont vraiment de l'importance. Certains de ces conseils s'appliquent surtout aux quillards de bonne taille, mais quel que soit le type de bateau sur lequel vous naviguez, ils vous seront utiles.

Tenez-vous

La règle numéro un est tenez-vous. Le vieil adage « une main pour toi, une main pour le bateau » est tout aussi valable aujourd'hui que du temps des gréements auriques. Vous êtes le premier responsable de votre propre sécurité, et vous ne savez jamais si une vague, une rafale de vent, ou un échouement inattendu ne va pas vous faire perdre votre équilibre.

Voici une règle élémentaire dont j'espère qu'elle vous incitera à vous tenir – si vous tenez à la vie. Les U.S. Coast Guards appellent cela la règle 50-50-50 – si vous restez dans de l'eau à 50 degrés F (10 degrés C) pendant 50 minutes, vous avez 50 pour cent de chances de survivre. Vous perdez rapidement des calories dans l'eau froide, et à mesure que le corps se refroidit, ses fonctions se bloquent. Le terme médical pour la perte de chaleur du corps est l'hypothermie, et elle peut même survenir dans de l'eau à 21 degrés C. Vous trouverez à l'Annexe A des indications sur la manière de traiter l'hypothermie.

CONSEIL

Voici des conseils pour vous permettre de rester à bord :

- **Attendez-vous à tout**. Un bateau peut être jeté dans n'importe quelle direction, ou il peut s'immobiliser brutalement s'il s'échoue.
- **Certaines zones d'un bateau sont plus sûres que d'autres, mais la position la plus sûre sur le pont d'un bateau est la position assise dans le cockpit.**
- **Si vous devez vous tenir debout, pliez les genoux pour avoir un meilleur équilibre**. Ceci abaisse votre centre de gravité et fait jouer à vos jambes le rôle d'amortisseurs.
- **De nombreux bateaux ont des mains courantes le long du roof (le sommet de la cabine), et vous pouvez vous tenir à la filière avec l'autre main en marchant vers l'avant.**

  Note : les filières doivent être inspectées régulièrement pour voir si elles sont usées ou rouillées. Il peut être risqué de se fier à une filière. Si la mer est vraiment agitée, tenez vous à un objet solide plus proche du milieu du bateau.

  TERMES SPÉCIFIQUES

  Note : S'il n'est pas recommandé de se tenir d'une main à une filière par gros temps, il serait suicidaire d'y crocher votre harnais de sécurité, ce que vous pourriez être incité à faire par une ruse de la perfide Albion, qui appelle les filières *lifelines* (lignes de vie). Nous verrons plus loin dans ce chapitre que les *lignes de vie* sont des câbles souples très résistants, solidement ancrés sur chaque bord, auxquels un équipier peut accrocher son harnais de sécurité, pour pouvoir se déplacer d'un bout à l'autre du bateau sans décrocher son harnais.
- **Ne vous tenez jamais à une partie quelconque du *gréement courant* (manœuvres servant au réglage des voiles), qu'elle soit actuellement utilisée ou non**. C'est la règle enfreinte par Peter sur le *Stars & Stripes*.
- La position assise avec les pieds calés est la meilleure position pour travailler hors du cockpit (c'est-à-dire sur la plage avant). Si l'eau est trop agitée pour vous déplacer debout, vous pouvez marcher à quatre pattes ou même vous déplacer sur votre postérieur pour aller sans

risque d'un endroit à un autre. Et si cela ne suffit pas, vous devez impérativement porter un harnais de sécurité, décrit plus loin dans ce chapitre.

- **Les chaussures antidérapantes contribuent à vous donner une prise**. Même avec les meilleures chaussures, cependant, les ponts des voiliers peuvent glisser comme du verglas.

Soyez conscient des zones de danger

En vous déplaçant sur le bateau, soyez conscient des zones dangereuses. Voici les principales :

- **N'importe où dans le secteur balayé par la bôme lors d'un virement vent debout ou d'un empannage (voir Figure 7.1)**. Cet avertissement concerne la menace du mouvement de la bôme elle-même ainsi que des mouvements du gréement courant associé, comme le hale-bas et la grande écoute.

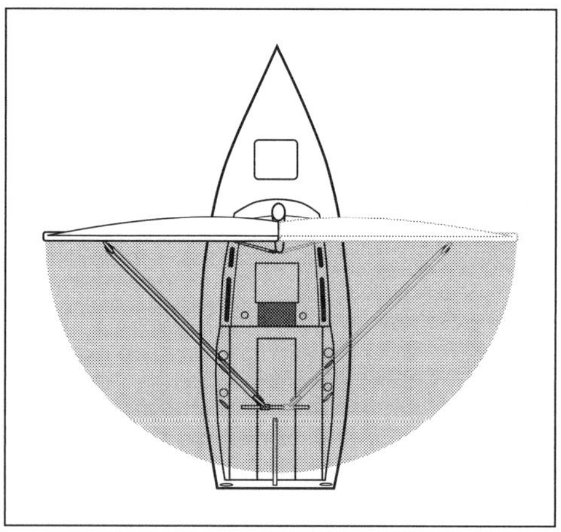

Figure 7.1 : Restez à l'écart du passage possible de la bôme et de ses manœuvres.

- **N'importe où à l'extérieur du cockpit en étant debout ou en marchant.**
- **À l'avant et à l'arrière**. Si vous devez y aller, tenez-vous solidement, parce que le mouvement du bateau est accentué à ses extrémités.
- **Sur le passage du foc et des écoutes de foc au cours d'une manœuvre de virement vent debout**. Ce passage va de la plage avant jusqu'à l'endroit où les écoutes de foc vont sur chaque bord à travers des poulies jusqu'au cockpit. Pendant un virement vent debout (ou un empannage), lorsque les voiles battent dans le vent, la toile du foc et les manœuvres (les cordages qui servent à le border) sont comme autant de fouets.

- **Dans la « zone cible de fronde » des poulies sous forte tension**. Une éventuelle rupture d'une poulie sous tension peut en faire un projectile meurtrier.
- **Sur le bord sous le vent du bateau**. Le bord sous le vent est particulièrement dangereux si le bateau *gîte* (penche sur le bord opposé au vent) ; ce bord est plus proche de l'eau, vers laquelle votre poids vous entraîne.
- **Les surfaces brillantes, telles que le bois vernis ou les couvercles de panneaux en plastique**. Ces zones sont probablement aussi glissantes qu'elles en ont l'air. La plupart des bateaux plus importants ont une strate *nonskid* (d'une texture antidérapante) au-dessus du pont pour vous aider à rester debout, mais regardez où vous mettez le pied. Les voiles placées sur le pont sont également très glissantes.

Oui, vous l'aviez compris – l'endroit le plus sûr à bord de la plupart des bateaux est le cockpit (pourvu que vous vous teniez assez bas et fassiez attention à cette fichue bôme). Le pont présente un danger au cours des manœuvres, et par gros temps, il est toujours dangereux.

N'OUBLIEZ PAS

Veillez à ce que toute personne qui se trouve dans une aire de danger s'en rende compte et, si la situation le justifie, dites-lui de changer de place et expliquez pourquoi. Si vous êtes le barreur d'un bateau, assurez-vous que chacun occupe une position exempte de danger avant d'amorcer une manœuvre.

CONSEIL

Une règle sur l'eau est que le capitaine ou le chef de bord est responsable de la sécurité de son équipage. Sur une unité de la Marine Nationale, les liens de subordination sont évidents et les ordres d'un supérieur suivis aussitôt ; sur un bateau de plaisance, la désignation et le rôle de la personne responsable ne sont pas toujours clairs comme de l'eau de roche. On s'attend à ce que chacun à bord veille à son propre confort et à sa propre sécurité, et communique ses soucis ou ses questions au chef de bord et à d'autres personnes à bord. Conclusion : quel que soit votre rôle sur le bateau, vous ne pouvez pas laisser votre bon sens à terre.

Gilets de sauvetage

Le port d'un gilet de sauvetage augmente vos chances de survie dans l'eau. Les noyades représentent environ 80 pour cent des accidents mortels liés à la pratique du bateau. Les normes européennes, comme les normes américaines, exigent la présence de matériels homologués à bord de tous les bateaux. Le nombre et le type de ces matériels dépendent aux Etats-Unis de la taille du bateau, et en Europe de la catégorie de navigation (lié elle-même à la dimension du bateau), et dans les deux cas du nombre de personnes à bord.

En France, tout équipier à bord d'un bateau doit disposer d'un *engin de sauvetage individuel* homologué.

Aux Etats-Unis, pour les bateaux inférieurs à 5 mètres, la réglementation des U.S. Coast Guards exige un gilet de sauvetage pour chaque personne à bord – même dans le cas d'un canoë ou d'un kayak. Pour les bateaux de plus de 5 mètres, vous devez avoir un gilet de sauvetage par personne *plus* un dispositif de flottaison jetable, d'accès immédiat. Tous les gilets de sauvetage doivent être homologués, en bon état, de la taille appropriée pour l'utilisateur visé, et très accessibles.

Différents états américains imposent des règles supplémentaires, sur lesquelles vous pouvez vous renseigner chez un *shipchandler* ou en appelant les U.S. Coast Guards au 800-368-5647.

Types de gilets de sauvetage

Il existe différents gilets de sauvetage selon l'endroit ou vous naviguez. Certains sont adaptés à des conditions difficiles et des traversées prolongées, d'autres sont plus confortables et conviennent à des sorties d'une journée sur des plans d'eau abrités. Vous devez en tout cas respecter la réglementation applicable dans les eaux où vous naviguez.

En Europe

Les normes d'homologation prévoient quatre familles correspondant chacune à une flottabilité exprimée en Newtons et dont l'utilisation correspond à des catégories de navigation.

- **50 Newtons** : 5e et 6e catégories de navigation. Ces équipements légers conviennent plutôt à des activités de bord de mer comme la planche à voile et le ski nautique.
- **100 Newtons** : navigation côtière. Ces gilets de sauvetage assurent le retournement d'une personne inconsciente et lui maintiennent la tête et la bouche hors de l'eau. Ils sont équipés de bandes réfléchissantes, d'un sifflet et d'une poignée de halage.
- **150 Newtons** : gilets de haute mer pour toutes les catégories de navigation. Ils assurent le retournement en moins de 5 secondes, même dans des conditions de mer difficiles, et sont équipés d'une sangle sous-cutale, de bandes réfléchissantes, d'un sifflet et d'une poignée de halage.
- **275 Newtons** : gilets gonflables prévus pour des situations extrêmes ou des usages professionnels lorsque l'utilisateur est chargé ou habillé de vêtements de protection.

Aux Etats-Unis

- **Type I** : le gilet de type I, ou *off-shore life Jacket*, est celui qui offre la plus grande flottabilité. Il retourne le porteur la tête vers le haut même s'il est inconscient. Ce type de gilet de sauvetage – l'un de ceux présentés sur la Figure 7.2 – est assez encombrant. Mais si vous restez longtemps sur mer, c'est celui qu'il vous faut.

Figure 7.2 : Les aides à la flottabilité des types I, III, et IV.

- **Type II** : le gilet de sauvetage de type II, ou *near-shore buoyancy vest*, est conçu pour une utilisation sur des plans d'eau calmes, à l'intérieur des terres, et sa flottabilité est inférieure à celle du type I. Le gilet de sauvetage de l'icône annonçant un point relatif à la sécurité ressemble à un gilet de type II typique.
- **Type III** : le gilet de type II, ou *flotation aid*, également présenté sur la Figure 7.2, est prévu pour des plans d'eau protégés où un sauvetage rapide est probable. Il offre la même flottabilité que le type II, mais cette flottabilité est distribuée pour faciliter les mouvements plutôt que pour vous aider à flotter la tête hors de l'eau. On peut le porter aisément toute une journée, mais il ne donne pas une flottabilité suffisante par grosse mer. Nous possédons l'un et l'autre ce type de gilet de sauvetage pour naviguer sur dériveur.
- **Type IV** : également présenté sur la Figure 7.2, le type IV s'appelle *throwable device* (*dispositif jetable*) parce qu'il est destiné à être lancé à un personne dans l'eau, qui peut s'y accrocher jusqu'à son sauvetage. Il doit obligatoirement y avoir une bouée de ce type sur tout bateau de plus de 5 mètres, et elle doit être accessible pour pouvoir être lancée immédiatement. Cette bouée est habituellement placée près de la barre pour que le barreur puisse la lancer rapidement.

- **Type V** : le dispositif de type V s'appelle *special-use device* ou *hybrid inflatable life jacket* – gilet de sauvetage hybride gonflable. Tout gilet de sauvetage du type V est prévu pour une activité spécifique (telle que la planche à voile), et doit être porté en permanence. Les gilets de sauvetage gonflables ont été très populaires en Europe pendant quelque temps. Ils sont assez coûteux, mais ils sont agréables parce que faciles à porter. Nous avons beaucoup d'amis naviguant sur quillard qui portent ce type de gilet de sauvetage gonflable.

N'OUBLIEZ PAS

En Europe, tous les *engins de sauvetage individuels* doivent correspondre aux normes européenne et comporter le label CE prévu par la réglementation. Aux Etats-Unis, tous *personal flotation devices* doivent être identifiés par un label officiel comme étant « USCG approved » (approuvés par les U.S. Coast Guards).

Conseils de sécurité pour l'utilisation des gilets de sauvetage

CONSEIL

Voici quelques conseils visant à l'utilisation correcte des gilets de sauvetage :

- **Portez toujours un gilet de sauvetage sur un dériveur parce qu'il peut chavirer.**
- **Comme pour tout équipement de sécurité, veillez, avant de quitter le quai, à ce que chaque équipier sache où sont placées les gilets de sauvetage.**
- **Les enfants, ceux qui ne savent pas nager, et toute personne ayant besoin d'une assistance supplémentaire, doivent porter un gilet de sauvetage à tout moment.**
- **Ne modifiez jamais un gilet de sauvetage qui n'est pas à votre taille**. Procurez-vous un gilet à votre taille.
- **N'utilisez jamais un gilet de sauvetage comme *défense* (ou *pare-battage*, un rembourrage placé entre votre bateau et le quai)**. Les gilets de sauvetage perdent leur flottabilité s'ils sont comprimés.
- **Si votre gilet de sauvetage est plein d'eau, jetez-le.**
- **Assurez-vous que tout gilet de sauvetage est à la bonne taille, spécialement dans le cas des enfants**. Ne mettez pas un gilet d'adulte à un enfant – il pourrait glisser une fois dans l'eau.

Les enfants et les gilets de sauvetage

Les gilets de sauvetage ne garantissent pas la sécurité de vos enfants sur l'eau – vous devez continuer de les observer avec vigilance et toujours savoir où ils se trouvent. En outre, il est très important que les gilets de sauvetage soient bien ajustés et que les enfants n'éprouvent aucune gêne à les porter. Voyez le Chapitre 18 pour plus d'informations sur la navigation avec des enfants.

Harnais de sécurité

Un harnais de sécurité fonctionne comme une main supplémentaire pour vous aider à rester à bord tandis que vous vous déplacez sur le pont de quillards relativement gros. Le port d'un harnais de sécurité vous laisse deux mains libres pour manipuler des écoutes, des bouts, etc.

N'utilisez jamais de harnais de sécurité sur un dériveur, qui peut chavirer. Les harnais de sécurité sont réservés aux quillards.

Choisissez un harnais de sécurité qui adhère bien à votre corps et soit de la bonne taille (ils sont souvent classés selon le poids du porteur). Le harnais peut être attaché par une sangle à tout objet solide, en principe à une ligne de vie. Les *lignes de vie* sont appelées en anglais *jack-lines*, et ne doivent pas être confondues avec les *lifelines* (qui sont nos filières). Les lignes de vie sont des câbles d'acier, ou des tresses d'une matière résistante telle que le tergal, ou des sangles de nylon, tendus de chaque côté de la cabine à plat sur le pont, de l'avant à l'arrière du bateau, et prévus spécialement pour les harnais de sécurité (voir Figure 7.3). N'attachez jamais un harnais de sécurité à une filière (voir commentaire ci-dessus). Les filières vous rapprochent de l'extérieur du bateau, et elles peuvent casser. Gréez les lignes de vie de telle manière que vous puissiez crocher solidement votre harnais de sécurité avant de quitter le cockpit, et ne jamais avoir à vous décrocher lors de vos déplacements sur le pont.

Voici quelques-uns des moments opportuns pour porter un harnais :

- **Dans toutes les situations où le sauvetage d'un homme à la mer présenterait des difficultés**
- **Lorsque vous êtes seul sur le pont**
- **Lors de la navigation de nuit – tout particulièrement si vous quittez le cockpit**
- **Lorsque vous naviguez par gros temps**

Figure 7.3 : Après avoir accroché votre harnais de sécurité sur une ligne de vie, vous pouvez vous servir de vos deux mains pour travailler n'importe où sur le pont.

Sauvetage d'un « homme à la mer »

A l'évidence, les femmes comme les hommes peuvent passer par-dessus bord, mais « *un homme à la mer* » est le signal dont la plupart des gens se souviennent pour l'avoir entendu dans de vieux films, et c'est toujours l'appel standard utilisé lorsque quelqu'un tombe du bateau.

ATTENTION !

Cette discussion sur le passage par-dessus bord peut sembler mélodramatique, mais la baignade inattendue est probablement le plus grave des dangers qui guettent le marin. Vous et votre équipage devez vous être préparés pour cette situation *avant* qu'elle ne se produise. Si vous attendez que quelqu'un soit dans l'eau, ce sera trop tard.

La meilleure façon d'éviter cet accident est de rester à bord. Le port d'un gilet de sauvetage peut vous aider si vous passez par-dessus bord, mais la clé de votre survie est la réaction de l'équipage.

Réussir à sortir quelqu'un de l'eau implique quatre étapes cruciales. Les sections suivantes décrivent en détail chacune des étapes de la manœuvre d'homme à la mer.

Chacune de ces étapes demande à être répétée pour que l'équipage puisse coopérer pour la réaliser automatiquement en cas d'accident. Vous pouvez vous entraîner avec votre équipage à récupérer un chapeau. Si vous attrapez un coup de soleil pendant le temps de récupération du chapeau, c'est que vous avez besoin de vous entraîner davantage (et de mettre plus de crème solaire). Une autre façon de réviser vos manœuvres de sécurité est de regarder une démonstration vidéo sur le sujet. Il en existe d'excellentes, que l'on peut se procurer chez un shipchandler ou auprès de certains clubs de voile.

Étape n° 1 : ne pas perdre de vue le nageur

Si vous voyez quelqu'un passer par-dessus bord, criez pour alerter le reste de l'équipage, mais ne quittez pas cette personne des yeux. Vous êtes désormais désigné comme vigie. Si pour une raison quelconque vous ne pouvez pas assumer cette responsabilité (disons que vous barrez), assurez-vous que quelqu'un d'autre voit le nageur et le suit du regard avant de le quitter des yeux vous-même. Si vous perdez la personne de vue, il peut être très difficile de la retrouver dans les ombres et les réflexions des vagues. Tout en gardant le contact visuel, essayez de rassurer la nageur en lui criant un encouragement tel que : « Nous arrêtons le bateau ; n'essaies pas de nager vers nous – nous revenons tout de suite. »

De nombreux bateaux relativement gros ont des *appareil de navigation GPS* (Global Positioning System). Si quelqu'un est près du GPS lorsqu'une personne tombe par-dessus bord (de nombreux bateaux ont un appareil étanche sur le pont), il doit immédiatement enfoncer le bouton qui sauvegarde la position actuelle. De nombreux appareils GPS ont une touche spéciale *MOB* (*Man Over Board*), que vous pouvez enfoncer pour enregistrer la position du nageur. Le GPS change alors de mode opératoire et vous aide à naviguer pour revenir jusqu'à l'homme à la mer. (Pour plus d'informations sur l'utilisation d'un GPS, voir le Chapitre 11.)

Étape n° 2 : lancer la bouée de sauvetage au nageur

Il est crucial de jeter rapidement la bouée de sauvetage au nageur pour qu'il puisse rester à la surface. Si vous avez déjà nagé tout habillé, vous savez combien l'eau alourdit vos mouvements, et c'est encore plus dur s'il y a de grosses vagues. Souvent, ces bouées de sauvetage ont un pavillon qui facilitent la visualisation du nageur. La bouée peut être accompagnée de divers compléments :

- Ancre flottante pour empêcher la bouée de dériver sous l'action du vent
- Feu flottant
- Halin : un long filin servant à haler l'homme à la mer jusqu'au bateau

La perche IOR (*International Offshore Rule*) est utilisée sur les bateaux d'une certaine taille, qui manœuvrent plus lentement et s'éloignent davantage d'un homme à la mer. C'est une perche flottante de 2 mètres environ, portant à son extrémité un pavillon et un feu. Cet équipement est obligatoire pour la course au large.

NAVIGATION US

La société Survival Technologies propose un « Man Overboard Module » comportant une bouée de sauvetage gonflable, un pavillon, un feu, et une ancre flottante contenus dans un paquetage de faible dimension pouvant se monter facilement sur les filières.

CONSEIL

Essayez de lancer la bouée au vent de l'homme à la mer pour qu'elle dérive vers lui. Vous pouvez probablement la lancer plus loin en la lançant du bas vers le haut.

Si vous êtes la seule personne sur le pont, vous devez lancer la bouée à l'homme à la mer pendant que vous le voyez – une raison supplémentaire pour que la bouée de sauvetage soit à portée de main.

Étape n° 3 : stopper le bateau

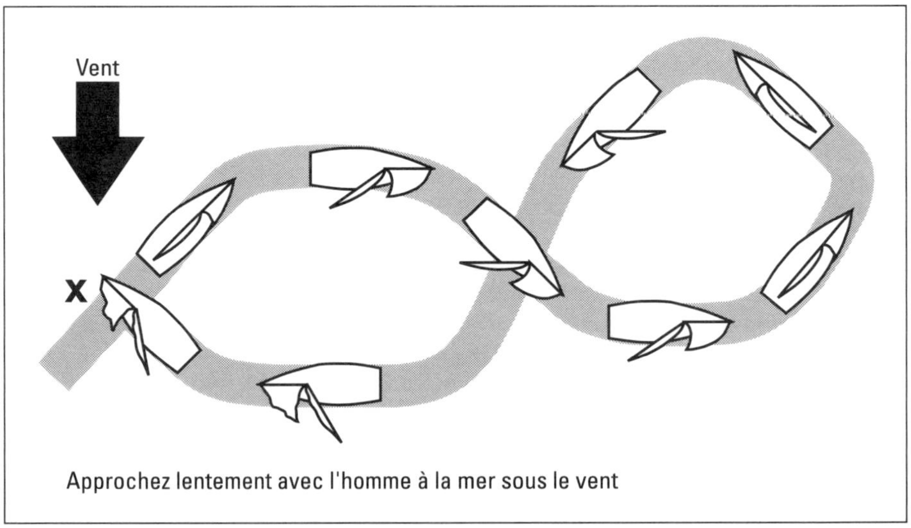

Figure 7.4 : La méthode du huit pour la récupération d'un homme à la mer – l'approche au près.

Stoppez immédiatement le bateau pour minimiser à distance entre vous et l'homme à la mer. Certains ouvrages et certaines écoles de voile enseignent une procédure d'homme à la mer appelée la *méthode du huit* (présentée sur la Figure 7.4), par laquelle le bateau s'écarte de l'homme à la mer en abattant, puis vire vent debout et abat de nouveau pour réaliser le sauvetage. Les meilleures allures de retour vers l'homme à la mer sont le près bon plein ou le petit largue (avec le vent plus en avant que le travers). Ce système donne à l'équipage le temps de se calmer et de se préparer à une bonne approche (au près) jusqu'à l'homme à la mer, mais il a deux défauts – la distance à couvrir en s'éloignant et la difficulté pour des équipiers inexpérimentés de juger l'angle de retour convenable.

Une technique de sauvetage plus récente, évitant ces inconvénients, mettant l'accent sur l'arrêt du bateau à tout prix, et qui est désormais recommandée en Europe, comme aux Etats-Unis où elle porte le nom de Quick-Stop rescue, est illustrée par la Figure 7.5.

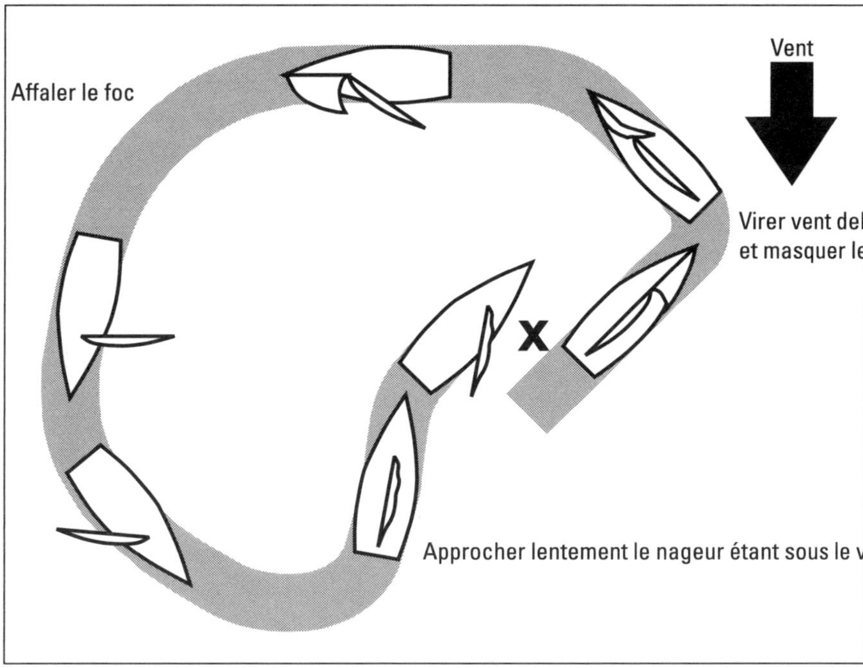

Figure 7.5 : La méthode de sauvetage d'un homme à la mer avec arrêt rapide.

En voici les étapes, si vous n'avez qu'une grand-voile et un foc :

1. **Lancez la bouée de sauvetage et gardez l'homme à la mer en vue.**
2. **Virez immédiatement vent debout, en laissant le foc sur taquet pour le masquer (pour qu'il se gonfle à contre).**

3. **Le foc masqué fait tourner le bateau sur la nouvelle amure.**

   Voyez le Chapitre 5 pour réviser les manœuvres de base à la voile.

4. **Lâchez l'écoute de foc et choquez la grand-voile pour ralentir le bateau.**

5. **Approchez l'homme à la mer lentement, en vous servant de la grand-voile pour contrôler votre vitesse.**

   Vous pouvez aussi utiliser le moteur, si vous en avez un, pour arriver plus rapidement jusqu'à l'homme à la mer. Mais assurez-vous que vous avez sorti de l'eau tous les bouts avant de lancer le moteur, parce qu'un bout entortillé dans l'hélice tue le moteur. Lorsque vous êtes assez proche de l'homme à la mer pour le tirer à bord, débrayez le moteur pour ne pas risquer de le blesser avec l'hélice.

6. **Hissez l'homme à la mer sur le bateau.**

On pourrait appeler cette méthode d'arrêt rapide *L'homme à la mer pour les nuls*. C'est une technique efficace même pour des équipages inexpérimentés parce que vous laissez simplement le foc sur son taquet et que vous laissez la grand-voile faseyer. Le gros avantage de cette méthode est qu'elle garde le bateau plus près de la personne qui est dans l'eau de sorte que vous pouvez la voir plus facilement – et (peut-on espérer) la sauver plus vite.

Lorsque le bateau est sous spinnaker, cette méthode peut sembler un peu extrême, mais on considère encore que c'est la meilleurs façon de faire. Le barreur lofe immédiatement, masquant le spi, puis il l'affale sur le pont – plus cette manœuvre suit de près la chute de l'homme à la mer, mieux cela vaut. Le spi faseye contre les haubans. L'équipage doit se battre avec cette voile pour la ramener sur le pont et sortir toutes les manœuvres de l'eau, mais au moins vous êtes près de la victime.

Ces exercices d'homme à la mer sont conçus pour d'assez grands quillards. Si vous naviguez sur un dériveur ou un petit quillard et si quelqu'un passe par-dessus bord, les principes généraux continuent de s'appliquer. Il se pourrait que vous n'ayez pas de bouée de sauvetage à lancer à la victime, et donc il est crucial de pouvoir revenir sur elle rapidement.

Étape 4 : remonter la victime à bord

Dans de nombreux cas, la victime est en mesure de remonter à bord toute seule, souffrant surtout dans son amour propre. Mais il arrive que faire remonter la victime à bord soit la partie la plus difficile du sauvetage, spécialement si elle est blessées. Il ne faut pas que l'homme à la mer se fatigue en essayant de nager vers le bateau, et vous devez toujours prévoir de naviguer jusqu'à lui. Approchez-le de telle sorte qu'il soit sous le vent du bateau. Ainsi, si vous avez été un peu trop prudent (ce qui vaut toujours mieux que d'être trop audacieux) et si vous vous retrouvez un peu trop loin, le bateau est simplement poussé par le vent vers l'homme à la mer. En outre, il est plus facile de lui lancer un halin lorsque vous le lancez sous le vent.

Lorsque l'homme à la mer est à bonne portée, lancez-lui un halin (de préférence attaché à une autre bouée de sauvetage). Lorsqu'il se trouve le long du bord, vous aurez probablement besoin d'un effort collectif pour le soulever, en le saisissant sous les aisselles pour l'effort final. Bien sûr, si vous vous doutez qu'en le soulevant ainsi vous pourriez aggraver une blessure, vous devez inventer un procédé de récupération qui soit le moins dommageable possible pour la victime.

CONSEIL

Des équipements d'homme à la mer sont constamment testés et évalués. L'un des meilleurs système est le *Lifesling*, mis au point par les Britanniques, un collier en forme de fer à cheval muni d'un halin. Si vous décrivez des cercles autour de l'homme à la mer tout en remorquant le lifesling, vous lui permettez de le saisir facilement, comme un skieur nautique dans l'eau attrapant le bout de remorque. L'homme à la mer peut placer le collier autour de ses bras, ce qui permettra de le hisser à bord plus facilement. Si vous n'avez pas de lifesling, vous pouvez improviser une grande boucle au moyen d'un nœud de chaise à l'extrémité d'un halin que vous jetez à l'eau. L'homme à la mer place cette boucle sous ses aisselles, et vous pouvez le hisser à bord à l'aide d'un winch.

Si l'homme à la mer est inconscient ou a du mal à surnager, vous pouvez avoir à envoyer quelqu'un dans l'eau pour aider au sauvetage. Mais ne multipliez pas vos ennuis par deux. Avant que cette personne saute dans l'eau, vérifiez qu'elle est pourvue d'un gilet de sauvetage adéquat, et si possible, est reliée au bateau par un halin.

CONSEIL

L'un des buts des exercices d'homme à la mer et de leur discussion avec vos équipiers est de décider à l'avance du meilleur endroit pour remonter à bord. N'utilisez pas l'arrière du bateau (le *tableau*) par mer agitée – le bateau étant secoué par les vagues, le tableau retombe violemment dans l'eau et peut gravement blesser l'homme à la mer.

Gardez votre calme si vous tombez par-dessus bord

Si vous tombez d'un bateau, votre première réaction peut être la colère contre vous-même pour avoir été aussi stupide. Mais nous avons parlé à de nombreuses personnes qui ont bu la tasse, et leurs émotions sont des plus variées. L'une des premières choses à faire est de vous ressaisir pour avoir les meilleures chances de faciliter le sauvetage, et au besoin, de survivre. Nous avons un ami dont le bateau a sombré à près de 100 milles des côtes de la Caroline. Il est resté dans l'eau environ 24 heures et a survécu, contrairement à d'autres membres de l'équipage. Il attribue sa bonne fortune à son attitude et à son état mental. Si jamais vous passez par-dessus bord, même pendant quelques minutes, observez ces conseils visant à votre survie.

Économisez votre énergie

La faute la plus grave que commettent les gens qui tombent à l'eau est de s'épuiser en essayant de rejoindre le bateau en nageant. A moins que vous ne puissiez *facilement* rejoindre un bateau, une personne, ou un objet flottant voisin (tel qu'une bouée de sauvetage), essayez de conserver votre énergie plutôt que de la dépenser. Il est très difficile de nager contre le vent et les vagues. En outre, nager abaisse la température du corps, qui subira encore plus tôt l'hypothermie.

Maximisez votre flottabilité

Votre première priorité, si un objet flottant se trouve à proximité (espérons qu'il s'agit d'une bouée de sauvetage lancée par vos équipiers), est de nager jusqu'à cet objet et de vous y cramponner. Selon certains ouvrages sur les bateaux, vos vêtements ne vous empêchent pas de flotter dans l'eau, et il est vrai que les vêtements vous aident à garder votre chaleur. Mais nous avons vu des T-shirts couler dans l'eau, et certaines parties de l'habillement (notamment ce que vous avez aux pieds) gênent fortement la natation et les mouvements dans l'eau. Vous pouvez donc avoir intérêt à quittez vos chaussures et vos vêtements en trop. Débarrassez-vous de tout objet lourd – à l'exception d'un couteau, pour le cas où vous auriez besoin de couper un filin, et d'une lampe de poche, pour faire des signaux aux sauveteurs. Un cours de survie dans l'eau peut vous fournir d'excellentes informations sur ces sujets.

Voici un truc très utile : vous pouvez emprisonner de l'air dans votre veste ou votre pantalon de mauvais temps pour vous aider à flotter. En refermant toutes les ouvertures d'un vêtement imperméable à l'exception d'une seule que vous tenez largement ouverte pour qu'elle reçoive de l'air, vous pouvez transformer ce vêtement en un ballon (fuyant) qui vous aidera à rester à la surface.

De la première fois de ma vie où j'ai navigué de nuit en mer, je garde un souvenir mélangé d'exaltation et de crainte. Comme j'avais peur de tomber par-dessus bord, j'avais placé une lampe de poche étanche dans mes poches. S'il devait arriver que je tombe à l'eau, mon équipe avait ainsi plus de chance de me trouver. Même aujourd'hui, je ne navigue jamais de nuit sans avoir au moins une lampe de poche sur moi.

Conservez la chaleur de votre corps

L'hypothermie étant une menace très réelle, même dans une eau modérément fraîche, il importe de conserver la chaleur corporelle. Voici quelques conseils pour rester chaud le plus longtemps possible :

- **Faites sortir votre corps de l'eau le plus possible**. Au minimum, maintenez votre tête hors de l'eau.
- **Si vous êtes dans l'eau avec d'autres personnes, tenez-vous serrés les uns contre les autres pour avoir plus chaud**. Le contact physique des autres aide chacun à penser de façon positive.
- **Maintenez votre corps dans une position compacte**. Comme le montre la Figure 7.6, la position du fœtus est une position très compacte, qui réduit la perte de chaleur (c'est la position HELP « *Heat Escape Lessening Position* »). Avec un gilet de sauvetage, vous pouvez généralement rester dans cette position tout en ayant la tête hors de l'eau. Si la position HELP vous fait mettre la tête dans l'eau, essayez du moins de serrer les jambes et les bras pour conserver le plus de chaleur possible.
- **Serrez votre gilet de sauvetage**. Un gilet appliqué sur le corps vous tient chaud.

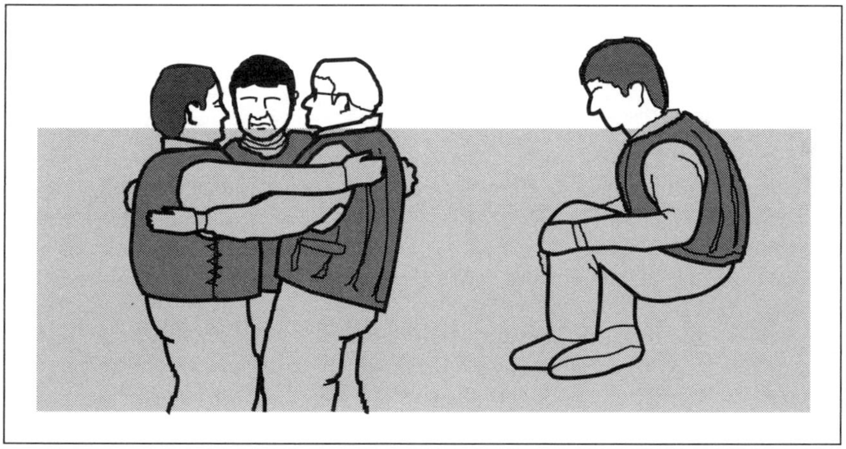

Figure 7.6 : Vous serrer les uns contre les autres, ou prendre la position dite HELP de réduction de perte de chaleur, vous aident à conserver l'énergie et la chaleur du corps.

Remédier au chavirage

Un souci de sécurité sur un dériveur est le *chavirage*, consistant à faire complètement basculer un bateau sur un côté. Le chavirage peut être un souci, mais n'en ayez pas peur – ce peut aussi être amusant. La façon de remédier au chavirage devrait faire partie de toute leçon d'introduction à la navigation sur dériveur. Si vous y êtes convenablement préparé et entraîné, vous pouvez vous sortir facilement d'un chavirage.

CONSEIL

Lorsque le bateau se renverse, tout ce qui n'est pas attaché au bateau s'en va à la dérive (ou coule), et donc vous devez veiller à ce que tout le contenu du bateau soit bien saisi ou attaché au bateau.

Les dériveurs se classent dans deux catégories en ce qui concerne le chavirage : ceux que l'équipage peut redresser lui-même, et ceux qui se remplissent d'eau, et qui nécessitent une assistance extérieure pour être redressés. La différence provient de la forme du bateau et de la présence ou non de réservoirs de flottabilité étanches. Abstenez-vous de naviguer sur un bateau qui se remplit d'eau s'il n'y a pas un bateau de sauvetage à moteur à proximité.

Anatomie d'un chavirage

Un bateau peut chavirer en se renversant sous le vent ou au vent. Le chavirage sous le vent est courant lors de vents forts ou en rafales alors que le bateau gîte tout simplement à l'excès et se renverse, comme dans l'exemple de la Figure 7.7. Un chavirage au vent peut se produire par vent fort si vous naviguez vent arrière. Le bateau se met à rouler bord sur bord jusqu'au moment où, en définitive – *paf ! le roulis fatal*. Cela paraît effrayant, mais vous allez seulement vous mouiller. Consultez les Chapitre 12 et 15 où vous trouverez des façons de conserver vos voiles et votre mât hors de l'eau par les journées excitantes de vent et mer.

N'OUBLIEZ PAS

Assurez-vous que le safran et la dérive sont bien assurés et ne s'en iront pas si le bateau se retourne. Videz toujours les réservoirs de flottabilité avant de partir, et assurez-vous que les bouchons de drainage sont bien mis.

Figure 7.7 : Chavirage sous le vent (en haut) et au vent (en bas) – le roulis fatal.

Redresser le bateau

Si vous faites du dériveur, la question n'est pas de savoir si vous allez chavirer mais *quand*. Après avoir chaviré, plus tôt vous commencerez à redresser le bateau, plus le redressage sera rapide et facile. Si vous tardez, le bateau se met à rouler jusqu'à ce que le mât soit en bas. On dit alors que vous avez *fait chapeau*, à cause de l'apparence du bateau coque en l'air. Il est beaucoup plus difficile de redresser un bateau dans cette position qu'un bateau simplement couché sur le côté, et donc dès que vous avez chaviré, vous devez vous hâter d'exécuter les manœuvres suivantes (illustrées par la Figure 7.8) :

Figure 7.8 : Redresser le bateau.

1. **Assurez-vous que vos équipiers sont sains et saufs, et de bonne humeur (enfin, relativement).**
2. **Mettez du poids sur la dérive le plus vite possible, soit en grimpant par-dessus le bord qui sort de l'eau, soit en nageant autour du bateau.**

   Ne tardez pas, sinon vous risquez de voir le bateau faire chapeau.
3. **Assurez-vous que toutes les écoutes sont défaites de leurs taquets et libres.**
4. **Tirez sur le bord du bateau et utilisez votre poids par à-coups pour faire sortir le mât de l'eau.**

   En se tenant aux sangles de rappel du cockpit, vos équipiers peuvent se faire ramener dans le bateau pendant qu'il se redresse. Le fait d'avoir leur poids dans le bateau peut aussi éviter de chavirer immédiatement de nouveau (un phénomène très courant, notamment si le mât est dirigé au vent).
5. **Lorsque le bateau est droit, aidez-vous les uns les autres à monter à bord pendant que les voiles faseyent.**

N'OUBLIEZ PAS

Faites toujours monter à bord tous vos équipiers dès que le bateau est redressé. Laissez simplement les voiles faseyer : vous pourrez toujours vous préoccuper de les gonfler de nouveau lorsque tout le monde sera en sécurité.

Parfois, notamment par mer agitée, il est difficile de redresser le bateau parce que les vagues n'arrêtent pas de pousser le bateau dans la position du chapeau. Une technique très efficace de redressage du bateau en pareil cas consiste à faire tenir l'étrave du bateau par un équipier. Le bateau est poussé par le vent jusqu'à ce que l'étrave soit pointée vers le vent. L'équipier continue alors de tenir la bateau par l'étrave jusqu'à ce qu'il soit redressé.

CONSEIL

Si vous n'arrivez pas à redresser le bateau par vous-même, demandez à un équipier de joindre sa force de redressage à la vôtre, de la manière illustrée par la Figure 7.9.

Sauvetage d'un bateau rempli d'eau

Il faut beaucoup plus de temps pour remettre un bateau rempli d'eau en état de naviguer, et ce n'est possible qu'avec une assistance extérieure. Par conséquent, ne naviguez jamais sur un tel bateau sans qu'il y ait d'autres bateaux autour de vous, et assurez-vous toujours que vous avez à bord un ou deux bons seaux pour un éventuel chavirage. Attachez-les bien pour ne pas les perdre si le bateau roule.

Figure 7.9 : Les deux équipiers redressent un bateau passé dans la position du chapeau après un chavirage.

Si vous chavirez dans un bateau qui se remplit d'eau, vous devez d'abord libérer les écoutes et remettre le bateau en position verticale en tirant sur la dérive. Puis remontez à bord par le tableau, pour éviter que le bateau ne chavire de nouveau, et commencez à écoper aussi vite que possible. Si vous allez assez vite et si vous maintenez le bateau droit, vous pourrez regagner lentement sur l'entrée d'eau et finir par assécher le bateau. Mais soyez prévenu : un bateau à moitié rempli d'eau est très instable et peut facilement chavirer de nouveau.

Une méthode beaucoup plus facile d'évacuer l'eau consiste à se faire remorquer rapidement par un bateau à moteur. Un bateau à moteur pourvu d'une *remorque* (cordage utilisé pour remorquer) solidement attachée peut lentement tirer le bateau pour que l'eau s'écoule par le tableau. Placez votre poids vers le bas et au niveau du tableau. Le niveau de l'eau diminue bientôt à un point tel que vous pouvez écoper avec votre seau.

N'OUBLIEZ PAS

Si vous avez chaviré et si vous ne réussissez pas à redresser le bateau, *restez avec le bateau*. Le bateau est comme une immense bouée de sauvetage, et vous êtes beaucoup plus en sécurité avec le bateau que sans lui. Essayez de vous sortir de l'eau en vous asseyant sur la coque retournée et en attendant de l'aide. Si vous êtes dans l'eau emmêlé dans des cordages, gardez votre calme et démêlez-vous.

Équipements de sécurité

Les grandes lignes de la réglementation en vigueur en France et de la réglementation américaine ne diffèrent pas de manière substantielle. La réglementation européenne distingue des catégories de navigation – d'une navigation à moins de 2 milles d'un abri pour la 6ème catégorie à une navigation à moins de 200 milles d'un abri pour la 2ème catégorie et à une navigation au-delà de cette limite en 1ère catégorie – assujetties à des obligations de plus en plus strictes en matière de sécurité.

De l'autre côté de l'Atlantique, les critères déterminant les exigence de sécurité fixées par les U.S. Coast Guards sont essentiellement la dimension du bateau, et certaines exigences supplémentaires découlent de la présence sur un voilier d'un moteur *inboard*.

Nous nous limiterons ici à la sécurité à bord des navires de plaisance naviguant en 5ème catégorie (navigation au cours de laquelle le navire ne s'éloigne pas de plus de 5 milles d'un abri), réglementée par les textes suivants qui doivent obligatoirement se trouver à bord (parmi d'autres documents tels que les cartes marines de la région fréquentée, l'ouvrage dit *2 C* : Marques de balisage, système A, l'ouvrage dit *1 D* : Symboles et abréviations des cartes marines) :

- Loi 83581 du 5 juillet 1983 sur la sauvegarde de la vie humaine en mer et son décret d'application 84-810 du 30 août 1984.
- Arrêté du 23 décembre 1987, mis à jour au 1er octobre 1992, et son règlement annexe, plus connu sous le nom de « division 224 ».
- Ouvrage *2A* : Règlement pour prévenir les abordages en mer (texte).
- Ouvrage *2B* : Règlement pour prévenir les abordages en mer (planches).

Signaux sonores

Vous devez disposer d'une corne de brume, et sur un bateau de plus de 12 mètres, d'une cloche.

L'USCG (les Coast Guards) impose à tout bateau de moins de 12 mètres un sifflet ou une corne de brume. Les bateaux plus grands doivent produire un signal sonore audible à au moins _ mille et avoir une cloche.

Extincteurs

La réglementation française prévoit un certain nombre d'extincteurs obligatoires selon la taille d'un voilier et la puissance de son moteur. Voici les normes pour un voilier équipé d'un seul moteur de moins de 150 chevaux :

- moins de 10 mètres 1 extincteur
- de 10 à 15 mètres 2 extincteurs
- de 15 à 20 mètres 3 extincteurs
- de 20 à 25 mètres 4 extincteurs

L'USCG oblige tous les bateaux à moteur à disposer d'extincteurs (sauf dans le cas de bateaux de moins de 8 mètres équipés de moteurs hors bord, à condition qu'ils n'aient pas de réservoir à carburant installés à titre permanent ni d'espace où les gaz d'échappement peuvent s'accumuler, et ne transportent pas de passagers à titre onéreux). Le Tableaux 7.1 résume des exigences de l'USCG.

Tableau 7.1 : Exigences de l'USCG en matière d'extincteurs

Longueur du bateau	*Sans système d'extinction fixe*	*Avec système d'extinction fixe*
moins de 8 m	1 B-I	Aucun
8 à 12 m	2 B-I ou 1 B-II	1 B-I
12-20 m	3 B-I ou 1 B-II et 1 B-I	2 B-1 ou 1 B-II

Les extincteurs à usage marin doivent comporter des labels certifiants leur approbation par l'USCG et/ou qu'ils sont homologués UL (Underwriters Laboratories) avec un niveau minimal UL de 5-B:C. (Ce qui correspond à la classification USCG B-I.) Les extincteurs B-II sont des versions plus grandes des B-I. Le B se réfère au type de feu ; B correspond aux liquides inflammables et combustibles.

Vous pouvez aussi vouloir emmener un extincteur de type C pour combattre les feux électriques. Les trois types d'extincteurs autorisés sont les appareils à produit chimique sec, au gaz carbonique, et au halon. Chaque type a des caractéristiques qui le rendent plus adapté à l'extinction d'un type de feu différent. Dans tous les cas, vous devez absolument emporter les bons types d'extincteur, les maintenir en bon état de marche, et les placer aux bons endroits. Pour plus d'informations sur la manière de maîtriser un feu sur votre bateau, voyez le Chapitre 13.

Signaux de détresse optiques

Il doit y avoir à bord des feux et des fusées de détresse, en nombre variable selon la catégorie dans laquelle on navigue.

Il existe différents types de signaux de détresse.

Les fusées parachutes homologuées ont un temps de combustion d'au moins 40 secondes, montent à 300 mètres et leur vitesse moyenne de descente est inférieur à 5 mètres/seconde. Elles sont visibles par temps clair à plus de 25 milles.

Les feu automatiques à main sont plus un moyen de localisation qu'un moyen de détresse. Ils sont tenus à bout de bras et ne lancent aucun projectile. Ils dégagent une violente flamme rouge vif qui doit durer pendant une minute au moins.

Les signaux fumigènes flottants sont également destinés davantage à localiser un bateau en difficulté qu'à alerter d'éventuels secours.

L'USCG exige que tous les navires comportent de tels signaux, à l'exception des bateaux de plaisance de moins de 5 mètres, des bateaux à rames et des bateaux ouverts de moins de 8 mètres, sans moteur et n'opérant que dans la journée.

Feux de route ou de mouillage

Tous les bateaux doivent avoir des feux de route ou de mouillage (aussi appelés *fanaux*) pendant la nuit (y compris au crépuscule et à l'aube) et chaque fois que la visibilité est réduite (par temps de pluie, ou de brume). Consultez la Figure 7.10 montrant différents configurations de feux réglementaires pour des voiliers de moins de 20 mètres. Les bateaux de moins de 7 mètres peuvent simplement porter un feu blanc en tête de mât ou disposer d'un feu mobile à montrer pour signaler leur présence (par exemple en éclairant la voile), mais il est préférable d'avoir des feux de navigation semblables à ceux requis pour les bateaux plus importants. Vous pouvez vous procurer une lampe de poche modifiée comportant un feu vert et un feu rouge et qui se fixe par une ventouse, pour un usage temporaire.

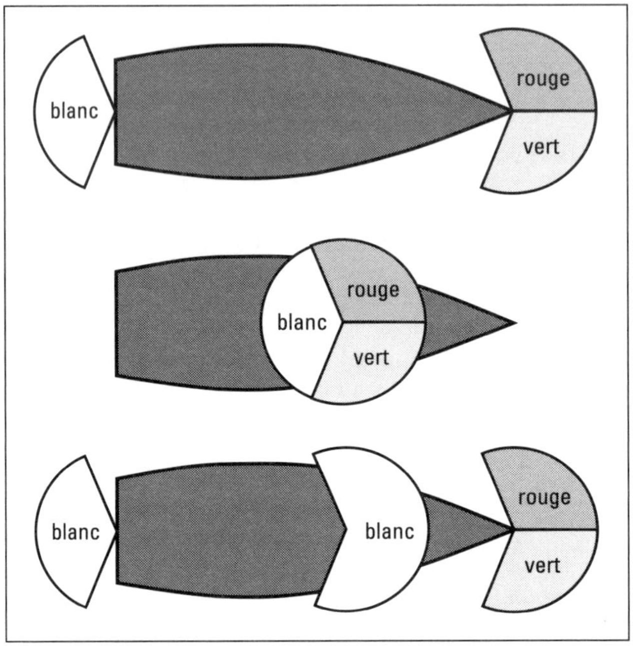

Figure 7.10 : Feux de route pour les voiliers de moins de 20 mètres – deux options pour la navigation à la voile (en haut et au milieu) et une pour la navigation au moteur (en bas).

Check-list de l'équipement de sécurité

Voici les matériels dits d'armement et de sécurité requis pour la navigation en 5e catégorie (à moins de 5 milles d'un abri) :

Matériel d'armement

- un jeu de voiles permettant au navire de faire route ;
- un jeu de manœuvres courantes complet ;
- un tourmentin ;
- un dispositif de réduction de voilure ;
- une gaffe ;
- un aviron et son dispositif de nage ou deux pagaies (bateaux de moins de 8 mètres) ;
- un taquet ou une bitte d'amarrage, et un chaumard à l'avant ;
- un filin pour remorquage ;
- un jeu de pinoches coniques en bois ;
- un jeu d'outils et d'objets de rechange pour moteur.

Matériel de sécurité

- une ou deux lignes de mouillage ;
- un miroir de signalisation ;
- les pavillons N et C ;
- une lampe étanche ;
- une boule de mouillage (pour les bateaux de plus de 5,50 mètres) ;
- une marque de forme conique (pour les bateaux munis d'un moteur) ;
- une corne de brume ;
- une cloche (pour les bateau de pêche de plus de 12 mètres) ;
- trois feux rouges automatiques à main ;
- une bouée de sauvetage ;
- un gilet de sécurité pour chaque personne embarquée ;
- une boîte de secours n° 1 ;
- un seau rigide d'au moins 7 litres, muni d'un bout ;
- engins flottants (sauf pour les bateaux reconnus insubmersibles).

Il existe par ailleurs une réglementation très précise sur le matériel de mouillage du bateau, en fonction de son poids et de sa longueur. Cette réglementation fixe la masse de l'ancre, le diamètre de la chaîne et celui du câble.

Nous vous recommandons en outre les articles suivants, qui ne figurent pas sur cette liste :

- Ancre de rechange
- Cordages supplémentaires (pour hisser, amarrer, et mouiller)
- Réflecteur radar
- Filières (fil de fer protecteur sur le pourtour du pont, supporté par des piquets appelés chandeliers)
- Défenses (dites aussi pare-battage)
- Radio VHF
- Lampes de poche et piles de rechange
- Harnais de sécurité
- Eau potable et nourriture
- Crème solaire

- Couteau
- Jumelles
- Lunettes solaires, chapeaux, vêtements supplémentaires
- Pompe de vidage de l'eau de cale

Équipement de sécurité pour la navigation plus loin des abris

Si vous envisagez une sortie plus longue ou une navigation qui vous éloigne des abris, vous devez satisfaire à des normes plus strictes en matière de sécurité. Un élément important de la sécurité en pareil cas est le canot de sauvetage ou annexe. Assurez-vous qu'il est homologué pour le nombre de personnes que vous avez à bord et qu'il a été inspecté récemment. Sinon, ou si vous n'en êtes pas sûr, consultez votre shipchandler local pour trouver une société spécialisée dans l'inspection et le « rafraîchissement » de votre canot de sauvetage.

Un autre élément précieux de la sécurité pour la navigation loin des côtes est la radio-balise du système SARSAT-COSPAS. Cet appareil (connu aux USA sous l'appellation EPIRB – Emergency Position-Indicating Radio Beacon) émet un signal codé vers un satellite qui le retransmet vers des stations au sol, lesquelles peuvent déterminer la position à quelques milles près, ainsi que le nom de l'émetteur, et transmettre ces informations aux services compétents.

Il existe également des radio-balises multifréquences qui peuvent émettre un signal de détresse sur deux ou trois fréquences, dont la fréquence d'appel marine (218 khz) et le canal 16 VHF.

L'alphabet du code international des signaux

Lorsque j'étais enfant, j'ai mémorisé l'alphabet du code international des signaux – et je m'en félicite. A chaque lettre est associé un pavillon pouvant avoir une signification particulière (par exemple, le pavillon alpha signale la présence de plongeurs).

A : Alpha	**H** : Hotel	**O** : Oscar	**U** : Uniform
B : Bravo	**I** : India	**P** : Papa	**V** : Victor
C : Charlie	**J** : Juliet	**Q** : Quebec	**W** : Whisky
D : Delta	**K** : Kilo	**R** : Romeo	**X** : X-ray
E : Echo	**L** : Lima	**S** : Sierra	**Y** : Yankee
F : Foxtrot	**M** : Mike	**T** : Tango	**Z** : Zulu
G : Golf	**N** : November		

Utilisation de la VHF

Vous voulez probablement faire de la voile pour échapper aux appels téléphoniques, aux fax, et aux courriers électroniques, mais en cas d'urgence, une liaison de communication peut être vitale. Pour la navigation à proximité des côtes, un téléphone portable peut être votre meilleur moyen de communication – si sa portée peut vous relier à la côte – mais la forme de communication la plus courante sur l'eau est l'utilisation de radios VHF.

Les radios VHF (very high frequency) sont tout simplement des émetteurs récepteurs à très haute fréquence. Elles vous permettent de parler à d'autres bateaux, d'obtenir des conseils médicaux, des renseignements portuaires, des informations météo. La portée dépend de la puissance de votre installation et de la hauteur de l'antenne. Un modèle portable a une portée de quelques milles, une radio de 25 watts rattaché à une antenne en tête de mât sur un mât de 12 mètres a une portée d'environ 10 milles. Placez une radio portable dans un sac étanche pour qu'elle reste au sec, et en cas de navigation prolongée, pensez à apporter des piles et/ou un accumulateur rechargeable.

En France, vous devez être titulaire du *brevet de radiotéléphoniste restreint* pour être autorisé à vous servir d'un émetteur. Il s'agit d'un examen très simple, pour lequel vous vous adressez au *Service Extérieur des Télécoms*. L'appareil doit être homologué, l'installation fait l'objet d'un contrôle officiel, et il faut payer une redevance annuelle.

Aux Etats-Unis, l'émetteur/récepteur VHF d'un bateau de plaisance naviguant dans les eaux territoriales n'a pas besoin d'être enregistré, mais s'il s'agit d'un bateau U.S. voyageant ailleurs, la VHF doit être enregistrée auprès de la FCC (Federal Communications Commission, au 800-322-1117 ou au 717-337-1212).

Vous devez savoir quel canal utiliser selon les besoins. Le canal 16 est utilisé pour les appels de détresse, mais sert aussi pour initialiser une conversation, après quoi il faut donc très rapidement passer sur un autre canal.

Deux personnes ne peuvent pas parler simultanément sur une radio. Après avoir fini de parler, dites « à vous » (« over » en anglais) et lâchez le bouton d'émission pour ouvrir le canal et pouvoir entendre une réponse.

Si vous naviguez assez loin, le nouveau standard est un appareil pour communication par satellite appelé « INMARSAT C ». Muni de cet appareil et d'un ordinateur personnel, vous pouvez envoyer et recevoir des données (comme votre courrier électronique) de littéralement n'importe où sur la planète. L'ancien standard est la BLU (Bande Latérale Unique) – en anglais SSB (Single Side Band).

En cas de détresse : utilisation du canal 16

Voici comment faire un appel de détresse sur canal 16 :

1. **Si votre radio dispose d'un signal de détresse, appuyez dessus pendant 30 secondes.**
2. **Dites « Mayday » trois fois et donnez le nom de votre bateau ainsi que votre signal d'appel VHF (si vous en avez un) trois fois.**
3. **Indiquez votre position, soit par votre distance d'un objet placé sur la carte (par exemple, « 2 milles à l'est de la bouée 3 ») ou par la latitude et la longitude.**
4. **Expliquez votre situation aussi brièvement que possible, par exemple, « Bateau inondé, continue d'embarquer de l'eau, avons besoin de remorquage ou sauvetage ».**
5. **Décrivez le type du bateau, sa couleur, et toute caractéristique permettant de le distinguer – « ketch rouge foncé de 10 mètres avec grand-voile et foc hissés ».**
6. **Dites combien de personnes sont à bord.**
7. **Répétez le nom du bateau et le signal d'appel.**
8. **Continuez de répéter « Mayday » et toutes les informations précédentes sur le canal 16 jusqu'à ce que quelqu'un réponde.**

Deux personnes ne peuvent pas parler en même temps sur une radio VHF, par conséquent vous devez terminer votre transmission en disant « à vous » – « over » en anglais, lâcher le bouton de transmission, et écouter une éventuelle réponse.

Si vous entendez un appel de détresse mayday, demandez-vous si vous êtes suffisamment proche pour intervenir en notant les informations reçues et en calculant votre distance de l'appelant. Si vous pouvez l'aider, parlez directement au bateau en détresse et donnez-lui votre heure d'arrivée estimée. Si vous ne pouvez pas l'aider, n'encombrez pas la fréquence.

Si vous avez besoin d'aide mais s'il ne s'agit pas d'une situation de détresse – par exemple, vous avez besoin d'assistance médicale mais non d'une évacuation d'urgence – commencez votre message en disant « Pan-Pan » (prononcé panne-panne) trois fois, puis continuez par les informations décrites plus haut.

Règles de barre et de route

Dans cette section, nous examinons ce que vous devez faire pour éviter des collisions avec d'autres bateaux. Votre plus gros souci est probablement de rester à l'écart des navires commerciaux : les péniches, les remorqueurs, et les gros navires.

Voici quelques concepts de base qui vous aideront lorsque votre route vous fait approcher de gros navires commerciaux :

- **Soyez très prudent à proximité des remorqueurs et des péniches**. Il arrive que la remorque (qui peut avoir plus de cent mètres de long) reliant le remorqueur et le bateau remorqué soit immergée, créant l'illusion qu'il est possible de passer entre les deux.
- **Les gros bateaux et les remorqueurs poussant des péniches peuvent avoir une « zone aveugle » de plus d'une centaine de mètres devant eux.**
- **Les gros bateaux sont difficiles à manœuvrer et ne peuvent pas tourner du tout lorsqu'ils sont arrêtés**. Evitez-les – ne les obligez pas à vous éviter.
- **Les gros bateaux peuvent masquer votre vent de très loin**. Cette interférence peut vous ralentir et faire que vous ayez plus de mal à les éviter.
- **Les gros bateaux doivent rester dans le chenal pour ne pas s'échouer**. Dans les eaux confinées, le chenal est signalé par des marques de navigation – habituellement des balises. Vous pouvez avoir à consulter une carte pour trouver le chenal. (Pour plus d'informations sur la lecture des cartes, voir Chapitre 11.)
- **La vitesse des gros bateaux est trompeuse, et il peut leur falloir un mille pour s'arrêter.**
- **Les turbulences dans le sillage d'un gros bateau peuvent bousculer votre bateau ou pis encore.**
- **Comprenez les coups de sifflet**. Cinq coups de sifflet brefs ou davantage représente le signal « danger ». Dégagez le passage, tout de suite !

Les règles suivantes sont les règles de base à suivre lors de la rencontre de deux bateaux quelconques :

- **Les bateaux en mouvement doivent éviter les bateaux arrêtés.**
- **Les voiliers ont la priorité sur les bateaux à moteur, à l'exception des bateaux de pêche et des gros bateaux commerciaux dont les possibilités de manœuvre sont restreintes (ce qui veut dire tous les gros bateaux, particulièrement dans les chenaux).**

Et voici le règles de base à suivre lors de la rencontre de deux *voiliers* :

- **Un bateau qui en rattrape un autre doit l'éviter.**
- **Un bateau naviguant tribord amures a la priorité sur un bateau naviguant bâbord amures.**
- **Lorsque deux bateaux naviguent sur la même amure et risquent de se croiser, le bateau sous le vent a la priorité sur le bateau au vent.**

Troisième partie

Navigation à la voile – Application des techniques

Dans cette partie...

Êtes-vous déjà devenu un fan de la voile ? Nous l'espérons, et le premier chapitre de cette partie vous initie à la vitesse – aller vite en voilier. Les trois autres chapitres vous préparent à partir à la voile en traitant du mouillage, du temps, et de la navigation. Mêmes les plaisanciers sur bateau à moteur peuvent apprécier ces trois chapitres – notons toutefois qu'il n'est pas toujours agréable de s'ancrer à proximité d'un gros bateau à moteur, parce que son générateur tourne toute la nuit pour alimenter sa climatisation, son congélateur, etc. Mais si vous voulez des cubes de glace, ou emprunter un sèche-cheveux, les bateaux à moteurs peuvent être malgré tout des voisins très sympathiques.

Chapitre 8

Le besoin de vitesse : la vitesse à la voile

Dans ce chapitre :

- Utilisation des pennons
- Aller vite en remontant au vent
- Comprendre le vent apparent
- Régler la forme de la voile
- Contrôler la puissance des voiles
- Aller vite au portant
- Utilisation du spi

Je ne veux en rien être concerné par un bateau qui ne marche pas vite à la voile ; car j'ai l'intention d'aller au-devant des ennuis.

– John Paul Jones

Aller vite à la voile – un amateur de bateau à moteur peut penser que cette phrase est contradictoire. Mais nous avons navigué à la voile avec quelques conducteurs automobiles professionnels, et ils ont été surpris de la vitesse à laquelle peuvent marcher les voiliers. Tout particulièrement dans le cas d'un bateau qui est bas sur l'eau et qui reçoit beaucoup d'embruns, vous avez toujours l'impression d'aller plus vite que vous n'allez réellement. Ce chapitre vous aide à naviguer plus vite en peaufinant ce que vous avez appris lors de vos premières sorties – sentir et comprendre le vent, ainsi que l'angle du bateau avec le vent.

Ce chapitre traite aussi de la manière d'optimiser la forme des voiles. Si les voiles sont les moteurs du bateau, alors le *gréement courant* – les manœuvres dont vous vous servez pour ajuster la forme des voiles – représente sa manette des gaz. Comme le vent et la mer ne sont jamais parfaitement stables, la forme optimale des voiles changent avec le temps qu'il fait, de la même façon qu'une aile du

Concorde est différente d'une aile d'un bombardier B-52 du fait de leurs exigences différentes en matière de vitesse et de portance. Pour optimiser la vitesse du bateau vent arrière, vous avez besoin d'un *spinnaker*, une voile ressemblant à un parachute, et nous allons voir les astuces qui permettent d'amener cette voile capricieuse à continuer à faire son travail. Nous vous donnons aussi quelques conseils sur la façon de gouverner le bateau pour qu'il aille plus vite, et sur l'endroit où doivent se placer vos équipiers en vue d'une vitesse optimale.

La vitesse à la voile

La première chose pour aller vite à n'importe quelle allure est de vous assurer que vos voiles sont *bordées* (tirées vers le centre du bateau) juste assez – faisant un angle parfait par rapport à l'écoulement de l'air. Ayant parfaitement bordé vos voiles au début de la journée, vous pouvez simplement fixer leurs écoutes sur des taquets et ne plus y penser, n'est-ce pas ? Il n'en est rien. L'angle des voiles par rapport au vent peut facilement changer de trois façons :

- **Le vent tourne**. Un changement de direction du vent peut avoir différentes causes ; consultez le Chapitre 10 pour en savoir davantage sur les changements d'orientation du vent. Une autre raison pour la modification de la direction du vent est évoquée dans la section ultérieure « Comprendre le vent apparent ».
- **Vous modifiez le réglage des voiles (vous les bordez ou les débordez).**
- **Vous faites tourner le bateau**. Tout changement de cap exige une modification du réglage des voiles.

Lorsque l'angle des voiles par rapport au vent n'est pas correct, le bateau ralentit ou peut même s'arrêter. Comment pouvez-vous donc voir que vous avez un problème au niveau du réglage des voiles avant de vous arrêter ? Votre façon la meilleure et la plus sûre de voir un réglage incorrect est de lever la tête pour regarder les voiles. Les voiles peuvent être parfaitement bordées, insuffisamment bordées, ou trop bordées. Une voile insuffisamment bordée – qui n'est pas assez tirée vers le milieu du bateau – est assez évidente : la voile faseye (sauf dans le cas de l'allure vent arrière, que nous traitons dans la section « Aller vite au vent arrière »), ce qui veut dire qu'elle laisse échapper de l'air et perd ainsi de la puissance. Une voile trop bordée – qui est trop tirée vers le milieu du bateau – est un animal plus pernicieux ; elle vous ralentit également, mais c'est plus difficile à voir parce qu'elle semble gonflée. Si toutefois vous pouviez voir les molécules d'air passant sur la voile, vous verriez que le flux d'air sur une voile trop bordée est en *décrochement* (il est turbulent, non régulier), comme on peut le voir sur la Figure 8.1. Comme vous l'avez peut-être appris en voyant un film sur des désastres aériens, un avion qui a décroché ne peut pas voler parce que les ailes ne peuvent plus générer de *portance* – et vous savez, pour l'avoir appris au Chapitre 1, que la portance est ce qui fait avancer un voilier.

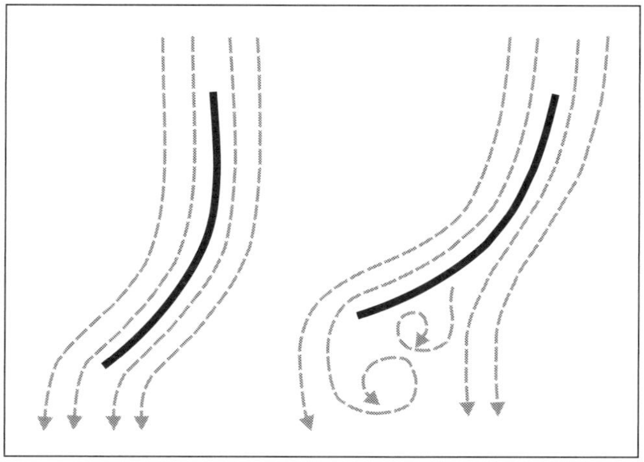

Figure 8.1 : Le flux du vent sur une voile correctement bordée (à gauche) et le flux « décroché » sur une voile trop bordée (à droite).

Comment savoir si votre voile est décrochée ? « Dans le doute, laissez filer » telle est la règle générale. Choquez l'écoute (donnez-lui du mou) jusqu'à ce que la voile commence seulement à faseyer puis bordez-la de nouveau de quelques centimètres.

La seconde manière est de regarder les *pennons*, qui sont comme un « système d'alerte avancé ». Les pennons sont de petits bouts de fil ou de ruban de cassette attachés à la voile (habituellement avec du ruban collant). Les pennons sont plus sensibles aux changements de flux que la voile elle-même, et donc ils faseyent plus tôt que le tissus de la voile. Vous pouvez voir des pennons en action sur la Figure 8.2.

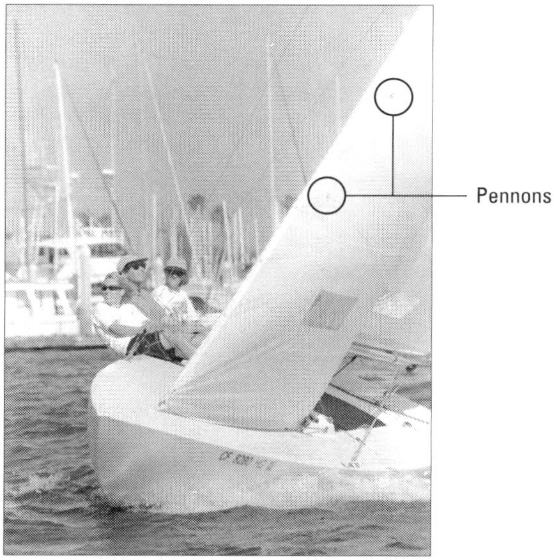

Figure 8.2 : Pennons sur le guindant d'un foc.

Les pennons sont placés de chaque côté de la voile située le plus en avant (le foc, si vous en avez un) à environ 30 cm en arrière du *guindant* (le bord avant) de la voile, et ils donnent une excellente indication d'une voile trop ou pas assez bordée. Si les voiles sont parfaitement bordées pour votre cap, les deux pennons (de chaque côté) flottent tout droit vers l'arrière. Si vous naviguez au près avec les voiles bordées de façon serrée et si les pennons sont dirigés de cette manière, vous êtes *dans le sillon* – traduction du terme anglais *in the groove*, image équivalente de notre *meilleur près*. Si vous lofez (si vous tournez vers le vent), la voile devient insuffisamment bordée et le pennon intérieur (ou *au vent*) commence à se lever et à battre du fait que le flux est perturbé sur l'avant de la voile. Comme la voile est déjà bordée à bloc, cette agitation du pennon est le signe pour le barreur qu'il doit s'éloigner du vent (*abattre*). Si vous abattez trop, le flux d'air est perturbé sur l'autre côté de la voile (*sous le vent*), du fait qu'elle est désormais trop bordée, de sorte que le pennon commence à battre puis tombe. Vous pouvez soit déborder la voile juste assez pour que les deux pennons flottent de nouveau, ou encore, pour rester au près, le barreur peut lofer jusqu'à ce que les deux pennons flottent.

CONSEIL

Pour rester dans le sillon en naviguant au près, il n'est pas vraiment nécessaire que les pennons flottent toujours parfaitement en permanence. En fait, il est normal que le pennon intérieur se lève un peu de temps à autre, surtout si le vent est fort. Ce petit mouvement veut dire que vous êtes à la limite et que vous ne devez pas naviguer plus près du vent.

PETER RACONTE

Lorsque je fais une course sur un circuit de compétition entre professionnels, avec des dizaines de milliers de dollars à la clé au cours du week-end, je ne veux pas d'excuse pour avoir perdu. Au début de la régate, lorsque les organisateurs nous distribuent les voiles, l'une des premières choses que je fais est de placer mes pennons « à gouverner ». J'utilise du fil mohair (il marche bien dans une atmosphère humide, brumeuse) dans des couleurs spéciales (j'aime du vert sur un côté et du rouge de l'autre) pour ces pennons, et je les applique exactement à la bonne position – au centimètre près.

CONSEIL

Sur les bateaux qui n'ont qu'une grand-voile, les pennons placés sur le guindant sont moins précis à cause de la turbulence causée par le mât. Pour cette raison, regardez constamment s'il ne se produit pas occasionnellement une légère « bulle » à l'avant de la grand-voile, qui veut dire que la grand-voile est juste sur le point de faseyer, au lieu de vous fier aux pennons. Cependant, un pennon placé sur la chute de la grand-voile (le meilleur emplacement est la latte supérieure) vous donne une indication rapide d'une voile trop bordée (décrochée) parce qu'alors le pennon ne flotte plus droit vers l'arrière.

Conseils pour aller vite au vent

Pour allez plus vite vers le vent, essayez de suivre les conseils suivants :

- **Évitez de décrocher** : Si vous vous rapprochez trop du vent, la chose est évidente parce que les voiles commencent à faseyer et à perdre de leur puissance, et vous ralentissez. Mais la véritable raison pour laquelle vous allez si lentement en pareil cas est ce qui se passe sous l'eau. A mesure que vous ralentissez, la quille (ou la dérive) commence à décrocher, exactement comme l'aile d'un avion peut décrocher aux faibles vitesses et perdre sa portance. Lorsque votre quille décroche, le bateau commence à glisser en biais. La meilleure façon de faire marcher la quille de nouveau est de choquer les voiles légèrement, d'abattre de 3 à 5 degrés en vous écartant du cap correspondant au près, et de rétablir le passage rapide de l'eau sur la quille.
- **Soyez conscient des changements de direction du vent** : si vos voiles se mettent à faseyer alors que le bateau est toujours pointé dans la même direction, c'est que le vent a tourné et vient plus de l'avant ; on dit qu'il *refuse*. Inversement, si vos pennons vous disent que qu'il vient plus de l'arrière, on dit que le vent *adonne*. Dans un cas comme dans l'autre, vous devez modifier votre cap pour rester dans le sillon. Ces deux situations sont illustrées par la Figure 8.3. Pour plus d'explications sur les changements de direction du vent, voir le Chapitre 10.

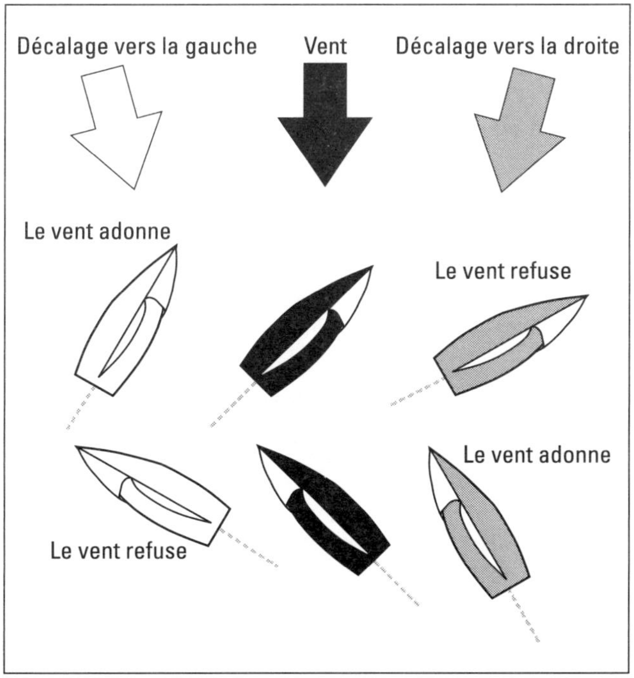

Figure 8.3 : Changements de direction du vent. Le vent refuse – il vient davantage de l'avant ; le vent adonne – il vient plus de l'arrière.

- **Sentez le bateau** : lorsque le bateau est dans le sillon, le vent frappe votre visage sous un certain angle, la grande écoute tire avec une certaine force, le safran tire sur la main qui tient la barre d'une certaine façon, et le bateau a une certaine gîte. En ayant conscience de toutes ces données sensorielles et en les maintenant au même niveau, vous restez dans la bonne zone ! Essayez d'y parvenir les yeux fermés.
- **Trouvez le sillon** : aller vite à la voile est un exercice d'équilibre ; c'est un jeu de compromis. Vous pouvez naviguer avec un angle plus ouvert du bateau par rapport au vent (*au près bon plein*), ou un angle plus fermé (*au près serré*) et dans ce deuxième cas vous atteindrez votre destination plus lentement mais plus directement. Mais ces deux caps sont plus lents à cet égard que le cap intermédiaire, le *sillon* d'un angle de 3 à 5 degrés, illustré par la Figure 8.4, qui offre le meilleur compromis entre la vitesse dans l'eau et l'angle par rapport au vent.

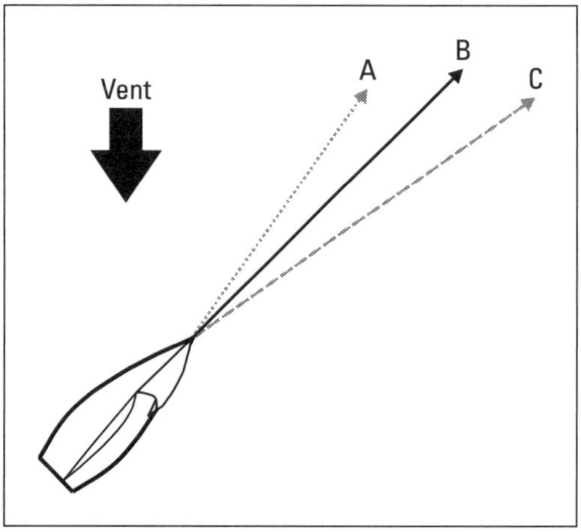

Figure 8.4 : Trois caps pour remonter au vent : au près serré (A), dans le sillon, au meilleur près (B), au près bon plein (C).

- **Affinez votre maîtrise de la voile sur dériveur** : comme les dériveurs répondent beaucoup mieux que les quillards, vous pouvez développer votre « feeling » plus rapidement sur un dériveur. Le Chapitre 15 traite de toutes sortes de techniques de voile concernant spécialement les dériveurs.
- **Regardez tout autour** : essayez de prendre l'habitude de regarder les pennons, puis regardez le point de la côte dont vous vous servez pour naviguer en ligne droite, puis regardez l'eau pour y percevoir l'approche du vent et des vagues, puis cherchez s'il y a d'autres bateaux (venant de toutes les directions), puis revenez aux pennons, et ainsi de suite. Consacrez de l'ordre de 10 à 20 secondes à chacune de ces observations.

- **Minimisez la gîte** : au Chapitre 1, nous décrivons la manière dont un bateau peut naviguer vers le vent – grâce au passage de l'eau sur la dérive (ou la quille) générant une « portance » comme sur une aile. Lorsque le bateau gîte, la dérive se penche, générant moins de portance. Les voiles se penchent également, et deviennent moins efficaces. Conclusion : l'excès de gîte ralentit beaucoup le bateau, et vous devez la limiter le plus possible. Une façon de faire est de placer votre poids le plus à l'extérieur du bord que vous pouvez, un processus portant le nom de *rappel* (décrit au Chapitre 15). Plus loin dans ce chapitre, sous le titre « Contrôle de la puissance», nous indiquons la manière de limiter la gîte lorsque le déplacement du poids ne suffit pas.

Lorsque le vent fraîchit (se renforce) à un point tel (environ 12 noeuds et au-dessus pour la plupart des bateaux) que le rappel ne peut empêcher le bateau de gîter, vous devez limiter la gîte à l'angle maximal pour le bateau. Voici les angles de gîte maximale efficace pour différents bateaux :

- **Dériveurs pour une ou deux personnes** : 0 à 5 degrés de gîte – il doivent rester pratiquement droits.
- **Dériveurs plus grands et plus lourds** : 0 à 10 degrés.
- **Scows (dériveurs à fond plat avec deux safrans)** : environ 20 degrés – jusqu'au point où le safran sous le vent est à la verticale.
- **Catamarans** : juste assez pour que la coque au vent frôle la surface de l'eau.
- **Quillards** : 10 à 20 degrés – de sorte que le lest de la quille ait un bras de levier lui permettant d'empêcher la gîte de s'accentuer.

Buddy Melges, le « sorcier de Zenda, Wisconsin », est l'un de mes héros de la voile favoris. Il a gagné la Coupe de l'America (en 1992) et une médaille d'or olympique (classe Soling, 1972), mais, ce qui compte davantage, il a bon cœur et aime partager ses connaissances. Je lui ai demandé une fois comment il fait pour garder son bateau dans le sillon dans la brise. Il m'a dit qu'il regarde simplement l'horizon en avant du bateau et le garde à un angle constant par rapport à l'étrave et au guindant du foc.

Bateau ardent

La plupart des bateaux, au près ou au près bon plein, ont tendance à tourner vers le vent (à lofer). On dit que le bateau est *ardent*. L'effet s'apparente à la conduite d'une voiture dont l'un des pneus avants est déséquilibré – la barre « tire » d'un côté. Si vous deviez lâcher la barre, le bateau tournerait jusqu'à ce qu'il soit pointé bout au vent – en plein dans l'angle mort. Le bateau est plus ou moins ardent selon la vitesse du vent, ce qui vous oblige à modifier légèrement la position de la barre pour continuer d'aller tout droit. Ce comportement du bateau est déconcertant au début, mais il est naturel qu'un bateau soit ardent, et il s'agit d'un aspect de la navigation à voile auquel vous devrez vous habituer.

Comprendre le vent apparent

Nous supposons que avez encore à l'esprit toutes les explications du Chapitre 5 sur l'importance pour un marin de connaître la direction du vent. Nous espérons aussi que l'évocation du réglage « parfait » des voiles, dans le présent chapitre, vous a convaincu davantage encore de la nécessité d'être conscient de la direction du vent. Nous allons maintenant vous lancer une balle liftée et voir si vous pouvez la renvoyer.

Le vent que vous et vos voiles perçoivent n'est pas le même vent que celui qui souffle sur l'eau, creusant des vagues, permettant aux mouettes de planer librement, et aux drapeaux de claquer sur la côte. Le vent perçu sur votre bateau est le *vent apparent*. Celui perçu par le drapeau sur la côte est le *vent réel*.

Pour illustrer la différence, imaginez que vous avez sauté sur une bicyclette et que vous pédalez sur une route. Si c'est une journée calme, vous sentez le vent sur votre visage – plus vous pédalez fort, plus il y a de vent, non ? Et bien, si c'est un jour où le vent souffle, le vent que vous sentez sur votre visage – votre vent apparent – est la combinaison du *vent de vitesse*, qui est le vent soufflant directement sur votre visage et que vous créez en pédalant vite, et du *vent réel*, qui est le vent qui souffle sur la route.

La même chose se produit sur un voilier : en avançant, vous créez un mouvement du vent, lequel, additionné au vent réel qui souffle sur l'eau, produit le vent que vous sentez – le vent apparent du voilier, illustré par la Figure 8.5.

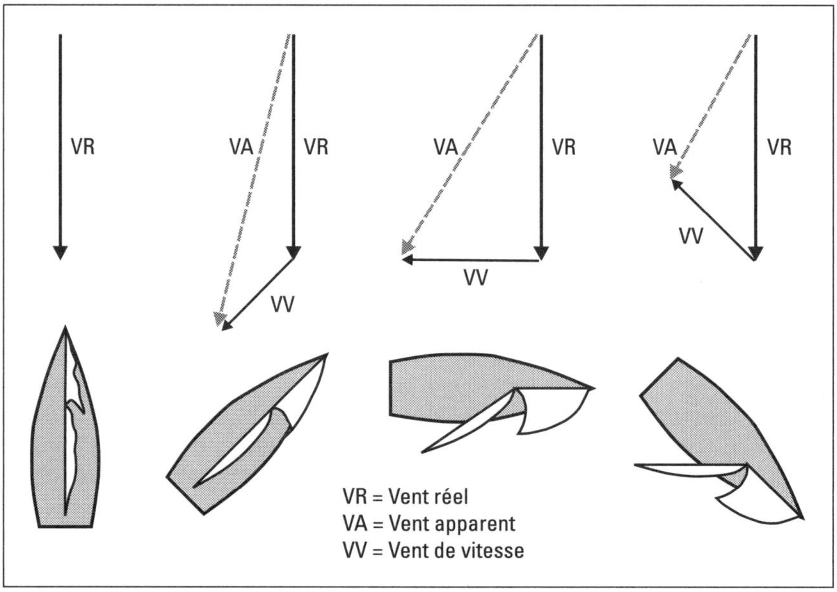

Figure 8.5 : Le vent réel et le vent apparent perçu sur un bateau en mouvement.

Sur un bateau très rapide, comme un catamaran ou un voilier conçu pour glisser sur la glace, cette faculté de « créer votre propre vent » peut avoir des effets vraiment surprenants. Examinez les Chapitres 15 et 16 pour trouver plus d'informations sur la manière de faire du vent sur ces engins rapides. Pour les simples mortels naviguant sur des monocoques, la différence entre le vent apparent et le vent réel est plus subtile. Voici les caractéristiques principales du vent apparent :

- **Sauf quand vous naviguez *au portant* (ou vent arrière, avec le vent venant directement de l'arrière du bateau), le vent apparent est toujours décalé plus vers l'avant (par rapport à l'étrave du bateau) que le vent réel.**
- **Plus vous allez vite, plus votre vent de vitesse a d'effet sur la direction et la vélocité du vent apparent.**
- **À moins que vous ne naviguiez sur un bateau super-rapide comme un catamaran, le vent apparent est toujours plus léger (a moins de vélocité) lorsque vous naviguez en vous éloignant du vent réel que lorsque vous naviguez vers lui**. C'est pourquoi on a toujours l'impression d'avoir plus chaud aux allures portantes qu'aux allures de près.

La seule chose qui compte pour aller vite est le vent apparent. Ne soyez donc pas perturbé par ce nouvel élément d'information ; l'univers du marin est toujours dominé par le vent qu'il sent, et qui est le vent apparent. Sachez simplement que chaque fois que nous parlons du vent qui frappe vos voiles, nous voulons dire le vent apparent. La différence entre le vent apparent et le vent réel est à la base de changements subtils de la vitesse du vent dont la forme des voiles doit tenir compte, comme nous allons le voir dans la section suivante.

Mise en forme des voiles

Jusqu'à ce point dans cet ouvrage nous n'avons évoqué que l'aspect le plus important du réglage des voiles – l'angle que fait la voile avec le vent. C'est tout ce que vous avez besoin de savoir pour faire avancer votre bateau. Mais si vous voulez extraire de vos voiles encore 10 pour cent de puissance, vous devez plonger un peu plus profond dans la question de la forme des voiles.

Vous avez découvert au Chapitre 1 que la voile est en réalité une aile, qui génère de la portance lorsque le vent passe dessus. Une coupe horizontale de cette aile marine est présentée sur la Figure 8.6.

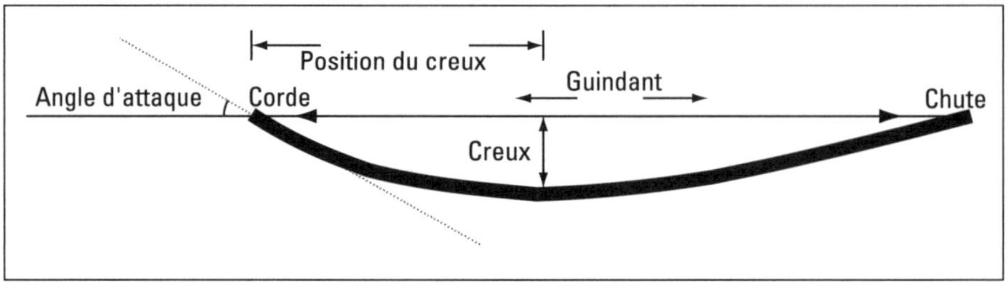

Figure 8.6 : Vue en coupe d'une voile disséquée.

Voici les définitions des caractéristiques de la voile illustrées par la Figure 8.6 :

- **Angle d'attaque** : il s'agit simplement d'un terme technique décrivant le concept que vous connaissez déjà comme étant « l'angle que fait la voile avec le vent ». L'angle d'attaque mesure précisément l'angle du vent avec la corde de la voile.
- **Corde** : la ligne droite reliant le bord avant (le guindant) et le bord arrière (la chute) de la voile.
- **Creux** : le gonflement de la voile, mesuré par le pourcentage du creux au point le plus profond par rapport à la longueur de la corde.
- **Position du creux** : la position du point le plus profond de la voile, exprimée par un pourcentage de la distance entre ce point et le guindant, par rapport à la longueur de la corde.
- **Dévers** : le degré de modification de l'angle d'attaque à mesure que l'on s'élève du bas au sommet de la voile, illustré par la Figure 8.7.

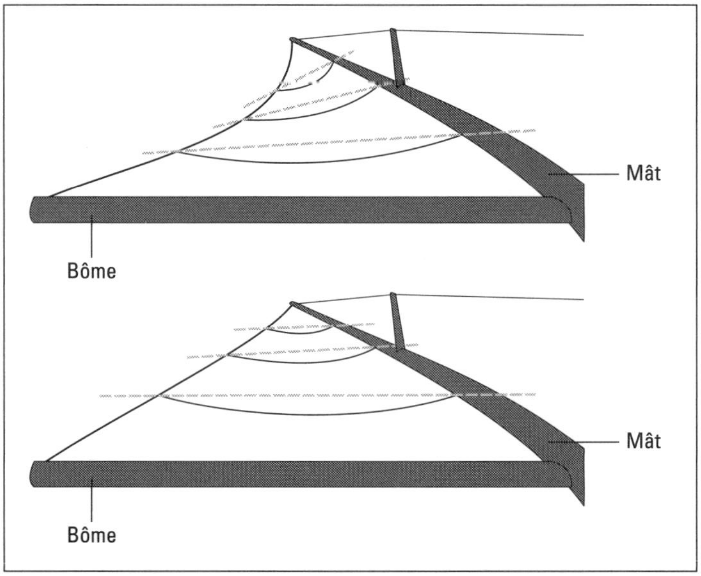

Figure 8.7 : La voile du haut a un dévers excessif ; la voile du bas a très peu de dévers.

Personne, à l'exception d'un voilier (un fabricant de voiles), ne se sent concerné par les valeurs absolues du creux, de la position du creux, et du dévers. D'un point de vue pratique, les marins s'intéressent à des valeurs relatives – indiquant qu'une voile a plus de creux ou est plus plate, ou a plus ou moins de dévers.

Tire sur ce bout ; non, CE bout

Passons maintenant aux aspects pratiques du réglage de la forme de la voile au cours d'une navigation. Au cas où nous n'aurions pas été suffisamment clair, répétons : de très loin, l'aspect primordial du réglage des voiles est l'angle d'attaque, qui est contrôlé par l'écoute de la voile. Tirez la voile vers l'intérieur du bateau (bordez-la) jusqu'à ce qu'elle cesse de faseyer, et dans le doute, laissez filer !

On peut peaufiner ce réglage par toute une série de procédés d'importance secondaires. Votre premier objectif est de faire un réglage à peu près correct, donnant à votre voile une efficacité de 98 pour cent. Partant de là, vous pouvez expérimenter de petits ajustements pour voir s'ils améliorent la performance de votre bateau. Tous les réglages de base de la grand-voile sont décrits dans les sections suivantes.

Grande écoute

La grande écoute (l'écoute de grand-voile) est l'élément majeur – le composant le plus ajusté de tout le gréement courant du bateau – parce qu'elle contrôle l'angle d'attaque de la voile. Aux allures de près (c'est-à-dire en naviguant vers le vent), la grande écoute contrôle également le dévers. Vous en apprendrez plus sur le dévers dans la section relative au contrôle de la puissance, plus loin dans ce chapitre.

Drisse et œillet de cunningham

La drisse à titre principal, et à titre secondaire le bout passé dans l'œillet de cunningham, servent à contrôler la tension (l'étarquage) du guindant de la voile (à l'étarquer). Certains voiliers n'ont pas d'œillet de cunningham, un œillet situé à hauteur ou à proximité du point d'amure et qui permet de tirer vers le bas le guindant de la grand-voile pour l'étarquer davantage. Au Chapitre 4, nous vous avons montré deux cas visiblement extrêmes d'étarquage du guidant. L'étarquage convenable du guidant dépend de la conception et de la forme de la voile, de l'allure sous laquelle vous naviguez, et de la vitesse du vent. Pour extraire le dernier petit supplément de vitesse, vous devez étarquer la drisse et/ou le bout passé dans l'œillet de cunningham aux allures de près, et vous devez réduire leur tension aux allures portantes. Un guindant plus étarqué a généralement pour effet de ramener un peu vers l'avant la position du creux et d'atténuer le creux, aplatissant ainsi légèrement la voile.

Vous pourriez penser qu'une voile plus plate est plus rapide. Cependant, j'ai constaté que la plupart des voiles, dans la plupart des conditions, préfèrent un réglage de la tension du guindant tel qu'il y ait seulement quelques rides fugitives le long de la partie inférieure du guindant. Nous les appelons des *rides de vitesse*. Mais méfiez-vous des lignes de tension parallèles au mât – ces lignes montrent que votre drisse ou le bout passé dans l'œillet de cunningham sont trop tendus.

Bosse d'empointure (ou bosse d'écoute)

La *bosse d'empointure* (ou *bosse d'écoute*) contrôle le creux en bas de la voile (au niveau de la bordure). Ici encore, il importe de faire un réglage au moins à peu près correct, ce que vous permettent les mêmes indications visuelles que celles servant à régler l'étarquage du guindant (sauf que la tension ou le relâchement se manifeste le long de la bordure de la voile). Si vous ne pouvez pas trouver le réglage parfait de la bordure, il vaut mieux exagérer la tension, surtout si le vent est modéré ou fort, et donc commencez par régler la bosse d'empointure (ou bosse d'écoute) de telle façon que la voile subisse un effort visible. Un étarquage plus important de la bordure aplatit la partie inférieure de la grand-voile.

Le hale-bas

La plupart des bateaux ont un hale-bas pour contrôler le dévers de la grand-voile aux allures de près. Le hale-bas est habituellement un système de poulies reliant la bôme au mât pour maintenir la bôme en bas (comme son nom le suggère). Le hale-bas prend le relais de la grande écoute en tant que facteur principal de contrôle du dévers lorsque la voile est débordée aux allures portantes.

Le meilleur point de départ pour le réglage du hale-bas est l'allure de près. La grand-voile étant parfaitement bordée, embraquez le mou du hale-bas et tournez le bout sur son taquet. Ensuite, lorsque vous *abattez* (lorsque vous tournez sous le vent) et que vous choquez la grande écoute, le hale-bas se tend. Plus le hale-bas est tendu, moins il y a de dévers lors des allures portantes. Une bon repère consiste à tendre le hale-bas de telle façon que la latte supérieure soit parallèle à la bôme.

La barre d'écoute

Un moyen subsidiaire de contrôle de l'angle d'attaque est la *barre d'écoute*, mais tous les bateaux n'en sont pas équipés. La barre d'écoute est un rail transversal sur lequel peut faire glisser d'un bord à l'autre un chariot que l'on bloque dans une certaine position, et qui est le point d'attache de la grande écoute au bateau (*le point de tire*), ce qui permet de changer l'angle d'attaque sans changer le dévers de la voile. Lorsque vous êtes à une allure de près par une légère brise après avoir réglé la grande écoute pour que la voile ait un dévers convenable, tirez le chariot au vent, jusqu'à ce que la bôme soit dans l'axe du bateau, ce qui vous donnera le maximum de puissance pour remonter au vent. Par vent fort, vous pouvez réduire la puissance en ramenant le chariot de la barre d'écoute sous le vent.

Le pataras

Le *pataras* est le câble de support entre la tête du mât et l'arrière du bateau. Certains bateaux plus petits n'ont pas de pataras, et certains bateaux plus grands n'ont pas de moyen pratique pour contrôler la tension du pataras. Mais si votre bateau a un système de réglage de la tension du pataras qui soit facile à mettre en œuvre, vous allez adorer le pataras, parce qu'il vous donne plus de contrôle sur la forme de la grand-voile que n'importe quelle autre manœuvre à l'exception de la grande écoute. Lorsque vous tendez le pataras, le mât se courbe. Cette courbure réduit de façon spectaculaire le creux de la grand-voile.

Augmenter la puissance des voiles

Une bonne façon de se représenter l'effet des variations de la forme des voiles est de raisonner en terme de puissance. Plus de puissance vous fait aller plus vite dans une course automobile (jusqu'au moment ou vous abordez un virage), mais sur un voilier, ce n'est pas aussi simple ; vous devez prendre autre chose en compte. Lorsque une voile génère cet ingrédient déterminant qu'est la portance, elle engendre également une traînée. C'est pourquoi les concepteurs d'ailes d'avion et les marins qui essaient d'optimiser la forme de leur voile recherchent en fait la même chose – optimiser le rapport de la portance sur la traînée. Ce rapport varie en fonction de nombreux facteurs, y compris le creux de l'aile (de la voile), la position du creux, l'angle d'attaque, le dévers, et la vitesse de l'air qui passe le long de la voile. A chaque vitesse du vent correspond une forme de voile optimale qui augmente le rapport portance sur traînée. (C'est pourquoi certains avions de combat ont des ailes qui changent de forme et d'angle en fonction de la vitesse à laquelle vole l'avion).

CONSEIL

En général, par des vents légers à moyens, vous avez besoin de toute la surface de voile possible pour obtenir la puissance maximale ; par des vents plus forts, vous aplatissez vos voiles parce que vous avez besoin de moins de puissance (et parce que des formes de voile gonflées provoque une traînée importante lorsqu'il y a beaucoup de vent).

La Figure 8.8 montre deux formes de voile adaptées à différentes vitesses du vent. Aux brises légères, une forme de voile plus creuse (disons, un creux de 18 % et une position du creux de 40 %) a un rapport portance sur traînée élevé, ce qui veut dire beaucoup de puissance, mais à mesure que la vitesse du vent augmente, cette forme provoque une traînée importante, et devient très lente. Une meilleure forme de voile pour les vents forts est une voile plus plate (12 % de creux, position du creux 45 %).

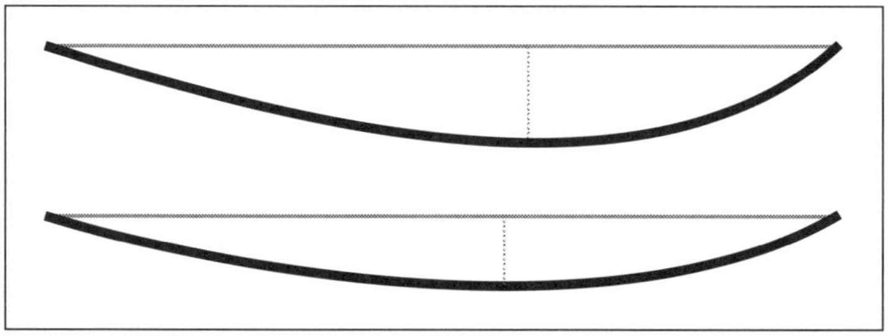

Figure 8.8 : Une forme de voile plus gonflée (haut) vous donne plus de puissance.

Contrôle de la puissance

Nous pouvons utiliser ce concept de puissance pour décrire l'effet des variations de la forme de la voile. Nous commençons par les variations les plus déterminantes, pour passer ensuite à celles dont l'effet est moindre :

- **Angle d'attaque** : la puissance augmente avec l'ouverture de l'angle – jusqu'au point où la voile « décroche » (dans le doute, débordez-la en choquant son écoute). A un angle d'attaque de 0 degré, la voile est dans l'axe du vent et faseye complètement – aucune puissance. A mesure que vous bordez la voile, vous augmentez l'angle d'attaque.
- **Dévers** : Si le sommet de la voile a un angle d'attaque de 0 degré par rapport au vent et si le bas de la voile est parfaitement bordé par rapport au vent, alors la forme de la voile comporte un dévers très important. La puissance augmente en réduisant le dévers – jusqu'à un certain point (voir l'encadré « A quoi bon le dévers ? »). Vous pouvez augmenter la puissance de la voile en diminuant le dévers jusqu'au moment où le sommet et le bas de la voile sont l'un et l'autre parfaitement bordés.

- **Creux** : la puissance augmente avec le creux – au moins jusqu'au moment où le vent devient plus fort et provoque une traînée nettement plus sensible.
- **Position du creux** : la position du creux affecte principalement l'aptitude de la voile à accélérer. Une position plus en avant (d'environ 40 %) est une forme qui favorise grandement l'accélération – bonne pour un brise légère ou modérée et des vagues qui ralentissent constamment le bateau. Une position du creux plus en arrière (50 % ou plus) est une meilleure forme pour la vitesse en ligne droite dans des conditions stables.

A quoi bon le dévers ?

Vous pourriez penser qu'un dévers de zéro donne le plus de puissance, mais c'est rarement le cas à cause d'un phénomène lié au frottement. Au niveau de la surface de l'eau et à proximité, le vent réel est nettement ralenti par le frottement contre l'eau et les vagues. En allant vers le haut du mât, la vitesse du vent augmente. Cette variation verticale de la vitesse du vent réel présente un grand intérêt pour les marins – elle fait que le vent apparent en bas des voiles est plus en avant (vient davantage de l'étrave) que le vent apparent au sommet des voiles. Le fait que le vent change de direction du haut en bas de la voile (à condition que vous avanciez, ce qui crée un vent de vitesse) explique pourquoi un dévers nul est habituellement plus lent – parce qu'à un certain niveau la voile est trop bordée et décrochée. Dans la plupart des conditions, pour que votre voile soit à l'angle d'attaque optimal à tous les niveaux du haut en bas (en vue d'une puissance maximale), vous devez ajuster la voile avec un dévers modéré.

Réduction de la puissance

Les jours de grand vent, lorsque vous naviguez à une allure de près ou par vent de travers, le bateau tend à gîter beaucoup trop, ce qui montre qu'il a trop de puissance. Dans une telle situation, vous ne voulez pas de toute la puissance des voiles. Lorsque le bateau a atteint son angle de gîte maximum (en vue d'une vitesse optimale) et que l'équipage est le plus à l'extérieur possible (voir le Chapitre 15 au sujet du rappel et du trapèze), vous devez réduire la puissance de vos voiles. Voici quatre façons de le faire :

- **Choquez les écoutes** : la façon la plus rapide, et la meilleure, de réduire la puissance des voiles est de choquer l'écoute, diminuant ainsi l'angle d'attaque. Choquez lentement la grande écoute (ou agissez sur le chariot de la barre d'écoute, s'il est plus facile à manipuler, mais gardez le foc bordé à moins qu'il n'y ait vraiment beaucoup de vent) et sentez la diminution de la gîte. Cessez de choquer lorsque la gîte atteint l'angle maximum, dont nous avons donné la signification plus haut dans ce chapitre. Cela n'a pas d'importance si vos voiles faseyent un peu – vous ne voulez pas vous servir de cette puissance supplémentaire.

- **Lofez** : tournez lentement le bateau vers le vent, ce qui diminuera aussi l'angle d'attaque. Le danger que cela implique est que vous ralentissez, ce qui peut faire décrocher votre dérive ou votre quille, de sorte que ce mouvement est généralement plus efficace s'il est conduit avec subtilité, en choquant en même temps la grande écoute.
- **Augmentez le dévers** : pensez que l'augmentation du dévers revient à réduire l'angle d'attaque dans les hauts. Ajoutez du dévers en choquant la grande écoute et l'écoute de foc légèrement. Vous pouvez aussi déplacer le point de tire du foc de trois à dix centimètres vers l'arrière pour augmenter son dévers, de la manière décrite dans la section suivante.
- **Aplatissez les voiles le plus possible** : courbez le mât (étarquez – tendez – le pataras), étarquez le guindant, et étarquez la bosse d'empointure (ou bosse d'écoute).

Réglage du foc

Certains contrôles décrit dans la section précédente ne s'appliquent qu'à la grand-voile. Mais comme votre foc est la première voile à « voir » le vent lorsque vous naviguez au près, vous devez regarder plus attentivement certains de ses réglages.

N'OUBLIEZ PAS

Répétez après nous encore une fois : l'écoute est la plus importante des manœuvres parce qu'elle détermine l'angle d'attaque de la voile. Utilisez l'écoute correctement, et vous ferez mieux que la plupart des marins qui naviguent de nos jours ! Choquez simplement l'écoute jusqu'à ce que la voile commence à faseyer, puis embraquez-la lentement jusqu'à ce que le faseyement s'arrête. Dans le doute... (vous savez) laissez filer !

La tension du guindant du foc est habituellement contrôlée par la drisse, exactement comme dans le cas de la grand-voile, et les mêmes règles s'appliquent. Cependant, le foc n'a pas de bosse d'empointure pour ajuster la tension de sa bordure ni de hale-bas pour contrôler son dévers. Tout ce travail est réalisé par l'écoute de foc, avec un peu d'aide fournie par la *position du point de tire*. Le point de tire est le premier point par lequel passe chacune des deux écoutes de foc pour aller du point d'écoute sur la voile jusqu'au cockpit. Il s'agit en général d'une poulie, ou d'un chariot que l'on peut fixer sur un rail parallèle à l'axe du bateau (un sur chaque bord). (Le Chapitre 4 décrit le processus de gréement du foc et de l'écoute de foc.)

Il est généralement possible d'ajuster le point de tire du foc vers l'avant ou l'arrière pour influencer le dévers du foc. Si vous déplacez le point de tire trop vers l'avant, la chute du foc sera trop tirée vers le bas lorsque vous tirerez sur l'écoute, agissant plus comme un hale-bas et moins comme une bosse d'empointure (ou bosse d'écoute). Si vous placez le point de tire trop vers l'arrière, l'écoute tirera trop sur la bordure et pas assez vers le bas sur la chute. Le réglage correct, entre ces deux extrêmes, est celui que vous voyez à droite sur la Figure 8.9.

Figure 8.9 : De gauche à droite : écoute de foc trop vers l'avant, trop en arrière, et à la bonne position.

Choix du bon foc

Certains bateaux, surtout les quillards assez grands, ont plusieurs focs de diverses dimensions et de diverses résistances. En général, vous voulez utiliser les plus grandes voiles par vent faibles, et les plus petites voiles par vent fort (pour réduire la puissance). Si deux voiles ont la même taille, la voile taillée dans le tissus le plus lourd convient mieux par un vent plus fort. Certains bateaux ont un tableau de sélection des voiles pour aider l'équipage à déterminer la voile à utiliser. La grille de sélection de voiles du Tableau 8.1 est faite pour un bateau de course bien équipé de 14 mètres. La Figure 8.10 montre les profils de toutes ces voiles.

Tableau 8.1 : Exemple de grille de sélection de voiles

Vitesse du vent (nœuds)	*Nom de la voile*	*Dimension (en pourcentage de la surface du triangle avant)*
0-4	Légère n° 1	152 %
4-12	Moyenne n° 1	150 %
9-18	Lourde n° 1	148 %
16-23	n° 2	130 %
20-28	n° 3	100 %
25-35	n° 4	85 %
au-delà de 35	Foc de tempête	45 %

Figure 8.10 : Profils des différentes voiles référencées sur la grille de sélection des voiles.

Enrouleurs de foc

Certains bateaux (surtout des quillards de croisière) n'ont qu'un seul foc gréé à titre quasi permanent sur l'étai au moyen d'un système d'enrouleur de foc, que nous avons décrit au Chapitre 4. Ce système commode vous permet d'enrouler la voile sur elle-même à la manière de certains stores de fenêtre. Lorsqu'elle est pleinement déroulée, la voile est à sa dimension maximale. En libérant complètement les écoutes et en tirant sur un cordage léger enroulé autour d'un tambour à la base de l'étai, la voile peut être enroulée entièrement ou seulement en partie – un remplacement instantané par une voile plus petite. La forme du foc partiellement enroulé s'en ressentira quelque peu (n'oubliez pas de déplacer le point de tire vers l'avant), mais pour naviguer avec très peu d'équipiers sur les gros quillards (au-delà de 9 mètres), les enrouleurs de foc sont souvent préférés aux voiles d'avant multiples à cause de leur facilité d'utilisation.

Naviguer rapidement vent arrière

La plupart des principes selon lesquels vous devez conduire le bateau et border les voiles aux allures de près s'appliquent également lorsque le vent commence à venir de l'arrière du bateau. Habituellement, à ces allures plus arrivées – les « allures portantes » (largue et grand largue) – vous devez augmenter la puissance des voiles parce que le bateau gîte moins. En pareil cas, vous pouvez vouloir ajouter un *spinnaker* (une grande voile légère en forme de ballon servant au largue, grand largue et vent arrière) à votre arsenal de voiles. Si toutefois vous n'avez pas de spi, ou si votre équipage prend une pause café et refuse de hisser le spi, voici quelques conseils pour tirer le maximum de votre bateau et de vos voiles :

- **Réduisez l'étarquage (la tension) du guindant (drisse et bout d'étarquage passant par l'œillet de cunningham) pour que vos voiles soient aussi gonflées et puissantes que possible.**
- **Relâchez l'étarquage de la bosse d'empointure (ou bosse d'écoute) pour creuser la partie inférieure de la grand-voile.**
- **Si le foc est toujours bordé sur le côté sous le vent, déplacez son point de tire vers l'avant et vers l'extérieur (d'environ 30 cm sur un bateau de 9 mètres).**
- **Sur un dériveur, tirez la dérive à moitié vers le haut pour réduire la traînée.**

- **Assurez-vous que la grand-voile (et le foc, s'il est utilisé) sont bordés correctement, juste avant le point de faseyement**. Si le vent vient de trop loin derrière vous (grand largue ou vent arrière), vous pouvez avoir à établir les *voiles en ciseaux* pour pouvoir gonfler le foc, de la manière décrite au Chapitre 5.
- **Utilisez la barre le moins possible pour ne pas casser votre erre.**
- **Déplacez vos équipiers de manière à ce que le bateau soit au même niveau à l'avant et à l'arrière**. Pour plus d'informations sur les aspects importants de la répartition des poids entre l'avant et l'arrière, consultez le Chapitre 15.
- **Réglez le hale-bas pour limiter le dévers de la grand-voile.**

Lorsqu'elle ne veut pas faseyer

Si le vent est à environ dix degrés ou moins du strict vent arrière (navigation au portant), il n'est plus possible de déborder la grand-voile au point de la faire faseyer. En pareil cas, comme nous l'avons indiqué au Chapitre 5, la grand-voile agit à la manière d'une grande porte de grange, non comme une aile, et donc vous devez fixer son angle d'attaque à peu près perpendiculairement au vent (c'est-à-dire déborder la voile jusqu'à ce que la bôme touche les haubans).

Mise en place du spinnaker

Passons maintenant à la voile amusante – le spi. La mise en place du spi aux allures portantes (largue, grand largue et vent arrière) peut avoir le même effet que l'allumage des turboréacteurs sur un avion à réaction. La navigation avec un spi est rapide, mais comme il n'est attaché que par les angles, vous pouvez aussi facilement adorer que détester cette voile notoirement indisciplinée. Heureusement, comme vous disposez de ce livre, vous pourrez aimer ce bon gros ballon de nylon coloré. Le spinnaker le plus courant est symétrique, comme ceux de la Figure 8.11.

Figure 8.11 : Spinnakers en action.

Rassemblement du matériel du spi

Pour établir un spi, vous avez besoin de certains équipements, illustrés par la Figure 8.12 :

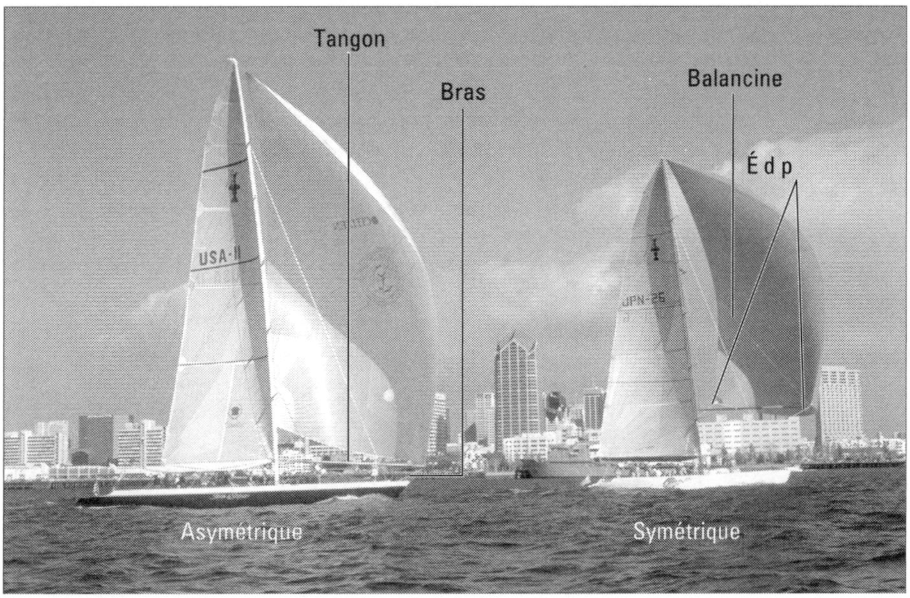

Figure 8.12 : Spinnakers symétrique et asymétrique et leur équipement.

- **Tangon** : une vergue légère qui s'attache au mât et supporte le point d'amure du spi lorsqu'il est établi.
- **Balancine** : une manœuvre comparable à une drisse descendant du mât, utilisée pour hisser l'extrémité extérieur du tangon jusqu'à sa position.

- **Bras** : cordage venant de la plage avant, utilisé pour empêcher l'extrémité extérieure du tangon de monter trop haut.
- **Drisse de spi** : manœuvre (cordage) servant à hisser le spi.
- **Écoutes de spi** : manœuvres de chaque côté du bateau, pour ajuster l'angle d'attaque de la voile. Lorsque le spi est en l'air, ces écoutes changent de nom – l'écoute au vent qui passe par l'extrémité du tangon de spi s'appelle le *bras de spi*. L'écoute sous le vent s'appelle toujours *écoute de spi*. Naturellement, lorsque vous empannez, les noms sont inversés, parce qu'alors le vent souffle de l'autre bord.

Préparatifs avant de hisser le spi

Les spinnakers étant taillés dans une étoffe ultra-légère, ils se rangent facilement dans un sac spécial, le *sac de spi*. Comme son proche cousin le parachute, un spinnaker doit être préparé méticuleusement pour pouvoir se déployer correctement. Rien n'est plus frustrant que de s'attendre à voir une grande voile puissante se gonfler d'air, et de voir surgir à sa place une masse de nylon entortillée.

Vous pouvez choisir entre différentes méthodes d'empaquetage du spi, mais elles ont toutes un point commun : lorsque la voile est rangée dans son sac, les trois coins sont nettement séparés, prêts à être attachés à leurs manœuvres respectives (écoutes et drisse), et il n'y a pas de torsions dans le corps de la voile.

Certaines équipes de course sur des bateaux de plus de 11 mètres vont un peu plus loin et compriment le corps du spi avec du fil ou des élastiques pour qu'il puisse être hissé entièrement avant de se gonfler. Cet effort supplémentaire est pratique mais n'est pas indispensable sauf dans des conditions de vent extrêmes, dès lors que vous utilisez la méthode que nous avons baptisé *hissage de croisière*, décrite plus loin dans ce chapitre.

La manière la plus facile de plier le spi est de l'étendre sur une grande pelouse, de glisser la main le long des chutes pour s'assurer qu'elles ne font pas de plis (voir Figure 8.13), et de le rentrer soigneusement dans son sac, en commençant par son axe et en allant vers les deux points d'écoute (jusqu'au moment ou le spi est en l'air, on dit qu'il a deux chutes et deux points d'écoute). Les trois angles de la voile (le point de drisse et les points d'écoute) doivent se trouver en haut du sac.

Il arrive qu'on ne dispose pas d'un beau parterre de gazon pour plier le spi – comme par exemple en mer – mais, heureusement, vous pouvez plier le spi à l'intérieur du bateau, en faisant montre d'une certaine créativité. Essayez de coincer le point de drisse sous un coussin d'une couchette, et veillez à ce que le spi ne se mette pas en tire-bouchon !

Figure 8.13 : Pliage du spi de la manière facile, après l'avoir étendu sur une pelouse.

CONSEIL

Si vous êtes pressé, le spi a encore une bonne chance de s'établir proprement si vous vérifiez l'une des deux chutes (en faisant glisser vos mains d'une extrémité à l'autre et en vous assurant qu'il n'y a pas de plis) et si ensuite vous ne tordez pas les deux coins attachés à cette chute en rentrant la voile dans le sac. Vous aurez encore de meilleures chances en vérifiant les deux chutes.

PETER RACONTE

Le comble de l'embarras n'est pas de hisser un spinnaker en tire-bouchon – cela arrive à tout le monde d'innombrables fois. C'est d'établir votre spinnaker de travers, avec un point d'écoute en haut du mât. Vous ne pouvez pas vous sauver et aller vous cacher quand cela se produit – tous ceux qui sont sur l'eau vous voient ! Et vous pouvez être sûr que vous en entendrez parler en retournant à terre. La section suivante peut vous aider à éviter cette ignominie.

Gréement du spinnaker

Lors des préparatifs, les trois angles du spi doivent être attachés aux trois manœuvres – la drisse et les deux écoutes. Vous pouvez penser que l'accrochage de cordages à ces trois angles est un jeu d'enfant, mais sans qu'on sache très bien pourquoi, cette opération est à l'origine de nombreux problèmes. Voici quelques conseils pour vous faciliter la tâche :

- **Les trois manœuvres doivent arriver jusqu'à la voile par le même chemin**. Si les écoutes viennent en passant sous le foc, la drisse doit faire de même.
- **Attachez la drisse et les écoutes de manière sûre et sans vous tromper de coin !** Ecrire « drisse » au point de drisse, et identifier aussi les points d'écoute peut vraiment être utile.
- **Assurez-vous que vos écoutes et votre drisse sont correctement amenées, sans faire de nœud autour des chandeliers (ces piquets qui tiennent les filières) ni des barres de flèche (ces espars qui écartent les haubans du mât), ou d'autres obstacles sur leur passage.**

Hisser : « hissage de croisière »

Il est payant de s'occuper séparément de chaque stade de l'établissement du spi. Rien n'est pire qu'un spi qui se gonfle alors qu'il est hissé à moitié, parce qu'alors la drisse supporte des tonnes de tension tandis que vous finissez de hisser. Voici les étapes d'une procédure conservatrice pour hisser le spi, que Peter appelle *hissage de croisière*. La beauté de cette procédure est qu'elle ne permet à la voile de se gonfler que lorsque vous y êtes prêt.

1. **Assurez-vous que le spi est fixé correctement aux écoutes et à la drisse et que le sac est attaché au bateau.**
2. **Connectez l'extrémité intérieure du tangon de spi au mât, attachez la balancine et le bras à son extrémité intérieure, et soulevez le tangon.**

   La hauteur correcte dépend du bateau et des conditions de vent. Assurez-vous que le bras passe par l'extrémité du tangon.
3. **Tournez le bateau jusqu'au grand largue ou au vent arrière (faites attention de ne pas provoquer un empannage accidentel).**

   Cette action réduit le vent apparent et vous permet de hisser le spi derrière la grand-voile – qui le protège contre la force du vent.
4. **Assurez-vous que l'équipage est prêt et donnez le signal pour hisser le spi.**
5. **Pendant que la voile est hissée, embraquez le bras (tirez sur le bras) jusqu'à ce que le point d'écoute du spi touche le tangon.**

   Si vous utilisez des winches, assurez-vous que vous avez suffisamment de tours sur la poupée du winch pour supporter la tension au moment où la voile se gonfle. Pour en savoir plus sur l'utilisation des winches, reportez-vous au Chapitre 6.
6. **Lorsque la drisse est étarquée à bloc et tournée sur son taquet, mettez le bras dans la bonne position, affalez le foc, tournez le bateau jusqu'au cap voulu, et embraquez l'écoute de façon à border le spi convenablement.**

Border le spi

Le spi se borde de manière semblable à n'importe quelle autre voile. Choisissez le bon angle d'attaque, et tout ira bien. Malheureusement, le spi ne faseye pas gentiment lorsqu'il est insuffisamment bordé ; il se dégonfle et se met à battre d'un manière si bruyante que vous sentez que quelque chose ne va pas du tout. Le spi se dégonfle inévitablement, parce que c'est une voile exigeante, qui demande littéralement une attention constante.

CONSEIL

La clé du bordage du spi est de répéter un cycle de base – inlassablement. D'abord, réglez le bras, puis l'écoute, puis la hauteur du tangon, puis de nouveau le bras. Voici les règles à suivre pour border le spi.

1. **Réglez le bras de telle façon que le tangon fasse à peu près un angle de 90° C avec le vent apparent (moins pour le largue avec le vent presque de travers).**
2. **Embraquez l'écoute jusqu'à ce que le guindant de la voile comporte un petit renflement.**

   Si vous bordez juste un petit peu plus, ce renflement disparaît, et la voile paraît entièrement gonflée. Si vous choquez un tout petit peu plus, ce renflement devient plus important et provoque le dégonflage de la voile.
3. **Réglez la hauteur de l'extrémité extérieure du tangon de telle sorte que le point d'amure du spi soit au même niveau que le point d'écoute.**
4. **Ajustez la hauteur de l'extrémité intérieure du tangon de spi, si elle est réglable, de sorte que le tangon soit horizontal.**

Comme pour toute autre voile, la manœuvre qui fait le plus de travail est l'écoute du spi. L'équipier qui borde le spi doit s'en occuper constamment pour maintenir le spi gonflé, et vérifier de temps à autre l'angle du tangon (agir éventuellement sur le bras) et la hauteur du tangon (qui se règle au moyen de la balancine).

Le spi peut se dégonfler de deux manières :

- **Dégonflage au vent** : dans ce cas de figure, la voile se replie sur elle-même à partir du haut jusqu'à pendre comme une masse inerte. Le remède consiste à lofer (tourner le bateau vers le vent) jusqu'à ce que la voile se gonfle à nouveau et/ou à ramener le tangon vers l'arrière (embraquez le bras) et à choquer l'écoute.
- **Dégonflage sous le vent** : lorsque le vent vient trop en avant pour la façon dont le spi est bordé (angle d'attaque trop petit), le spi se dégonfle et forme cette masse violemment secouée décrite au début de cette section. Le remède consiste à abattre (tourner le bateau en l'éloignant du vent) jusqu'à ce que la voile se gonfle et/ou à embraquer l'écoute.

Empannage sous spi

Toute manœuvre faite avec un spi peut être éprouvante, mais grâce au hissage de croisière (et à l'*affalement de croisière* évoqué dans la section suivante), la manœuvre la plus difficile reste incontestablement le virement lof pour lof ou empannage. Vous savez que vous avez réussi ce virement lorsque a) la voile se gonfle proprement sur la nouvelle amure, le tangon étant convenablement placé ; b) la voile reste gonflée pendant toute la durée du virement ; c) rien (ni personne) ne tombe à l'eau ; et d) l'équipier d'avant revient au cockpit le visage fendu d'un large sourire. La Figure 8.14 montre un empannage sous spi.

Voici les étapes d'un empannage réussi :

1. **Assurez-vous que l'équipage est prêt et en position.**
2. **Tournez le bateau jusqu'à un grand largue très arrivé (pour limiter l'amplitude du changement de cap au cours de l'empannage) et bordez le spi en conséquence.**
3. **Donnez le signal de la manœuvre en disant « on empanne », « à virer », ou tout autre annonce appropriée.**
4. **Embraquez le bras et choquez l'écoute de façon que le spi reste parfaitement bordé.**

   Comme l'angle que fait le bateau avec le vent est modifié, cette étape est cruciale tout au long de la manœuvre. Lors d'un bon empannage, vous devez continuellement faire tourner le spi pour qu'il reste gonflé.
5. **Tournez le bateau pour l'empannage tout en faisant passer le tangon de l'ancien côté au vent vers le nouveau côté au vent.**

   Cette étape est souvent la partie la plus difficile de l'empannage parce qu'elle demande un jeu de jambes assez élaboré sur l'avant du bateau, ainsi qu'une bonne coordination entre l'équipe d'avant, ceux qui bordent les voiles et le barreur, pour faciliter la substitution. Arrêtez de tourner dès que vous arrivez au grand largue sur la nouvelle amure.

6. Lorsque tout le monde est prêt, le barreur peut lofer pour aller à un grand largue moins arrivé (nécessitant de border davantage le spi), si c'est ce que l'on veut.

A B C D

Figure 8.14 : Les étapes d'un empannage réussi sous spi.

CONSEIL

N'oubliez pas de faire tourner le spi. L'une des erreurs les plus courantes de l'empannage sous spi consiste à ne pas faire tourner le spi pendant que le bateau tourne. Le résultat est un embrouillamini désordonné, avec le spi qui souffle entre l'étai et le mât. Entraînez-vous à l'empannage sous spi sans le tangon, pour éprouver la sensation de rotation de la voile au niveau des écoutes. Par vent faible, étarquez la grande écoute à bloc (elle est alors excessivement bordée) ou même affalez-la pour faciliter cet exercice.

Changement de position du tangon : deux méthodes

Selon le type de bateau, vous pouvez utiliser une méthode ou une autre pour le changement de position du tangon. La première méthode est courante sur les dériveurs et les petits quillards. Au cours de l'empannage, les deux extrémités du tangon sont déconnectées et attachées de nouveau de façon que l'ancienne extrémité intérieure soit attachée au nouveau bras, et le tangon est poussé vers l'extérieur pour que l'ancienne extrémité extérieure puisse être attachée au mât. L'autre méthode est appliquée sur des quillards de plus de 12 mètres. Au cours de l'empannage, l'extrémité extérieure du tangon est déconnectée de l'ancien bras, abaissée de façon à pouvoir passer de l'autre côté sous l'étai, puis connectée au nouveau bras et levée de nouveau dans sa position sur le nouveau côté au vent.

CONSEIL

Que vous ayez ou non un spi en l'air, un empannage peut être une manœuvre assez mouvementée par grand vent. La force de la grand-voile qui passe brusquement d'un bord à l'autre et se gonfle avec un grand BANG sur l'autre bord peut générer une force de rotation importante qui peut entraîner le chavirage d'un dériveur et une *aulofée* (rotation rapide et incontrôlable du bateau vers le vent) sur un quillard. Par grand vent (au-delà de 12 à 15 nœuds), le barreur peut effectuer un *empannage en S* pour contrebalancer l'effet de rotation résultant du gonflement de la grand-voile après l'empannage.

Commencez par prendre une allure de grand largue très proche du vent arrière pour réduire l'amplitude du virage. Lorsque l'équipage est prêt, abattez (doucement) pour empanner tandis que vous (ou un autre équipier) embraquez la grande écoute. A la fraction de seconde où la bôme attrape le vent et commence à passer sur l'autre bord, inversez la barre d'environ 15° C, dirigeant le bateau vers son ancienne amure. Ce « virage en S » contrebalance l'effet d'inertie de la bôme et empêche le bateau de tourner trop au moment où la grand-voile se gonfle sur la nouvelle amure. Une seconde plus tard, juste après que la grand-voile se soit gonflée avec un bang sur la nouvelle amure, vous pouvez inverser la barre de nouveau et gouverner droit (ou de la façon nécessaire pour vous retrouver à un grand largue très prononcé sur la nouvelle amure).

Affalement du spi

Lorsque la fête est terminée, il est temps de remonter au vent. L'affalement est la plus facile des trois manœuvres du spi, à condition de le prévoir assez tôt pour que le barreur puisse garder le bateau bout sous le vent – cachant le spi affalé derrière la grand-voile jusqu'à ce que tout soit rangé et que l'on soit prêt à remonter au vent. Voici les étapes d'un *affalement de croisière* :

1. **Tournez le bateau jusqu'à une allure de grand largue proche du vent arrière et hissez le foc (facultatif).**
2. **Provoquez le dégonflage du spi en choquant le bras et en embraquant l'écoute.**

   Lorsque la voile se dégonfle et est devenue docile, protégée du vent par la grand-voile, vous êtes prêt pour l'étape suivante.
3. **Attrapez l'écoute et commencez à tirer la voile à bord.**
4. **Choquez la drisse dans le même temps que la voile est tirée pour éviter qu'elle ne tombe dans l'eau (si elle est affalée trop vite) ou pour éviter que l'équipe d'affalement du spi n'ait à batailler (si elle affalée trop lentement).**
5. **Rentrez le spinnaker par le panneau avant (si vous en avez un) ou dans le panneau arrière ou dans son sac de spi.**
6. **Abaissez le tangon et assurez-le ainsi que les écoutes de spi.**

Lorsque Peter a participé à la course de la Coupe de l'America, son équipe avait quatre variétés de manœuvre pour affaler le spi. Les dériveurs et les plus petits quillards affalent souvent le spi du côté au vent durant les courses. Vous pouvez aussi rencontrer plusieurs autres façons d'établir le spi en course. Mais ces méthodes requièrent un entraînement phénoménal, alors que les bonnes vieilles méthodes du hissage de croisière et de l'affalement de croisière marchent sur tous les bateaux et représentent la manière la plus facile de faire monter et descendre cette voile colorée.

Spi asymétriques

Les spinnakers asymétriques ont un guindant plus long que la chute et sont conçus pour fonctionner à la manière d'un très grand foc (référez-vous à la Figure 8.12). Ce sont des voiles très prisées pour la croisière, à cause de leur facilité d'utilisation. Pour cette même raison, elles deviennent aussi plus populaires sur les bateaux de course à haute performance.

Un spinnaker asymétrique n'a pas de bras ; il a simplement une manœuvre qui abaisse le point d'amure de la voile vers l'étrave, un tangon, ou un tangon fixe appelé *beaupré*. Au point d'écoute sont fixées deux écoutes, une pour le côté gauche et l'autre pour le côté droit, exactement comme pour un foc. Le hissage et l'affalement sont très faciles parce que vous n'avez pas à changer la position du tangon (mis à part de rares bateaux qui gréent cette voile avec le tangon classique), et la voile est censée se dégonfler lors de l'empannage, en passant sur l'autre bord par l'avant du bateau.

Chapitre 9

Manœuvres d'ancre et accostage avancé

Dans ce chapitre :

- Choix de l'ancre et de la ligne de mouillage
- Soins à apporter au matériel de mouillage
- Jeter l'ancre – et la relever
- Mouiller à la voile
- Incidents lors des manoeuvres d'ancre
- Sécurité et tact au mouillage
- Techniques d'accostage avancées

Levons l'ancre, les gars,
Levons l'ancre !
Adieu aux joies du lycée
Nous embarquons au petit jour.

– Alfred Hart Miles

Bien que maintes petites criques tranquilles, autrefois merveilleuses pour une nuit paisible en mouillage forain – on appelle ainsi un emplacrment propice au mouillage sur ancre, soient désormais remplies de coffres et de marinas, il demeure important de savoir mouiller lorsqu'il n'y a plus de vent, ou quand vous voulez trouver un endroit spécial rien que pour vous. Avant de lire ce chapitre, vous pouvez avoir intérêt à vous référer au Chapitre 6, qui traite des principes à appliquer pour attacher votre bateau à un quai, un coffre ou un corps mort (flotteurs ancrés à titre permanent). Mouiller est plus compliqué que de prendre un coffre ou un corps mort, parce que vous êtes responsable de descendre l'ancre et de vous assurer qu'elle tient. Ce chapitre décrit aussi différentes manières de laisser votre bateau en sécurité sur l'eau – après avoir mouillé ou dans une situation d'accostage difficile.

Types d'ancre

Comment faire pour qu'un objet flottant reste ancré ? Une méthode consisterait à trouver une très grosse pierre, à lui attacher un cordage, et à la jeter par-dessus bord. Mais qu'arrive-t-il quand vous voulez quitter cet endroit et partir ailleurs ? Il peut s'avérer impossible de hisser cette énorme pierre à bord. Un autre problème posé par cette grosse pierre est celui du vent ou du courant. Un vent fort pousse très fort votre bateau, lequel va tirer à son tour très fort sur la pierre – si fort qu'elle va finir par glisser ou rouler sur le fond. Heureusement il existe une meilleure façon de faire – grâce à l'invention d'ancres bien conçues.

La plupart des ancres ont en commun les caractéristiques suivantes, illustrées par la Figure 9.1 :

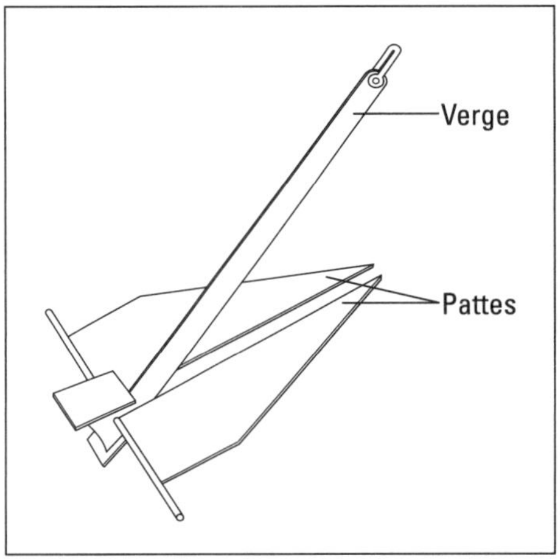

Figure 9.1 : Les pattes et la verge d'une ancre anglaise Danforth, une ancre assez courante.

- **Elles coulent !** (une ancre ne marcherait pas très bien si elle flottait, n'est-ce pas ?)
- **Elles sont capables de s'accrocher au fond, grâce à une ou plusieurs griffes ou pointes appelées *pattes*.** Ces pattes fonctionnent à la manière de la partie plate d'une pelle pour s'enfoncer dans le fond. Comme les pattes aident à s'agripper au fond, l'ancre peut peser moins lourd, et il est ainsi plus facile de la remonter à bord.
- **Elles ont un grand bras, ou *verge*, qui agit comme un levier pour aider les pattes à s'enfoncer.**
- **Elles ont un autre genre de dispositif pour maintenir les pattes enfoncées lorsque le bateau tire dans une autre direction.**
- **Malgré leur aptitude à s'accrocher au fond, elles peuvent se détacher (et « chasser ») assez facilement.**

Plusieurs types d'ancre sont couramment utilisés sur les voiliers. Ces différents types se comportent plus ou moins bien selon des paramètres tels que la nature du fond (sable, boue, herbe, ou rochers). Chaque type d'ancre a ses propres points forts et ses défauts, de sorte que le choix d'une ancre convenable pour votre bateau peut impliquer quelques compromis.

Ancre Danforth

Une ancre courante pour voiliers est l'ancre à bascule *Danforth* (présentée sur la Figure 9.1), dont le nom est celui de la société qui l'a inventée. On l'appelle parfois aussi *ancre légère*, parce que les grandes pattes s'enfoncent suffisamment pour que l'ancre puisse être plus légère. Cette ancre a besoin d'un fond meuble tel que de la boue ou du sable (deux des types de fond les plus souhaitables pour mouiller, parce qu'ils permettent à une ancre de mieux tenir) pour crocher convenablement. Cette ancre est très souvent utilisée sur les dériveurs et les petits quillards à cause de son faible poids et de son faible encombrement à bord. Elle est cependant loin d'être parfaite ; les pointes aiguës de ses pattes rendent son rangement plus difficile. Certains quillards plus gros (de plus de 9 mètres) peuvent emporter une Danforth de taille réduite comme « mouillage léger » pour mouiller temporairement dans des conditions favorable en même temps qu'un « mouillage lourd » comportant une ancre plus importante.

Ancre soc de charrue

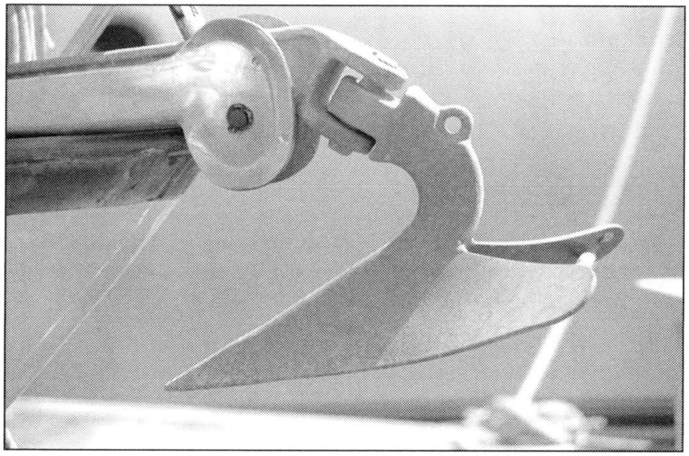

Figure 9.2 : Une ancre soc de charrue sur sa poulie au-dessus de l'étrave, prête à entrer en action.

L'ancre soc de charrue ressemble à l'instrument aratoire de même nom. On rencontre aussi le nom de marque déposée « CQR ». Cette ancre est sûre pour la plupart des fonds et on peut affirmer que c'est la meilleure de toutes pour les plus gros voiliers (au-delà de 9 mètres). Bien qu'elle soit plus lourde qu'une Danforth avec une tenue équivalente, le soc de charrue peut faire son travail dans la plupart des conditions. Comme le montre la Figure 9.2, elle est souvent fixée à l'avant sur une poulie avec la patte suspendue au-dessus de l'étrave. Vous ne verriez jamais cela sur un voilier de course – trop de poids sur l'avant !

Autres types d'ancre

Les sections précédentes décrivent les ancres les plus couramment utilisées sur les voiliers, mais vous pourriez rencontrer aussi les modèles suivants (voir Figure 9.3) :

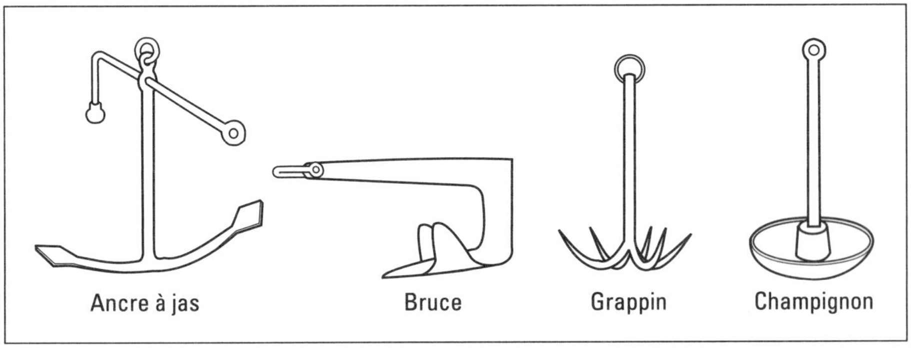

Figure 9.3 : L'ancre à jas, l'ancre Bruce, le grappin, et l'ancre champignon.

- L'ancre *à jas* est la plus lourde et la plus encombrante de toutes les ancres modernes. Ces caractéristiques suffisent à diminuer son intérêt pratique pour les bateaux à voile.
- L'ancre *Bruce*, introduite sur les plates-formes de forage de la Mer du Nord (ces engins doivent tirer très fort en cas de tempête !), est une ancre d'une seule pièce.
- Le *grappin* a des pattes pointues comme des hameçons. Il marche bien dans les algues ou l'herbe mais n'est pas normalement considéré comme le mouillage principal d'un voilier.
- L'ancre *champignon* a la forme suggérée par son nom. Elle est très lourde et peut être extrêmement difficile à déloger d'un fond boueux – d'excellentes caractéristiques comme ancre permanente pour un coffre ou un corps mort.

Choix d'une ancre appropriée

La description des divers types d'ancre et de leurs caractéristiques peut vous donner une idée de l'ancre (ou des ancres) dont vous avez besoin. Le Tableau 9.1 vous indique le poids souhaitable pour une ancre selon la taille du bateau. Comme vous pouvez le voir, l'ancre à jas est vraiment trop lourde pour envisager son usage sur la plupart des voiliers.

Tableau 9.1 : Poids des ancres

Longueur du bateau	*Danforth*	*Soc de charrue*	*Ancre à jas*
6 m	2 kg	6 kg	9 kg
9 m	5 kg	8 kg	13 kg
12 m	8 kg	13 kg	21 kg
15 m	13 kg	17 kg	28 kg
18 m	22 kg	22 kg	37 kg

Adapté à partir de Earl Hinz, *The Complete Book of Anchoring and Mooring* (Centreville, Maryland : Cornell Maritime Press, 1986).

ATTENTION !

Ce tableau n'est qu'un guide approximatif pour choisir la taille d'une ancre. Si votre bateau est particulièrement large ou lourd, utilisez une ancre plus lourde. Et si vous naviguez au large des côtes françaises, vous devez tenir compte d'un décret de 1984 relatif à la sauvegarde de la vie humaine en mer, à l'habitabilité à bord des navires et à la prévention de la pollution, qui fixe de manière très détaillée la masse de l'ancre, le diamètre de la chaîne et le diamètre du câble devant composer le mouillage de bateaux de longueurs et de poids différents. Les valeurs indiquées pour les poids des ancres sont en général intermédiaires entre celles indiquées pour les ancres à jas et les ancres soc de charrue sur le Tableau 9.1.

Tous les composants du mouillage

PETER RACONTE

Le terme *mouillage* désigne avant tout le matériel dont on se sert pour mouiller – l'ancre, et la ligne de mouillage qui associe généralement une chaîne et une aussière. Il désigne accessoirement l'action de mouiller (qui consiste à mettre le mouillage à l'eau et à s'assurer qu'il tient), et le lieu où le bateau a mouillé. La ligne de mouillage doit être suffisamment solide et élastique pour absorber les chocs subis par le bateau du fait des vagues et du vent sans se casser ni déloger l'ancre, et elle doit orienter la force qui tire sur l'ancre dans une direction aussi parallèle au fond (horizontale) que possible.

N'utilisez pas n'importe quel cordage comme aussière. Voici les caractéristiques d'une bonne aussière :

- **Assez longue pour mouiller correctement**
- **Résistante au ragage (usure par frottement)**
- **Suffisamment élastique pour absorber les variations de tirage sans arracher l'ancre du fond**
- **Assez solide pour maintenir votre bateau dans les conditions attendues**

Les cordages de nylon sont recommandés pour les lignes de mouillage parce qu'ils fournissent le meilleur compromis de performance sous ces quatre aspects importants.

La chaîne et l'aussière relient l'ancre au bateau. Attachez l'extrémité de la chaîne à l'ancre. La chaîne coule, de sorte que la force de traction s'exerce sur l'ancre horizontalement, ce qui est crucial pour la bonne tenue de l'ancre. Par ailleurs, une chaîne n'est pas sensible au ragage, et l'aussière peut grâce à elle s'élever au-dessus des aspérités du fond qui provoqueraient son usure.

Amarrer l'ancre, la chaîne et l'aussière

La chaîne est habituellement reliée à l'aussière par un *œil épissé* (une boucle permanente tissée à l'extrémité du cordage) et par une manille (une fixation métallique en forme de U) et non par un simple nœud. Les nœuds peuvent se défaire – et faut-il souligner que la dernière chose que vous souhaitez est de voir votre ligne de mouillage se détacher ?

Un autre souci en matière de mouillage est le ragage, et vous pouvez utiliser avec l'œil épissé un anneau métallique fixé à l'intérieur de l'œil pour limiter les effets du frottement. (Pour en savoir plus sur les œils épissés, voyez le Chapitre 19.) Si vous devez utiliser un nœud, faites un tour mort et deux demi-clés ou un nœud de grappin. (Vous pouvez voir ces nœuds de plus près à l'Annexe B.) Quel que soit le nœud, vous pouvez l'empêcher vraiment de se défaire en le *cousant* – avec une aiguille et du fil.

Deux manilles solides vous servent à relier la chaîne à l'aussière d'un côté et à l'ancre de l'autre. Utilisez des pinces ou des clés à molettes pour serrer ces manilles et ensuite *assurez-les* – en passant quelques tours de fil galvanisé ou de fil à voile à travers un trou dans la barette pour qu'elle ne puisse plus se défaire. Graissez les parties mobiles de la manille pour qu'elles ne coincent pas. Les manilles en acier galvanisé (qui ne rouillent pas) ou les manilles de bronze sont ce qu'il y a de mieux.

En règle générale, la chaîne doit peser autant que l'ancre. Par exemple, un bateau de 9 mètres équipé d'une ancre Danforth de 6 kilos a besoin d'environ 5 mètres de chaîne attachée à l'ancre. Le Tableau 9.2 montre les diamètres du cordage, et les longueurs et diamètres de chaîne recommandés pour différentes tailles de bateaux.

Tableau 9.2 : Spécifications de chaînes et de lignes de mouillage

Longueur du bateau	*Diamètre de ligne de nylon*	*Diamètre de chaîne*	*Longueur de chaîne*
6 m	1 cm	6 mm	2-10 m
9 m	11 mm	6 mm	5-19 m
12 m	13 mm	8 mm	6-15 m
15 m	16 mm	1 cm	7-19 m
18 m	19 mm	11 mm	9-13 m

Note : les deux nombres de la colonne de droite indique la plage de longueur de chaîne à utiliser en allant de l'ancre la plus légère (Danforth) à l'ancre la plus lourde (ancre à jas).

Adapté à partir de Earl Hinz, *The Complete Book of Anchoring and Mooring* (Centreville, Maryland : Cornell Maritime Press, 1986).

Résistez à la tentation d'augmenter le diamètre de l'aussière. Vous aurez plus de solidité, mais moins d'élasticité, importante pour garder l'ancre accrochée dans les conditions difficiles, lorsqu'il y a de la houle. En outre, vu l'encombrement des lignes de mouillage, il vaut mieux ne pas augmenter leur diamètre inutilement.

Mouiller uniquement avec la chaîne

Certains gros bateaux de croisière n'utilisent que la chaîne et l'ancre comme mouillage. À l'évidence, le mouillage est beaucoup plus lourd, mais la chaîne est beaucoup plus résistante et plus durable que le cordage de nylon. En mouillant avec seulement une chaîne, vous pouvez diminuer le *rayon d'évitage* (voir la section suivante) dans certaines conditions. Bien que la chaîne ne soit pas élastique, elle peut amortir les chocs en partie si elle est suffisamment longue pour former un arc jusqu'à l'ancre. Une rafale de vent ou une vague agissant sur le bateau tire simplement sur cet arc, absorbant ainsi une partie de l'énergie. Les bateaux qui mouillent uniquement avec une chaîne sont normalement équipés d'un guindeau électrique – forcer l'équipage à relever un tel mouillage serait particulièrement cruel.

Longueur de ligne de mouillage et profondeur

Dans les cartoons, Popeye jette simplement l'ancre par-dessus bord et tourne l'aussière sur son taquet dès que l'ancre touche le fond. C'est comme ça dans les cartoons. Dans la vie réelle, vous devez laisser filer une longueur de ligne de mouillage très supérieure à la profondeur de l'eau.

La longueur à prévoir *dépend* de la profondeur, mais ne lui est pas *égale*. Vous devez déterminer la hauteur d'eau maximale dans laquelle vous mouillez (à marée haute), puis vous devez multiplier ce nombre par un autre nombre pour obtenir la longueur de ligne de mouillage dont vous avez besoin. Il est indispensable de bien comprendre l'importance du rapport entre la longueur de la ligne de mouillage et la hauteur d'eau. Plus ce rapport est élevé (plus vous laissez filer de cordage), plus la traction sur l'ancre s'exercera dans cette direction horizontale si désirable, et vous tiendrez d'autant mieux, comme le montre la Figure 9.4.

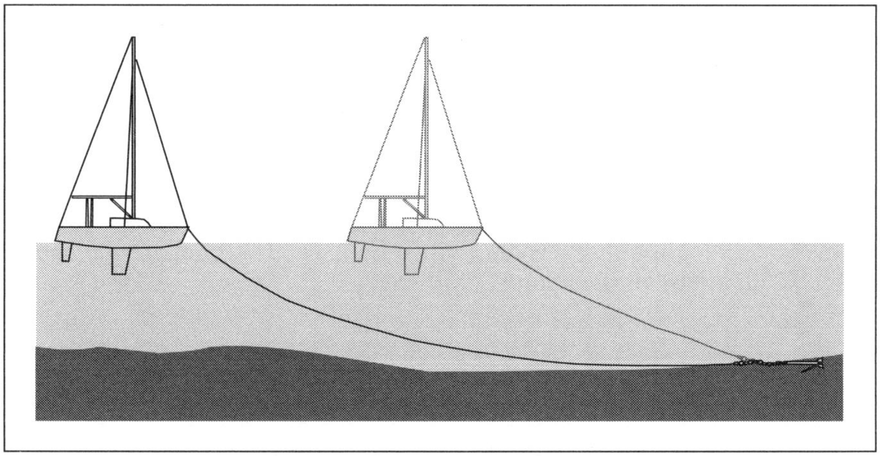

Figure 9.4 : Le mouillage tient d'autant mieux que le rapport longueur de ligne de mouillage sur profondeur est élevé.

Un rapport trop faible est dangereux – la traction sur l'ancre est plus verticale, et votre bateau peut facilement déloger son ancre à marée haute ou au sommet d'une grosse vague. Un rapport trop élevé n'est pas préoccupant si vous avez suffisamment de place pour que le bateau puisse décrire un cercle en *évitant* si le vent change de direction. Mais il le devient si vous mouillez dans une crique étriquée, parce que votre bateau peut alors atteindre d'autres bateaux ou une zone moins profonde où il touchera le fond, si Mère Nature oriente le vent autrement.

La règle de base est d'utiliser un *rapport 5:1* (cinq fois la profondeur à marée haute) dans des conditions moyennes. Si par exemple votre mouillage forain est à cinq mètres à marée haute, vous laissez filer 25 mètres de ligne de mouillage (environ 3 mètres de chaîne et 22 mètres d'aussière en nylon).

Pour savoir combien de mètres de ligne de mouillage vous laissez filer, vous pouvez coudre de petits marqueurs à intervalles fixes sur la ligne. N'attachez jamais de nœuds permanents à un cordage à cet effet, car les nœuds l'affaiblissent.

Si les conditions sont très clémentes et si vous ne prévoyez qu'un bref arrêt en restant à bord, vous pouvez probablement vous contenter d'un rapport de 3 à 1. Vous aurez ainsi moins d'efforts à faire pour remonter ce cordage mouillé et ruisselant avant de reprendre votre route. Mais si les conditions sont plus difficiles, ou si vous devez quitter le bateau, augmentez ce rapport jusqu'à 7:1 ou même davantage. Comme dans le cas du bordage des voiles, la bonne règle c'est : « Dans le doute, laissez filer ! »

Entretien du mouillage

Comme l'ancre et la ligne de mouillage passent la plus grande partie du temps dans un compartiment sombre du bateau, il importe d'inspecter de temps en temps ces deux composants importants de votre mouillage. Regardez si la chaîne comporte des maillons rouillés ou l'aussière des parties abîmées ou usées.

Les points de ragage (détérioration par frottement) les plus fréquents d'une aussière sont les endroit où ce cordage doit prendre un virage pour aller à bord du bateau. Une bonne façon de réduire le ragage consiste à couper un tuyau d'arrosage et à le placer autour de l'aussière au niveau où elle passe par le *chaumard* (conduit de chaîne sur le plat-bord du bateau). Si vous êtes mouillé dans des conditions agitées pendant plus d'une journée, tirez (c'est plus dur) ou laissez filer (c'est plus facile) environ un mètre de ligne de mouillage pour empêcher le ragage à un même endroit.

Mouiller

Mouiller c'est bien autre chose que d'attacher simplement l'ancre à un cordage et de la balancer par-dessus bord. Mouiller implique par exemple le choix d'un emplacement en évitant les fonds pouvant présenter un danger (épave...) ; la connaissance de la profondeur ; celle de la hauteur dont la mer va monter ou descendre, ainsi que du profil et de la nature du fond (par exemple, des rochers ou du sable) ; et il faut aussi savoir ce que va faire le temps. Après avoir lu cette section, vous serez capable de mouiller comme un vrai marin.

Choix d'un endroit adéquat pour mouiller

Pour savoir où mouiller, vous devez vous familiariser avec une carte de la zone concernée. (Voyez le Chapitre 11 pour apprendre à lire une carte marine.) La carte vous permet de déterminer la profondeur de l'eau et le type de fond et ainsi de trouver un endroit convenable pour mouiller. Lors d'un voyage, vous pouvez vous procurer un guide local qui vous donnera des indications sur différents mouillages possibles.

Pour votre confort, vous souhaitez trouver un mouillage protégé du vent et des vagues. Mais pour la sécurité, vous avez besoin de trouver :

- **Un fond sur lequel votre ancre puisse tenir**
- **Une profondeur suffisante pour éviter le danger d'un échouement mais pas tellement grande que relever l'ancre soit une corvée**
- **Assez de place pour que votre bateau dispose d'un *rayon d'évitage* suffisant dans toutes les directions**
- **Un emplacement tranquille éloigné de tout chenal**
- **Un emplacement protégé des vagues et des vents forts**

Trouver le côté sous le vent

Très peu de mouillages forains sont protégés contre le vent dans toutes les directions, et donc votre premier souci est de noter la direction actuelle du vent et d'écouter les prévisions météo sur votre radio VHF. (Voir Chapitre 10 pour plus d'informations sur le temps et les prévisions météorologiques en VHF.) Un bon mouillage protégé se trouve sous le vent du rivage – c'est-à-dire que la côte adjacente bloque la force du vent et des vagues. Si la prévision vous indique une forte brise soufflant de l'est, par exemple, vous devez chercher à mouiller juste à l'ouest de la zone côtière protectrice.

L'endroit le plus dangereux pour mouiller un bateau est un mouillage forain le long d'une côte *sous le vent du bateau* (exposée au vent et aux vagues). Si l'ancre chasse, vous pouvez vous retrouver poussé sur la plage... ou pire. Mouiller ainsi est un peu comme de se tenir au milieu d'une route, vous pouvez éviter l'accident pendant quelque temps, mais vos chances ne sont pas très bonnes. Le problème est qu'avec un changement de vent à 180 degré, votre mouillage forain agréable et protégé peut devenir le redoutable mouillage sous le vent du bateau. Consultez le Chapitre 12 au sujet des dangers présentés par une côte sous le vent.

Vérifier le fond

Comme nous l'avons vu plus haut, chaque ancre a ses types de fond « préférés ». En supposant que vous ayez choisi l'une des ancres des types plus légers (et non une ancre à jas), vous ne pouvez pas vous tromper en mouillant dans de la boue assez molle. Evitez un fond rocheux, parce que les pattes de l'ancre ne peuvent pas s'y enfoncer. La carte mentionne souvent la nature du fond.

Gardez l'œil sur la profondeur

Les cartes du SHOM (Service Hydrographique et Océanique de la Marine) – en France – indiquent le relief sous-marin par des courbes de niveau appelées *isobathes* et par des hauteurs d'eau réparties entre les isobathes, appelées *sondes*. Les sondes sont exprimées en mètres, par rapport à un niveau de référence qui est le niveau des plus basses mers connues – coefficient 120, correspondant à la vive-eau maximale. (Attention, il existe encore en Grande-Bretagne des cartes donnant la profondeur – en pieds – par rapport à un niveau de référence qui est le niveau des basses mers moyennes – coefficient 95, correspondant aux vives-eaux moyennes. Par ailleurs, les cartes américaines suivent cette même convention.) Il est donc assez facile de repérer à coup sûr les endroits suffisamment profonds pour votre bateau. S'il y a des vagues, prévoyez environ un mètre de plus pour permettre au bateau de descendre dans le creux d'une vague. Mieux encore, évitez de mouiller dans les vagues ; l'idée du mouillage est de se relaxer et de se reposer des conditions du large.

Évitez les objets dangereux immergés

Etudiez la carte soigneusement pour éviter des objets immergés tels que des rochers, des câbles, et des épaves – ces objets doivent être bien identifiés sur la carte. Aucune ancre ne marche bien dans les rochers, et vous devez absolument les éviter. Il n'y a rien de pire qu'une ancre tellement crochée dans un objet que vous êtes obligé de plonger pour la décrocher ou même de couper la ligne de mouillage pour la laisser au fond.

Heureusement pour nous autres humains, le monde entre dans une phase de prise de conscience écologique. Par exemple, dans les Virgin Islands (en mer des Caraïbes, où vous pouvez faire des croisières parmi les plus agréables du monde, comme vous le verrez au Chapitre 17), les autorités locales placent maintenant des coffres ou des corps morts dans les emplacements les plus propices. Comme il est beaucoup plus facile de prendre un coffre ou un corps mort que de mouiller, la vie est beaucoup plus facile pour ceux d'entre nous qui vivent à la surface de l'eau. Mais la raison de ces dispositions est la protection des créatures qui vivent sous l'eau. Faire descendre une ancre dans un récif de corail cause des dommages irréparables à cet ornement sans prix de nos océans tropicaux. Ne le faites pas. Si vous devez mouiller près de récifs de corail, mettez votre masque et votre tuba et conduisez l'ancre et la chaîne sur le fond à un endroit convenable.

Évitez les foules

Évitez les mouillages forains surpeuplés, où votre rayon d'évitage sera limité. Si le vent se lève, l'ancre d'un bateau voisin peut chasser, et ce bateau peut heurter le vôtre ! Un bateau mouillé évite en suivant le vent et les courants, et donc vous devez être sûr que votre bateau peut décrire un cercle autour de l'ancre (voir Figure 9.5).

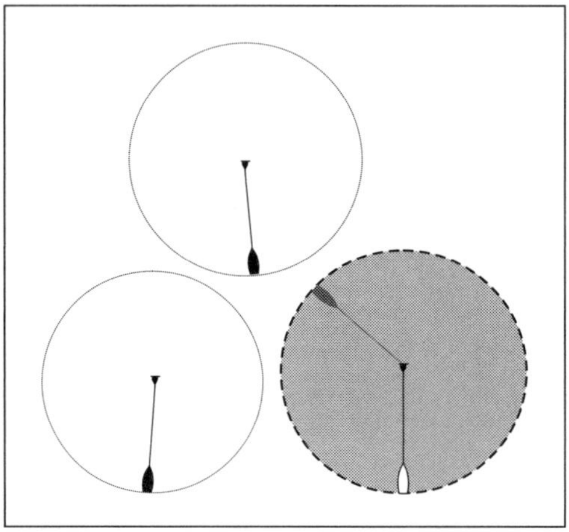

Figure 9.5 : Laissez assez de place à votre bateau pour qu'il puisse tourner autour de l'ancre.

Si vous êtes obligé de choisir une place dans un mouillage forain encombré, observez vos éventuels voisins. Un gros bateau à moteur risque de faire marcher son générateur toute la nuit. Des filets le long des filières et des bouées en forme de Mickey Mouse veulent dire qu'il y a des petits enfants à bord.

Vérifiez le courant

Servez-vous de la carte pour repérer les courants locaux. Evitez de mouiller dans des endroits où le courant est fort. Pour en savoir plus sur les courants, consultez le Chapitre 10.

CONSEIL

Il est beaucoup plus facile de passer du temps à choisir le meilleur mouillage *avant* de mouiller que de devoir lever cette ancre et s'en aller.

Se préparer à mouiller

Après avoir soigneusement étudié les abords du port et trouvé l'endroit parfait pour mouiller, vous voulez pouvoir faire tenir cette ancre du premier coup. Mouiller est une opération stressante, et cela ne vous aide pas de savoir que tous ces gens sur les bateaux déjà mouillés vont observer tous vos gestes.

La clé d'un mouillage réussi est d'attendre pour mouiller que le bateau soit complètement immobilisé et commence juste à culer – comme dans le cas de la prise d'un corps mort ou d'un coffre (traitée au Chapitre 6). Pensez que la façon la plus facile d'aller à reculons sur un voilier est de le faire au moteur. Mouiller au moteur présente aussi l'avantage de vous permettre de débarrasser la *plage avant* (la partie du pont en avant du mât) des voiles avant de commencer la manœuvre pour que l'équipage puisse préparer l'ancre sans marcher sur les voiles ni les salir. (Nous verrons comment mouiller à la voile quelques pages plus loin.)

Les incidents de mouillage les plus courants viennent de ce que la ligne de mouillage n'a pas été préparée pour filer normalement. La loi de Murphy s'applique à coup sûr lors du mouillage. Un long cordage peut s'emmêler et faire des nœuds d'une manière incroyable. Tandis que le chef de bord recherche le lieu de mouillage idéal, un ou deux équipiers peuvent préparer le matériel de mouillage.

Lorsque le chef de bord a sélectionné un emplacement, l'équipe d'avant doit connaître la profondeur, pour pouvoir préparer la bonne longueur de ligne de mouillage.

Prenez le temps de sortir une longueur d'aussière suffisante pour qu'elle puisse filer librement jusqu'à ce que l'ancre touche le fond, et lovez proprement le reste (la partie la plus proche de l'ancre au-dessus) pour qu'il soit prêt à filer. Si votre bateau comporte un *coffre à chaîne* (un petit compartiment dans l'étrave contenant la ligne de mouillage prête à filer), vous pouvez sortir et préparer seulement suffisamment d'aussière pour que l'ancre touche le fond. Le reste de l'aussière dans le coffre à chaîne se dévide proprement tandis que le bateau s'éloigne de l'ancre par l'arrière.

Si vous amenez l'ancre sur le pont, faites bien attention de faire passer l'aussière à travers le chaumard, et sous le *balcon d'avant* (le cadre métallique entourant l'étrave et auquel s'attachent les extrémités avant des filières).

Avant de mouiller, faites une inspection finale de l'aussière pour découvrir un éventuel ragage, assurez-vous que les manilles sont bien assurées, et que l'extrémité de la ligne de mouillage est bien attachée au bateau.

Vous mouillez en effectuant les opérations suivantes :

1. **Approchez l'endroit depuis plusieurs longueurs de bateau au vent et tournez le bateau bout au vent.**
2. **Ralentissez le bateau et arrêtez-le juste au point de mouillage choisi.**

   Ce point n'est pas l'endroit où le bateau sera placé à la suite du mouillage ; c'est celui ou va l'ancre. Le bateau ira à un autre point sous le vent de ce point-là (ou sous le courant de ce point). Si le vent ou le courant changent de direction, le bateau tournera autour du point en question (espérons qu'il le fera sans déloger son ancre) en décrivant un arc de cercle jusqu'à 360 degrés.

3. **Donnez le signal.**

La clé du mouillage réussi est d'attendre pour jeter l'ancre que le bateau commence à culer. Comme le meilleur juge de cette question est le chef de bord, les équipiers d'étrave attendent pour jeter l'ancre de voir un signe de main (pointée rapidement vers le bas) ou d'entendre l'appel « mouiller ! ».

Les appels peuvent être difficiles à entendre s'il y a beaucoup de vent.

4. **Jetez l'ancre.**

Voyez la section suivante sur la façon de jeter l'ancre.

Jeter l'ancre

La manière la plus sûre de descendre l'ancre par-dessus bord est de retenir la chaîne une main après l'autre, bien que cette méthode puisse être difficile au début car vous devez soulever l'ancre au-delà du bateau pour qu'elle ne touche pas ses flancs (le *bordé*). Essayez d'empêcher la chaîne de toucher la coque pendant qu'elle file. Lorsque l'ancre et la chaîne sont dans l'eau, laissez filer l'aussière à travers le chaumard.

Veillez à ce que votre corps (notamment vos pieds et vos doigts) soit en dehors des boucles de l'aussière pendant qu'elle se dévide.

Vous pouvez dire que l'ancre a touché le fond – ou bien le cordage cesse de se dévider aussi rapidement, ou bien vous sentez le poids de l'ancre disparaître au moment où elle s'installe. Le travail de l'équipe d'avant n'est pas terminé lorsque l'ancre a touché le fond ; vous devez encore laisser filer une bonne longueur d'aussière (voir plus haut dans ce chapitre la section « Longueur de ligne de mouillage et profondeur »). Lorsque qu'une longueur suffisante d'aussière s'est dévidée, l'équipe d'avant tourne l'aussière sur taquet et donne au barreur le signal pour dire qu'elle est prête à faire crocher l'ancre.

Faire crocher et tenir l'ancre

Vous pouvez vous assurer que l'ancre est crochée et qu'elle tient de deux façons :

- **En touchant la ligne de mouillage avec la main, vous pouvez parfois détecter l'ancre qui rebondit sur le fond, un peu comme quand vous prenez le pouls de quelqu'un**. Quand l'ancre a croché, le rebondissement cesse, mais l'aussière se tend et se contracte lorsque le bateau est soulevé par les vagues.

- **Le bateau étant en marche arrière, vous pouvez voir l'étrave s'enfoncer au moment où les pattes de l'ancre mordent et où l'ancre croche sur le fond.**

Si vous sentez des secousses, l'ancre chasse sur le fond. Si l'ancre continue de chasser, vous pouvez essayer l'une quelconque des techniques suivantes pour la faire crocher :

- **Laisser filer davantage d'aussière**. L'ancre glisse probablement le long du fond, et en ayant une longueur plus grande de ligne de mouillage, elle pourra peut-être crocher.
- **Une traction rapide sur l'aussière peut faire crocher l'ancre.**
- **Donnez un coup d'accélérateur du moteur en marche arrière pour essayer de faire crocher l'ancre.**

Si vous continuez de chasser, vous pouvez avoir à relever l'ancre et à essayer de nouveau.

Lorsque vous avez l'impression que l'ancre est crochée, essayez de le confirmer en observant des amers (des repères sur la côte) ou en prenant un alignement. En visant deux objets alignés, vous pouvez surveiller votre position et vérifiez que vous ne chassez pas, comme dans l'exemple de la Figure 9.6.

Figure 9.6 : Alignement d'une balise (avec ses lions de mer) et d'un gros arbre.

Pour être doublement sûr que votre ancre tient, essayez les approches suivantes :

- **Tenez compte de l'évolution prévue des conditions, du type d'ancre et de ligne de mouillage, de la durée prévue de votre séjour, et calculez la longueur souhaitable de ligne de mouillage (suivant les indications du Tableau 9.2) et réajustez l'aussière en conséquence.**
- **Si vous ne trouvez pas d'alignement convenable, prenez quelques relèvements sur des amers (points distinctifs sur la côte) ou des balises (notamment dans une direction perpendiculaire à votre ligne de mouillage) qui vous serviront de référence.** Pour plus d'informations sur les relèvements, voyez le Chapitre 11.
- **Communiquez ces relèvements à vos équipiers pour qu'ils puissent s'assurer à leur tour que vous êtes solidement mouillé.**
- **Notez par écrit ces relèvements de sécurité, pour que lorsque l'insomnie vous prendra à 2 heures du matin, vous puissiez vous assurer que votre bateau ne court pas de risque.** Cependant, votre alignement et vos relèvements se modifient si le bateau tourne sous l'effet du vent ou du courant.

Selon le règlement pour prévenir les abordages en mer, un bateau au mouillage doit hisser une boule noire en tête de mât dans la journée, et une lumière blanche fixe (non intermittente) visible sur 360 degrés durant la nuit.

Relever l'ancre

La clé de la réussite de cette opération est le travail d'équipe entre l'équipage et le chef de bord. Après avoir distribué les rôles, et notamment ceux des équipiers d'avant, suivez les étapes ci-après :

1. **Avancez lentement au moteur dans la direction de l'ancre.**

   Le barreur a probablement besoin que l'équipier d'avant (qui exécute l'étape 2) lui indique de temps à autre d'aller plus à droite ou à gauche pour rester sur le bon chemin.

2. **En même temps, l'équipier embraque le mou de l'aussière.**

   Le mou de l'aussière résulte de l'avancée du bateau vers l'ancre. Cette tâche ne requiert presque aucun effort physique, parce que vous tirez simplement sur un cordage détendu.

3. **Lorsque le bateau est directement au-dessus de l'ancre, l'équipier fait signe au barreur de stopper.**

4. **Passez au point mort pendant que l'équipier fixe solidement l'aussière sur taquet.**

5. **Lorsque l'aussière est fixée, l'équipier fait signe que le barreur peut avancer lentement jusqu'à ce que l'ancre se libère.**

   L'aussière tirant sur l'ancre vers le haut et vers l'avant (dans les directions opposées à celles où elle a croché), les pattes sortent en général facilement du fond boueux.

   CONSEIL

   Ne vous démolissez pas le dos – laissez le moteur du bateau faire le dur travail consistant à déloger l'ancre du fond.

   Vous pouvez en général voir que l'ancre est dégagée parce que l'étrave se soulève légèrement et que l'aussière est moins tendue.

6. **L'ancre étant dégagée, remettez le moteur au point mort et commencez la partie la plus dure de l'exercice – remonter l'ancre sur le pont.**

   Si vous avez la chance de disposer d'un *guindeau* électrique (un engin comparable au winch placé sur la plage avant et servant à ramener l'aussière et la chaîne), vous pouvez même éviter la transpiration associée à l'étape finale du processus consistant à soulever l'ancre du fond et à la ramener sur le bateau ; sinon, il vous faudra tirer, tirer, et tirer encore un peu.

   N'OUBLIEZ PAS

   Quel que soit l'équipement dont vous disposez, laissez le moteur faire tout le travail jusqu'à ce que l'ancre soit dégagée du fond. Faites bien attention de ne pas faire traîner la chaîne (ni l'ancre) le long de la coque.

7. **Jetez un coup d'œil sur l'ancre au moment où elle sort de l'eau et nettoyez-la si nécessaire avant de la remonter à bord.**

   Il y a des chances pour que l'ancre ait conservé des traces de son dernier séjour temporaire. La boue et le sable peuvent s'en aller en la plongeant plusieurs fois dans l'eau. Sinon, saisissez-vous du matériel classique – un seau et une brosse – pour ôter les saletés collées à l'ancre et à la chaîne avant de les ranger.

8. **Rangez l'ancre**

   Si votre ancre est rangée sur un treuil au niveau de l'étrave, veillez à ce qu'elle soit convenablement attachée avant d'appareiller.

Mouiller à la voile

Il est beaucoup plus facile de mouiller au moteur que de mouiller à la voile – les voiles ne vous encombrent pas, le bateau est plus facile à manœuvrer, et tout l'équipage peut se concentrer sur les opérations de mouillage. Mais si vous n'avez pas de moteur, ou si vous voulez essayer quelque chose de nouveau, il est certainement possible de mouiller à la voile.

Que vous le croyiez ou pas, il y a des moments où l'on veut mouiller pendant une course à la voile – par exemple lorsque le courant vous pousse en arrière plus vite que vous ne pouvez avancer à la voile.

Nous vous recommandons d'affaler, de plier et de ranger le foc avant d'approcher l'endroit du mouillage, pour que l'équipe de mouillage ait assez de place pour faire son travail.

La clé du mouillage à la voile est le contrôle du bateau – en le ralentissant jusqu'à l'arrêt au-dessus de l'endroit où l'on veut jeter l'ancre, puis en *masquant* la grand-voile (c'est-à-dire en poussant la bôme vers l'extérieur jusqu'à ce que la grand-voile se gonfle) pour reculer jusqu'au moment où l'on a filé suffisamment d'aussière pour qu'il soit temps de faire crocher l'ancre. Au début, vous gardez la barre au milieu. Quand le bateau commence à culer, vous pouvez faire aller l'arrière du bateau vers la gauche (sur babord) en tournant la barre sur la droite (sur tribord), et vice versa. Faites attention de ne pas trop accentuer ces manœuvres – un petit mouvement du safran produit un grand effet. Exercez-vous à aller en arrière au large jusqu'à ce que vous sachiez bien le faire. Lorsque vous maîtrisez l'art de reculer à la voile, les étapes à suivre pour mouiller sont les mêmes que celles décrites dans la section précédente.

Tous les bateaux sont moins manœuvrants aux faibles vitesses – et il peut être difficile de faire repartir un voilier. C'est pourquoi l'aspect le plus délicat du mouillage à la voile est qu'après avoir intentionnellement stoppé le bateau, il n'est plus manœuvrant jusqu'à ce qu'il ait repris sa vitesse de manœuvrance en marche arrière. Cette perte de manœuvrance est la raison pour laquelle nous vous recommandons de vous entraîner d'abord au large. Gardez la grand-voile hissée (et faseyante) jusqu'à ce que vous soyez sûr que le mouillage est réussi, pour pouvoir repartir à la voile en cas de problème.

Si vous n'êtes plus manœuvrant et si vous êtes complètement arrêté bout au vent, vous êtes simplement dans l'angle mort. La technique à utiliser pour sortir de l'angle mort est décrite au Chapitre 5 – placez la barre d'un côté jusqu'à ce que l'étrave soit placée sous une amure, et vous pouvez alors border votre voile de nouveau et repartir.

Considérations particulières relatives au mouillage

Comme l'ont montré les sections précédentes, mouiller n'est pas une opération à prendre à la légère ; vous devez tenir compte de nombreux facteurs en vue de mouiller correctement. Que vous envisagiez de laisser votre bateau à l'ancre pour faire un pique-nique sur la plage ou pour une petite promenade en tuba, ou que vous souhaitiez simplement avoir l'esprit tranquille pour vous endormir en bas pendant que le bateau est mouillé, lisez cette section. Elle montre comment éviter les problèmes les plus fréquents, donne des conseil de sécurité, et fournit des indications sur l'étiquette au mouillage.

Problèmes du mouillage

Voici notre liste « que faire si ». Nous passons en revue les problèmes les plus courants et vous fournissons une solution.

- **Vous perdez votre ancre** : si vous n'en avez pas une de rechange, vous feriez bien de prendre au plus vite la direction d'un quai. Cette éventualité est la raison pour laquelle il est si important de vérifier soigneusement tous les composants de votre mouillage – chaque maillon de la chaîne et chaque manille – avant de les utiliser.
- **En tournant sur votre ancre, vous commencez à vous rapprocher trop près d'un autre bateau** : Certains bateaux « tournent » beaucoup au mouillage, poussés par la force du vent sur le mât et la coque. Vous ne pouvez pas faire grand chose pour empêcher ce mouvement. Mais si vous vous rapprochez trop d'un autre bateau, soit parce que le bateau tourne ou à cause d'un changement d'orientation du vent, quelqu'un doit s'en aller. L'étiquette prévoit que c'est le bateau qui a mouillé en dernier qui doit partir, mais s'il n'y a personne sur l'autre bateau, disons que vous avez tiré la courte paille.
- **Vous pensez que votre bateau commence à chasser plusieurs heures après avoir mouillé** : n'oubliez pas que votre bateau tourne autour de l'ancre sous l'effet des changements de direction du vent et du courant. Les relèvements au compas que vous avez pris pour vous assurer que vous êtes bien ancré ne sont plus valables si votre bateau s'est mis dans une autre direction dans le courant. Avant de vous endormir, mémorisez une solide image mentale du mouillage et de la position de votre bateau – vous pouvez même marquer votre position sur la carte ou avec votre GPS (appareil de navigation par satellite ; voir Chapitre 11). Certains GPS ont une alarme « veille à l'ancre » qui sonne si votre bateau sort d'une zone déterminée.

  La tension accrue résultant du vent et des vagues au cours d'une tempête peut faire chasser l'ancre. Si vous savez que le vent va se lever, envisager de rechercher un meilleur abri. Si vous décidez de rester, laissez filer beaucoup d'aussière en plus (dans des conditions très agitées, vous pouvez avoir besoin d'un rapport 10:1 entre la longueur de la ligne de mouillage et la profondeur). Si vous avez une deuxième ancre, vous pouvez avoir à l'utiliser (voyez la section « Double précaution : deux ancres », plus loin dans ce chapitre) si vous êtes pris dans un temps très désagréable.

- **Vous n'arrivez pas à relever l'ancre** : tout d'abord, assurez-vous que vous commencez en étant directement au-dessus de l'ancre, tout le mou étant embraqué et l'aussière bien assurée sur son taquet. Si le vent a tourné et si le bateau s'est déplacé durant votre séjour, vous pouvez ne pas avancer au moteur dans la bonne direction pour permettre aux pattes de l'ancre de se dégager. Essayez d'autres directions, en augmentant progressivement la puissance du moteur pour appliquer davantage de force.

  Si vous avez du mal à remonter l'ancre sur le pont après l'avoir dégagée du fond, vous pouvez avoir à placer l'aussière sur un winch et à la remonter en moulinant. Veillez à ce que l'aussière passe bien à travers le chaumard et arrive au winch sans raguer sur quoi que ce soit, et arrêtez de mouliner dès que la chaîne commence à frotter contre le flanc de la coque. Lever et descendre une ancre (particulièrement les modèles à jas et soc de charrue qui sont plus lourds) peut demander énormément de force, et vous devez confier ce travail à vos équipiers les plus costauds.

Conseils de sécurité au mouillage

Voici quelques conseils pour mouiller en toute sécurité :

- **Prévoyez suffisamment de place pour que le bateau puisse tourner librement sur son ancre.**
- **Assurez-vous toujours que l'ancre est attachée au bateau avant de la descendre dans l'eau.**
- **Mouillez dans un endroit protégé, en dehors des chenaux et dans une eau suffisamment profonde.**
- **Évitez de mouiller près d'autres bateaux.**
- **Emportez une aussière de rechange pour le cas où votre aussière normale serait raguée (abîmée par les frottements).**
- **Vérifiez que l'ancre est bien crochée avant de quitter le bateau.**
- **Plongez avec un masque et inspectez l'ancre, la chaîne et l'aussière si vous avez le moindre doute.**
- **Si vous prévoyez de multiples excursions à la voile, emportez un mouillage de rechange complet (ancre, chaîne et aussière).**
- **Par mauvais temps, embraquez ou laissez filer un ou deux mètre d'aussière toutes les deux ou trois heures pour empêcher l'aussière de raguer à un même endroit.**
- **Assurez-vous que l'aussière est claire – est libre de filer (et n'est pas enroulée autour de votre pied).**

- **Soyez sûr que vous avez prévu une longueur de ligne de mouillage suffisante par rapport à la profondeur pour les conditions dans lesquelles vous mouillez.**
- **Ne mouillez jamais le long d'une côte sous le vent.**
- **Descendez l'ancre lentement dans l'eau.**
- **Dans le doute, laissez filer – du moins en ce qui concerne la ligne de mouillage.**

L'étiquette au mouillage

S'il y a d'autres bateaux aux alentours, essayez d'observer les principes suivants :

- **N'exagérez pas la longueur de votre ligne de mouillage** : elle détermine votre rayon d'évitage et la taille de l'arc décrit par votre bateau – ce qui peut le faire entrer dans l'espace réservé à d'autres bateaux ayant un rayon d'évitage plus court si le vent ou le courant changent.
- **Ne regardez pas ostensiblement autrui** : être mouillé à proximité d'un autre bateau est un peu la même chose que de s'installer dans le salon de quelqu'un – respectez son intimité.
- **Le premier arrivé a des droits** : si le vent tourne à 3 heures du matin et si votre bateau se rapproche dangereusement de quelqu'un d'autre, celui qui est arrivé le dernier doit lever l'ancre et partir.
- **Gardez le mouillage propre** : personne n'aime se baigner dans la poubelle de quelqu'un d'autre.
- **Respectez le silence** : le son se transmet très bien sur l'eau. Pas de chargement des accus ni de musique bruyante au cours des heures normales de sommeil.
- **Attachez vos drisses** : cette règle est un corollaire de celle relative au silence. Par grand vent, les cordage des drisses battent en faisant beaucoup de bruit contre un mât en aluminium. Attachez les drisses de manière qu'elles ne touchent pas le mât.

Techniques avancées d'accostage et de mouillage

Cette section concerne les méthodes plus évoluées dont vous pouvez avoir besoin pour garder votre bateau en sécurité. Parfois, vous devez être créatif et utiliser deux ancres. Ou vous pouvez découvrir qu'il faut attacher votre bateau à des poteaux ou à une jetée (une méthode courante en Europe).

Double précaution : deux ancres

Mouiller le bateau avec deux ancres peut contribuer à l'empêcher de chasser et d'éviter. Le procédé le plus courant consiste à *affourcher*, c'est-à-dire à placer deux ancres devant le bateau de telle manière que lorsque les ancres ont croché, les aussières fassent un angle d'environ 45 degrés (voir Figure 9.7). L'affourchage convient en cas de très mauvais temps venant d'une même direction, parce qu'alors l'ancre ne supporte que la moitié de la tension exercée par le bateau. Un avantage annexe est que vous pouvez utiliser moins de longueur de ligne de mouillage pour la même tenue (mais n'oubliez pas que plus vous avez de ligne de mouillage, mieux cela vaut dans le mauvais temps). L'avantage des deux ancres disparaît néanmoins en cas de changement important de la direction du vent.

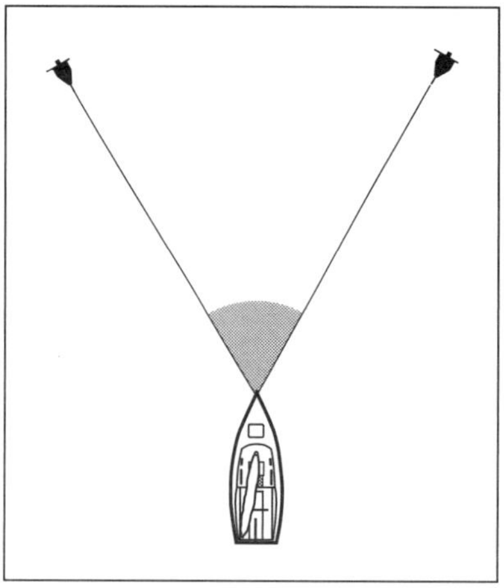

Figure 9.7 : Pour une meilleure protection contre la chasse, deux ancres valent mieux qu'une.

Il est assez délicat de placer deux ancres. Vous pouvez le faire depuis le bateau, mais il y a une autre façon de faire, dont on peut affirmer qu'elle est plus facile, et qui consiste à placer la première ancre normalement, puis à envoyer une équipe de volontaires dans l'annexe avec une ancre et une ligne de mouillage pour mettre en place la deuxième. Assurez-vous d'abord que l'extrémité du deuxième mouillage est attaché au bateau !

Accostage comme en Méditerranée, cul à quai

Le bateau est amarré perpendiculairement au quai, l'arrière proche du quai ou le touchant – lorsque la profondeur le permet. « Cul à quai » est la façon dont les méga-yachts s'amarrent à Saint-Tropez ! Bien sûr, de nombreux ports de plaisance de Méditerranée ont des bouées pour faciliter votre amarrage. S'il n'y en a pas et si vous devez utiliser l'ancre, choisissez simplement votre emplacement sur la côte et jetez l'ancre à la distance voulue. Puis faites culer le bateau lentement, jusqu'à ce que vous soyez suffisamment près de la côte ou du quai. Fixez deux amarres de pointe arrière (une depuis chaque coin arrière du bateau) sur le quai et ajustez la tension de l'ancre de telle sorte que vous ne touchiez pas le quai mais à une distance que vous pourrez (espérons-le) enjamber facilement pour aller à terre.

Lors d'une croisière pour la réalisation d'un documentaire télévisé dans la région du Cap Horn et du Beagle Channel, nous avons utilisé une variante de ce système. Il n'y avait bien sûr ni quais spécialement aménagés, ni ports soigneusement dragués pour nous accueillir, mais souvent l'eau était assez profonde jusqu'à proximité de la côte. Pour nous nicher le plus confortablement possible, abrités contre les rafales de vent froid soufflant depuis les montagnes, nous jetions l'ancre assez à l'écart de la côte, et nous emmenions à bord de l'annexe gonflable deux bosses d'amarrage reliées à l'arrière du bateau, enroulées sur de grands tourets. Une fois à terre, nous choisissions deux arbres solides pour y attacher les bosses d'amarrage (voir Figure 9.8). Ce procédé était certainement plus facile que celui consistant à faire crocher deux ancres supplémentaires !

Figure 9.8 : Le bateau Pelagic de Skip Novak niché dans un mouillage confortable près du Cap Horn.

Amarrer le bateau entre des pieux

Dans de nombreuses parties du monde, vous ne disposerez pas de quais protégés et accueillant le long desquels amarrer votre bateau. Souvent, les meilleurs amis du marin sont des *pieux* (de grands poteaux de bois solidement enfoncés dans le sol). Le jeu de bosses d'amarrage à utiliser dépend de la position et de l'orientation de ces pieux, et vous devez faire preuve de créativité pour éviter que votre bateau ne soit cogné contre eux quelle que soit la direction du vent et du courant.

Une disposition de quai assez fréquente comporte un quai étroit sur un côté et des pieux de l'autre côté. Fixez des bosses d'amarrage depuis les quatre coins (ainsi que des gardes) pour maintenir le bateau dans son emplacement sans cogner ni contre le quai ni contre les pieux.

Pas de pieux ? Pas de problème !

S'il n'y a pas de pieux pour vous tenir à l'écart d'un quai et de ses aspérités, vous pouvez avoir à utiliser une planche comme pare-battage pour éviter d'endommager les flancs du bateau. Des bosses d'amarrage particulièrement longues permettront à cette planche qui sert de pare-battage de rester alignée correctement à mesure que la marée monte et descend.

Si vous craignez que le vent souffle trop fort et pousse le flanc du bateau directement dans le quai, envisagez d'abriter votre bateau ailleurs. S'il n'y a pas d'autre solution, vous pouvez atténuer la pression du bateau contre le quai (et retrouver votre tranquillité d'esprit) en envoyant votre annexe avec une ancre dans une direction perpendiculaire à l'axe du bateau. Donnez à l'ancre une ligne de mouillage de bonne longueur, puis embraquez lentement l'aussière sur un winch jusqu'à ce que l'ancre croche. Faites passer l'aussière de telle manière qu'elle tire le milieu du bateau en l'écartant du quai, avec une tension juste suffisante pour diminuer la pression sur vos défenses et sur les planches utilisées comme pare-battage (voir Figure 9.9).

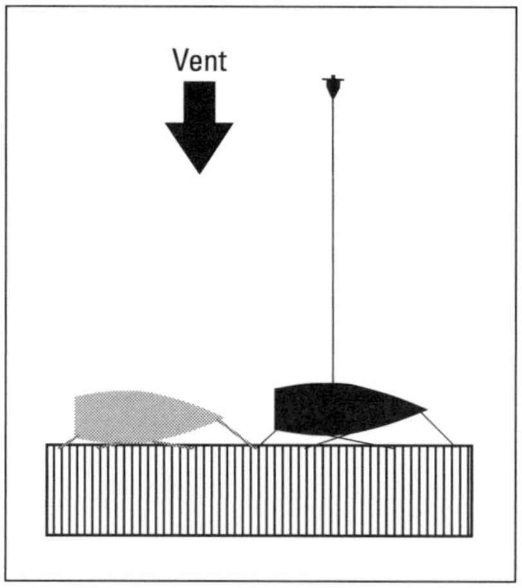

Figure 9.9 : Utilisez une ancre pour diminuer la pression du bateau poussé par le vent contre le quai.

Chapitre 10

Le temps qu'il fait

Dans ce chapitre :

- Estimer la vitesse du vent
- Déterminer la direction du vent
- Obtenir des informations sur le temps
- Les bases de la météorologie
- Prévision du temps
- Naviguer avec la brise de mer
- Trouver son chemin dans la brume
- Les marées et les courants

Le soir venu, tu dis, il fera beau ; car le ciel est rouge.

– Mathieu 16:2

Le temps est important pour beaucoup de sports – on ne pratique pas certain d'entre eux sous la pluie, et les courts de tennis sont déserts lorsque le sol est recouvert de neige. Mais la voile, plus que n'importe quel autre sport, dépend directement du temps pour pouvoir être pratiquée. S'il n'y a pas de vent, vous êtes aussi impuissant que sur un radeau. Heureusement, dans la plupart des régions du monde, il y a suffisamment de vent pour pouvoir naviguer presque tout le temps. Ce chapitre est consacré au « terrain de jeu » de notre sport – au vent et à l'eau. Nous y évoquons la façon d'estimer la situation actuelle du vent et de l'eau et la manière de prédire son évolution. Savoir ce que le temps s'apprête à faire rend la pratique de la voile plus *sûre* (en vous évitant de sortir s'il y a trop de vent), et *plus amusante* (en vous faisant profiter du vent le mieux adapté à vos besoins).

Déterminer la vitesse du vent

Tous les marins du monde (qu'ils utilisent ou non le système métrique) mesurent la vitesse du vent en unités appelées *nœuds* – milles nautiques par heure. Un mille nautique est égal à une minute de *latitude* – les latitudes sont des lignes horizontales sur une carte ou une mappemonde. (Nous reparlerons de la latitude au Chapitre 11.) Un mille nautique mesure 1 852 mètres, soit 15 pour cent de plus qu'un mille terrestre (1609 mètres, en Angleterre ou aux Etats-Unis). Pour fixer les idées, un vent de 10 nœuds souffle à 5,14 mètres par seconde ou à 18,52 kilomètres à l'heure.

CONSEIL

En multipliant par deux la vitesse en mètres par seconde, on obtient une valeur approchée de la vitesse en nœuds. Dans le même ordre d'idée, les gens habitués à mesurer les distances en milles terrestres assimilent en général la vitesse en nœuds à une vitesse en milles à l'heure.

Les marins s'intéressent à la vitesse et à la direction du *vent réel* (celle du vent perçu sur un bateau immobile). Si votre bateau est équipé en haut du mât d'un anémomètre – mesurant la vitesse, et d'une girouette – mesurant la direction du vent, vous pouvez connaître ainsi la vitesse et la direction du vent apparent. Mais à moins d'avoir dépensé beaucoup d'argent pour disposer d'un appareillage sophistiqué (qui calcule la vitesse du vent réel), vous devez convertir manuellement le vent apparent en vent réel. (Vous trouverez davantage de précisions sur la différence entre les deux au Chapitre 8.)

Heureusement, il y a une autre façon d'estimer la vitesse du vent – en regardant l'eau. La grille du Tableau 10.1 a été mise au point par l'Amiral Sir Francis Beaufort de la Royal Navy en 1805. C'était sans nul doute un marin très observateur (ou qui s'ennuyait à mort dans ses voyages interminables), et les marins d'aujourd'hui continuent de bénéficier de son sens de l'observation. Il a défini la vitesse du vent au moyen d'un seul nombre – et inventé ainsi l'*échelle de Beaufort* – qui indique la force du vent, le nombre de la première colonne du Tableau 10.1. Selon les pays, les prévisions destinées aux marins sont indiquées en utilisant cette échelle, ou en nœuds, ou en mètres par seconde. Un des avantages de l'échelle de Beaufort réside dans ses remarques sur la surface de l'eau, indiquées dans la colonne « Conditions à la surface de l'eau ».

Tableau 10.1 : Echelle de Beaufort

Force	*Vitesse du vent (nœuds)*	*Description*	*Conditions à la surface de l'eau*	*Indications pour les nuls*
0	0	Calme	La mer est comme un miroir	Bonne occasion pour un petit somme

Force	*Vitesse du vent (nœuds)*	*Description*	*Conditions à la surface de l'eau*	*Indications pour les nuls*
1	1-3	Très légère brise	Petites rides	Bon moment pour déjeuner
2	4-6	Légère brise	Vaguelettes courtes, dont les crêtes ne déferlent pas	C'est bon ! Maintenant le bateau avance !
3	7-10	Petite brise	Très petites vagues dont les crêtes commencent à déferler	Tiens, c'est vraiment amusant ; parfait pour les débutants.
4	11-16	Jolie brise	Petites vagues plus longues, certaines avec des moutons (des crêtes mousseuses).	Plus on va vite, mieux c'est ; temps de penser à mettre un gilet de sauvetage.
5	17-21	Bonne brise	Vagues modérées avec de nombreux moutons.	Les débutants doivent mettre le cap sur un abri ; pour les marins expérimentés, c'est le rêve.
6	22-27	Vent frais	Des lames commencent à se former ; crêtes d'écume blanche étendues ; quelques embruns.	On s'amuse bien, mais c'est du sport.
7	28-33	Grand frais	Beaucoup de vagues ; l'écume provenant des lames déferlantes commence à être soufflée en traînées orientées dans le lit du vent.	Réservé aux marins habiles sur des bateaux bien préparés. Il est impossible de rester sec ; votre déjeuner est complètement trempé.
8	34-40	Coup de vent	Lames de hauteur moyenne et plus allongée ; des bords des crêtes se détachent des tourbillons d'embruns. L'écume est soufflée en traînées bien définies orientées dans le lit du vent.	Il est temps de rentrer, qui que vous soyez.
9	41-47	Fort coup de vent	Grosses vagues ; épaisses traînées d'écume dans le lit du vent ; les crêtes des vagues commencent à déferler en rouleaux ; les embruns réduisent la visibilité.	
10	48-55	Tempête	Très grosses lames à longues crêtes en surplomb ; la surface de l'eau paraît blanche ; les vagues déferlent avec force ; visibilité très réduite.	

Force	Vitesse du vent (nœuds)	Description	Conditions à la surface de l'eau	Indications pour les nuls
11	56-63	Violente tempête	Lames exceptionnellement hautes pouvant temporairement masquer des navireS de taille moyenne ; partout, le bord des crêtes est soufflé et donne de la mousse, et la mer est couverte de traînées d'écume blanche.	
12	64-71	Ouragan	L'air est plein d'écume et d'embruns, et la mer est entièrement blanche.	

La relation entre l'aspect de la surface de la mer et la vitesse du vent fournit un bon moyen d'appréciation. Il est amusant de deviner la vitesse du vent à chaque fois que l'on est sur l'eau – et c'est également une pratique recommandée.

L'une des indications qui paraissent les plus commodes et celle de la force 4. Aux alentours de 12 nœuds, on voit régulièrement apparaître quelques moutons à la surface de l'eau.

Bien sûr, ces descriptions de la surface de l'eau sont valables dans des zones où les vaguelettes et les vagues disposent d'une place suffisante pour se former. Pour des vents d'environ 20 nœuds, cela veut dire au moins un kilomètre de mer libre dans la direction d'où vient le vent. La mer peut être parfaitement lisse tout près d'une plage, alors qu'il souffle un vent de 25 nœuds en provenance de la côte. Un emplacement avec cette orientation particulière est idéal pour établir des records de vitesse à la voile, les vagues ayant généralement pour effet de ralentir les bateaux.

Déterminer la direction du vent

Déterminer la direction du vent est crucial pour tout marin. Vous trouverez au Chapitre 5 différentes façons de trouver la direction du vent. La direction du vent se définit en termes de degrés magnétiques, au moyen d'un compas. Si la prévision mentionne *ouest* cela veut dire que le vent viendra de l'ouest. Si vous vous tournez vers l'horizon à l'ouest, un vent d'ouest soufflera directement dans votre visage. Vous pouvez regarder votre compas et voir que la direction est 270 degrés. (Vous trouverez d'autres indications sur l'utilisation du compas au Chapitre 11.) En faisant attention à la vitesse et à la direction du vent, vous aurez une image plus complète du temps, notamment si vous combinez cette information avec la prévision météorologique.

Trouver les informations

Les marins obtiennent des renseignements par des sources multiples, mais aucune n'est aussi précise que leur propre observation des conditions actuelles. Mais comme le temps changera inévitablement pendant que vous naviguez, il est payant de se préoccuper de ce qui va se passer ensuite. Voici quelques-unes des façons dont vous pouvez obtenir des informations météo avant de mettre à la voile :

- **Internet** : Internet est une mine d'informations sur le temps ; on peut y trouver tout depuis des photos satellite jusqu'aux prévisions du temps mer local – à condition de savoir où regarder. Si vous savez utiliser Internet, vous pouvez faire une recherche sur *prévision météo marine*. Un bon endroit pour commencer votre surf est la page d'accueil du CMM – Centre de Météorologie Marine – de Météo-France (http://www.shom.fr/meteo/). Certains services en lignes, comme Wanadoo ou CompuServe, fournissent aussi des prévisions locales.
- **Radio VHF et téléphone** : les stations côtières diffusent régulièrement et à heures fixes les bulletins de Météo France. Les informations diffusées portent sur les directions attendues des vents et leur force, des avertissements concernant la brume ou des vagues importantes, et le temps observé par diverses stations météorologiques de la région. On peut aussi obtenir des prévisions météo par téléphone.
- **Autres supports** : les journaux, la télévision et les stations radio AM et FM diffusent tous des informations sur le temps. Nombreux sont ceux qui présentent une prévision des conditions marines locales ainsi qu'un carte météo.

Les prévisions du temps en mer sont souvent en butte à d'aussi nombreuses plaisanteries malveillantes que les prévisions météorologiques évoquées au bureau durant la pause café. Mais toute bribe d'information est utile, et à mesure que vous gagnerez en expérience au sujet d'une région donnée, vous développerez ce que les marins appelle *connaissance locale* – l'aptitude à observer les nuages et les conditions actuelles pour prédire le temps.

Si vous êtes parti pour un voyage en haute mer, vous êtes alors hors de portée de la télévision, des journaux et (très probablement) des signaux VHF. Toutefois, vous disposez des trois sources suivantes d'informations météo :

- **INMARSAT C** : ces appareils de communication par satellites permettent à leurs utilisateurs de recevoir des données (par exemple du courrier électronique) à partir de nombreuses sources, comme nous l'avons indiqué au Chapitre 7, partout où vous pouvez naviguer sur la planète !

- **Pilot charts américaines** : ces cartes donnent des informations sur le vent, représentant des moyennes établies sur de longues périodes de temps ; et elle sont très utiles lors de la préparation d'un long voyage.
- **Radio BLU (bande latérale unique) – en anglais SSB (single side band)** : le National Weather Service et d'autres organisations similaires diffusent des informations météorologiques via la BLU. Certaines de ces informations sont vocales, d'autres en Morse, et d'autres transmises par fax. Un article prisé des marins hauturiers est un récepteur fax indépendant qui imprime des cartes météo et des images satellite.

Alarmes visuelles

Certaines marinas hissent des pavillons d'alerte sur le temps à l'attention des petites embarcations (elles peuvent utiliser de nuit des signaux lumineux). Ces pavillons, indiqués sur la figure, sont basés sur les prévisions météo marine locales et indiquent la force du vent attendue.

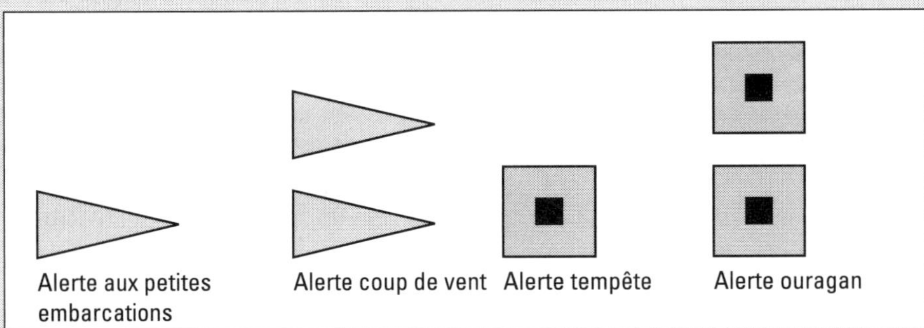

D'où vient le temps

Bien que vous puissiez utiliser telles quelles toutes ces informations sur le temps, vous en tirerez davantage si vous comprenez certains principes de base expliquant pourquoi le vent souffle. De nombreux paramètres affectent le temps à la fois globalement et localement, ce qui fait de la météorologie une science très complexe. Mais les forces de base qui modèle le temps sont les *différences de température* et les *différences de pression*. Examinons d'abord le temps sur la planète d'un point de vue global, puis nous verrons de plus près ce qui est important pour la journée que vous allez passer sur l'eau.

Le temps d'un point de vue global : différences de température et de pression

Si la terre était à la même température partout, vous ne verriez que très peu de changements de temps. Mais comme les rayons du soleil frappant l'équateur sous un angle plus proche de la perpendiculaire qu'aux deux pôles, il y a des différences de températures. A une échelle très globale, cette différence de température en surface (il fait plus chaud près de l'équateur, plus froid près des pôles), combiné avec la *force de Coriolis* (que nous évoquons dans l'encadré « Force de Coriolis »), crée des bandeaux de temps qui ceinturent le globe. Près de l'équateur se trouvent les *calmes équatoriaux* – une zone de temps léger, changeant, et imprévisible. Les *tropiques* jouissent de vents d'est relativement stables (nord-est dans l'hémisphère nord, sud-est dans l'hémisphère sud), appelés *vents alizés*. Les latitudes moyennes de part et d'autre de l'équateur sont le domaine des vents d'ouest, parsemés de zones de basse pression qui parcourent le globe.

Les différences de pression sont un autre facteur qui influence le temps. Le vent n'est rien d'autre que de l'air en mouvement, tendant à trouver une position d'équilibre par le déplacement depuis une zone de haute pression vers une zone de basse pression. Sur une *carte du temps en surface* (par opposition aux cartes concernant l'atmosphère en altitude, utilisées par les pilotes d'avion), la pression est décrite par des lignes appelées *isobares* reliant les points d'égale pression. Vous pouvez vous représenter une carte du temps comme une carte topographique, où les zones de haute pression (anticyclones) représenteraient les montagnes et les zones de basse pression (dépressions) les vallées. Le vent s'écoule autour des zones de haute et de basse pression, se déplaçant vers l'aval selon un angle aigu par rapport aux isobares, en décrivant une spirale dans le sens des aiguilles d'une montre (dans l'hémisphère nord) pour sortir d'une zone de haute pression et une spirale en sens contraire pour entrer dans une zone de basse pression, selon le schéma de la Figure 10.1. Dans l'hémisphère sud, le sens de rotation est inversé.

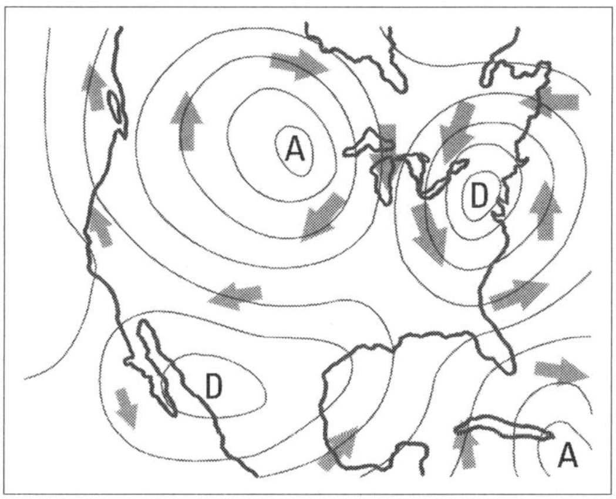

Figure 10.1 : Les isobares d'une carte du temps indiquent la pression de l'air et permettent de prédire la force et la direction du vent (voir les flèches).

Plus les lignes isobares sont serrées, plus la pente de la montagne ou de la vallée est raide, et plus le vent souffle fort. Il est intéressant d'examiner la carte du temps d'un ouragan ; des isobares incroyablement serrés entourent cette zone de basse pression extrêmement « profonde ».

La force de Coriolis

Le fait que le vent ne descend pas simplement de cette « montagne » de haute pression peut être déconcertant – et la raison en est ce qu'on appelle la *force de Coriolis*. Comme la terre est une immense boule tournant sur elle-même, les objets qui à une très grande échelle (comme l'air s'échappant d'une zone de haute pression) tentent d'aller en ligne droite, sont poussés à décrire une courbe.

Contrairement à ce qu'on a pu vous raconter, la force de Coriolis n'est pas la raison pour laquelle l'eau tourbillonne en s'échappant par le trou d'un évier. Il s'agit d'une force qui s'exerce à l'échelle planétaire, et provoque le mouvement en spirale décrit par le vent le long des isobares.

La pression atmosphérique est mesurée par un *baromètre* – un appareil dont il est recommandé de s'équiper sur un grand bateau de croisière. En observant les variations de pression, vous pouvez avoir une meilleure idée de ce qui va se passer en matière de vent, surtout si vous êtes muni d'une carte du temps, de prévisions météorologiques officielles, et d'autres informations. Voici quelques règles générales concernant la pression de l'air et le temps :

- **Si la pression est très élevée ou augmente** : le temps est beau ou va le devenir. La haute pression est généralement associée à un temps clair et sec.
- **Si la pression est très basse ou diminue** : fermez les panneaux ; attendez-vous à une tempête. La basse pression est associée à un temps nuageux et pluvieux.

Aux latitudes moyennes et tempérées de part et d'autre de l'équateur, le temps vient habituellement de l'ouest. Même si le vent local souffle de l'est, l'immense système météorologique (anticyclone ou dépression) qui provoque ce vent se déplace d'ouest en est, habituellement à 10 à 15 nœuds, parce que la haute atmosphère, à ces latitudes, se déplace rapidement d'ouest en est. Le *jet stream* (une bande d'air se déplaçant très rapidement très haut dans l'atmosphère) fait partie de ce système. C'est pourquoi vous devez accorder une attention particulière au temps qu'il fait à l'ouest, et qui vous fournit une indication sur ce à quoi vous pouvez vous attendre.

Dépressions et fronts

Le très mauvais temps avec de la pluie et du vent est associé aux zones de basse pression. Les dépressions sont créées dans un processus complexe impliquant la rencontre de deux masses d'air à des températures différentes. Emanant du centre d'une dépression typique sur une carte du temps (et dans le monde réel) apparaissent souvent deux fronts, un *front chaud* suivi d'un *front froid*, comme sur la Figure 10.2. Un *front* est une ligne séparant deux masses d'air différentes (chaude et froide, humide et sèche) et est souvent marqué par une variation importante (supérieure à 20 degrés) de la direction du vent lors de son passage. Les fronts froids ont le plus de vigueur et donnent souvent lieu à des temps extrêmes pour la voile. Les bourrasques (des tempêtes à petite échelle comportant des vents incroyablement forts venant de la haute atmosphère), et même les tornades et les trombes d'eau (tornades prenant naissance en mer) peuvent se produire juste en avant de cette bande où se rencontrent l'air chaud et l'air froid.

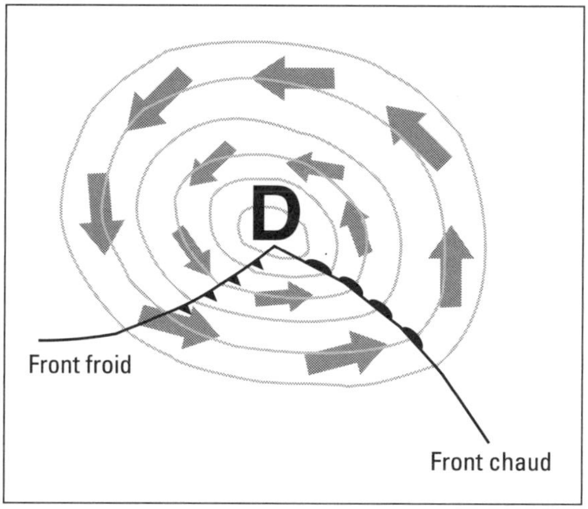

Figure 10.2 : Un système de basse pression typique de l'hémisphère nord. Les flèches indiquent la direction du vent.

Le temps autour d'une dépression typique de l'hémisphère nord affecte trois secteurs distincts :

- Le temps dans la région au nord de la dépression est habituellement décrit comme « détestable » et tout le ciel est couvert d'une couche épaisse de nuages *stratus* (voir « Regardez les nuages »). Si l'air est suffisamment froid, il en résulte de la pluie ou du crachin continus.
- Le secteur situé entre les fronts chaud et froid est plus chaud et plus humide. Un vent chaud et humide souffle du sud. Lorsque le soleil commence à réchauffer le sol, l'air qui se trouve près du sol commence à monter, formant des nuages cumulus, et si les conditions y sont favorables, des orages.

- Le secteur ouest en arrière du front froid est généralement plus froid et plus sec. Le vent vient de l'ouest et du nord-ouest et peut souffler en rafales.

Dans l'hémisphère nord, si vous faites face au vent, le centre du système de basse pression est à votre droite. Dans l'hémisphère sud, cette orientation est inversée, à cause de la force de Coriolis.

Le temps à plus petite échelle

On se borne le plus souvent à naviguer à la voile pendant quelques heures dans une zone d'une vingtaine de kilomètres carrés. Un marin qui appareille pour un après-midi de voile s'intéresse à une tranche beaucoup plus mince du gâteau du temps qu'un équipage qui part pour établir un record de circumnavigation du globe, mais l'un comme l'autre doivent rechercher des signes de modification du temps. L'état du ciel à l'ouest (aux latitudes moyennes) est souvent le plus précieux météorologiste du marin. Voici quelques conseils pour prédire le temps qu'il va faire dans les quelques minutes ou l'heure suivantes.

Les signes suivants indiquent un changement prochain de la direction ou de la vitesse du vent :

- **Un changement dans le ciel – plus de nuages, moins de nuages, ou différentes sortes de nuages.**
- **Des voiliers à l'horizon qui gîtent dans un vent différent.**
- **Des drapeaux ou des fumées sur la côte indiquant une nouvelle direction du vent.**
- **Un changement rapide de température.**
- **Un changement de la visibilité sur l'horizon**. Par exemple, en Californie, une brume qui s'éclaircit veut dire que le vent va venir de cette direction.
- **Un changement de l'indication du baromètre.**

Voici des signes annonciateurs d'un temps orageux :

- **Des nuages sombres cumulo-nimbus approchant à l'horizon.**
- **Du tonnerre et/ou des éclairs.**
- **Une baisse continuelle des valeurs indiquées par le baromètre.**
- **Un changement de la vitesse du vent – surtout lorsque le vent meurt ou souffle doucement dans la direction de gros nuages sombres.**

Regardez les nuages

Il existe toutes sortes de formes et de tailles de nuages, mais on peut les classer en trois types :

- **Cirrus** : ce sont les nuages les plus hauts, ils sont effilochés et minces. Ils annoncent du beau temps – au moins pour le jour suivant.
- **Cumulus** : nuages ballonnés comme des boules de coton. Le temps qui leur est associé dépend de la couleur de ces nuages et de leur taille. Les cumulus annoncent du beau temps lorsque leur base est haute dans le ciel ou lorsqu'ils sont relativement minces et d'un blanc brillant aux altitudes plus basses. Les cumulus plus hauts (plus épais) et plus sombres dont la base est à basse altitude appartiennent à la variété des cumulo-nimbus, annonçant du mauvais temps, y compris des orages.
- **Stratus** : nuages en couche, d'apparence très régulière vus du dessous. *Stratus* vient du mot latin qui veut dire « étendre, étirer, ou couvrir », et c'est précisément ce que font ces nuages. Le temps qui leur est associé dépend de leur couleur, de leur épaisseur, et de leur altitude – plus ils sont bas, épais, et sombres, plus ils sont associés à de la pluie, du vent, et (parfois) une faible visibilité.

Les orages, ou *bourrasques*, sont des tempêtes soudaines, parfois sévères, et généralement localisées. Ils peuvent précéder le passage d'un front froid, mais ils peuvent aussi être provoquées par le réchauffement d'une masse terrestre (et la rencontre de l'air chaud qui s'élève avec l'air froid situé au-dessus) au cours d'une journée d'été étouffante. Des vents peuvent arriver rapidement de n'importe quelle direction et atteindre 60 nœuds, et il y a

Dix « règles d'or » pour l'observation du ciel

1. Ciel rouge du soir– espoir ; ciel rouge du matin – chagrin.
2. A ciel changeant, temps mutant.
3. Ciel maquereau – 24 heures sans eau.
4. Rosée sur les ponts – vent de mer ; pas de rosée sur les ponts – vent de terre.
5. Quand la vitesse du vent dépasse les degrés (Fahrenheit), il est temps de rentrer.
6. Un halo autour de la lune annonce de la pluie ou de la neige. Plus le halo est grand, plus la précipitation est proche.
7. L'arc-en-ciel au vent annonce l'arrivée de la pluie. L'arc-en-ciel sous le vent veut dire qu'il a fini de pleuvoir.
8. Plus les nuages sont hauts, plus le temps sera beau. (Un plafond qui descend annonce la pluie).
9. Quand la fumée descend, fini le beau temps.
10. Goéland, goéland reste au sol ; c'est signe de pluie si tu t'envole.

souvent des éclairs. Les bourrasques sont relativement imprévisibles (à moins que vous n'ayez accès à un radar météo), mais des nuages cumulonimbus sombres et des coups de tonnerre distants sont des signes qu'une bourrasque peut être proche. Nous reparlerons de la préparation aux bourrasques au Chapitre 12.

CONSEIL

Comme le son met environ trois secondes pour parcourir un kilomètre, vous pouvez compter les secondes entre un éclair et la perception du tonnerre et diviser le nombre obtenu par trois pour connaître la distance à laquelle s'est produit cet éclair.

Utilisez ce que vous savez sur le temps

Nous avons dit au début de ce chapitre que vous pouviez utiliser votre compréhension du temps et les informations météorologique pour rendre votre pratique de la voile plus sûre, plus rapide, et plus confortable. Vous devez pour cela prendre en compte les réalités suivantes :

- **Plus de vent = plus de vitesse** : le vent est comme la vitesse du bateau – plus il y en a, mieux c'est, mais seulement jusqu'à un certain point. Chaque bateau est différent, mais en naviguant vent de travers ou à un angle plus fermé par rapport au vent, la plupart des bateaux bénéficient d'une plus grande vélocité du vent jusqu'à environ 15 nœuds. À ce stade, bien sûr, les marins débutants devraient être de retour au quai. Aux allures portantes, la plupart des bateaux répondent favorablement à une augmentation de vitesse du vent jusqu'à 25 nœuds, après quoi le contrôle du bateau devient problématique.
- **Les allures les plus rapides sont celles qui vont du près bon plein au grand largue** : si vous aviez en tête une certaine destination et si vous pouviez faire souffler le vent de n'importe quelle direction, vous choisiriez l'une de ces allures. Vous pourriez ainsi naviguer sous l'allure la plus rapide pour votre bateau et conserver toujours le même cap.
- **Il est souvent plus lent de naviguer vent arrière** : comme nous le verrons plus précisément au Chapitre 15, de nombreux bateaux vont plus lentement au vent arrière (au portant) que s'ils lofent pour naviguer au grand largue et empannent ensuite pour passer sur l'autre amure.
- **Naviguer en remontant au vent prend plus de temps** : comme vous devez avancer en zigzag pour atteindre une destination placée directement au vent (comme nous l'avons vu au Chapitre 5), vous devez couvrir une distance supplémentaire.
- **Les vagues ont de l'importance** : les vagues vous ralentissent lorsque vous naviguez vers elles, et elles peuvent vous faire aller plus vite quand vous naviguez avec elles.

Pour que votre pratique de la voile soit plus sûre et plus confortable, utilisez votre connaissance du vent pour éviter de sortir quand il y a trop de vent ou de l'orage. Voici différentes manières d'utiliser votre connaissance du temps pour aller plus vite :

- **Si vous vous attendez à un changement de direction du vent lorsque vous êtes à une allure portante, choisissez l'amure opposée à la nouvelle direction du vent**. Consultez le chapitre 16 pour voir de quelle manière tirer avantage des changements de vent dans une course.
- **Si vous vous attendez à un changement de direction du vent en remontant au vent, choisissez en premier l'amure qui vous fait aller vers la nouvelle direction du vent.**
- **Par vent léger, naviguez vers les risées de vent**. Recherchez les « taches sombres » ou se trouvent les rides et d'autres signes d'un vent accentué.
- **Par vent fort en remontant au vent, tirez un premier bord vers le rivage au vent (ou toute zone plus protégée) pour échapper aux vagues.**
- **Aux allures du près bon plein au grand largue, naviguez en ligne droite sur votre destination sauf** :
  - Si le vent est fort et si vous êtes au près bon plein ou au petit largue, naviguez légèrement au-dessous (sous le vent) de votre destination si vous pensez que le vent va venir plus de l'arrière.
  - Par vent léger au largue ou grand largue, naviguez légèrement au-dessus (au vent) de votre destination si vous pensez que le vent va venir plus de l'avant.
- **Si vous remontez au vent, tirez en premier le bord le plus long (s'il y en a un).**

CONSEIL

Dans l'hémisphère nord, un vent plus fort est normalement associé à un changement de direction vers la droite (dans le sens des aiguilles d'une montre). Dans l'hémisphère sud, le vent plus fort est associé avec un changement de direction vers la gauche.

Explication des brises de mer

Les différences de température peuvent aussi provoquer des changement de temps au niveau local. La *brise de mer* est le nom d'une famille de vents produits les jours chauds ou partiellement chauds, lorsque la chaleur supplémentaire de la terre fait souffler une brise froide depuis l'eau vers l'intérieur des terres. Dans certaines parties du monde, la brise de mer est tellement prévisible au cours des mois d'été que vous pouvez presque vous en servir pour régler votre montre. Les brises de mer sont courantes dans presque toutes les villes côtières aux latitudes moyennes.

Voici comment marche la brise de mer : la terre se réchauffant, l'air s'élève (parfois créant des cumulus en forme de ballons), ce qui engendre une zone de basse pression le long de la côte vers le milieu de la journée. Pendant le même temps, l'eau reste plus froide, et il en est de même de l'air à la surface de l'eau. L'air froid souffle (ou plutôt il est aspiré) vers la basse pression à l'intérieur des terres. Si les conditions sont favorables (un léger vent venu du large et une grande différence de température entre la terre et l'eau), la brise de mer peut se développer assez rapidement jusqu'à 15 nœuds ou plus. La Figure 10.3 décrit une brise de mer classique.

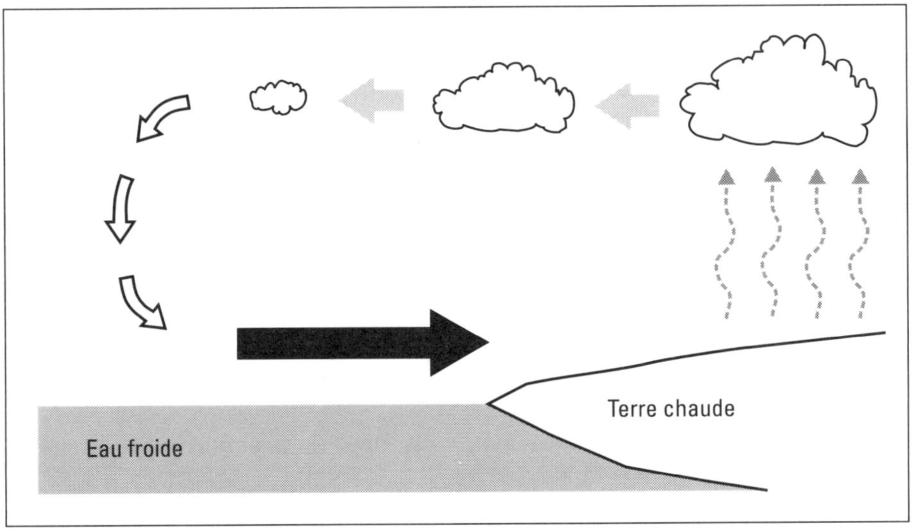

Figure 10.3 : Création d'une brise de mer.

Le soleil descendant sur l'horizon, le réchauffement de la terre diminue, et la brise de mer perd de son intensité. Dans l'hémisphère nord, attendez-vous à ce que la brise de mer augmente à peu près jusqu'à 3 heures de l'après-midi, puis décroisse lentement, en s'orientant vers la droite (dans le sens des aiguilles d'une montre) en réaction à la force de Coriolis qui s'exerce partout.

Faire face à la brume

Rien n'éveille la crainte (ou du moins une ou deux réflexions austères) dans le cœur d'un marin expérimenté comme le fait de se trouver pris dans une région inconnue par une brume épaisse. Bien sûr, un satellite de navigation peut vous dire où vous êtes à trente mètre près, mais seulement si vous pouvez transcrire cette information sur une carte marine. Lorsqu'un banc de brume aussi épais qu'une « purée de pois » vous entoure, la visibilité peut tomber littéralement à moins d'une longueur de bateau, et il est alors extrêmement difficile de naviguer en toute sécurité, quelles que soient votre habileté et les aides à la navigation disponibles.

La brume surgit lorsque l'air contient plus d'humidité qu'il ne peut en conserver. Lorsque la température tombe au-dessous du *point de rosée* (la température à laquelle l'air devient saturé de vapeur d'eau), la vapeur d'eau en excès devient visible. Il existe différents types de brume, mais la même condition est remplie par toutes les catégories : de l'air humide est refroidi (habituellement par de l'eau, et c'est la raison pour laquelle l'apparition de la brume est plus probable au-dessus de l'eau froide) jusqu'à ce que la température de l'air tombe au-dessous du point de rosée, et la brume apparaît.

Comme en général la brume tombe lentement, vous avez le plus souvent assez de temps pour faire demi-tour et revenir à la côte avant qu'elle ne soit complètement établie. Pour plus d'informations sur la navigation dans la brume, voyez le Chapitre 11.

Naviguer avec la marée et le courant

La *marée* est en fait une vague géante qui fait le tour du globe à peu près deux fois par jour. La force de gravité de la lune (et dans une moindre mesure, du soleil) tire sur les océans de la terre et crée deux bosses ou crêtes de vague – une directement sous la lune et l'autre à l'extrémité opposée du globe – qui suivent la lune dans son mouvement d'une durée de 24,8 heures autour de la terre, selon le schéma de la Figure 10.4.

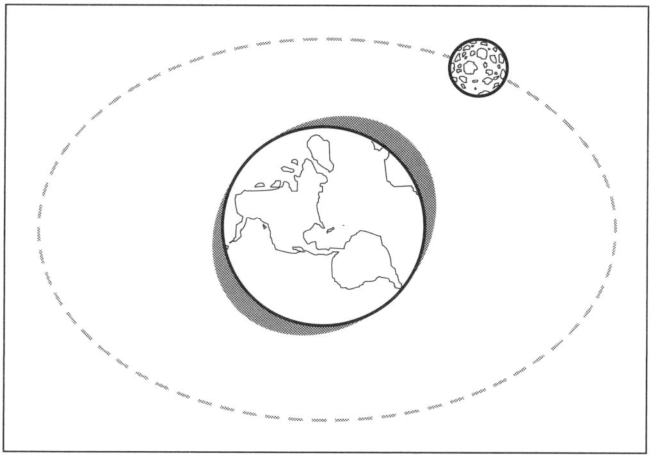

Figure 10.4 : La lune et le soleil tire sur les océans, créant des vagues globales appelées marées.

Lorsque la lune est alignée avec le soleil, ce qui arrive deux fois tous les 29 jours 1/2 (à la pleine lune et à la nouvelle lune), ces crêtes de vagues globales deviennent encore plus hautes – et le creux correspondant (la partie inférieure de la vague) devient encore plus bas. Entre les deux, au premier et au dernier quartier de la lune, les marées sont les plus faibles.

Le mouvement de l'océan

Si l'attraction de la lune est la même tandis qu'elle décrit une orbite autour de la terre, pourquoi l'amplitude de la marée (ou *marnage*) est-elle de 5 mètres ou plus dans certaines parties du monde et seulement de quelques centimètres ailleurs ? La réponse mathématique est assez complexe pour donner un mal de tête à un étudiant d'université, mais en termes pratiques, ces différences sont dues à la forme et la proximité des masses terrestres, à la topographie sous-marine, et au vent. Heureusement, la plupart des régions du monde offrent des prédictions des marées publiées localement et même diffusées par les radios donnant des indications sur le temps en mer, et vous n'avez pas besoin de faire de calculs pour savoir si le port est assez profond pour que votre bateau puisse y entrer.

En circulant autour de la terre, cette vague globale crée un courant. Le courant est de l'eau en mouvement, et des courants atteignant 3 nœuds et plus, capables de rivaliser avec la vitesse d'un petit voilier, ne sont pas rares. Vous ne pouvez pas éviter de remarquer un courant de cette importance ! Dans certaines zones étroites, comme la Baie de Fundy en Nouvelle-Calédonie (Canada), le courant entre et sort comme un vrai raz de marée à des vitesses supérieurs à 10 nœuds.

Le courant de marée arrivant vers la côte tandis que la marée monte s'appelle le *flot*, le courant de marée vers l'extérieur est appelé le *jusant*. Dans la plupart des pays les informations sur les marées sont accessibles aux marins dans un almanach (comme l'Almanach du marin breton), un annuaire local des marées. Vous pouvez aussi découvrir des masses d'informations sur les marées et les courants en examinant les instructions nautiques ou une carte marine pour une région. Faites attention à la topographie sous-marine, parce que le courant est d'autant plus fort que l'eau est plus profonde. Voici quelques règles générales sur les marées et les courants :

- **Le courant change d'abord sur la plage**. Dans un espace confiné tel qu'une baie, la direction du courant de marée se modifie d'abord près des côtes et au milieu de l'espace en question en dernier.
- **On peut voir le courant en observant l'eau qui passe le long des bouées et autres objets ancrés.**

- **Eau profonde – courant plus fort ; haut-fond – moins de courant.**
- **Il faut un nœud de courant pour contrebalancer 10 nœuds de vent sur un bateau au mouillage**. Si vous voyez un gros bateau au mouillage pointé à 180 degrés d'un vent de 20 nœuds, vous savez qu'il y a à cet endroit au moins 2 nœuds de courant dans le sens contraire du vent.
- **Des vents forts peuvent surpasser l'effet de courants de marée faibles**. Des vents forts peuvent même créer du courant sur des lacs dépourvus de marée discernable.
- **Lorsque le vent s'oppose au courant, les vagues deviennent plus hautes et sont hachées (rapprochées)**. Il peut en résulter une remontée au vent rapide mais très secouée.
- **Lorsque le vent est dans le même sens que le courant de marée, les vagues sont moins brutales et plus allongées.**

Un autre type de courant présente un intérêt pour les marins – les immenses courants dits généraux (par opposition aux courants de marée) qui longent les côtes des continents. On peut en citer deux exemples affectant l'Amérique du Nord. Sur la côte ouest on trouve le courant froid, orienté au sud, de l'*Alaska*, et sur la côte est de Floride le courant chaud, orienté au nord du *Gulf Stream*. Ces deux courants se comportent comme deux grandes rivières au sein de l'océan, avançant à des vitesses moyennes de 3 nœuds. Dans des zones étroites, leurs vitesses peuvent être beaucoup plus élevées. C'est le résultat combiné de la force de Coriolis, des vents dominants, et de l'orientation des littoraux.

Chapitre 11

Navigation : tenir votre cap

Dans ce chapitre :

- Navigation à partir du bons sens
- Utilisation des aides à la navigation
- Interprétation des cartes
- Enregistrement de la route
- Détermination de la direction à l'aide d'un compas
- Pilotage – bases de la navigation
- Navigation électronique
- Notions sur la navigation astronomique

Nous ne pouvons plus attendre,
Nous aussi nous embarquons
Joyeux nous partons sur les mers sans repères
Sans crainte vers des rivages inconnus.

– Walt Whitman

La navigation, telle qu'elle est définie dans un ouvrage favori de Peter, est « le processus de direction du mouvement d'un navire d'un point à un autre ». L'histoire de la navigation est riche d'histoires passionnantes de marins qui ont traversé des océans avec une connaissance limitée des endroits où ils se trouvaient et plus encore des endroits où ils allaient. Pourtant, bien que d'une façon très frustre, ils ont réussi à diriger leurs bateaux d'un point à un autre, et souvent à faire le voyage en sens inverse. Les légendes et les traditions portant sur la navigation sont un phénomène universel. Par exemple, les navigateurs polynésiens avaient autrefois une riche tradition orale des directives de navigation qui leur permettait d'atteindre, sans aucun instrument, des îles situées bien au-delà de l'horizon.

Heureusement pour nous, la technologie et les avancées en matière de mesure du temps, en science, et en mathématiques nous permettent de diriger nos « navires » d'un point à un autre avec beaucoup plus de facilité et de précision. Mais malgré les satellites qui tournent dans le ciel pour nous dire où nous sommes, le lien à cette riche histoire de la navigation n'est pas totalement rompu. De nombreux procédés que vous trouverez extrêmement pratiques et faciles à utiliser ont été inventés il y a des siècles.

D'un point de vue tout à fait pratique, voici les préoccupations majeures d'une personne conduisant un voilier :

- **Arriver à destination** : si le marin a en tête une destination.
- **Y arriver le plus vite et le plus sûrement possible** : nous avons traité certaines des questions du type y-arriver-vite aux Chapitres 8 et 10, mais le navigateur est aussi grandement concerné par ce sujet. La sécurité a toujours la priorité, et ici encore le navigateur a un rôle à jouer – non seulement pour éviter l'ignominie de l'échouement (voir Chapitre 13), mais aussi en étant conscient du trafic maritime et d'autres dangers que l'on peut voir en lisant une carte marine.

Navigation selon le bon sens

Qu'il s'agisse de traverser une mare ou un océan, certains savoir-faire élémentaires sont indispensables pour atteindre votre destination. Ils impliquent que vous observiez les éléments et que vous utilisiez vos sens et votre jugement pour aller là où vous voulez aller rapidement et en sécurité. Cette section s'adresse principalement à des marins naviguant sur un bateau sans compas ni carte ; cependant les techniques décrites peuvent être applicables sur un bateau plus grand pourvu de toutes les aides à la navigation.

Le « cadre »

Vous pouvez en principe atteindre une destination au vent en deux bords. Toutes choses égales par ailleurs, deux routes optimales sont possibles, correspondant chacune à l'amure choisie pour le premier bord, et à l'angle le plus efficace de remontée au près pour votre bateau. Ces deux routes déterminent un *cadre* en forme de losange, à l'intérieur duquel il y a d'autres routes possibles (mais nécessitant plus de deux bords). A l'un des sommets du losange se trouve la position actuelle du bateau, au sommet opposé sa destination. La partie droite d'un tel cadre est esquissée sur la Figure 11.1. Après avoir choisi votre route (comportant de long bords ou une série de bords plus courts), vous devez finalement faire votre dernier virement de bord. Il doit avoir lieu au moment opportun pour ne pas sortir du cadre, ce qui vous ferait parcourir une distance plus importante, et donc mettre plus de temps. Pour en juger, vous devez savoir de combien de degrés votre bateau modifie son orientation lors d'un virement de bord – la différence entre vos caps au meilleur près bâbord amures et tribord amures. Par vent modéré (10 à 14 nœuds), la plupart des bateaux décrivent un angle de 90 degrés ou un peu moins.

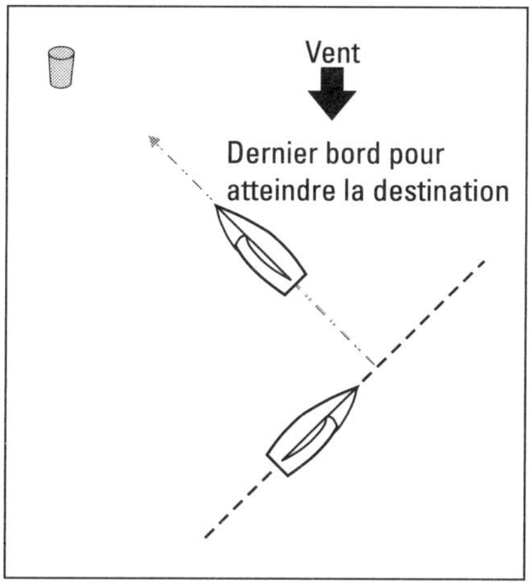

Figure 11.1 : Après avoir atteint le périmètre du « cadre », le bateau peut virer de bord et rejoindre au meilleur près sa destination sans nouveau virement de bord.

Au Chapitre 10, nous avons recommandé, lorsqu'en remontant au vent vous vous attendez à ce que le vent tourne, de choisir en premier l'amure correspondant à la nouvelle direction du vent. La notion de cadre permet d'en comprendre la raison. Si le vent tourne, le cadre n'est plus le même, et le choix recommandé permet de se retrouver à l'intérieur du nouveau cadre au moment où le vent tourne. Dans l'exemple de la Figure 11.1, le bateau tire son « dernier bord » tribord amures. Si le vent change de direction et vient désormais davantage sur l'avant, le cadre pivote – il *bascule* – et le bateau ne peut plus atteindre son but directement, alors qu'il aurait pu le faire s'il avait navigué tribord amures en premier. Nous reverrons cette question au Chapitre 16, dans le contexte des compétitions, où il est vraiment crucial d'atteindre le but dans le minimum de temps.

CONSEIL

Lorsque vous remontez au vent et que votre destination apparaît un peu en avant du travers du bateau, virez de bord pour voir si vous êtes parvenu au périmètre du cadre.

Maintenir une route rectiligne

Si vous pouvez voir votre destination, il n'est généralement pas difficile de naviguer en ligne droite. Mais si le courant vous pousse d'un côté ou si votre bateau dérive excessivement à cause d'une gîte trop accentuée, votre *route sur le fond* est différente du *cap* de votre bateau, qui correspond à la *route surface* pour laquelle vous gouvernez. (Vous trouverez davantage d'explication sur les courants au Chapitre 10.) En pareil cas, vous devez modifier votre cap pour que le bateau tienne la route qui vous intéresse – la ligne droite jusqu'à votre destination. Si vous apercevez la terre au-delà de votre destination, vous pouvez prendre un *alignement* (deux objets sur une même ligne) pour rester sur la bonne route, de la manière illustrée par la Figure 11.2. Un alignement visuel permet au marin de déterminer si le courant ou le vent poussent le bateau de côté et de combien il doit modifier son cap pour contrebalancer cette action.

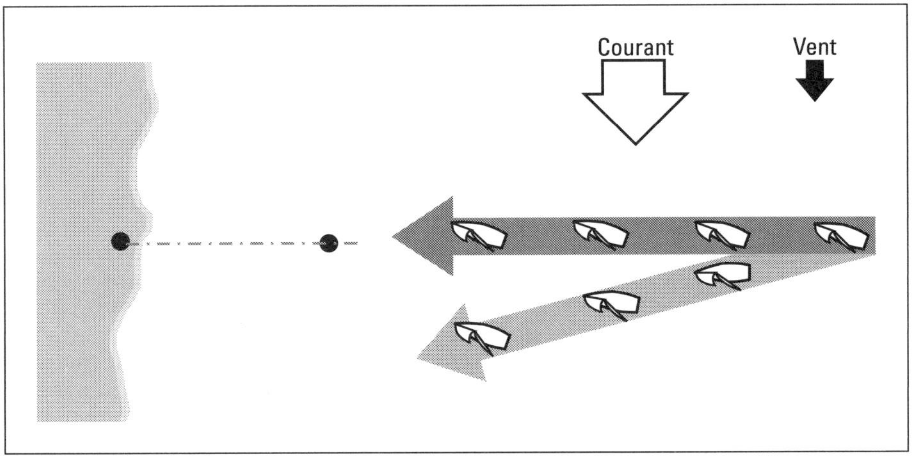

Figure 11.2 : Un alignement vous permet d'aller droit dans un courant de travers.

Éviter les hauts-fonds

Si l'eau est claire et si le vent est calme, le fond paraît incroyablement proche à travers l'eau, qui agit comme un verre grossissant. Mais où que vous soyez, la visibilité du fond disparaît dès que les vagues se forment. Voici quelques conseils pour éviter le danger potentiel représenté par les eaux peu profondes :

- **Suivez un autre bateau** : en utilisant un autre bateau (d'un tirant d'eau dont vous espérez qu'il est comparable ou supérieur au vôtre) comme cobaye, vous pouvez naviguer directement derrière lui (à une distance de sécurité pour faire demi-tour s'il s'échoue) et rester en eau profonde.

Cette technique est particulièrement efficace lorsque vous entrez dans un port inconnu ou lorsque vous suivez un chenal étroit (une voie profonde sur l'eau).

- **Regardez au fond** : Sous les tropiques, les fonds sableux deviennent plus clairs lorsque la profondeur diminue ; les coraux deviennent plus sombres.
- **Faites attention aux marques et aux balises** : nous allons décrire les marques qui signalent les eaux profondes ou non, un peu plus loin dans ce chapitre.
- **Ralentissez** : si vous êtes dans une zone où vous pensez que votre quille ou votre dérive pourrait toucher le fond, allez moins vite. Cela ne vous évitera peut-être pas de toucher le fond, mais au moins le contact sera moins brutal.
- **Restez à l'écart du littoral** : par définition, le fond remonte jusqu'au littoral, et vous devez rester à l'écart de la côte à moins que vous ne soyez sûr (en regardant sur une carte ou du fait de votre expérience du lieu) que l'eau est suffisamment profonde.
- **Observez les vagues** : comme le savent tous les surfeurs, les vagues déferlent lorsqu'elles arrivent à un endroit peu profond. Méfiez-vous d'un endroit où il y a des *brisants* (vagues qui se brisent sur un haut-fond) ou des vagues qui paraissent s'élever plus haut que les vagues qui les entourent.

A une certaine époque je naviguais souvent sur des dériveurs au large de Key West, en Floride. Nous partions en bateau depuis la plage et nous y revenions. Les jours de vent, nous naviguions plus près de la côte et l'équipier sautait dans l'eau à une profondeur telle qu'il avait de l'eau à la poitrine, tandis que le barreur affalait les voiles et remontait la dérive. Un beau jour, à notre retour, nous avons eu l'impression que les bancs de coraux étaient bien proches. Nous avons repéré un bel endroit sablonneux qui avait l'air peu profond, et après avoir sauté, je me suis mis à nager dans 5 mètres d'eau. La morale de l'histoire est que vous devez essayer d'éviter de toucher le fond, mais qu'on peut se tromper en évaluant la profondeur visuellement.

Balisage : marques de navigation

Les marins ont utilisé des repères pour la navigation depuis des temps immémoriaux. Un gros saule pleureur peut indiquer un bon endroit pour la pêche ; un promontoire, l'entrée d'un chenal. Par définition, un repère de navigation est tout dispositif, autre que ceux qui sont à bord, conçu pour vous aider à déterminer votre position, ou indiquer une route sûre, ou signaler un danger. De par le monde, il y a des millions de repères de navigation construits par l'homme ; ces repères peuvent être des *bouées*, des *balises*, ou des perches scellées sur un rocher ou enfoncées dans l'eau. Une bouée est un repère flottant (mais ancré), alors qu'une balise est une tourelle en maçonnerie, construite sur terre ou sur un écueil. La signification d'un repère de navigation ne dépend pas de sa nature (bouée, balise, ou perche) mais de l'indication qu'elle transmet par sa forme et/ou ses couleurs, et c'est pourquoi on désigne indistinctement ces trois repères sous le vocable de *marques de navigation*.

Il a longtemps existé de nombreux systèmes de balisage différents selon les régions du monde, mais ils se sont finalement unifiés pour ne plus distinguer que deux régions A et B. Ce système unifié comporte deux types principaux de marques, les *marques latérales* et les *marques cardinales*. Il existe en outre trois types de marques diverses.

Les deux régions A et B ne diffèrent que par la couleur des marques latérales, qui sont inversées. L'Europe se situe dans la région A. La région B comprend les Amériques, le Japon, la Corée, et les Philippines.

Les deux sections suivantes décrivent la signification des marques latérales et cardinales pour la région A.

Marques latérales

La signification des marques latérales est définie pour un navigateur venant du large, et donc il faut inverser leur définition au sortir d'un port ou en naviguant vers le large.

- **Un bateau entrant au port doit laisser à tribord toute marque verte surmontée d'un voyant conique pointe en haut, et éventuellement d'un feu vert.**

  Lorsqu'elles sont numérotées (c'est généralement le cas), les marques vertes portent des numéros impairs.

- **Un bateau entrant au port doit laisser à bâbord toute marque rouge surmontée d'un voyant cylindrique (ou tronconique), et éventuellement d'un feu rouge.**

  Lorsqu'elles sont numérotées, les marques rouges portent des numéros pairs.

CONSEIL

Il peut être utile, pour mémoriser cette convention, de se souvenir que rouge est sur un bateau la couleur du feu de bâbord, et vert celle du feu à tribord.

Les marques latérales servent principalement à l'approche des ports et pour guider la navigation dans les chenaux.

Lorsqu'un chenal se subdivise en un chenal principal (préféré) et un chenal secondaire, ceci peut être signalé par une marque latérale modifiée. Un marque modifiée est barrée au milieu d'une large bande horizontale de la couleur opposée. On laisse par exemple à bâbord une marque rouge barrée par une bande verte pour rester dans le chenal principal (plus profond), mais on peut aussi la laisser à tribord pour s'engager dans le chenal secondaire.

Si vous naviguez de l'autre côté de l'Atlantique, n'oubliez pas que ces indications sont inversées, comme l'indique l'expression mnémotechnique « red right returning » – laisser le rouge à droite en retournant (au port).

Marques cardinales

Les marques cardinales font référence aux quatre points cardinaux, comme leur nom le suggère, et servent à baliser des points dangereux à l'abord des côtes, parfois même en pleine mer. Les quatre marques sont peintes en jaune et noir, et surmontées d'un voyant constitué de deux cônes superposés de couleur noire, et parfois d'un feu blanc qui scintille selon une convention permettant d'identifier la marque de nuit.

Une marque cardinale indique sa propre position par rapport au danger, ce qui permet de déterminer le secteur libre de danger. Par exemple, une marque cardinale Nord étant placée par définition au Nord du danger, il faut passer au Nord de la marque.

- **Cardinale Nord** : deux cônes noirs superposés pointe en haut ; moitié supérieure de la marque peinte en noir, moitié inférieure peinte en jaune ; scintillement continu.
- **Cardinale Sud** : deux cônes noirs superposés pointe en bas ; moitié supérieure de la marque peinte en jaune, moitié inférieure peinte en noir ; groupes de six scintillements plus un éclat long (rappelant six heures sur un cadran).
- **Cardinale Ouest** : deux cônes noirs superposés se touchant par la pointe, celui du haut pointe en bas, celui du bas pointe en haut ; haut et bas de la marque peints en jaune, milieu peint en noir ; groupes de neuf scintillements (rappelant neuf heures sur un cadran).
- **Cardinale Est** : deux cônes noirs superposés se touchant par la base, celui du haut pointe en haut, celui du bas pointe en bas ; haut et bas de la marque peints en noir, milieu peint en jaune ; groupes de trois scintillements (rappelant trois heures sur un cadran).

Marques diverses

Marques d'eau saine

Ces marques sont peintes de raies verticales rouges et blanches, et sont parfois surmontées d'une sphère rouge (la sphère signale que l'on peut laisser une marque indifféremment à bâbord ou à tribord). Elles peuvent comporter un feu, qui est alors blanc, avec une longue durée de lumière. Le but de ces marques est d'indiquer qu'il n'y a pas de danger à proximité.

Marques de danger isolé

Ces marques signalent un danger, mais à la différence des marques cardinales, il s'agit d'un danger d'une étendue limitée, sur lequel elles sont posées. Elles sont peintes en noir et comportent de larges bandes horizontales de couleur rouge, ainsi qu'un voyant composé de deux sphères noires superposées (pour indiquer qu'on peut les laisser sur un bord ou sur l'autre). Si elles ont un feu, c'est un feu blanc à deux éclats groupés.

Marques spéciales

Ces marques sont jaunes, surmontées d'un voyant en forme de X, et éventuellement d'un feu jaune. Elles servent à signaler des lieux soumis à des réglementations spéciales, parce qu'elles sont réservées à des exercices, traversées par des câbles, etc.

Les feux

Nous avons évoqué les feux associés le cas échéant aux marques latérales (feu rouge ou vert), aux marques cardinales (feux blancs scintillants), aux marques d'eau saine (feux blancs continus), aux marques de danger isolé (feu blanc à deux éclats groupés), et aux marques spéciales (feu jaune). Il existe une variété encore plus grande de feux, en plus des feux des bateaux et de ceux que nous avons vus dans les sections précédentes.

Les feux sont repérés sur les cartes, mais il est également indispensable de se procurer un ouvrage du SHOM (Service Hydrographique et Océanographique de la Marine), le Livre des feux et signaux de brume, qui définit la position et les caractéristiques détaillées de tous les feux. Chaque feu, pour permettre son identification, est caractérisé par sa couleur, son type (fixe, à éclat, à occultation, isophase, scintillant), son rythme (la répartition des temps de lumière et d'obscurité), et sa période (le laps de temps au bout duquel un feu reprend la même séquence).

D'autres feux encore peuvent avoir des caractéristiques particulières autres que celles énumérées ci-dessus, pour répondre à des besoins spéciaux. On peut citer comme exemple les feux à secteur, qui ne présentent pas la même couleur dans toutes les directions. A chaque couleur correspond une zone de navigation différente (zone libre, zone de danger…). Pour en comprendre la signification, il faut consulter la carte.

Vous pourriez penser que nous sommes arrivés au point où il serait logique de parler des aides électroniques à la navigation (comme les satellites et les signaux radio), mais comme ces aides électroniques requièrent l'utilisation et la compréhension d'une carte, nous différons leur description de quelques pages.

Les cartes

Les cartes fournissent aux marins des informations très diverses, parfois indispensables. Bien que tout le monde puisse faire des cartes, leur préparation s'effectue en général sous l'autorité d'un Etat. Les cartes sont éditées en France par le SHOM (Service Hydrographique et Océanographique de la Marine) ; aux Etats-Unis ce rôle est confié à deux organismes officiels, le NOS (National Ocean Service) qui publie environ 1 000 cartes des eaux territoriales U.S., et la DMA (Defense Mapping Agency) qui publie des cartes complémentaires pour la haute mer et les eaux territoriales des autres pays. La Grande Bretagne, où l'organisme homologue du SHOM est l'Hydrographic Office, est un autre éditeur important de cartes marines et de documents nautiques. On peut se procurer des cartes chez un shipchandler ou tout point de vente commissionné, et il convient de se préoccuper de leur mise à jour (en vérifiant la date de publication et en se procurant la liste des mises à jour).

Il existe des cartes à des échelles différentes. Pour voir l'échelle d'une carte, reportez-vous à l'échelle de *latitude* (les lignes horizontales sur une carte ou une mappemonde indiquant – de 0 à 90 degrés – la distance angulaire au nord ou au sud de l'équateur), placée sur les bords droit et gauche de toute carte, comme on peut en voir un exemple sur la Figure 11.3.

Où que vous soyez sur la planète, un degré de latitude égale 60 milles nautiques. Chaque degré est divisé en 60 minutes, et chaque minute est à son tour divisée en 60 secondes ou en minutes décimales. Une minute représente un mille n'importe où dans le monde.

Faites attention : il n'en va pas de même pour une minute de *longitude*, qui correspond à une distance variable en fonction de la distance par rapport à l'équateur. La longitude est indiquée par des lignes verticales sur une carte ou une mappemonde, et elle désigne la distance angulaire (de 0 à 180 degrés) à l'est ou à l'ouest du *méridien origine*. Le méridien origine est celui auquel on a par convention donné la valeur 0 degrés. Le méridien origine passe par Greenwich, en Angleterre – ce qui vous permet de voir tout de suite quel pays l'a défini !

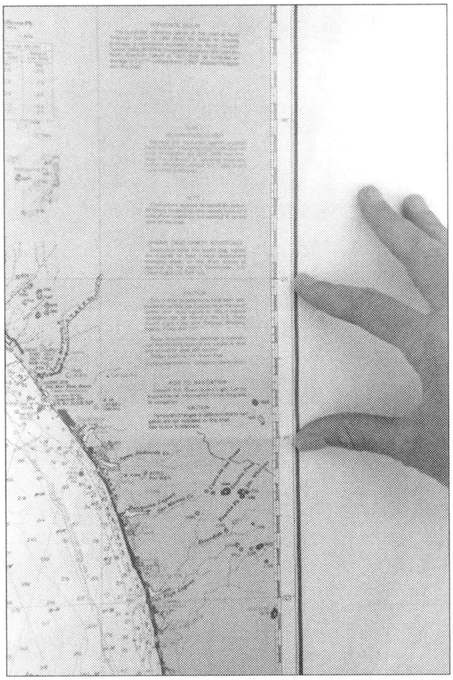

Figure 11.3 : Les bords droit et gauche d'une carte marine comportent une échelle des latitudes.

La latitude et la longitude sont l'équivalent des repères du touriste qui se promène à New York dans l'île de Manhattan, dont les rues et les avenues sont orientées du nord au sud et d'est en ouest. Elles se coupent à angle droit, et fournissent une manière universelle de décrire une position. Par exemple, dans le fauteuil que j'occupe actuellement, je suis à 32 degrés 43,28 minutes de latitude nord et 117 degrés 13,26 minutes de longitude ouest, ou 32°43,28N, 117°13,26W. Toute personne munie de la bonne carte peut déterminer où je suis à partir de ces deux nombres.

En plus de la latitude et de la longitude, les cartes présentent un nombre considérables d'informations, généralement codées au moyen d'une pléthore de symboles et d'abréviations. Chacun de ces symboles et chacune de ces abréviations – depuis le symbole représentant une pagode jusqu'à la hauteur d'eau – est expliqué sur l'ouvrage du SHOM dit *1 D* : Symboles et abréviations des cartes marines. Pour les cartes américaines, ces indications figurent sur la Carte N° 1 du NOS et de la DMA.

Voici quelques-unes des aides à la navigation présentées sur une carte nautique :

- **Marques et autres aides à la navigation** : comme nous l'avons mentionné plus haut, les aides à la navigation mettent en jeu un grand nombre de formes, de couleurs, de numéros, de feux et de signaux sonores différents. Tous ces détails sont communiqués clairement lorsque vous connaissez le code correspondant. Voici par exemple une indication relative à une bouée qui se trouve à l'entrée du chenal conduisant au port de San Diego en Californie : les lettres « RW 'SD' Mo (A) WHIS » écrites à côté d'un petit cercle noir entouré d'un cercle uni magenta duquel sort un trapézoïde tronqué identifient la position d'une bouée à sifflet (WHIstle) rouge et blanche (Red White), surmontée des lettres SD (comme San Diego), avec une lumière blanche signalant la lettre « A » en Morse la nuit. Vous voyez bien pourquoi vous avez besoin du document 1 D du SHOM en France ou de la carte numéro 1 aux Etats-Unis !

- **Rose des vents** : la rose des vents sur la carte aide le navigateur à orienter la carte par rapport à son compas. Par commodité, chaque carte en comporte plusieurs. Une rose des vents se compose de deux cercles concentriques, chacun étant gradué en degrés (0 à 360 degrés) dans le sens des aiguilles d'une montre à partir d'une direction de référence (le nord magnétique ou le nord vrai). Les navigateurs se servent habituellement de la rose des vents dite magnétique, qui est toujours la plus petite, intérieure. Elle est entourée par la rose des vents dite vraie. Plus à l'intérieur du cercle on trouve des informations sur la *déclinaison* (la différence angulaire entre le nord vrai et le nord magnétique) ainsi que sur la *variation* c'est-à-dire sur la façon dont la déclinaison évolue (lentement) dans le temps.

  CONSEIL

  Il nous faut vous faire part d'une réalité qui risque fort d'ébranler votre croyance au Père Noël. Le *nord vrai* se trouve comme il se doit tout en haut du globe terrestre (à 90°N et 0°E). Le *nord magnétique* (dont les compas magnétiques pensent qu'il est au nord à cause du champ magnétique de la terre) se trouve à quelques milliers de milles du pôle nord et se promène un peu à cause du fer en fusion qui constitue le noyau terrestre. Comme les navigateurs utilisent des compas, ils leur faut se préoccuper du nord magnétique (à moins qu'ils ne pratiquent l'art de la navigation astronomique, pour laquelle le nord vrai règne en maître). Compte tenu de l'existence de ces deux systèmes de référence, vous devez toujours préciser celui utilisé lorsque vous mentionnez des directions. (270°v indique des degrés vrais, 270°m indique des degrés magnétiques.)

- **Date d'impression** : comme des choses importantes (telles que la position d'une bouée) changent avec le temps, il est important d'avoir une carte à jour. Cette date se trouve près du coin supérieur droit de la carte. Les cartes relativement récentes peuvent êtres mises à jour, quant aux cartes périmées elles peuvent devenir d'excellents posters, du papier peint, ou du papier pour emballer les cadeaux !

- **Profondeur de l'eau** : compte tenu de l'aversion des navigateurs pour les échouements, il s'agit d'une information primordiale. La profondeur à un endroit donné est affichée sous forme d'un nombre appelé *sonde*, indiquant la profondeur à partir d'un niveau de l'eau qui est une *valeur de base* et qui est en Europe le niveau des plus basses mers connues, et aux Etats-Unis le niveau moyen à marée basse (la mer pouvant descendre plus bas, la profondeur peut être à certains moments inférieure celle indiquée). La valeur de base et l'unité de mesure (mètre, pied, voire la brasse – en anglais *fathom*, soit six pieds ou 1,829 m.) sont indiquées quelque part près du nom qui identifie la carte. L'unité de mesure de profondeur a une telle importance qu'elle est répétée à l'encre magenta sur le pourtour de la carte. Des lignes joignant des positions d'égale profondeur, appelées *isobathes*, fournissent une image de la topographie sous-marine.
- **Dangers** : les hauts-fonds représentent un danger majeur, et les cartes signalent généralement les eaux peu profonde dans une couleur différentes de celle de l'eau plus profonde. D'autres zones de danger, comme les rochers qui peuvent affleurer en surface à marée basse, ont leur propres symboles spécifiques. Même les zones de tir militaire sont clairement indiquées !

Lecture d'une carte

Comme vous vous en rendez certainement compte désormais, les cartes sont précieuses par les innombrables informations qu'elles fournissent. Voici quelques conseils sur leur utilisation :

- **Apportez l'ouvrage 1 D du SHOM** : il contient toutes les indications dont vous pouvez avoir besoin sur l'interprétation des cartes.
- **Pliez la carte pour la ramener à une dimension convenable** : les cartes sont généralement beaucoup plus grandes que votre table des cartes ou votre espace de travail, et donc vous devez les plier pour voir la zone qui vous intéresse. Si cette zone est trop grande ou trop petite, procurez-vous la carte à une échelle au-dessous ou au-dessus. Débrouillez-vous pour conserver une rose des vents et une portion de l'échelle des latitudes (pour mesurer les distance) une fois que la carte est pliée.
- **Prenez la bonne carte** : avant d'embarquer pour un voyage, allez jusqu'à un shipchandler et consultez l'*atlas général des cartes du SHOM* pour trouver les cartes dont vous avez besoin. Si vous faites un assez long parcours, n'oubliez pas d'emporter des cartes à grande échelle (plus détaillées) des ports que vous pourriez choisir (et de ceux où vous pourriez être obligé de vous arrêter).

- **Orientez la carte pour qu'elle soit plus facile à utiliser** : certaines personnes préfèrent orienter la carte de sorte que la direction vers laquelle ils naviguent soit droit devant. Peter préfère avoir le nord vrai droit devant lui, mais c'est une question de goût personnel.
- **Utilisez un crayon** : lorsque vous écrivez sur une carte (ce qui est tout à fait normal), utilisez un crayon pour pouvoir effacer vos indications et réutiliser la carte.

Déterminer un cap et une distance sur une carte

A l'aide d'une carte marine (et d'un ou deux outils), vous pouvez déterminer la distance et la route à suivre entre deux points quelconques sur la carte. On utilise en général à cet effet, en France la *règle Cras*, du nom de son inventeur l'amiral Jean Cras, et aux Etats-Unis des *règles parallèles* (parallel rulers) – deux règles plastiques parallèles et mobiles mais reliées par des charnières, ainsi qu'un compas à pointes sèches.

La description du procédé basé sur les règles parallèles permet de comprendre le principe de l'opération, mais ce procédé est assez malcommode, et l'on comprend pourquoi les Français utilisent presque tous la règle Cras (certains utilisent le *rapporteur breton*, encore un autre outil, mais nous ne le décrirons pas). Voici comment trouver le cap à suivre pour aller d'un point à un autre sur la carte, ainsi que la distance qui les sépare, à l'aide des règles parallèles :

1. **Choisissez les deux points**

   Si vous voulez, tracez une ligne droite entre les deux.

2. **Placez un bord extérieur de la règle parallèle sur la carte pour qu'il passe par les deux points.**

   Utilisez celui des bords qui se trouve le plus éloigné de la rose des vents.

3. **Trouvez la rose des vents la plus proche imprimée sur la carte.**

4. **Avec les deux mains, faites glisser les règles parallèles jusqu'à la rose des vents, en ne déplaçant qu'une règle à la fois et en faisant très attention que pendant ce déplacement l'autre (celle qui reste en place) ne bouge pas du tout.**

   Appuyez très fort avec la main qui tient la règle qui ne doit pas bouger.

5. **Dès qu'une règle a atteint la rose des vents, placez-la de manière que son bord extérieur traverse le signe plus au centre de la rose et relevez la direction en degrés vrais, indiquée sur le cercle extérieur.**

Si vous pensez que la règle qui devait rester immobile a bougé pendant le processus de déplacement jusqu'à la rose des vents, il ne vous reste plus qu'à recommencer l'opération.

6. **Mesurez la distance.**

   Vous vous servez pour cela du compas à pointes sèches : placez les pointes sur les deux points de la carte, puis mesurez la distance en plaçant le compas, sans modifier son ouverture, sur l'échelle des latitudes. Souvenez-vous que cette distance est toujours indiquée en milles nautiques (1 mille = 1 852 mètres).

PETER RACONTE

Utilisation d'une carte sur le pont

Très souvent, par exemple lorsque vous naviguez en vue de côte, vous pouvez trouver pratique de disposer de la carte sur le pont. L'inconvénient est que le vent peut faire envoler la carte par-dessus bord, et qu'il peut être difficile, voire impossible, d'écrire ou de prendre des mesures sur la carte. Les shipchandlers vendent parfois un collection de cartes locales sur du papier résistant à l'eau et reliées par une reliure en spirale, mais n'oubliez pas que seules des cartes récentes et officielles vous donnent la garantie d'être à jour et exactes.

Lors de la Coupe de l'America en 1988, j'étais navigateur à bord d'un catamaran de 20 mètres avec une voile en forme d'aile, qui était rapide et très humide. Il n'y avait pas de place pour une table des cartes, et il n'y avait absolument pas d'endroit à l'abri du vent et de l'eau pour le navigateur. Pour suivre la progression du bateau pendant la course, je me suis servi d'une *planche d'enregistrement*, un dispositif prenant en sandwich une carte nautique pliée entre une plaque supérieure de plastique transparent et une plaque inférieure solide en plastique (voir la Figure). Une roue transparente en plastique facilite grandement l'établissement des caps compas et le marquage des relèvements. Bien sûr, nous avions le récepteur GPS le plus récent (voir plus loin la section sur le GPS) qui nous disait où nous étions à une centaine de mètres près. Mais je devais être prêt pour l'éventualité où un immense banc de brume serait descendu sur la course juste au moment où le gouvernement américain aurait décidé de déconnecter le système (improbable sauf en cas de guerre) ou encore en même temps que nos accumulateurs seraient épuisés. La planche d'enregistrement a très bien marché, même lorsque j'ai dû naviguer « à l'aveugle » (en regardant seulement la planche d'enregistrement et le compas) lors d'une session d'entraînement.

La règle Cras est une règle en plastique transparent sur laquelle sont dessinés une flèche (figurant le sens du cap ou de l'orientation recherchée) et deux rapporteurs pourvus chacun d'une double graduation. Cette disposition permet de mesurer facilement un cap vrai (l'angle que fait une direction avec le nord vrai) en se basant sur l'un des nombreux parallèles ou méridiens tracés sur la carte. Les déplacements à effectuer avec la règle pour trouver l'information cherchée sont beaucoup plus simples et plus sûrs que ceux nécessaires pour aligner des règles parallèles avec une rose des vents.

On déplace la règle Cras pour faire passer l'un de ses bords par les deux points sur la carte, après l'avoir orientée de telle manière que la flèche indique le sens du déplacement pour lequel on veut déterminer un cap vrai, et on la fait glisser le long des deux points jusqu'à ce que le centre du rapporteur sur le bord de la règle le plus au sud coïncide avec un parallèle ou un méridien. Il n'y a plus qu'à lire la valeur de l'angle à l'intersection du parallèle avec la graduation intérieure du rapporteur (si le centre du rapporteur est placé sur un parallèle) ou la graduation extérieure (si le centre du rapporteur est placé sur un méridien.

La mesure de la distance à parcourir peut être établie par la méthode du compas à pointes sèches décrite plus haut, mais on peut aussi utiliser à cet effet les bords de la règle graduée pour mesurer sur la carte la distance en centimètres, puis transposer cette valeur en milles par le biais de l'échelle des latitudes.

Compas

Le compas est le terme utilisé sur un bateau pour désigner ce qui à terre porte le nom de boussole. Tout le monde sait qu'il s'agit d'un appareil qui réagit à l'attraction magnétique de la terre et indique une direction par rapport au nord magnétique. Les marins utilisent couramment plusieurs types de compas :

- **Compas de route** : ces compas sont montés à titre permanent sur le bateau, habituellement à un emplacement tel que le barreur puisse s'y référer tout en gouvernant. Il en existe deux variétés principales :
  - **Compas sphérique** : le compas sphérique est monté sur une surface horizontale telle qu'un piédestal ou sur le pont. Il est plus facile à lire et à utiliser sur les bateaux comportant une barre à roue.
  - **Compas vertical ou compas de cloison** : ce type de compas est monté sur une surface verticale telle que la cloison d'une cabine ; on le trouve sur des bateaux qui n'ont pas d'emplacement adéquat pour un compas sphérique.
- **Compas de relèvement à main** : ce sont de petits compas portables qui ne sont pas censés remplacer le compas de navigation principal. Il rendent la prise d'un *relèvement* (la mesure d'un cap compas depuis votre bateau jusqu'à un objet, que nous verrons plus loin dans ce chapitre) beaucoup plus facile qu'au moyen d'un compas sphérique.
- **Compas électronique** : les compas électroniques utilisent les principes du magnétisme et de l'électricité. Ils sont souvent utilisés avec les navigateurs électroniques, ou comme compas de navigation de rechange, et même pour certains compas de relèvement à main. Naturellement, vous ne devez jamais vous en remettre uniquement à un compas électronique – que se passe-t-il lorsque la pile est usée ?

Tenir compte de la déviation

Malheureusement, tous les compas ne sont pas d'accord sur la direction du nord magnétique. Des objets métalliques (ou du courant électrique) à proximité modifient les effets du champ magnétique de la terre sur les aimants internes du compas et font que le compas dévie du nord magnétique. Pour minimiser ces effets, placez le compas à l'écart des sources de problème potentiel (comme le moteur) et n'utilisez jamais des objets en fer à proximité.

Quelles que soient vos précautions, une certaine déviation (de l'ordre de 5 degrés en plus ou en moins) est inévitable. C'est pourquoi, si vous prévoyez d'utiliser votre compas pour une navigation vraiment sérieuse, vous devez le faire *compenser*. Ce processus est une affaire de spécialiste, et on le réserve habituellement à des bateaux plus importants (9 mètres et au-dessus, qui ont besoin d'un compas exact au degré près).

Lecture du compas

Comme vous pouvez l'avoir remarqué, la partie mobile du compas – appelée *couronne* ou plus généralement *rose* – sur laquelle sont inscrites les graduations comporte une rose des vents, dont les quatre indications principales sont les points cardinaux, nord (000°), sud (180°), est (090°), et ouest (270°). Parfois, sur les compas plus importants, les quatre autres points – NE (045°), SE (135°), SW (225°), et NW (315°) – sont aussi indiqués par leurs initiales. Sur un très grand compas, les divisions plus petites (indiquées par un repère) peuvent aller jusqu'à un seul degré. Les plus petits compas n'ont un repère que tous les cinq degrés. C'est pourquoi plus le compas est gros, mieux cela vaut !

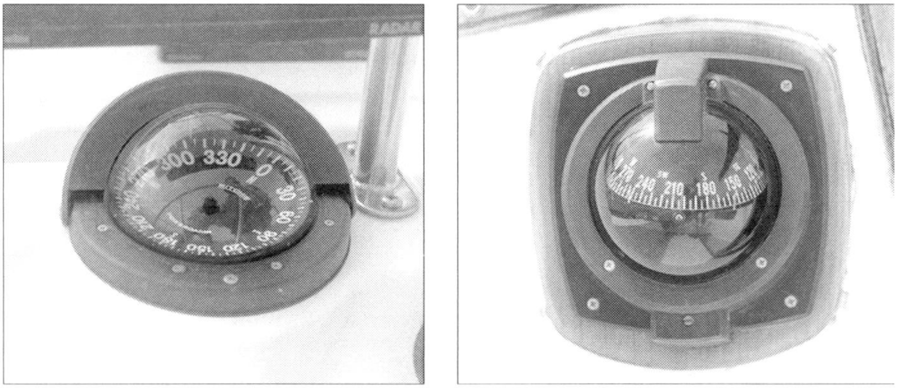

Figure 11.4 : Lecture du cap du bateau sur un compas sphérique (à gauche) et sur un compas vertical (à droite).

Si vous êtes assis directement derrière un compas sphérique, vous pouvez déterminer la direction dans laquelle vous allez en alignant la *ligne de foi* – un repère matérialisant l'axe du bateau et constitué d'une ou deux fiches verticales sur le pourtour de la rose du compas – avec les graduations ou les marques de la rose. Vous pouvez lire le cap du bateau sur un compas vertical d'une manière similaire, mais remarquez que la ligne de foi se trouve alors à l'arrière du compas. Les deux types de compas sont présentés sur la Figure 11.4.

Gouverner à un cap au compas

Lorsque le navigateur décide d'un cap à suivre, il l'annonce au barreur, et il s'attend à ce qu'il suive ce cap comme si c'était une ligne de chemin de fer. Mais il ne faut pas rêver. Il est difficile de suivre un cap au compas, surtout la nuit s'il y a beaucoup de vagues. Tout d'abord, il faut du temps pour s'habituer au mouvement naturel de la rose du compas. Parfois, en naviguant au près dans des vents changeants, il est à peu près impossible de tenir un cap au compas. Cependant, dans certaines circonstances (comme par une brume épaisse), il est crucial de garder le cap. Voici quelques conseils à cet égard :

- **Choisissez un point sur l'horizon** : il est difficile de gouverner tout en regardant le compas. Essayez de trouver un point à l'horizon qui semble correspondre au cap compas désiré, et ne tournez les yeux vers le compas que périodiquement pour confirmer votre cap.
- **Gouverner en vue d'un cap moyen** : dans les grosses vagues, lorsque la rose du compas tourne dans tous les sens, essayez d'enfermer le cap désiré entre des limites en ne gouvernant pas plus, par exemple, qu'à 5 degrés de chaque côté.
- **Faites attention et soyez sincère** : dans des conditions délicates, faites attention à votre cap moyen et informez-en le navigateur à intervalles réguliers (disons, 30 minutes – plus souvent si les conditions et la situation le justifient).

Les bases de la navigation – le pilotage

Nous voici parvenus au stade réellement amusant de la navigation, celui du pilotage. Le pilotage se définit comme une navigation impliquant la détermination fréquente de la position (ou d'un relèvement) par rapport à des repères géographiques. Comme vous le verrez en fin de chapitre, il existe un appareil électronique d'un prix abordable appelé GPS (Global Positioning System) qui rend la navigation tellement facile que de nombreuses personnes ne comprennent plus l'intérêt que présente l'apprentissage des méthodes « dépassées » du pilotage.

Comme tout appareil électronique, cependant, un GPS peut avoir des défaillances ou tomber complètement en panne. Même si un GPS marche bien, les procédés classiques du pilotage sont parfois plus simples et plus précis. Nous vous recommandons vivement d'acquérir d'abord la maîtrise des méthodes anciennes et ensuite – et seulement ensuite – de succomber aux charmes du GPS. Ayant à l'esprit ces recommandations, examinez maintenant la manière élégante de collecter des informations et de les inscrire sur une carte pour trouver votre position.

Prendre un relèvement

A moins que vous ne soyez juste au-dessus d'un point connu tel qu'une bouée officielle (ce qui d'ailleurs est illégal), vous devez déterminer votre position en prenant une série de *relèvements* (des lignes passant par un point connu et sur lesquelles vous présumez que votre bateau se trouve à la suite d'une observation ou d'une mesure). La mesure la plus courante utilisée pour le pilotage consiste à prendre un relèvement au compas sur un objet dont la position est connue, tel qu'une marque de navigation ou le sommet d'une montagne. La procédure pour prendre un relèvement varie un peu selon le type de compas utilisé. (Les compas verticaux se prêtent mal à ce processus parce que vous ne pouvez pas regarder au travers.) Cependant, les principes de base restent les mêmes :

1. **Choisissez l'objet sur lequel vous voulez prendre un relèvement.**

   Par exemple, en vue de côte, vous pourriez choisir une montagne. Assurez-vous que l'objet en question figure sur votre carte marine ! Les bouées conviennent, mais elles peuvent se déplacer légèrement. Les objets fixes (les phares et les objets sur la côte) sont ce qu'il y a de mieux.

2. **Placez vos yeux de telle sorte qu'une ligne imaginaire allant de l'objet jusqu'à vos yeux passe par le centre du compas.**

3. **Lisez le cap compas sur la partie éloignée de la rose du compas, traversée par cette ligne imaginaire.**

   Prendre un relèvement nécessite une bonne imagination – et parfois plusieurs lectures. La clé est la visualisation de cette ligne imaginaire partant de l'objet.

4. **Connaissant maintenant le cap compas du relèvement que vous avez pris, allez maintenant à votre carte et trouvez-y l'objet ou le point dont vous avez pris le relèvement.**

5. **Corrigez le relèvement magnétique obtenu avec le compas pour tenir compte de la déclinaison mentionnée sur la carte (par exemple 6° 30 W (1990) Chang. ann. 7' E) et obtenir le relèvement vrai.**

Lorsque la déclinaison est ouest, il faut la soustraire de l'indication fournie par le compas. La déclinaison est doit être ajoutée à cette indication.

6. **Placez la règle Cras sur la carte de telle façon que la flèche soit dans la direction de l'objet sur lequel vous avez effectué le relèvement.**
7. **Amenez et maintenez le bord de la règle sur l'objet, puis faites pivoter la règle autour de l'objet et/ou faites-la glisser le long de l'objet pour satisfaire simultanément deux conditions :**
   - **Le centre du rapporteur le plus au sud est placé sur un méridien ou un parallèle.**
   - **L'angle du parallèle ou du méridien lu sur le rapporteur est le relèvement vrai (graduation intérieure du rapporteur pour un parallèle, graduation extérieure pour un méridien).**
8. **Tracez une ligne à partie de l'objet, le long de la règle.**

   Notez l'heure exacte sur cette ligne. Votre positon réelle est (théoriquement) quelque part sur cette ligne.

Voici une façon élégante (bien qu'assez rarement praticable), d'obtenir l'équivalent d'un relèvement avec une très haute précision. Cela s'appelle un *alignement*. Si vous pouvez visualiser sur la même ligne deux points mentionnés sur la carte, vous pouvez tracer sur la carte une droite semblable à une droite de relèvement, mais plus précise. Je me souviens de deux énormes cheminées sur la côte de Long Island que nous avions l'habitude d'apercevoir régulièrement en naviguant dans le Long Island Sound. Nous avions tracé sur la carte la ligne passant par ces deux points et ne manquions jamais de profiter de cet alignement pour trouver notre position.

Faire le point

Deux relèvements ou alignements pris en même temps et qui se croisent, permette de fixer votre position sur la carte, comme on peut le voir sur la Figure 11.5. C'est ce qu'on appelle faire le point. Un point exact est le but de tout navigateur, mais l'erreur peut s'infiltrer de diverses manières pour en dégrader l'exactitude. Voici quelques conseils pour vous aider à minimiser l'erreur :

- **Prenez des relèvements sur des objets à angle droit avec le bateau** : toutes choses égales d'ailleurs, deux droites de relèvement perpendiculaires fournissent le point le plus précis. Lorsque les deux droites forment un angle très ouvert ou très fermé, la moindre erreur sur un relèvement entraîne une erreur de position importante.

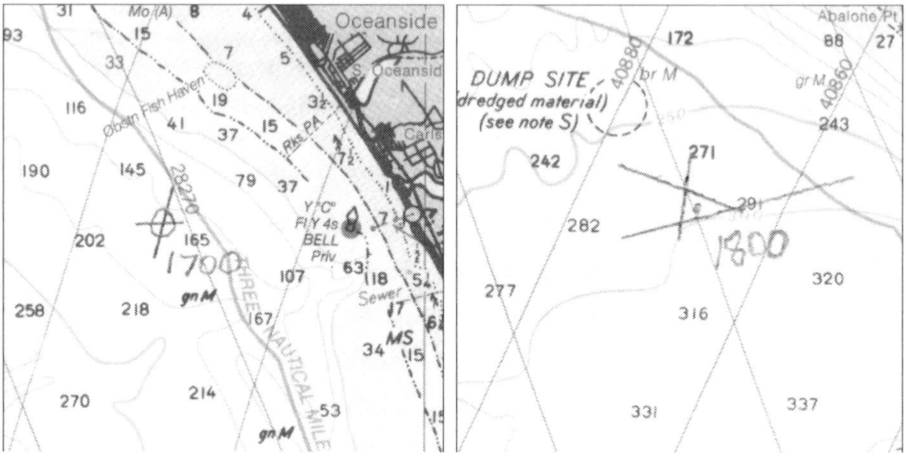

Figure 11.5 : En utilisant deux relèvements ou alignements (à gauche), on obtient un point à l'intersection des deux lignes. Avec trois relèvements ou alignements (à droite), le point se trouve à l'intérieur du triangle.

- **Trois relèvements valent mieux que deux** : en prenant des relèvements sur trois objets (dans le meilleur des cas à une distance angulaire de 60 degrés les uns des autres), vous réduisez davantage encore les chances d'erreur. Naturellement, votre point ressemblera en définitive davantage à un triangle qu'à une croix, mais vous pouvez alors supposer que votre position est au milieu du triangle, comme sur l'image de droite de la Figure 11.6.
- **Prenez des relèvements sur des objets proches** : plus l'objet est proche, moins une erreur a d'effet sur le point.
- **Prenez deux ou trois relèvements pour chaque objet** : les lectures multiples minimisent l'erreur que vous pouvez faire en prenant un relèvement.
- **Utilisez des alignements dans toute la mesure du possible** : les alignements sont réellement exacts.
- **Vérifiez votre point au moyen du sondeur (si vous en avez un dont vous savez qu'il est précis)** : n'oubliez pas de tenir compte de la hauteur de la marée au-dessus de la profondeur à la plus basse marée connue figurant sur la carte. La comparaison de la profondeur mesurée avec celle de la carte s'apparente à la prise d'un autre relèvement.
- **Écrivez l'heure du point à côté du point.**

Estime

L'*estime* est le processus par lequel on détermine une position à partir d'une position antérieure en tenant compte des routes et des caps ultérieurs. Par définition, l'estime ne peut donner une position aussi précise que des relèvements exacts ; cependant, il arrive qu'on ne dispose pas d'un objet acceptable (ou qu'on ne dispose que d'un objet d'une valeur discutable) sur lequel prendre un relèvement. Pour pouvoir effectuer des calculs d'estime, vous devez comprendre la relation importante qui relie la vitesse, le temps, et la distance.

La vitesse (mesurée en *nœuds*, ou milles nautiques par heure) est simplement la distance (milles nautiques) divisée par le temps (heures). Si vous êtes bon en calcul, vous n'aurez aucune peine à mémoriser les relations suivantes :

V = Vitesse (nœuds)   D = Distance (milles)   T = Temps (heures)

$V = D/T$ $D = V \times T$ $T = D/V$

Si vous connaissez deux de ces trois quantités, vous pouvez déterminer la troisième. Vous utiliserez ce principe surtout pour calculer la distance parcourue. Si vous connaissez votre vitesse moyenne (grâce au *loch* – qui mesure la vitesse, et/ou la distance parcourue) et le temps pendant lequel vous avez navigué, vous pouvez calculer la distance parcourue. Par ailleurs, si vous connaissez le cap compas auquel vous avez gouverné, vous pouvez faire progresser votre position sur la carte depuis votre dernière position connue (ou estimée).

Supposons que vous ayez fixé votre position sur la carte au moyen de trois relèvements pris à midi. Vous gouvernez ensuite à un cap moyen de 090° à 6,8 nœuds pendant 25 minutes. Vous pouvez calculer la distance couverte comme suit :

$D = V \times T$ $D = 6{,}8$ nœuds $\times (25/60)$ $D = 2{,}83$ milles

Vous pouvez donc établir votre position estimée à 12h 25 en mesurant 2,83 milles selon un cap (vrai) de 090° à partir du point de midi, en vous servant de la même technique d'utilisation de la règle Cras que celle décrite plus haut dans ce chapitre. La nouvelle position est votre *position estimée* et elle doit être marquée sur la carte en tant que telle.

CONSEIL

La règle des six minutes : en déterminant la distance parcourue, vous devez fréquemment utiliser un intervalle de temps plus petit que l'heure, ce qui complique le calcul. Mais comme 6 minutes sont un dixième d'heure, vous pouvez utiliser cet intervalle pour faciliter vos calculs. Par exemple, un bateau naviguant à 6,8 nœuds franchit 0,68 milles en six minutes, ou approximativement 1,4 milles en 12 minutes, etc.

Prise en compte du courant et de la dérive

Lorsque vous mettez à jour votre position au moyen de l'estime, vous devez aussi tenir compte de mouvements qui ne sont mesurés ni par le loch ni par le compas. On peut faire intervenir dans le calcul de l'estime deux autres types de mouvement. La dérive est le mouvement latéral d'un bateau naviguant au près. L'incidence de la dérive varie d'un bateau à l'autre. Le courant a un effet similaire, également « invisible » sur le mouvement du bateau. Le Chapitre 10 donne plus d'information sur les courants.

Tenue d'un journal de bord

Comme il est important de connaître la vitesse, la distance parcourue, et le cap, vous voyez bien pourquoi tous les navigateurs sérieux tiennent un journal de bord. Un *journal de bord* est tout simplement l'enregistrement chronologique de différentes informations. Vous pouvez concevoir votre journal de bord pour y mettre toutes les informations que vous jugez importantes. Les articles qu'il contient généralement sont :

- **Cap moyen depuis la dernière entrée** : chaque fois que le bateau change de cap (disons, après un virement de bord), vous devez inscrire une nouvelle entrée.
- **Vitesse moyenne depuis la dernière entrée.**
- **Cap donné** : cap souhaité par le navigateur
- **Indication du loch** : la plupart des bateaux sont désormais équipés d'un loch électronique indiquant sur un compteur le nombre de milles parcourus, à la manière d'un compteur kilométrique de voiture.
- **Heure** : normalement mesurée de 0 à 24 heures.
- **Information sur le temps** : vitesse et direction du vent, couverture nuageuse, pression barométrique, etc.
- **Autres commentaires** : par exemple, quelles voiles sont hissées, qui gouverne le bateau, quand le bateau a-t-il viré vent debout ou empanné, ce qu'il y avait au dîner, et ainsi de suite.

CONSEIL

Quand devez-vous tenir un journal de bord ? De toute évidence, vous n'en avez pas besoin pour naviguer sur dériveur dans des eaux familières (et d'ailleurs vous n'auriez pas d'endroit où le mettre). Mais si vous traversez un océan, vous avez absolument besoin d'un journal de bord. Tenez-en un chaque fois que cela peut contribuer à la sécurité du bateau.

Technique de pilotage spéciales

La clé de la sécurité à bord est de rendre la navigation aussi facile que possible. Nous avons entamé ce chapitre par la section sur « le bon sens » parce que parfois vous pouvez faire ce qu'il y a à faire sans la carte ni la règle Cras.

Toutefois, il y a vraiment des circonstances où l'on a besoin d'une estime rigoureuse et de points fréquents. Un exemple en est la navigation de nuit dans un endroit inhabituel comportant de nombreux hauts-fonds ou autres dangers. La plupart du temps, votre effort de navigation doit se situer quelque part entre ces deux extrêmes. Voici quelques techniques qui vous seront utiles.

Caps dangereux

Parfois les aides à la navigation signalent des *caps dangereux* – c'est le cas des marques cardinales que nous avons vu au début du chapitre. Parfois des feux à secteur émettent une couleur différente (rouge au lieu de blanc) dans l'un des secteurs balayé, pour signaler un danger dans ce secteur. A l'extérieur du secteur, la navigation est sûre, à l'intérieur il y a un danger, par exemple un haut-fond. Un autre type de signalisation du même genre peut être un alignement de marques ou de feux indiquant un cap sûr, par exemple à l'entrée d'un chenal étroit conduisant à un port, un peu comme pour l'appontage d'un avion sur un porte-avions.

Le navigateur peut aussi déterminer un cap dangereux à partir d'informations recueillies sur la carte marine. Si par exemple votre route actuelle demande que vous fassiez le tour d'une île comportant des hauts-fonds rocheux sur un côté, vous pouvez définir un relèvement de danger tangent à une marque de navigation ou à un amer, à l'écart duquel vous voulez maintenir votre bateau. En surveillant le relèvement de cet objet et en le comparant à votre relèvement de danger (mesuré de la façon habituelle sur la carte), vous pouvez éviter le danger en question sans avoir à courir constamment à votre table à carte pour faire le point.

CONSEIL

Ajouter un « rembourrage » à votre relèvement de danger. Si par exemple un relèvement de 350 degré sur une bouée vous ferait passer tout à côté d'un haut-fond, vous devriez ajouter à ce cap (ou lui soustraire, selon le côté où se trouve l'eau saine) environ 5 degrés, surtout lorsque vous vous rapprochez de ce danger.

Point par relèvement et distance

Vous pouvez fixer votre position sur une carte avec deux droites obtenues par relèvement, de la manière indiquée plus haut dans ce chapitre, mais vous pouvez aussi le faire si vous avez un relèvement (ou un alignement) sur un objet et si vous savez à quelle distance se trouve l'objet. Vous trouvez simplement le point auquel la droite coupe un cercle ayant l'objet comme centre et la distance comme rayon. Il y a bien des façons d'évaluer une distance. L'une consiste à juger de la distance à partir de repères gravés en mémoire, une autre consiste à prendre deux relèvements successifs du même objet, tels que l'angle du deuxième avec le cap soit double de celui du premier.

Juger une distance

Tous les bons navigateurs se croient capables de juger une distance aussi bien qu'un golfeur professionnel (ou son caddie). Cette aptitude s'acquiert avec la pratique. Chaque fois que vous êtes sur l'eau (ou à terre), vous pouvez vous entraîner à juger la distance. Vous avez seulement besoin d'une carte marine (et de savoir où vous êtes) pour vérifier votre estimation.

J'adore estimer des distances, et je le fais tout le temps. J'ai emmagasiné dans ma mémoire visuelle un catalogue de ce à quoi ressemblent certaines distances. Par exemple, je sais que la distance depuis le quai jusqu'à l'autre rive du lac Skaneateles (dans l'état de New York) est de deux milles, et je sais par cœur à quoi ressemble cette distance. Et quand un objet est à peu près à deux milles de distance, je me demande toujours s'il est plus près ou plus loin que l'autre côté du lac ! Ma cervelle de passager a aussi photographié ce à quoi ressemblent six milles, grâce à mon observation du sol à travers les hublots des avions. Et bien sûr, j'ai passé suffisamment de temps sur un terrain de football américain, dans les premières années de ma jeunesse, pour savoir à quoi ressemblent 100 yards.

Voici quelques autres repères glanés au fil des années :

- **Si vous pouvez discerner des arbres individuellement, vous en êtes à moins d'un mille.**
- **Si vous pouvez discerner les fenêtres des maisons, vous en êtes à moins de deux milles.**
- **Si vous ne pouvez pas distinguer la limite entre la terre et l'eau, vous êtes à plus de trois milles de distance.**

Deux relèvements successifs du même objet

La magie de la trigonométrie vous offre de nombreuses façons astucieuses de calculer une distance. La manière la plus facile consiste à prendre un premier relèvement d'un objet, à noter l'angle de ce relèvement avec le cap du bateau, puis de maintenir une vitesse et un cap constants, et de noter la distance parcourue entre le premier relèvement et le moment où l'angle d'un second relèvement avec le cap devient double du premier. Cette distance parcourue est égale à la distance entre l'objet et le bateau lors du second relèvement, le triangle formé par l'objet et les deux positions successives étant isocèle. Par exemple, si vous passez devant un objet intéressant (disons, une phare), notez l'heure au moment où le phare est à un angle de 45 degrés par rapport à l'axe du bateau. Observez la vitesse moyenne, et lorsque le phare se trouve exactement par le travers (à 90 degré par rapport à l'axe du bateau), vous avez « doublé l'angle », et vous notez à nouveau l'heure et prenez un nouveau relèvement. La distance parcourue entre ces deux instants est égale à votre distance de l'objet au moment du second relèvement. Connaissant le relèvement de l'objet et sa distance, vous obtenez un point.

Navigation dans la brume

Par définition, vous ne voyez rien dans la brume, et l'exactitude de l'estime devient alors primordiale. Voici quelques règles à respecter lorsque la brume se manifeste :

- **Soyez conscient des possibilités de brume (voir Chapitre 10 sur le temps).**
- **Si la brume commence à s'installer (elle ne vous enveloppera pas complètement sans quelque avertissement), faites aussitôt sur la carte un point aussi exact que possible**. Si vous n'avez pas de carte et si vous naviguez seulement pour la journée, mettez immédiatement le cap sur un abri sûr (par exemple rentrez chez vous).
- **Suivez les procédures permettant d'établir une estime aussi exacte que possible**. Si vous avez un sondeur, utilisez-le, surtout si vous traversez des zones comportant des changements brusques de profondeur, susceptibles de vous fournir des indications précises sur la position.
- **Ecoutez les signaux de brumes des bouées et les cornes de brume**. La carte marine (et le document 1 D du SHOM) vous indiquent certains sons émis par des phares, balises ou autres marques de navigation (coups de canon – qui tombent en désuétude, sons graves, sirènes, trompettes, cloches ou sifflets).
- **Ecoutez les autres bateaux. Tous les bateaux ont l'obligation de poster une vigie**. Tenez compte de ce que le son fait des choses bizarres dans la brume, et qu'il peut être difficile de localiser un son avec précision.
- **Emettez des signaux sonores**. Le règlement pour prévenir les abordages en mer exige qu'un bateau à voile, à partir 12 mètres, émette un son de corne prolongé suivi de deux sons brefs au moins toutes les deux minutes. Vous trouverez d'autres indication sur ce règlement au Chapitre 7.

CONSEIL

Vous souvenez-vous de nos conseils visant à vous faire apprendre les méthodes traditionnelles de la navigation avant de vous servir d'un GPS ? Et bien, si vous vous trouvez dans la brume, c'est le moment de désobéir !

Navigation nocturne

Quand la nuit tombe, vous perdez une partie (une partie seulement) des indications visuelles qui sont importantes pour le navigateur. Même dans des eaux familières, l'arrivée de la nuit est un bon moment pour déplier la carte marine et faire des efforts de navigation accrus.

L'un des aspects les plus importants de la navigation côtière de nuit est l'identification correcte des feux. Répétons que le document 1 D du SHOM peut vous aider à déchiffrer les abréviations qui définissent sur une carte marine les caractéristiques d'un feu. Vous devez en général observer deux ou trois cycles de la séquence du feu pour être sûr de l'avoir vraiment identifié. Tenez compte aussi du fait que les feux des bouées ont une portée beaucoup plus faible que les phares (environ deux milles, et même moins s'il y a de grosses vagues). Il vous sera plus facile d'identifier une bouée ou un phare si vous calculez d'abord (sur la carte) son relèvement présumé pour regarder ensuite dans la direction trouvée.

CONSEIL

De nuit, il convient de maintenir l'éclairage intérieur et celui du pont à un niveau minimal pour faciliter la vision nocturne de ceux qui sont sur le pont (et notamment celle du navigateur, qui peut faire des allées et venues entre le pont et le cockpit). De nombreux bateaux sont équipés de lumières rouges pour la nuit parce que la lumière rouge a moins d'incidence sur la vision nocturne que les lumières blanches. Tenez compte de ce que les lignes et les symboles rouges sur une carte paraissent gris dans la lumière rouge.

Navigation électronique

Nous pensons avoir suffisamment souligné que la compréhension et la maîtrise des méthodes « traditionnelles » du pilotage et de l'estime sont absolument cruciales avant de confier votre bateau (et votre sécurité) à une machine. Mais une fois que vous maîtrisez ces procédés traditionnels, les aides électroniques à la navigation font du travail du navigateur un jeu d'enfant.

Navigation au GPS

Le système de navigation électronique le plus couramment utilisé est le GPS, ou *Global Positioning System*. Un appareil GPS est un instrument de navigation utilisant un ensemble de satellites du U.S. Department of Defense pour fournir votre latitude et votre longitude actuelle avec une précision incroyable – à 100 mètres près ou mieux encore. Comme dans le cas d'un téléviseur, vous n'avez pas besoin de savoir comment il marche pour vous en servir. Les appareils GPS ont révolutionné l'art de la navigation.

CONSEIL

Il existe différents modèles d'appareils GPS, et vous devez lire le manuel d'utilisation pour savoir comment le régler et le faire marcher. Réglez-le pour qu'il affiche des degrés magnétiques (non des degrés vrais), des milles nautiques (non des kilomètres ou des milles terrestres), votre heure locale (non l'heure du méridien de Greenwich), et la latitude et la longitude. Ces conventions facilitent l'utilisation de votre propre montre, du compas et des cartes marines, parce qu'alors tous les éléments sont en phase.

Les fonctions des différents appareils GPS peuvent varier, mais il y une chose bien pratique que la plupart d'entre eux peuvent faire, c'est d'enregistrer à l'avance un prochain *point de passage* – en anglais *way point* (par ses coordonnées en latitude), et ensuite d'afficher la distance et le cap jusqu'à ce point. On peut ainsi jalonner la route à suivre en enregistrant plusieurs points de passage. Dès que le premier point est atteint, l'appareil traite le point suivant. En outre, certains GPS peuvent vous aider à enregistrer votre position de deux autres manières high tech – en branchant le GPS sur un ordinateur personnel comportant un logiciel de navigation, ou en utilisant un pavé numérique interfacé avec le GPS (une approche que Peter affectionne parce qu'il peut ainsi continuer à utiliser les cartes marines).

Vous devez être capable de noter sur une carte une position indiquée (par sa latitude et sa longitude). Voici la manière de faire la plus exacte :

1. **Notez la latitude et la longitude indiquées et trouvez-les sur les échelles correspondantes sur les bords de votre carte.**

   Faites une petite marque au crayon sur chacun de ces points. Il ne reste plus qu'à tracer sur la carte deux droites passant par chacun de ces points, parallèles respectivement aux parallèles et aux longitudes qui quadrillent la carte. Le point cherché est à l'intersection de ces deux droites.

2. **Placez le bord extérieur de la règle Cras sur la marque que vous avez faite sur l'échelle des latitudes. En maintenant le bord de la règle au niveau de cette marque, faites glisser et/ou pivoter la règle jusqu'à ce que la ligne verticale qui se trouve au milieu de la règle coïncide avec un méridien sur la carte. Les méridiens et les parallèles se croisant à angle droit, le bord de la règle représente désormais le parallèle passant par le point.**

3. **Tracez ce parallèle, et au besoin prolongez-le (en calant la verticale du milieu de la règle sur un méridien).**
4. **Tracez un méridien à partir du trait que vous avez fait sur l'échelle des longitudes, en calant le milieu de la règle sur un parallèle, jusqu'à son intersection avec le parallèle que vous avez tracé.**

   Cette intersection représente votre position sur la carte !

Autres aides électroniques

Le loch électronique et le sondeur d'un bateau sont tellement utilisés qu'on a tendance à les classer parmi les instruments « traditionnels ». Ils méritent quelques explications.

Un *loch* électronique est un compteur de vitesse assurant pour le bateau la même fonction que son homologue sur une voiture. La plupart des lochs sont entraînés par une petite roue fixée sous la coque. Un sondeur utilise des ultrasons pour vous dire combien il y a de place sous le bateau et affiche la mesure sur un cadran ou une fenêtre numérique.

Si nous avions écrit ce livre il y a dix ans, nous aurions consacré une place importante au système *Loran C* – long range navigation C – (un système de navigation électronique employant des ondes radioélectriques pour déterminer une position) et au système Decca. Ces deux systèmes nécessitent l'utilisation de cartes spéciales couvertes de réseaux d'hyperboles correspondant aux indications fournies par ces systèmes. Chacun d'eux ne couvre qu'une partie du monde, et ni l'un ni l'autre n'a la précision du GPS.

Navigation astronomique

Quittons la high tech pour passer à la navigation vraiment traditionnelle, la *navigation astronomique* (basée sur les corps célestes tels que les étoiles, la lune et le soleil), qui est la forme de navigation de loin la plus distinguée. L'utilisation de ce système vous rapproche des grands savants et des grands navigateurs d'autrefois, comme Galilée, Copernic, Magellan, Christophe Colomb, et Cook. Même de nos jours, cela paraît surprenant que l'on puisse déterminer sa position dans le monde (avec une précision de moins d'un mille) au moyen d'un *sextant* (un appareil qui mesure la hauteur angulaire d'un corps céleste au-dessus de l'horizon), d'une montre, et de quelques recueils de tables. Au fait, vous avez encore besoin d'autre chose – un ciel clair ou partiellement clair au cours de la journée ou à l'aube ou au crépuscule. La nuit et les nuages limitent considérablement les possibilités de la navigation astronomique, parce que vous avez besoin de voir le corps céleste et l'horizon.

Un livre général tel que celui-ci est trop petit pour traiter la navigation astronomique comme elle le mérite. Il existe fort heureusement d'excellents ouvrages sur le sujet. La bibliographie du Nouveau cours des Glénans cite plusieurs ouvrages, dont les trois suivants :

- *Grande Traversée et point astro*, Gallimard, 1990.
- *Navigation astronomique à portée de tous*, coll. « Les dossiers du Pen Duick », Pen Duick-Ouest France, 1990.
- *Le Sextant*, coll. « Les dossiers du Pen Duick », Pen Duick Ouest France, 1991.

Le principe de base de la navigation astronomique est facile à comprendre. Si vous pouvez mesurer l'angle entre l'horizon et un corps céleste dont la position est connue à un instant donné (merci, Copernic et tous les autres), vous pouvez générer un arc capable. Vous vous trouvez quelque part sur cet arc. Obtenez une autre mesure à partir d'un autre corps céleste ou du même à un instant différent, et si vous n'avez pas bougé entre-temps, les deux arcs capables se croisent à l'endroit où vous vous trouvez (et à un autre endroit du globe très éloigné du premier, et où évidemment vous ne vous trouvez pas). La Figure 11.6 montre un exemple de navigation astronomique.

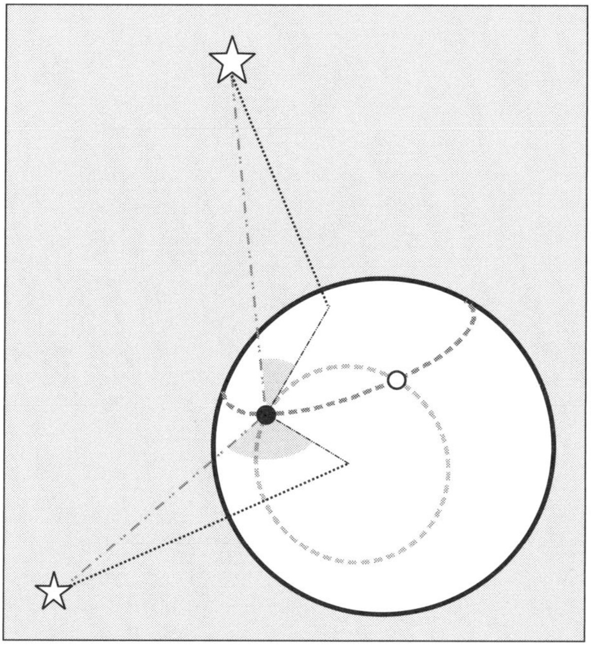

Figure 11.6 : La navigation astronomique vous permet de générer un arc capable sur lequel vous vous trouvez.

SÉCURITÉ D'ABORD

Quel que soit le nombre de GPS dont vous disposez à bord, n'entreprenez jamais, au grand jamais, une navigation hauturière (une traversée hors de vue des côte) sans emmener un sextant, un manuel d'utilisation, et soit les livres requis (tables et almanachs) ou un calculateur ou un ordinateur à l'intérieur duquel sont stockées toutes ces informations.

Quatrième partie

À la voile pendant un an et un jour – situations spéciales

« CE N'EST PAS CE QUE JE VOULAIS DIRE ! »

Dans cette partie…

Situations spéciales... hum. C'est un peu comme si nous disions, « Toutes les autres choses sur la voile que nous voulons que vous connaissiez. » Cette partie du livre porte sur ce qu'il faut faire dans une tempête ou si votre bateau se casse – des situations que vous ne rencontrerez probablement pas tout de suite dans votre carrière de voileux, ou peut-être même jamais. Mais nous espérons que vous aurez l'occasion d'essayer la planche à voile, les techniques avancées sur petits voiliers, et la course sur voilier. Ce sont les trois domaines de ce sport merveilleux que nous aimons le plus. Alors faites-nous plaisir et jetez au moins un coup d'œil sur les chapitres en question.

Chapitre 12

La voile par gros temps

Dans ce chapitre :

- Comment juger s'il y a trop de vent
- Penser à l'avance à ce qui peut aller mal
- Préparatifs pour le gros temps
- Réduire la voilure
- Choix du meilleur cap
- La cape et la fuite

Hissons les voiles pendant la tempête
Ni marée ni vent n'empêchent les plaisirs des hommes

– Robert Southwell

Lorsqu'il y a des « moutons dans le pré » (des crêtes mousseuses un peu partout sur la mer) naviguer à la voile peut être passionnant ou terrifiant. Tout dépend de votre bateau, de votre niveau de compétence et de celui de l'équipage, de l'endroit où vous êtes, et de l'intensité réelle du vent. À un certain stade, il y a tout simplement trop de vent pour n'importe qui, homme ou diable. Ce chapitre vise à élever votre seuil du vent trop fort pour que vous puissiez profiter de ces journées ventées, et être prêt pour le cas d'une brusque poussée de vent. Nous parlerons surtout des situations où le vent est fort mais qui permettent la navigation à voile, parce que ce sont les situations les plus fréquentes. Mais nous mentionnerons aussi les approches et les tactiques visant à vous permettre de survivre dans les situations où vous auriez dû rester à terre.

Quand y a-t-il vraiment trop de vent ?

Le « gros temps » est ce par quoi les marins désignent un vent frais (selon l'échelle de Beaufort, décrite au Chapitre 10). Quand des conditions modérées deviennent-elles excessives ? Une façon simple de définir le gros temps est de dire qu'il comporte un vent et des vagues d'une intensité qui représentent un défi pour le marin.

Les dix raisons pour lesquelles JJ adore qu'il y ait beaucoup de vent

1. Vous allez vite et vous foncez avec un large sourire au visage.
2. La douche chaude à la fin de la journée est des plus agréables.
3. C'est l'occasion de porter la nouvelle tenue de gros temps, qui est vraiment très chouette.
4. Vous pouvez surfer sur les vagues et peut-être même *planer* (glisser à la surface de l'eau).
5. Reculer ses limites et surmonter ses craintes donne une formidable confiance en soi.
6. Quelques embruns dans la figure n'ont jamais fait de mal à personne.
7. Vous dormirez vraiment bien cette nuit-là.
8. Au retour à terre, vous vous mettez à apprécier les choses simples de la vie – comme d'être sur la terre ferme (et sèche).
9. Vous serez pris dans le gros temps un de ces jours, et un peu d'entraînement est une bonne chose.
10. Pourquoi demander pourquoi ? Faites-le simplement. (Rien à voir avec une excuse pour se marier très jeune ou sauter au bout d'un élastique.)

Comme vous l'avez vu au Chapitre 10, les marins mesurent la vitesse du vent en *nœuds* et peuvent estimer cette vitesse en observant la surface de l'eau. Nous recommandons qu'un marin débutant retourne à terre dès que les *moutons* (des crêtes mousseuses) deviennent nombreux, soit à environ 15 nœuds. Mais pour un marin expérimenté, 15 nœuds est le moment où la voile devient vraiment intéressante.

Nous encourageons les marins débutants à passer beaucoup de temps à perfectionner leurs talents par des vents légers à modérés, avant de repousser les limites de leur confort par des vents plus forts. A un certain moment, tout le monde (quelle que soit l'expérience) veut reculer ses limites. Le jour venu, voici quelques recommandations à prendre en compte :

- **N'allez pas trop vite trop loin**. Si votre limite a été 17 nœuds, essayez 20 ou 22 nœuds avant de sauter à 30.
- **Naviguez dans des eaux familières**. N'allez dans une zone « nouvelle » que si les conditions de temps ne sont pas excessives et s'il y a beaucoup d'eau au-dessous et tout autour. Vous n'avez pas envie de vous échouer.
- **Partez sur un bateau que vous connaissez bien.**
- **Arrangez-vous pour qu'il y ait à bord quelqu'un de plus expérimenté que vous**. Si vous naviguez sur un dériveur pour une personne, assurez-vous qu'il y a à proximité un bateau qui pourrait jouer le rôle de bateau de sauvetage, avec à son bord des gens expérimentés qui vous observent.
- **Endossez votre gilet de sauvetage**. Suivez les procédures de préparation et de sauvegarde décrites plus loin dans ce chapitre et au Chapitre 7.
- **Utilisez votre tête**. Sur un bateau à voile, comme dans d'autres circonstances de la vie, il est important de connaître ses limites. Cela veut dire savoir non seulement déterminer la force du vent et des vagues, mais aussi la condition du bateau et de l'équipage, et si vous vous sentez à la hauteur.

Ce qui peut aller mal

Nous ne voulons pas vous effrayer au point de vous faire renoncer à la voile par gros temps ; nous voulons seulement vous donner quelques-unes des raisons pour lesquelles vous ne devez pas excéder vos limites. Sachant qu'un homme averti en vaut deux...

- **Le bateau peut devenir incontrôlable**. Si la mer et le vent sont trop forts, leur force peut jeter le bateau dans tous les sens, au point qu'il ne peut plus être gouverné. Ne plus pouvoir gouverner le bateau n'est pas drôle, et c'est dangereux.
- **Vous pouvez chavirer**. Vous devez pratiquer le rétablissement de votre dériveur après chavirage (de la manière décrite au Chapitre 7) jusqu'à ce que ce soit une opération de routine. Cependant, cela peut mal se passer, notamment par mauvais temps. Vous pouvez ne pas arriver à redresser le bateau contre la force du vent. Une fois complètement retourné, le bateau peut être poussé par le vent sur un haut fond, ce qui peut éventuellement briser le mât.

- **Vous pouvez perdre un équipier passé par-dessus bord**. Plus les vagues sont grosses et plus le bateau gîte dans le vent, plus il est difficile de rester sur le pont. Au Chapitre 7, nous avons décrit la sécurité à bord, et notamment l'utilisation des harnais de sécurité. Avec de grosses vagues et un vent qui souffle fort, faire demi-tour et récupérer un homme à la mer n'est pas une partie de plaisir et ce peut même être presque impossible.
- **Votre mât peut casser, ou vous pouvez avoir d'autres avaries importantes**. Si votre bateau n'est pas entièrement préparé (et parfois même s'il l'est), des choses peuvent commencer à s'envoler si les forces de Mère Nature se déchaînent. Nous discutons la façon de remédier à certains accidents au Chapitre 13, et des réparations aux Chapitre 19.

Préparatifs en vue du gros temps

Ce que vous devez faire pour vous préparer au gros temps, vous et votre bateau, dépend du bateau et du type de navigation que vous pratiquez, mais il y a des précautions qui sont universelles.

Se préparer à l'avance

Tenez compte de ces conseils avant de partir à la voile un jour de gros temps ou lorsque le vent semble fraîchir (devenir plus fort) alors que vous envisagez de sortir :

- **Diminuez la puissance des voiles et envisagez de réduire leur surface**. Le Chapitre 8 présente des techniques permettant de diminuer la puissance de la surface de voile en place. Plus loin dans ce chapitre, nous verrons des méthodes pour réduire cette surface en *prenant des ris* ou même en changeant les voiles. Faire ces choses *avant* d'être en pleine tempête est la clé de la sécurité parce qu'il peut même être difficile de se déplacer à bord une fois le bateau pris dans la tempête. Mettez au moins en place les manœuvres et l'équipement permettant d'ariser les voiles (de réduire leur surface), si vous en disposez.
- **Assurez-vous que tout est clair et à poste sur le bateau**. Lorsque le vent se lève, le bateau gîte davantage ; si vous êtes sur un dériveur, vous pouvez même chavirer. Saisissez (attachez) tout ce qui pourrait bouger, y compris les accumulateurs, les réservoirs de carburant, les affaires personnelles, et tout ce qui est vraiment lourd et pourrait faire des dégâts si le bateau roule trop. Sur un dériveur, assurez-vous que tout l'équipement essentiel (tel que le safran et la dérive) est bien attaché au bateau. Assurez-vous que tout le gréement dormant et courant est en

bon état. Envisagez de remplacer ce cordage qui commence à se raguer (à s'user ou s'effilocher) ou à substituer une manille plus forte pour remplacer celle dont la barrette est tordue. Vérifiez vos voiles pour vous assurer qu'elles n'ont pas de traces d'usure ni de déchirures. (Voir le Chapitre 19 pour plus de détail sur l'entretien de votre bateau.)

- **Rendez le bateau aussi étanche que possible**. C'est maintenant le moment de « fermer les écoutilles ». Fermez tous les panneaux ou hublots, notamment ceux d'avant par où les embruns viennent à bord. Evacuez toute l'eau qui pourrait se trouver à bord – si on ne peut éviter de se mouiller à l'extérieur, il est bons de commencer par être au sec à l'intérieur.
- **Préparez vos équipiers au point de vue mental à un accident éventuel**. Passez en revue les procédures relatives au chavirage (si vous êtes sur un dériveur) et à l'homme à la mer. Devons-nous vous rappeler que ces sujets sont traités au Chapitre 7 ? Vérifiez l'emplacement de certains équipements tels que les outils, le couteau, l'ancre, la pompe, le radeau de sauvetage, les garcettes de ris (cordages utilisés pour la prise de ris), etc. et de tout ce qui peut être utile si les choses se gâtent sérieusement.
- **Préparez physiquement vos équipiers**. Au Chapitre 3, nous passons en revue les options de tenue pour différentes conditions de temps. Sachez-le : l'air sera plus humide et plus froid, et vous devez mettre les vêtements chaud dès maintenant. Après avoir endossé vos vêtements de mauvais temps (quels qu'ils soient), distribuez les gilets de sauvetage (voir Chapitre 7) et (sur les quillards) les harnais de sécurité.

Si vous êtes déjà en mer

Si vous êtes déjà au large, notamment lors d'une traversée assez longue (plus de 12 heures), vous pouvez ne plus être en mesure de mettre le cap sur la côte facilement lorsque le mauvais temps menace. En plus des opérations générales de préparation mentionnées par la section précédente, vous avez intérêt à faire les choses suivantes :

- **Faire manger l'équipage**. Il est préférable de partir à la bataille contre les éléments en ayant d'abord fait le plein. De toute façon, si votre bateau est trempé à l'intérieur du fait d'une tempête, les victuailles ne seront guère appétissantes ni peut-être même consommables.
- **Faire le point**. C'est le moment de déployer tous vos talents de navigateur. Voyez le Chapitre 11 sur la manière de déterminer votre position.

De l'importance du couteau

Avez-vous remarqué, dans les vieux films sur les histoires de pirates, que tous les marins portent un couteau. Et bien, ce couteau ne servait pas seulement au méchant à pousser le bon au bout de la planche ; c'est un outil précieux que tout marin doit avoir, spécialement en cas d'urgence. Un couteau bien tranchant, avec une pointe émoussée pour éviter de perforer accidentellement une partie sensible du bateau ou d'un corps, peut passer en une seconde à travers une drisse fortement tendue ou une écoute emmêlée, et sauver le mât ou le bateau dans une situation inattendue telle qu'une bourrasque soudaine ou un empannage accidentel ou une aulofée intempestive.

- **Mettez en place un système de quarts**. Au cours d'une longue traversée, vous pouvez avoir déjà établi un système de roulement des équipiers pour que chacun puisse se reposer. Un système de roulement courant consiste à diviser l'équipage en tiers, ou en bordées (deux moitiés), ou groupes (de capacités équivalentes), chaque groupe étant « de quart » à tour de rôle pendant une durée déterminée (trois ou quatre heures, par exemple) après quoi il est « hors quart » et peut se reposer en bas sur une couchette.

Réduire votre puissance de voile

Voici un fait intéressant : la force du vent augmente comme le carré de sa vitesse, ce qui veut dire qu'à 14 nœuds, la force du vent sur le gréement et les voiles est double de ce qu'elle est à 10 nœuds. Et cette remarque s'applique avant d'avoir tenu compte de l'effet des vagues. Les voiliers et tous leurs composants ne peuvent résister qu'à une certaine tension avant de commencer à casser. Tout ce que vous pouvez faire pour réduire ces forces sur un bateau dans des conditions extrêmes peut faire une énorme différence.

Réduire la surface des voiles

Une première approche pour réduire la tension est de réduire la puissance des voiles. Nous avons examiné ce sujet en détail au Chapitre 8. L'étape suivante consiste à réduire la surface de voile du bateau, ou réduire la toile. Il y a trois façons de *réduire la toile* : en affalant une voile, en arisant une voile, ou en changeant une voile pour la remplacer par une autre plus petite. Chacune de ces trois méthode a ses avantages et ses inconvénients, selon le bateau et les circonstances.

Affaler une voile

Affaler une voile est une mesure drastique sur un catboat (qui n'a qu'une voile), mais cette tactique est utilisée couramment sur des sloops de toutes tailles. Faut-il affaler la grand-voile ou le foc ? La réponse dépend du bateau et des conditions. Voici des situations où il convient d'affaler le foc et de continuer avec la grand-voile seule :

- **Quand le foc est vraiment trop grand ou quand il est si léger qu'il peut être arraché par le vent.**
- **Quand le bateau se comporte bien avec la grand-voile seule**. Sur la plupart des bateaux, le foc a une surface plus petite que la grand-voile, de sorte que dans des situations extrêmes, il peut être préférable d'affaler la grand-voile parce la réduction de toile ainsi obtenue (et donc des efforts auquel est soumis le bateau) est beaucoup plus marquée. Affaler le foc peut représenter une mesure transitoire tandis que le vent fraîchit.
- **Si le bateau dispose d'un enrouleur (voir Chapitre 8)**. Il est vraiment très facile d'enrouler partiellement le foc, de voir si cet arrangement convient, et de l'enrouler complètement si nécessaire.

Voici les situations où il convient d'affaler la grand-voile et de naviguer avec le foc seul :

- **Sur des dériveurs gréés de telle manière que l'affalement du foc affaiblit considérablement le gréement dormant.**
- **Dans des situations réellement extrêmes, où il n'est pas possible d'ariser la grand-voile, ou encore lorsqu'un ris sur la grand-voile ne réduit pas suffisamment la voile, de sorte que le bateau gîte encore trop et reste trop difficile à gouverner.**

Lorsque vous affalez l'une ou l'autre voile, tenez-la en paquet pour qu'elle ne parte pas dans tous les sens, jusqu'à ce que qu'elle ait pu être soit rangée sous le pont, soit assurée sur la bôme pour ne pas battre en tous sens.

CONSEIL

Si vous devez envoyer l'équipage sur la plage avant pour un changement de voile par grosse mer, mettez le bateau au grand largue ou vent arrière (pas d'empannage accidentel, de grâce), pour diminuer la gîte. Tout le monde peut alors se déplacer sur le pont qui représente une surface à peu près horizontale. Naturellement, si votre destination est au vent, vous allez vous en éloigner à assez grande vitesse.

PETER RACONTE

Tourner le bateau vent arrière peut aussi réduire le mouvement du bateau pour permettre à un équipier de travailler en haut du mât. Alors que je barrais *Courageaous*, le fameux 12 mètres de Ted Turner, à Perth en Australie, notre grand-voile s'est coincée en haut du mât – nous ne pouvions plus l'affaler. Nous avons dû envoyer un équipier à 30 mètres de haut pour régler le problème. Il y avait un vent de 28 nœuds et les vagues étaient profondes et hachées. Nous savions qu'il ne pourrait pas survivre aux secousses d'une allure de près – la hauteur du mât accentuait trop les mouvements du bateau. J'ai donc dû tourner le bateau vent arrière pour rééquilibrer le bateau et atténuer les mouvements. Il lui a fallu quand même 25 minutes pour régler le problème ; nous étions alors presque sur les rochers et quatre milles plus loin de notre destination. Mais au moins notre équipier était vivant !

Prise de ris

Prendre un ris sur une voile, ou *ariser* une voile, consiste à réduire sa surface exposée au vent. Pour ariser une grand-voile, il faut un équipement spécial sur la grand-voile, le mât, et la bôme. Certains focs peuvent être arisés en enroulant partiellement la voile sur un enrouleur de foc. La plupart des dériveurs et des petits quillards n'ont pas d'équipement spécial pour ariser. Lorsqu'elle est possible, la prise de ris est une étape intermédiaire (si les conditions s'aggravent) avant d'affaler une voile.

Ariser la grand-voile

La prise de ris sur la grand-voile implique de l'affaler partiellement et de la fixer à un « nouveau » point d'amure et à un « nouveau » point d'écoute. Voici les principaux éléments – dont on peut voir certains sur la Figure 12.1 – mis en jeu par la prise de ris sur une grand-voile :

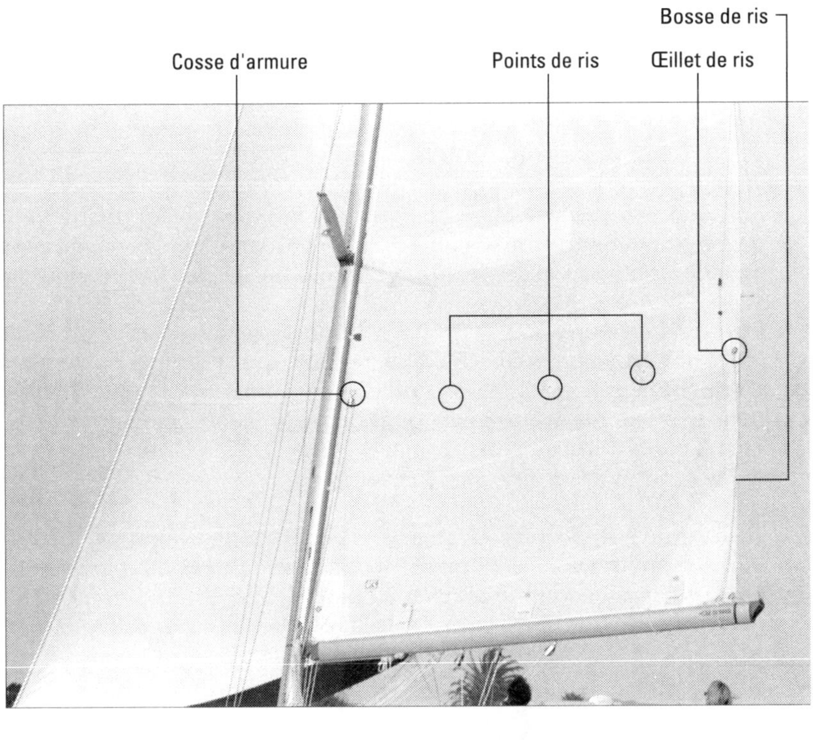

Figure 12.1 : Composants d'une système de prise de ris.

- **Balancine** : la *balancine* est une manœuvre qui maintient la bôme horizontale pendant que la grand-voile est affalée partiellement.
- **Bosse de ris** : une manœuvre jouant le même rôle que la bosse d'empointure (appelée aussi bosse d'écoute) servant à étarquer la bordure ; dans une voile arisée, la bosse de ris passe par un système de poulies jusqu'à l'extrémité de la bôme et un *œillet de ris* (au niveau du point de ris le plus en arrière)
- **Bandes de ris** : des renforts sur lesquels sont cousus des *garcettes*, cordages servant à maintenir l'excédent de toile replié sur lui-même – *serré* – entre la bordure et la bande de ris qui a été choisie, en les nouant autour de cet excédent de toile. La voile peut comporter plusieurs bandes de ris, ou une seule. Sur les voiles actuelles, dont la bordure n'est pas très large, les bandes de ris peuvent être remplacés par des œillets, dans lesquelles on passe alors des garcettes pour fixer la partie de voile affalée.

Certains bateaux ont un *crochet de point d'amure* servant à fixer la *cosse d'amure* (un œillet au niveau du point d'amure le plus avant) à proximité du vit-de-mulet.

Voici la procédure pour prendre un ris sur une grand-voile :

1. **Assurez-vous que la bosse de ris est gréée correctement.**

   Cette opération doit être faite avant de mettre à la voile. Il peut être difficile de passer la bosse de ris à travers l'œillet de ris qui deviendra le point d'écoute une fois la grand-voile hissée.

2. **Le barreur doit rester à la même allure pendant toute l'opération.**

   Le près bon plein ou le petit largue sont préférables parce qu'il est alors plus facile d'affaler la grand-voile.

3. **Embraquez le mou de la balancine et *tournez-la* sur un taquet (fixez-la solidement).**

   Cette action empêche la bôme de tomber dans le cockpit et d'y faire des dégâts. Certains bateaux ont des hale-bas sophistiqués, solides, qu'ont peut utiliser à la place de la balancine pour maintenir la bôme à bonne hauteur au-dessus des têtes.

4. **Choquez la grande écoute jusqu'à ce que la grand-voile faseye complètement.**

   La grand-voile doit faseyer pendant toute la procédure de prise de ris pour réduire la pression sur la voile et pour pouvoir l'affaler et l'ariser facilement.

5. **Descendez partiellement la drisse de grand-voile – lentement.**

Rassemblez le guindant qui descend jusqu'à ce que l'équipier qui est debout près du mât ait pu assurer la cosse d'amure dans le crochet de point d'amure (ou tout arrangement similaire près du vit-de-mulet) de manière à créer un « nouveau » point d'amure pour la voile.

6. **Hissez à nouveau la drisse de grand-voile.**

   Engagez soigneusement le guindant dans le mât et étarquez la drisse à bloc ; assurez-vous que le hale-bas a du mou.

7. **Etarquez la bosse de ris et assurez-la solidement.**

   Sur un bateau de 6 mètres ou plus, la bosse d'amure a besoin d'un winch pour pouvoir être étarquée suffisamment. La bosse de ris doit ramener l'œillet de ris vers le bas jusqu'à 2 à 5 cm de la bôme.

8. **Embraquez la grande écoute pour gonfler la grand-voile et choquez la balancine.**

9. **Saisissez par le milieu la partie de la voile qui a été affalée.**

   Cette opération est facultative, mais elle contribue à maintenir la visibilité et le bateau aura un aspect plus ordonné. Nous recommandons d'utiliser un sandow et de le faire passer par l'œillet de ris du milieu (s'il y en a un). Ainsi, si jamais la bosse de ris casse ou se défait, la voile ne sera pas déchirée.

La Figure 12.2 montre une voile correctement arisée.

Figure 12.2 : Une grand-voile correctement arisée.

Certaines grand-voiles ont plusieurs bandes de ris. Vous choisissez celle qui convient pour la taille de grand-voile souhaité. La première étape de réduction de toile est le *premier ris*, l'étape suivante est le *second ris*. Très peu de grand-voiles ont plus de deux bandes de ris, à moins d'avoir été conçues pour la navigation hauturière.

Ariser le foc

De temps à autre, vous pouvez rencontrer un foc comportant des bandes de ris, tout comme une grand-voile. La méthode la plus courante (et la plus commode) pour ariser un foc est d'utiliser un enrouleur, mais lorsque la voile s'enroule, elle perd la forme que lui avait donné son concepteur. (Nous avons vu l'importance de la forme d'une voile au Chapitre 8.) C'est pourquoi les seuls voiliers de course équipés d'enrouleurs sont ceux qui servent à faire le tour du monde en solitaire ou avec un équipage réduit, parce que personne n'est assez fou pour aller jusqu'à l'étrave changer de foc, et se battre pour ramener la voile à bord lorsqu'il est tout seul dans le Pacifique Sud avec un vent de 60 nœuds.

Quand devez-vous prendre un ris ? Et bien, si vous avez lu l'ouvrage jusqu'ici, vous savez déjà que cela dépend. La prise de ris est un moyen efficace de réduction de la puissance des voiles. Une expression d'autrefois est tout aussi valable qu'elle l'était du temps des bateaux à voiles auriques : « Dans le doute... prends un ris. »

Changement de voile

Une autre façon de réduire la toile consiste à passer à une voile plus petite. Cette tactique a pratiquement le même effet que la prise de ris, mais elle est beaucoup plus efficace dans le cas des focs.

La plupart des dériveurs et des petits quillards ne sont pourvus que d'un seul foc. Mais plus les quillards sont gros (à partir de 8 mètres et plus), plus il y a de chances pour qu'ils aient un sac à voile ou deux en plus dans la cabine. Ces sacs (et les coins des voiles qui sont dedans) doivent être clairement identifiés pour éviter toute confusion. Vous pouvez voir au Chapitre 8 une grille de sélection de focs pour un grand voilier de course.

Le processus de changement de foc en cours de route peut être aussi facile ou aussi difficile que vous voulez. Voici la manière facile :

1. **Tournez le bateau sous le vent à une allure de grand largue très accentué pour faciliter les mouvements de l'équipage sur la plage avant.**
2. **Affalez l'ancien foc, plus grand, et pliez-le (de la manière décrite au Chapitre 19).**

   Mettez le dans le sac et descendez-le dans la cabine.
3. **Gréez le nouveau foc, plus petit (de la manière décrite au Chapitre 4).**

4. **Hissez le nouveau foc.**

   Etarquez la drisse à bloc.

5. **Ramenez l'équipage en sécurité dans le cockpit et reprenez le cap désiré, en réglant les écoutes en conséquence.**

Pour la plupart des marins, les changements de voiles sont peu fréquents. Un corollaire du principe « Dans le doute... prends un ris » est qu'il vaut mieux hisser pour commencer un foc plus petit – surtout si le vent fraîchit.

SÉCURITÉ D'ABORD

Lorsque vous réduisez la toile, il est parfaitement admissible – c'est même un signe de compétence marine – de la réduire de trop. Même si le bateau *pourrait* très bien naviguer dans les conditions du moment avec deux ris sur la grand-voile et un petit foc, il est tout à fait convenable de décider d'affaler la grand-voile et de mettre le cap sur la côte à une vitesse réduite de moitié pour être ainsi plus à l'aise.

Utilisation du moteur

Une manière de manœuvrer le bateau par gros temps consiste à utiliser le moteur pour pouvoir réduire davantage la toile (et les efforts qui s'exercent sur le bateau). Vous pouvez même affaler toutes les voiles et utiliser seulement le moteur. Normalement, vous ne devez envisager de naviguer au moteur seulement que si vous avez un cap au vent. Autrement, continuer d'utiliser les voiles est probablement plus rapide et plus facile pour le bateau et pour l'équipage. Si vous avez un moteur fiable et facile à utiliser, voici quelques points à examiner avant d'utiliser le moteur par gros temps :

- **Le moteur est-il assez puissant pour le bateau ?** Certains moteurs n'ont pas assez de puissance pour vous faire avancer contre le vent par vent très fort.
- **Envisagez d'utiliser la voile et le moteur**. Si votre destination est au vent, la meilleure tactique peut consister à conserver une grand-voile arisée ou un petit foc et d'utiliser en même temps la puissance du moteur. En outre, si votre moteur tombe en panne, la dernière chose que vous pouvez souhaiter est d'avoir à hisser la voile pendant que le bateau est chahuté dans tous les sens.
- **Ne laissez pas le bateau gîter de trop**. Si vous naviguez à la fois à la voile et au moteur, la gîte provoquée par le vent peut être si forte que la prise d'eau de refroidissement sorte de l'eau, et le moteur risque de surchauffer. D'autres éléments du moteur peuvent aussi souffrir d'une gîte exagérée.
- **Maintenez toutes les manœuvres hors de l'eau**. Rien ne peut gâcher votre journée plus complètement qu'une écoute ou une drisse qui s'enroule autour d'une hélice.

Choisir le meilleur itinéraire

Il est payant de se montrer astucieux par gros temps, et il y a beaucoup de choses que vous pouvez faire pour rendre votre navigation plus facile, moins dangereuse, et plus amusante lorsque le vent fraîchit. Un des points les plus important est de choisir le meilleur cap pour naviguer. Choisissez une route qui réduira tout ce qui est déplaisant par gros temps et vous apprécierez davantage votre séance de voile.

Sortir des vagues

Souvent le plus gros problème du mauvais temps n'est pas tellement le vent, mais les vagues. Nous avons navigué dans le Gulf Stream avec des vagues si hautes et profondes que l'équipage appelait cet exercice « saute-immeuble », parce qu'il avait l'impression que nous escaladions un immeuble au passage de chaque vague. Comme la taille (et la forme) des vagues est fonction de la vitesse du vent, du *fetch* (le temps pendant lequel et la distance sur laquelle la vague a pu se former), du courant, et de la profondeur de l'eau, vous pouvez parfois prévoir une route qui minimise l'exercice de saute-immeuble. Voici comment faire :

- **Évitez les eaux peu profondes**. Si vous rencontrez de grandes vagues, vous risquez de toucher le fond même si la carte vous indique que la profondeur est suffisante. De plus, naviguer en eau peu profonde s'il y a de grosses vagues vous garantit un trajet très mouvementé.
- **Ne choisissez pas une destination au vent**. Au fait, c'est très simple, mais c'est plus facile à dire qu'à faire.
- **S'il est prévu que le vent fraîchisse, et si vous pouvez prévoir approximativement sa direction, faites dès maintenant l'opération de remontée au vent, et naviguez au portant ensuite !**
- **Prévoyez une route qui utilise la jetée naturelle créée par la terre**. Par exemple, si vous avez le choix de longer une île par son côté sous le vent ou au vent, choisissez le côté sous le vent.

Si vous devez naviguer au vent avec de grosses vagues, essayez de choisir une route qui soit moins agitée. Naviguer dans les grosses vagues peut être amusant, comme de rouler dans des chemins de traverse, sauf qu'en mer, vous avancez sur un chemin qui bouge. Si les vagues sont tellement grosses que vous sentez qu'elles repoussent le bateau en arrière, tournez vers la vague – perpendiculairement à la crête juste au moment où elle touche votre étrave. Cette action réduit la surface sur laquelle la vague peut pousser, et ressemble à ce que fait un surfer pour traverser les brisants en allant vers le large. La clé permettant d'utiliser cette technique est de conserver une vitesse – et donc une manœuvrance – suffisante. Abattez et reprenez de la vitesse dès que votre bateau arrive au sommet de la vague.

Éviter une côte sous le vent

Une *côte sous le vent* est une côte sous le vent du bateau, vers laquelle le vent souffle. Si le littoral est une île, la côte sous le vent (du bateau) est la côte au vent de l'île. Une règle très importante pour la voile par gros temps est d'éviter de naviguer trop près d'une côte sous le vent. Lorsque le vent fraîchit, vous devez toujours avoir une route sous le vent libre de tout obstacle. Ainsi, dans le pire des cas, vous pouvez simplement affaler vos voiles et vous laisser dériver jusqu'à ce que la tempête se calme. Une côte sous le vent vous oblige à naviguer au près, l'allure la plus exigeante, pour vous éloigner du danger que représentent ses hauts-fonds.

Dangers des allures portantes

Par vent fort, les allures portantes, c'est-à-dire avec le vent plus en arrière que le vent de travers, peuvent être la joie suprême. Mais à mesure que le vent fraîchit et que les vagues prennent de l'ampleur, vous devez vous méfier de quelques embûches courantes.

Aulofée

L'*aulofée* peut se produire sur n'importe quel bateau à n'importe quelle allure, mais elle est plus risquée lorsque vous naviguez à une allure portante. Elle se produit lorsque toutes les forces qui s'exercent sur le bateau le rendent plus *ardent* (voir Chapitre 8) et l'amènent à « partir au lof », c'est-à-dire à se rapprocher du vent d'un seul coup. Dans une aulofée, vous avez l'impression qu'il n'y a plus de safran, la barre n'a plus d'influence. En fait, le safran vient de décrocher. Une aulofée est précédée d'un signe annonciateur – le bateau devient plus ardent. Voici quelques précautions pour éviter cet incident à une allure portante :

- **Choquez le hale-bas** : cette mesure est particulièrement nécessaire si le bateau gîte tellement que la bôme est proche de l'eau.
- **Mettez le poids des équipiers sur l'arrière** : cette action enfonce davantage le safran dans l'eau. Veillez aussi à ce que les équipiers soient en rappel pour combattre la gîte.
- **Faites un usage intensif de la grande écoute** : par grand vent et grosses vagues, vous devez vous servir de la grand-voile pour garder le bateau « sur les pieds ». Le barreur doit demander à l'équipier d'écoute de grand-voile (parfois une seule et même personne sur un dériveur) de choquer rapidement s'il sent que le bateau devient plus ardent.
- **« Pompez » le safran** : en faisant passer rapidement la barre de « tout droit » à « abattre fortement » et en revenant à « tout droit », vous pouvez éviter un décrochement et maintenir le safran solidement appuyé sur l'eau.

- **Réduisez la gîte** : vous trouverez des idées sur la question aux Chapitres 8 et 15.
- **Affalez le spi** : les spinnakers vous procurent les joies de la vitesse, mais pas quand le bateau est à moitié noyé après avoir embarqué plein d'eau au cours d'une aulofée.

L'aulofée est inévitable si les conditions sont suffisamment rudes. Si vous constatez que le bateau gîte au point de se coucher et pointe vers le vent, mettez la barre au milieu, choquez toutes les voiles, et essayez ensuite, avec le peu d'erre qui vous reste, d'éloigner de nouveau le bateau du vent en agissant fortement sur le safran pour abattre.

Abattée

L'*abattée*, appelée en anglais *death roll* (roulis fatal) peut entraîner l'accident le plus spectaculaire. Elle se produit le plus couramment sur les dériveurs, avec comme résultat un chavirage, mais par grand vent, elle n'épargne pas nécessairement les quillards. L'abattée peut s'amorcer sur un bateau naviguant à un grand largue très accentué, au vent arrière, ou sur la fausse panne (voir au Chapitre 5 une description des différentes allures). Par la force du vent et/ou des vagues, le bateau roule et gîte de façon spectaculaire sur le bord au vent tout en abattant (en s'écartant de la direction du vent). L'abattée entraîne souvent un empannage accidentel ; sur un dériveur, c'est immanquablement le chavirage.

Voici d'utiles mesures préventives contre l'abattée en naviguant au grand largue ou vent arrière :

- **Ne choquez pas trop la grand-voile et maintenez le hale-bas bien étarqué** : à cette allure, vous devez minimiser le dévers de la grand-voile (voir au Chapitre 8 comment agir sur la forme des voiles).
- **Ne naviguez pas trop loin du vent** : lofez jusqu'à ce que vous soyez clairement au grand largue, plus vous serez près du vent, mieux cela vaudra – jusqu'à un certain point auquel vous risquez l'aulofée, et où vous vous écarterez trop de votre route.
- **Affalez le spi** : les spinnakers sont rapides et amusants, mais pas quand votre bateau flotte la tête en bas. Vous pouvez avoir à réduire la toile en affalant le foc et même en arisant la grand-voile.
- **Maintenez le poids de l'équipage au milieu du bateau** : ne faites pas de rappel au vent. Si vous êtes sur dériveur, envoyez l'équipier sous le vent.

Si vous chavirez sur un dériveur, nous espérons que vous avez tout lu sur la façon de remédier à cette situation au Chapitre 7. Sur un quillard, vous vous retrouvez sur le côté, comme dans le cas d'une aulofée.

Évitez absolument d'empanner ; vous pouvez toujours changer de direction en virant vent debout et en abattant ensuite. Par grand vent, essayez de limiter les empannages – voulus ou non !

Empannages accidentels

Les empannages accidentels sont graves. Lorsque la bôme arrive avec force sur l'autre bord, malheur à la personne dont la tête se trouve sur son passage. Au Chapitre 8, nous évoquons des techniques d'empannage (voulus) par grand vent. Non seulement un empannage involontaire met en danger tout équipier se trouvant sur le chemin de la bôme ou de la grande écoute, mais il peut aussi exercer un effort extraordinaire (et peut-être même fatal) sur le mât et la bôme. Vous pouvez éviter les empannages accidentels en gouvernant avec vigilance et en ne laissant jamais le bateau aller jusqu'au strict vent arrière. Comme les vagues peuvent facilement faire dévier le bateau de son cap de 10 et même de 20 degrés, vous devez par grand vent avoir « de l'argent à la banque ».

La cape et la fuite

S'il vous arrive jamais de vous trouver dans un très mauvais temps – avec un vent à décorner les bœufs – vous pouvez avoir à utiliser une technique extrême pour éviter le pire. *La cape* est une technique pour les conditions extrêmes, et qui peut aussi être utile (sur les bateaux avec un foc) aux moments où vous souhaitez « parquer » votre bateau, même par petit temps. Elle implique de *masquer* le foc (le gonfler à contre) tout en gonflant la grand-voile partiellement au près ou au petit largue. S'il n'y a pas trop de vent, le bateau reste équilibré, et se déplace très lentement sur l'avant et sous le vent. Vous pouvez parvenir à la cape en naviguant au près et en virant vent debout en laissant le foc tourné sur son taquet. Il ne vous reste plus qu'à régler la grand-voile jusqu'à ce que le bateau vous paraisse « confortable ». La cape est une excellente façon de s'octroyer une pause.

Surveillez bien le foc en vous mettant à la cape, et s'il vous paraît s'être empalé sur la *barre de flèche* – qui sert à écarter les haubans du mât – du côté au vent, laissez filer un peu l'écoute, sinon vous devrez renoncer à votre pause du déjeuner.

La fuite est une tactique de gros temps applicable lorsqu'il y a trop de vent pour naviguer dans aucune direction, à aucune allure de près ou portante, sans rencontrer des problèmes. Cette technique implique de ralentir le bateau jusqu'au point où il n'a plus que sa vitesse de manœuvrance (juste assez pour pouvoir le gouverner), ce qui, par vent vraiment très fort, veut dire affaler toutes les voiles et même laisser traîner des cordages ou toute sorte d'objet en vue de ralentir assez le bateau pour sa sécurité.

Chapitre 13

Voies d'eau et autres avaries

Dans ce chapitre :

- Échouement
- Se faire remorquer et remédier à une avarie
- Accidents affectant la voilure
- Coincement d'une hélice
- Mât rompu et coque endommagée
- Quitter le bateau
- Extinction d'un incendie

Donnes-moi un esprit pour les mers turbulentes de la vie
Qui aime gonfler ses voiles d'un vent ardent,
Même jusqu'à ce que ses voiles tremblent, que ses mâts craquent,
Et que son bateau se couche sur son bord si bas
Qu'il boive l'eau, et que sa quille laboure les airs.

– George Chapman

Et oui, c'est le chapitre sur ce qu'il faut faire quand tout va mal. Est-ce une coïncidence qu'il soit le Chapitre 13 ? Beaucoup de marins ont leurs propres belles histoires de désastre – celle du jour où ils se sont échoué jusqu'à la prochaine marée, ou de celui où le mât s'est cassé et où des bouts d'aluminium sont tombés en pluie sur le pont, en passant à deux doigts des équipiers. Les meilleurs marins ont moins d'histoires de ce genre parce qu'ils sont préparés pour la plupart des situations et savent régler tout problème mineur avant qu'il ne devienne un problème majeur.

Lorsque les choses vont mal, vous êtes sous le stress. Comme vous ne pouvez pas vous en aller et ignorer le problème, vous devez vous en occuper. Il est d'autant plus précieux de savoir garder son calme dans les moments de tension, qu'ils peuvent impliquer des décisions affectant la sécurité du bateau et de l'équipage.

Prévoir à l'avance

Un plan clairement défini que doit suivre l'équipage, et la présence d'un responsable ultime, sont d'un grand secours dans les situations graves. Les courses de la Coupe de l'America en 1987, dans les vents de Perth en Australie, en ont fourni une excellente illustration.

Au cours d'un entraînement un foc s'est déchiré, et la plupart des équipiers (moi inclus) se sont précipités jusqu'à l'étrave qui tanguait violemment pour le haler en bas et en hisser un autre. Les vagues projetaient le bateau en tous sens, créant des conditions du style « une main pour toi, une main pour le bateau ». En dépit des talents et des années d'expérience que portait le bateau, nous avons tellement cafouillé pour rétablir la situation que Dennis Conner a fini par tourner le bateau vent arrière pour nous donner un répit, abandonnant la course d'entraînement.

Sur le chemin du retour, nous avons discuté du problème. Tout le monde savait que nous devions affaler la voile en loque, mais des équipiers en fourraient des morceaux dans un panneau et d'autres dans un autre, de façon terriblement désordonnée. Nous avons convenu que dans d'éventuelles situations du même genre, nous laisserions à l'avenir Scott Vogel, notre équipier d'avant, décider du plan pour traiter le problème.

En définitive, cette réunion nous a permis de gagner une course, et peut-être même la Coupe de l'America, parce qu'un autre foc a explosé au cours des finales du Challenger, alors que nous courrions contre le *New Zealand*. Non seulement nous avons réussi à affaler les morceaux de l'ancienne voile, mais nous avons remonté le nouveau foc si rapidement que nous avons pu garder notre avance !

Nous espérons qu'aucune de ces calamités ne troublera vos sorties à la voile, mais pour le cas où la chance serait contre vous, lisez ce chapitre pour être celui qui garde son calme, sait ce qu'il faut faire, et sauve la situation.

Échouement

L'*échouement* est un accident très courant – à ne pas confondre avec l'*échouage*, qui consiste à mettre volontairement le bateau en contact avec le fond, sur des béquilles ou sur le flanc. Si une partie quelconque de votre bateau touche le fond, vous êtes échoué. La plupart des situations d'échouement concernent la quille ou la dérive, mais nous avons vu des bateaux toucher le fond avec leur mât – après avoir chaviré et planté le mât dans la boue. Un échouement peut n'être qu'un gentil baiser ou être une vrai calamité, au cours de laquelle vous êtes bloqué avec la marée qui descend, ou pis encore. La plupart des marins expérimentés se sont échoués un jour ou un autre – le plus souvent dans des eaux bien connues, par un bel après-midi d'été, alors qu'ils ne faisaient pas attention.

Prévenir les échouements

Les précautions suivantes peuvent empêcher la majorité des échouements :

- **Exercez vos talents de navigateur**. Familiarisez-vous avec la carte marine de la région où vous naviguez d'habitude, et si vous vous trouvez dans des eaux peu familières ou si votre zone habituelle de navigation comporte des hauts-fonds insidieux, soyez capable de faire le point et de piloter (voir Chapitre 11).
- **Sachez comment relever la dérive et le safran**. Sur dériveur, vous pouvez souvent relever l'un et l'autre et glisser sur des hauts-fonds. Faites seulement attention de bien vous diriger vers des eaux plus profondes !
- **Sachez comment « lire » le fond**. Le Chapitre 11 évoque la manière dont la couleur de l'eau (sur le fond) et la forme des vagues peuvent vous aider à repérer les hauts-fonds.
- **Sachez combien il y a d'eau sous le bateau**. Un bon sondeur est pratique sur les quillards assez grands disposant d'accumulateurs.
- **Connaissez le *tirant d'eau* exact du bateau.**
- **Connaissez la forme de votre quille**. Certains quillards ont un tirant d'eau plus grand lorsque tous les passagers sont à l'arrière ou quand le bateau est au moteur. Si vous touchez le fond, il est crucial de connaître la forme de la quille pour déterminer correctement la façon de vous dégager, comme nous allons le voir plus loin.
- **Comprenez le comportement des marées locales**. Voyez le Chapitre 10 au sujet des marées. Ayez à bord les documents relatifs aux marées (Annuaire des marées du SHOM, Almanach du marin Breton – pour les côtes de la Manche et de l'Atlantique, Reed's Nautical Almanac – couvrant les Iles Britanniques et une large portion des côtes européennes). Utilisez ces documents avec circonspection. Vous pouvez avoir confirmation des renseignements qu'ils comportent sur la direction des courants en regardant le sillage des bouées.

CONSEIL

Si vous avez à traverser une zone peu profonde pour rentrer au port, naviguez lentement (à vitesse réduite de moitié au moins). Vous pourrez ainsi vous dégager plus facilement si vous touchez le fond.

Lorsque vous êtes échoué

Examinons d'abord comment dégager le bateau d'un fond agréablement meuble. Ensuite, dans la section « Avarie de coque », nous vous dirons quoi faire si exceptionnellement vous heurtiez des rochers et subissiez une avarie importante.

- **Si vous touchez doucement, ralentissez et tournez immédiatement le bateau vers l'eau plus profonde**. Avec un peu de chance, vous pouvez vous libérer.
- **Envoyez quelqu'un en bas pour voir s'il y a des dégâts**. Regardez dans la cale, à l'endroit où la quille est fixée à l'intérieur de la coque, s'il y a de l'eau qui rentre dans le bateau.
- **Si vous avez une dérive (veinard), relevez-la tout de suite partiellement.**
- **Faites gîter le bateau**. La gîte est efficace sur tous les bateaux, sauf sur ceux qui ont deux quilles ou une quille à ailerons, parce qu'elle réduit le tirant d'eau. Lorsque vous touchez, placez immédiatement tout l'équipage sur le bord sous le vent.
- **Envisagez l'utilisation du moteur, mais seulement en combinaison avec l'un des autres remèdes**. Tout d'abord, assurez-vous que le safran n'est pas bloqué – vous pourriez le casser en déplaçant le bateau. Selon la situation où vous vous trouvez, vous pouvez essayer la marche avant ou la marche arrière. Surveillez la jauge de température – de la vase risque de boucher la prise d'eau et de provoquer une surchauffe.
- **Affalez les voiles si elles vous entraînent plus loin dans la zone de haut-fond.**
- **Essayez de diminuer le tirant d'eau**. La gîte est une solution. Vous pouvez aussi essayer de placer tout l'équipage à l'avant du bateau.

De toute évidence, les mesures ci-dessus doivent être prises aussi vite que possible. Si vous ne flottez toujours pas après avoir essayez tous ces procédés, tentez l'une des actions suivantes, plus élaborées :

- **Faites gîter le bateau encore plus**. Affalez et assurez la grand-voile, puis larguez la grande écoute et poussez la grand-voile (maintenue à l'extrémité extérieure de la bôme par une drisse ou une autre manœuvre solide) tout le long de la bôme du côté où le bateau gîte, puis faites grimper des équipiers dessus et se laisser glisser dessus aussi loin qu'ils peuvent. Il est facile de tomber à l'eau au cours de l'opération, qui doit être réservé à ceux qui ont du goût pour l'acrobatie. Faites-leur d'abord endosser les gilets de sauvetage, et laissez au moins une personne à bord.

  Si vous avez une annexe, vous pouvez essayer de la suspendre (remplie d'eau si nécessaire) à l'extrémité de la bôme pour augmenter la gîte, comme sur la Figure 13.1. Vous pouvez aussi border les voiles à mort (si vous êtes à une allure de près, vent de travers ou largue) pour que le vent fasse gîter davantage le bateau.

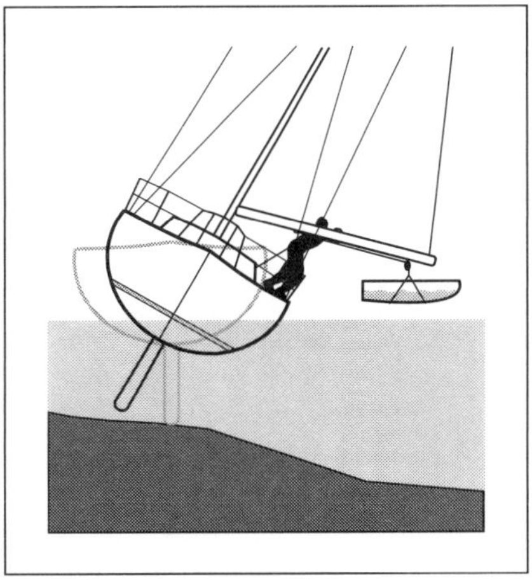

Figure 13.1 : Utilisez tous les moyens nécessaires (y compris remplir d'eau une annexe) pour faire gîter le bateau.

SÉCURITÉ D'ABORD

Lorsqu'un bateau gîte au-delà de la normale, assurez-vous que cela ne provoque pas de fuite de carburant ou d'autres anomalies éventuelles.

- **Allégez le bateau**. Déchargez une partie de l'équipage ou des équipements pesants sur une annexe pour réduire le tirant d'eau.
- **Servez-vous de l'ancre pour vous dégager**. Ce système consiste à envoyer l'annexe ou un autre bateau avec un mouillage (une aussière et une ancre) pour aller les mettre en place. Placez l'ancre et une bonne longueur d'aussière dans ce bateau et allez vers l'eau profonde, après vous être assuré que l'extrémité de l'aussière est attachée au voilier. Lorsque l'ancre est engagée (et plus elle est placée loin, plus il y a de chances qu'elle tienne), commencez à haler pour vous dégager. Utilisez le winch si vous en avez un. Dans le même temps, continuez de gîter, de faire bouger le bateau avec les voiles ou le moteur, et d'essayer d'autres mesures.
- **Attendez jusqu'à marée haute**. Même si vous vous êtes échoué à marée haute, vous finirez par vous libérer. Utiliser une ancre peut vous empêcher d'être poussé plus loin vers la terre par la marée montante. Essayez de faire gîter le bateau vers le bord moins profond pour que la marée montante ne le noie pas. Si vous êtes vraiment « en haut et au sec », prenez courage – la plupart des bateaux sont construits pour supporter d'être couchés sur leur flanc. Essayez si possible de protéger la coque par des défenses ou d'autres rembourrages.
- **En dernier ressort, vous pouvez accepter de vous faire remorquer**. Le remorquage peut être dangereux et peut entraîner des dommages pour les deux bateaux. Si votre bateau est échoué sur un fond rocheux, le dégager en tirant peut gravement endommager la quille et le safran. Ou la remorque peut casser et blesser quelqu'un en se rétractant. Faire appel à un service professionnel de remorquage peut vous coûter cher (moins cher toutefois que le sauvetage d'un bateau coulé). En cas de véritable détresse, vous pouvez faire appel aux secours officiels sur le canal 16 de la VHF. (Voyez le Chapitre 7 pour plus d'informations sur la VHF.)

PETER RACONTE

Histoire de la Baie de Biscayne

Alors que je faisais partie de l'équipage ramenant un bateau de course depuis la Floride jusqu'à la Nouvelle Angleterre, nous nous sommes durement échoués de nuit en quittant Miami pour la longue traversée vers le nord. Heureusement, la quille s'était enfoncée dans du sable fin et inoffensif, et nous étions dans les eaux protégées de la Baie de Biscayne. C'est pourquoi, après avoir essayé tous les procédés faciles, nous avons abandonné jusqu'au lendemain matin et nous nous sommes couchés dans le bateau avec une gîte de 30 degrés.

À l'aube, nous avons hissé le spi (pour faire gîter le bateau davantage), mis en place une ancre, et finalement fait signe à un bateau qui passait pour pouvoir haler avec plus de puissance. À marée montante, nous avons enfin pu nous dégager et reprendre notre route. Comme un échouement est une affaire plutôt embarrassante, nous avons décidé de garder cet épisode pour nous. C'est-à-dire, jusqu'au moment où un de mes amis m'a adressé une copie de la première page du *Miami Herald* avec notre magnifique spinnaker encadrant de manière photogénique un bateau qui était de toute évidence carrément échoué !

Conseils pour le remorquage

À un moment ou un autre de votre carrière de marin sur voilier, vous serez probablement amené à accepter d'être remorqué par un bateau à moteur. Mais dès lors que vous placez le destin de votre bateau dans les mains d'un autre marin (ce qui est le cas lors d'un remorquage), vous prenez un risque. Même si l'eau est calme et les conditions idéales, les choses peuvent mal se passer. Nous vous avons déjà indiqués quelques-uns des dangers du remorquage. Voici quelques conseils supplémentaires pour que votre remorquage se passe le mieux possible :

- **N'utilisez pas un remorquage sans en avoir vraiment besoin.**
- Utilisez une bonne remorque. Une aussière est la remorque idéale parce qu'elle est longue, élastique, deux qualités qui conviennent pour le remorquage. (Pour plus d'information sur les cordages, voyez le Chapitre 19.)
- **Attachez votre remorque de façon sûre**. Si les charges sont modérées (l'eau n'est pas trop agitée et vous n'êtes pas échoué), attachez votre remorque à un objet bien assuré. Le mât est habituellement ce qui convient le mieux. Fixez-la le plus bas possible autour du mât, juste au-dessus du rouf ou du pont. Si vous craignez que l'effort soit trop

important, vous pouvez répartir la tension sur la remorque entre plusieurs endroits, comme le mât et deux winches du cockpit, comme sur la Figure 13.2. Assurez-vous que la remorque ne rague nulle part.

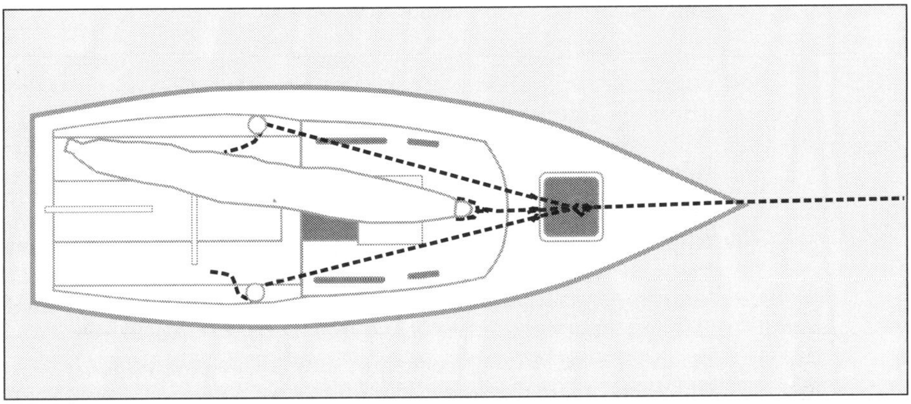

Figure 13.2 : Répartition de la tension sur la remorque entre le mât et deux winches du cockpit.

- **Utilisez des noeuds corrects**. Un noeud de chaise est toujours acceptable, et deux (ou trois) tours morts et deux demi-clés sont vraiment bien. Voyez l'annexe B au sujet de la manière de faire des noeuds.
- **Assurez-vous que l'équipage et le bateau sont prêts avant de partir.**
- **Assurez-vous que vous pouvez vous libérer très vite**. Si le capitaine du bateau à moteur est un cinglé, vous aurez besoin de libérer votre bateau au plus vite. Un couteau bien aiguisé convient bien (sur l'aussière, à vrai dire, pas sur le cinglé !). Vous pouvez arriver à défaire les tours morts et les demi-clés à toute vitesse même en tension, mais un noeud de chaise ne bougera pas.

L'abandon du bateau revient à abandonner vos droits

Ne faites pas cadeau de votre bateau aux autres ! La loi de la mer dit que toute personne qui trouve un bateau abandonné en train de dériver et qui le remorque jusque chez lui (« le sauve ») en devient propriétaire ! C'est pourquoi vous ne devez pas abandonner votre bateau. Si vous êtes obligé de quitter votre bateau, laissez une note disant que vous avez l'intention de revenir. Même si vous êtes à bord et si vous avez besoin d'aide, vous devez éviter toute prétention abusive de sauvetage, et à cette fin établissez clairement les conditions de l'assistance *avant* d'aller trop loin dans le processus de sauvetage. Par ailleurs, il est préférable du point de vue juridique de passer un bout à votre sauveteur (signifiant une acceptation volontaire de l'aide) au lieu de vous faire passer ce bout par votre sauveteur.

- **Restez à l'écart de la remorque**. Elle pourrait casser et vous frapper tel un fouet.
- **Ne vous faites pas remorquer trop vite**. Convenez à l'avance avec le bateau qui remorque d'une vitesse confortable et ajustez cette vitesse par des signes de la main si nécessaire.
- **Ralentissez dans les grosses vagues**. Les grosses vagues peuvent augmenter considérablement l'effort de traction, et vous devez faire attention à celles qui sont inattendues, comme par exemple le sillage d'un bateau. Dans la mesure du possible, le bateau qui remorque doit ralentir et tourner vers ces vagues temporaires pour réduire leur effet sur votre bateau.
- **Ajustez la longueur de la remorque pour vous placer dans la descente**. Lorsque vous avez atteint une vitesse de remorquage confortable, vous avez intérêt à allonger la remorque jusqu'à sa longueur maximale pour pouvoir plus facilement gouverner votre bateau, et laisser jouer l'élasticité de la remorque pour amortir les à-coups. Ajustez la longueur de la remorque de telle sorte que votre étrave soit pointée dans la descente en chevauchant le sillage du bateau de remorquage. Cette petite astuce réduit sensiblement la tension qui s'exerce sur la remorque – toujours une bonne chose.

Réparations de fortune

Le domaine des réparations de fortune (l'art de remédier temporairement à des dommages infligés au bateau ou à son équipement) est aussi vaste que celui des accidents possible. Une liste complète des réparations envisageables dépasserait les limites de cet ouvrage, mais nous pouvons fournir une liste de l'équipement et des outils servant communément à de très nombreuses solutions – ainsi que quelques exemples de leur utilisation. La créativité est la clé des solutions de fortune efficaces. Tenez compte du fait que vous ne pourrez pas embarquer sur un petit dériveur autant d'équipement que sur un quillard de bonne taille.

- **Ruban collant** : ce ruban utilisé comme isolant autour des canalisations peut réparer à peu près n'importe quoi, y compris un bobo sur votre doigt si vous n'avez plus de pansements.
- **Couteau** : le meilleur ami du marin. Utilisez un couteau pour couper une écoute tendue à bloc ou une drisse qu'on ne peut plus démêler.
- **Cordages** : on peut faire des choses extraordinaires avec des cordages. En plus d'une aussière, vous devez avoir au moins un cordage suffisamment long et solide pour servir d'écoute, de drisse, et de bosse d'amarrage. Un cordage ultra résistant de 5 à 9 mètres, de faible

diamètre (4 mm.) peut être aussi précieux que le ruban collant en cas d'accident. Le cordage tressé avec une âme (un cordage intérieur) en Kevlar, Spectra ou tout autre matériau résistant à la traction est ce qui convient le mieux. Les bouts de faible diamètres servant à attacher, saisir, etc., aux noms évocateurs de garcettes (de ris), de rabans (pour rabanter une voile), de saisines (pour saisir – empêcher de bouger – n'importe quels objets) ou des sangles suffisamment petites pour passer à travers de petits œillets, sont d'une grande utilité pour faire tenir en place les composants d'une solution de fortune.

- **Pièces de rechange** : la liste dépend de votre bateau. Toutefois, quelle que soit la taille du bateau, emportez quelques manilles (de la taille de celles utilisées sur votre bateau) et quelques barrettes de manilles ou des boulons avec leurs écrous. Deux ou trois poulies moyennes ou grandes font aussi partie du *nécessaire du marin* (un sac dans lequel on met justement ce qui peut servir aux réparations de fortunes).
- **Tissus collant** : c'est un matériau en Dacron servant à réparer les voiles, dont l'une des faces est fortement adhésive. Emportez-en un rouleau de 1 mètre de largeur, il peut servir à boucher des trous dans la coque comme dans les voiles.
- **Outils** : un dériveur peut n'avoir qu'un tournevis et des pinces, tandis qu'un quillard faisant la circumnavigation d'un océan peut emporter plusieurs boîtes à outils. Les ouvre-bouteilles – les réparations de fortune donnent soif –, les marteaux, les clefs à molette, les pinces à couper, et les scies à métaux sortent souvent très vite de la boîte à outils après un accident. N'oubliez pas quelques bonnes aiguilles à coudre de voilier, du fil de Dacron, et une *paumelle* (une protection de cuir qui se fixe sur la paume, pour vous permettre de pousser une aiguille à travers plusieurs couches de tissus à voile – un peu comme un super dé à coudre).

Que ferez-vous avec toutes ces bonnes choses ? Utilisez votre imagination, le principal ingrédient de toutes les réparations de fortune.

Problèmes de voile

Sans voiles en état de marche, vous ne pouvez pas aller bien loin à la voile. Les voiles peuvent s'arracher et se déchirer – parfois par suite d'une fausse manœuvre, parfois du fait de l'usure. Si votre voile est arrachée ou déchirée, affalez-la immédiatement, avant que les dommages ne deviennent plus importants. Si la déchirure n'est pas trop étendue, vous pouvez réussir à la réparer, parfois assez bien pour que la voile soit comme neuve. Votre meilleur ami pour ce processus est ce rouleau de tissus collant que vous avez embarqué après avoir lu ce livre. Voici les étapes d'un travail de réparation de voile :

1. **Assurez-vous que la zone sur laquelle vous opérez est propre, sèche, et sans sel.**

   Vous pouvez avoir à rincer la voile à l'eau douce avant qu'elle ne sèche complètement.

2. **Posez la surface à réparer sur une surface aussi plate que possible.**
3. **Essayez de placer les bords déchirés dans leur position d'origine.**

   Vous pouvez avoir besoin de plusieurs mains pour remettre les bords à leur place.

4. **Calculez la taille du pansement de tissus collant (assurez-vous qu'il recouvrira suffisamment les bords) et découpez-le.**
5. **Appliquez le tissus collant.**

   Commencez sur un bord de la déchirure et travaillez lentement en allant vers l'autre bord, en essayant de maintenir la voile aussi plate que possible et aussi proche que possible de la position qu'elle avait avant de se déchirer.

6. **Appuyez fermement sur le tissus collant recouvrant la zone réparée.**

   Utilisez un objet solide et appuyez très fort sur la réparation, prise en sandwich entre cet objet et la table ou la surface de travail. Faites vraiment adhérer le tissus collant à la zone réparée, et notamment à toute éventuelle couture se trouvant dans cette zone. Pour la plupart des voiles, cette réparation peut suffire. Mais si la réparation concerne une partie de la voile subissant de fortes tensions, comme par exemple la chute d'un foc ou d'une grand-voile, envisagez de coudre la déchirure en passant par le tissus collant.

Coincement de l'hélice

Les marins à voile « trichent » parfois en utilisant le moteur du bateau. L'accident provoqué par l'enroulement d'un cordage autour d'une hélice prouve que le moteur et la voile ne font pas toujours bon ménage. Il s'agit d'un incident vraiment fâcheux ; s'il se produit sur un bateau avec un moteur « in-board », le moteur cale et l'hélice se coince, incapable de tourner. Immédiatement, quelqu'un (probablement vous) doit sauter dans l'eau (probablement froide) et démêler l'hélice. Habituellement le coupable est une écoute ou une drisse (ou une bosse d'amarrage ou une remorque) de votre bateau.

CONSEIL

Le remède préventif est simple. Veillez à ce que vos manœuvres soient toujours hors de l'eau et regardez toujours autour du bateau avant de démarrer le moteur.

Malheureusement, les gens ne sont pas toujours aussi vigilants qu'il le devraient, et donc voici comment procéder si vous coincez une hélice sur un bateau avec un moteur « inboard ». (Si c'est un moteur hors-bord, qu'est-ce que vous attendez ? Remontez-le à bord et démêlez le cordage !)

1. **Arrêtez immédiatement le moteur (il a peut-être déjà calé).**
2. **Trouvez le bout fautif et tirez dessus doucement.**

   Tirez plus fort et priez, parce que s'il ne se libère pas, il faudra nager.
3. **Demandez-vous si vous avez vraiment besoin du moteur.**

   Si vous n'avez pas vraiment besoin du moteur, ou si les conditions sont trop difficiles et dangereuses pour aller dans l'eau, alors vous devez simplement naviguer à la voile ou dériver. Dites-vous bien que dans les grosses vagues, le bateau monte et descend très vite, de sorte que de nager au-dessous, à côté de l'hélice, n'est pas une partie de plaisir. Si vous remettez à plus tard la séance de natation, embraquez le bout emmêlé et tournez-le sur le pont.
4. **Vous pouvez, en dernier ressort, mettre le moteur en marche arrière (le plus lentement possible) pendant un court instant puis tirer très fort sur le bout.**

   Nous n'avons jamais vu ce procédé réussir, mais on ne sait jamais.
5. **Si les conditions le permettent sans risque, ou après avoir rejoint un abri, vous pouvez sauter à l'eau.**

   Un masque, un tuba, et des palmes sont une sage précaution. Si le bateau dérive (pas de voiles, de grâce), veillez à ce qu'il fasse traîner un cordage que vous pouvez attraper.
6. **En utilisant le bout emmêlé comme guide, nagez jusqu'à l'hélice (le moteur est bien arrêté, sûr ?) et essayez de défaire le nœud en bas.**
7. **S'il est impossible de défaire le nœud, prenez votre couteau pour pouvoir couper cet imbécile de bout en petits morceaux.**

   Au moins, faites attention en maniant ce couteau !

Exceptionnellement, ce même destin peut affecter le safran d'un quillard. Vous savez que c'est arrivé parce que le système à gouverner semble être bloqué. Le problème est qu'un bout est coincé entre le haut du safran et la coque. Vous pouvez généralement vous tirer d'affaire en tirant un bon coup sur le bout en question dans la bonne direction. Si cela ne suffit pas, tournez la barre à bloc d'un côté et essayez de nouveau (vous pouvez avoir à affaler les voiles par vent fort). D'habitude, c'est efficace. Sinon, avez-vous emporté votre maillot de bain ?

Casser le mât

Casser un mât est vraiment sérieux. Non seulement un mât cassé veut dire que vous (ou votre compagnie d'assurances) allez dépenser un paquet d'argent, mais ce peut être dangereux, surtout s'il y a beaucoup de vent et une mer agitée (ce qui est généralement le cas lorsqu'un mât se brise). De toute évidence, le meilleur remède est une once de prévention. Nous décrivons les principes de l'entretien des espars au Chapitre 19, mais, même entretenus parfaitement, un gréement visiblement en excellent état peut défaillir sans raison apparente. Quand cela arrive, c'est brutal – bang – une tempête d'objets qui tombent. Une autre cause de *démâtage* peut être un chavirage violent suivi d'un retournement (position dans laquelle le mât pointe vers le fond) sur un haut-fond. Pour éviter de casser le mât, évitez les hauts-fonds en dériveur par grand vent.

Tout démâtage est un peu différent des autres. Les mâts peuvent casser au niveau d'une ferrure ou à un autre point faible. Le mât cassé peut tomber à l'eau, ou il peut pendre au bout du moignon resté en place. Sur un dériveur, vous pouvez réussir à récupérer les morceaux cassés avec une seule main, tandis que même d'essayer de soulever le gréement dormant demande les forces de plusieurs personnes sur un quillard de 12 mètres. C'est pourquoi il n'y a pas « une bonne façon » de s'occuper d'un mât brisé. Vous devez utiliser votre bon sens et votre créativité pour résoudre le problème spécifique créé par l'accident. Ceci dit, on peut avoir en tête quelques règles générales :

- **Sauvegardez d'abord l'équipage et le bateau**. Si le processus de récupération des morceaux cassés du mât est dangereux pour la sécurité de l'équipage ou du bateau, coupez-les le plus vite possible.
- **Ne démarrez pas le moteur alors qu'il y a des gréements et d'autres objets dans l'eau**. Voyez la section « Coincement de l'hélice » plus haut dans ce chapitre si vous ne nous croyez pas.
- **Ayez conscience des charges**. Pensez à la direction dans laquelle les forces s'exercent sur les objets. Tandis que vous remettez de l'ordre dans ce qui est cassé, vous êtes dans la position d'un bûcheron qui coupe un arbre ; couper quelque chose peut agir par un effet de dominos sur d'autres choses.
- **Placez le bateau sous le vent du désastre**. Si le mât tombe à l'eau, essayez de manœuvrer le bateau pour que le mât soit au vent. De cette façon, les vagues ne pousseront pas la coque contre le mât. Heureusement, Mère Nature devrait être de votre côté, parce que le mât et les voiles tendent à traîner au vent à la manière d'une ancre flottante.
- **Récupérez tout ce que vous pouvez parmi les dégâts**. Si vous êtes loin au large, vous pouvez trouver que ces morceaux de mât, de voile, et de gréement peuvent vous être utiles pour bricoler une nouvelle voile et vous permettre de rentrer.

CONSEIL

Si vous devez abandonner des morceaux cassés pour des motifs de sécurité, il est bon de le faire très vite. Des lames de scie à métaux bien coupantes (plusieurs) et des pinces coupantes de gros calibre sont des outils très précieux. Souvent, la manière la plus facile de libérer le gréement est d'enlever les barrettes de manille à une extrémité. Voyez le Chapitre 19 au sujet des manilles comportant des barrettes.

La course n'est pas finie tant que...

Dans une course Transpac récente (2 200 milles – 3 540 km – de Los Angeles à Honolulu), le voilier *Cheval* était à 25 milles (40 km) de la ligne d'arrivée (et en tête avec une bonne avance) lorsque l'impensable s'est produit : le mât s'est cassé lors d'un empannage.

Comme l'équipage démoralisé s'empressait de débarrasser les dégâts avant que le bateau ne soit drossé contre les rochers, le propriétaire est monté sur le pont après quelques calculs sur sa table des cartes. « Hé les gars », dit-il, « nous pouvons encore gagner la course – tout ce nous devons faire est de marcher à six noeuds sur le chemin qui reste ! ». Ayant retrouvé leur enthousiasme, les équipiers ont coupé les morceaux cassés et commencé un bricolage de fortune pour fixer des drisses sur le moignon de mât de 5 mètres qui restait dressé sur le pont. Ils ont vite pu hisser une petite voile et marcher à 5 noeuds – bien peu à côté des 20 noeuds qu'aurait pu faire le bateau dans les conditions du moment, mais au moins, ils avançaient.

Après d'autres prouesses de macramé et l'utilisation imaginative de tangons de spi et de bômes, l'équipage a réussi à établir un autre voile, plus grande – sur le côté. Encore plus de « toile » a été ajouté au moment où le bateau commençait à surfer sur la houle du Molokai Channel. *Cheval* a effectivement gagné la course, et cette histoire est un bel exemple de la manière dont la créativité humaine (avec sans doute beaucoup de ruban collant) peut résoudre presque n'importe quel problème.

Avaries de coque

Une coque sérieusement endommagée peut représenter un problème majeur. Cela peut arriver lors d'un échouement, surtout dans les rochers ou les coraux, ou si vous heurtez un objet dur flottant juste au-dessous de la surface de l'eau. Heureusement, cette mésaventure n'entraîne que rarement des conséquences extrêmes, mais des voies d'eau mineures ou moyennes résultant d'une quille ébranlée lors d'un échouement ou d'une collision sont plus courantes. Voici différents procédés pour étancher la voie d'eau et sauver le bateau :

- **Bouchez le trou avec tout matériau disponible**. Des vêtements ou des coussins peuvent bien marcher, ou encore un radeau de sauvetage ou une annexe en caoutchouc. Vous pouvez utiliser une pagaie ou tout support approprié pour maintenir le bouchage, comme sur la Figure 13.3. Une voile peut servir comme pansement extérieur, et nous sommes sûrs que vous ne serez pas étonné d'apprendre que nous avons utilisé du ruban collant pour boucher des trous.

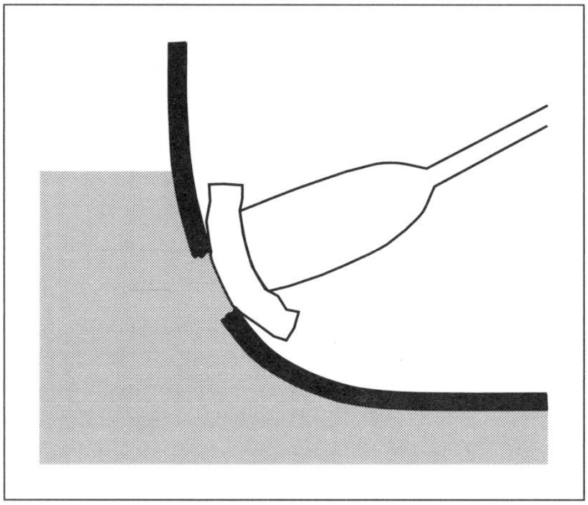

Figure 13.3 : Bouchez un trou avec tout matériau qui vous tombe sous la main et maintenez le bouchon en place.

- **Tirez parti de la gîte**. Cette situation est l'un des rares cas où une gîte plus importante peut être une bonne chose. Si le trou est près de la flottaison sur le flanc du bateau, vous pourrez peut-être naviguer à une allure telle (en appliquant à l'envers tous les conseils visant à limiter la gîte donnés au Chapitre 8) que le trou sort de l'eau partiellement ou en partie. Le cap que vous impose cette allure ne vous conduira peut-être pas à un abri, mais ce peut être une tactique qui vous laisse du temps pour réparer l'avarie.
- **Sortez les pompes**. Si la voie d'eau est un problème, tout le monde doit se mettre à écoper. Les seaux sont bien adaptés à cette tâche.
- **Dirigez-vous vers un abri au plus vite**. Ceci peut impliquer de naviguer vers un port différent de celui duquel vous êtes parti. Dans un cas extrême où le bateau est réellement en train de couler, vous pouvez avoir à échouer volontairement le bateau – ou à aborder une plage si c'est un dériveur. Si vous devez utiliser cette tactique, choisissez un endroit aussi abrité que possible (surtout contre les vagues) et dont le fond soit meuble, vaseux ou sablonneux.
- **Revoyez les informations sur les signaux de détresse données au Chapitre 7**. Les signaux les plus basiques sont les mouvements de bras – si vous êtes en difficulté, ils vous viennent naturellement.

Abandon du bateau

Entre nous deux, nous avons été sur des bateaux qui se sont échoués, ont eu des voiles arrachées, ont été remorqués jusqu'à un abri, ont coincé une hélice, ont eu des voies d'eau, été démâtés, et coulés – juste un dériveur – (Peter l'a remonté), mais ni l'un ni l'autre n'avons jamais eu à quitter un bateau pour passer sur un radeau de sauvetage. Nous espérons que vous pourrez dire la même chose après avoir fait passer de milliers de milles sous votre quille. Mais en songeant au slogan des Boy Scouts, cela ne peut pas nuire d'être préparé.

Vous ne pouvez pas abandonner votre bateau pour passer sur un radeau de sauvetage si vous n'en avez pas. Ils sont gros et encombrants, mais il est sage d'en emporter un si vous naviguez à des distances importantes en haute mer. (Cet équipement est d'ailleurs obligatoire pour naviguer à partir de la 4ème catégorie – c'est-à-dire au-delà de 5 milles d'un abri.) Evidemment, nous parlons des quillards ; personne ne devrait jamais naviguer en dériveur hors de vue de la terre.

CONSEIL

Un vieil adage anglais sur la question dit : « N'abandonne le bateau pour un radeau de sauvetage qu'en montant. »

Cet adage souligne un point important. La situation doit être diablement désespérée pour vous faire échanger votre gros voilier contre une sorte de matelas gonflable amélioré avec des rations de survie. Ne vous méprenez pas sur notre point de vue – nous croyons aux radeaux de sauvetage ; les plus récents sont des merveilles de technologie. Mais quand même, il faut que cela aille très mal pour être plus en sécurité sur un radeau de sauvetage qu'à bord de votre bateau.

Un radeau de sécurité moderne est emballé dans une boîte en plastique dur et est difficile à soulever. Pour cette raison, il faut qu'il soit placé sur le pont à un endroit très accessible (et solidement attaché) si vous devez envisager d'abandonner le bateau. Peter a gonflé un radeau et est monté dedans une fois, pour un spectacle télévisé, et il a quelques souvenir de cette expérience, qui méritent d'être relatés :

- Une description du type bande dessinée sur l'emballage du radeau montre comment le déplier et le gonfler.
- Attachez l'amarre de pointe avant du radeau (qui est apparente à l'extérieur de l'emballage) solidement au bateau avant de jeter le radeau à l'eau et de le gonfler.
- Les rations ont un goût de gaufres à la vanille – et l'eau est fournie dans des boîtes.

Une belle histoire vraie sur le sujet est le best seller de Steve Callahan, *Adrift* – à la dérive.

Extinction d'un incendie

L'incendie est l'un des dangers les plus sérieux auxquels un marin peut être confronté. L'incendie peut se produire pour des raisons très diverses, mais la plupart d'entre eux se déclarent dans la cuisine, autour du moteur, ou dans l'installation électrique. Il va sans dire que vous devez éteindre les incendies tout de suite.

Au Chapitre 7 nous évoquons les obligations réglementaires relatives aux extincteurs sur les bateaux. Il est très important de placer les extincteurs à un endroit aisément accessible et de les vérifier une fois par an.

L'équipement le mieux adapté et l'approche la meilleure pour éteindre un feu dépendent du type de feu à éteindre. Le Tableau 13.1 comporte des recommandations pour les types de feu les plus courants sur les bateaux.

Tableau 13.1 : Eteindre un feu

Problème	***Action à prendre***
Feux d'essence, de gazole, ou de graisse	Utilisez un extincteur de type B – pas de l'eau.
Feux de moteur	Arrêtez le moteur et utilisez un extincteur de type B. Faites attention de ne pas « souffler » le feu et de ne pas le propager ailleurs.
Feux de propane – de gaz liquides	Fermez l'arrivée de gaz à la source (pas seulement sur le réchaud) et laissez le feu brûler jusqu'à ce qu'il s'éteigne. Empêchez le feu de se propager en arrosant la zone environnante avec de l'eau.
Feux d'alcool, de bois, et de textiles	Noyez les avec de l'eau.
Feux électriques	Utilisez un extincteur de type C conçu pour le feu électrique ou noyez-les avec de l'eau.

Chapitre 14

Les planches à voile

Dans ce chapitre :

- Choix d'un endroit et de conditions appropriés
- Choix du bon équipement
- Gréement de la planche à voile
- Se familiariser avec le flotteur et avec la voile
- Partir sur l'eau
- Manoeuvrer avec le vent

Jusque en bas, il les pliait ainsi en une douce courbe
Pour qu'elles ressemblent à coup sûr aux ailes des oiseaux

– Ovide, Métamorphoses

L'un des grands avantages de la voile est que dès que vous en maîtrisez les bases sur un bateau, vous pouvez transférer votre savoir-faire sur d'autres bateaux avec une relative aisance. Dans ce chapitre, nous vous présentons notre genre de bateau favori – la planche à voile.

Si vous avez déjà essayé la planche à voile, vous pensez peut-être que ce type de bateau fait exception à la règle « si vous savez naviguer sur un bateau, vous savez naviguer sur tous les bateaux ». Il n'en est rien. Les planches à voile sont un peu plus difficiles à faire naviguer que les autres bateaux parce qu'elle exigent davantage d'équilibre et de coordination, mais nous allons vous montrer des exercices grâce auxquels vous pourrez vous sentir à l'aise sur une planche. Et croyez-nous – la planche à voile mérite bien quelques efforts.

Un rejeton de la planche de surf, la planche à voile s'est développée dans quelques pays vers la fin des années 60 et est désormais pratiquée partout dans le monde. La planche à voile ne demande que ce que dit son nom – une planche (appelée *flotteur*) et une voile. En outre, vous pouvez pratiquer la planche à voile n'importe où. Nous avons même essayé d'en faire dans une piscine !

Les joies humides de la planche à voile

Comme pour tous les autres types de voile, nous vous recommandons de faire appel à un moniteur breveté pour vous enseigner les rudiments. La plupart des écoles de voile ont des équipements spéciaux, tels que des planches de « simulation » qui vous permettent d'acquérir la sensation de la planche à terre avant de partir et de vous tremper. Car vous allez à coup sûr vous mouiller. Ce n'est pas pour rien qu'on a forgé le terme *windswimming* en anglais pour désigner l'initiation au *windsurfing* !

Un stage de vacances peut être la meilleure façon d'aborder la planche à voile. Il existe un peu partout dans le monde des packages de vacances dans des endroits chauds réputés pour la planche à voile, le mot *chaud* étant un élément important du package. D'autant plus important que plus l'eau est chaude, plus vous apprécierez la phase de windswimming et plus elle sera courte.

N'OUBLIEZ PAS

Les talents que vous avez acquis sur voilier – vous régler sur la direction du vent et la sentir – sont tout aussi importants en planche à voile. Les règles de sécurité que nous avons passées en revue au Chapitre 7 – assurez-vous que vous avez vérifié votre équipement, que vous avez des vêtements suffisamment chauds et un gilet de sauvetage – continuent de s'appliquer. Un moniteur qualifié peut faire en sorte que votre apprentissage soit aussi sûr (et amusant) que possible.

CONSEIL

Si vous voulez passer au stade de la planche à voile par grand vent, nous vous recommandons à nouveau de prendre des leçons auprès d'un moniteur qualifié. Un certain nombre d'écoles et de lieux de vacances peuvent vous fournir une excellente formation et vous proposer la myriade d'options d'équipement à laquelle vous êtes confronté en abordant ce sport. Mais faites attention – les charmes de ce sport sont envoûtants !

Les composants de la planche à voile

Les composants d'une planche à voile ressemblent à ceux de n'importe quel voilier, comme on peut le voir sur la Figure 14.1. Vos bras deviennent la grande écoute ; votre corps devient le gréement dormant. La plus grande différence est que le flotteur n'a pas de safran – vous gouvernez une planche à voile avec la voile et avec le poids de votre corps.

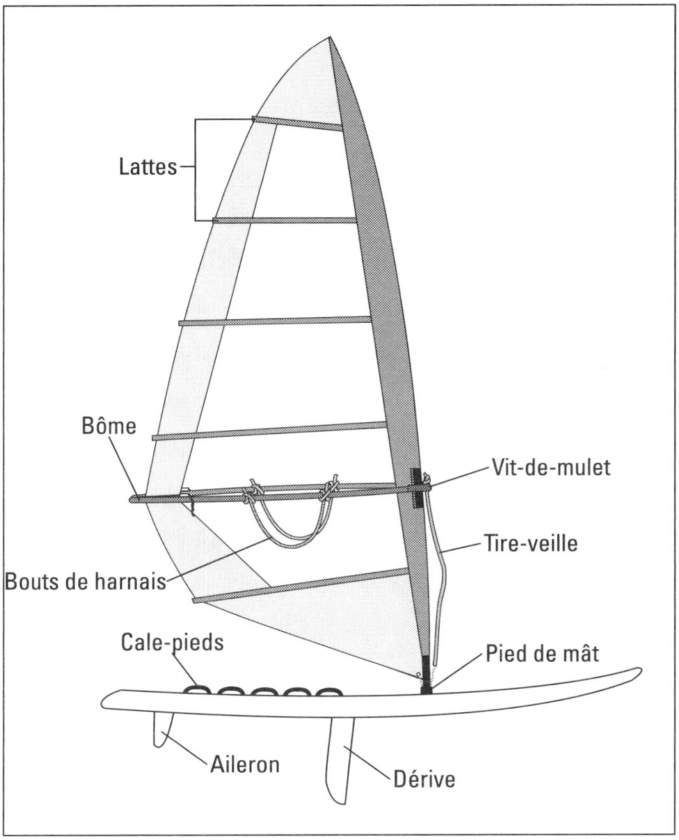

Figure 14.1 : Les composants d'une planche à voile.

La plupart des composants d'une planche à voile sont exactement les mêmes que ceux d'un voilier générique que nous avons décrits au Chapitre 1. Voici néanmoins une liste des composants et des caractéristiques spécifiques d'une planche à voile :

- **Wishbone** : tube dédoublé tenant lieu de bôme.
- **Lattes forcées et cambers** : ce sont des lattes spéciales permettant de donner à la voile une forme d'aile. Certaines – appelées *cambers* – prennent appui sur le mât. L'étarquage de ces lattes demande un effort important, d'où leur nom. On les utilise surtout sur les voiles de haute performance (non sur les voiles pour débutants).
- **Cale-pieds** : servent à bloquer les pieds ; normalement utilisés pour naviguer à grande vitesse et sur les vagues ; n'existent pas sur toutes les planches.
- **Vit-de-mulet** : système de fixation (souvent une fermeture à levier) du wishbone sur le mât.

- **Harnais** : un harnais que vous pouvez porter avec un crochet qui se connecte temporairement sur les bouts de harnais, pour libérer vos bras de la tension du wishbone ; n'existe pas sur toutes les planches.
- **Bouts de harnais** : boucles de chaque côté du wishbone auxquelles vous pouvez crocher le harnais ; ne se trouve pas sur toutes les planches.
- **Pied de mât** : agencement à la base du mât pour le relier à une embase articulée.
- **Fourreau de mât** : le tube en toile à voile le long du guindant de la voile dans lequel vous insérez le mât quand vous êtes prêt à partir à la voile.
- **Aileron** : un foil fixe assurant une stabilité longitudinale, placé sous l'arrière du flotteur.
- **Œillet de remorque** : une boucle près de l'avant du flotteur pour lui attacher une remorque.
- **Embase articulée** : dispositif reliant le gréement au flotteur. Elle permet de faire tourner le gréement dans n'importe quelle direction.
- **Tire-veille** : bout attaché au vit-de-mulet pour vous aider à sortir le gréement de l'eau.

Les conditions idéales

Les conditions idéales pour les véliplanchistes débutants sont des eaux calmes (pas de vagues), chaudes, et une brise légère à modérée, parallèle à la côte. Comme les débutants partent à une allure allant du petit au grand largue (pour revoir les allures, reportez-vous au Chapitre 5), cette orientation facilite le départ et le retour. Si la brise souffle vers la mer (depuis la côte), vous devez revenir à terre en naviguant au près, une allure difficile pour un débutant. Lorsque la brise souffle vert la côte, il est difficile et frustrant d'essayer de partir. La pratique de la planche à voile quand il y a trop de vent est à peu près impossible pour les débutants.

PETER RACONTE

J'ai eu la chance de débuter en planche à voile en Floride, où l'eau est agréable et chaude. J'ai commencé au tout début de la vogue de la planche à voile, à l'époque où personne n'était encore un expert. Nous partions d'une marina avec beaucoup de bateaux et des abords très confinés – pas l'endroit idéal pour les débuts. Nous restions assis pendant des heures, observant nos amis qui se débattaient dans les changements de vent et tombaient toutes les quelques secondes – faisant la joie de la foule sur le quai. Aujourd'hui vous pouvez éviter la plus grande partie de ces inconvénients, grâce à des techniques d'enseignement qui se sont perfectionnées au fil des ans.

Plus c'est grand mieux ça vaut – au moins au début

Commencez sur la planche ayant le plus grand flotteur, et donc celle qui flotte le mieux, de toutes celles que vous trouverez – elle vous fournira la plate-forme la plus stable. Assurez-vous que le pont est suffisamment rugueux pour vous empêcher de glisser. Sinon, essayez de porter des chaussures en caoutchouc (disponibles chez les shipchandlers) pour augmenter votre traction.

Après avoir maîtrisé les bases, vous serez probablement tenté d'essayer différentes planches, y compris les planches de vitesse qui ne brillent pas par la flottabilité mais qui sont très populaires dans le monde entier. Vous serez surpris des différences de manœuvrabilité et de performance des différents types de planche.

CONSEIL

Une bonne raison pour prendre vos premières leçons dans une école est que ses planches sont idéales pour les débutants, et parce que vous avez intérêt à différer l'achat de votre première planche jusqu'à ce que vous puissiez manœuvrer une planche légèrement plus avancée.

Votre moniteur recommandera probablement une « voile d'entraînement » plus petite que les voiles que vous saurez manœuvrer en définitive. Une voile plus petite est plus facile à sortir de l'eau (et vous allez avoir plein d'occasions de vous exercer à relever votre voile), et elle vous permet d'acquérir un sens de l'équilibre sans vous entraîner dans l'eau avec une force irrésistible.

Gréement de la planche

Un grand avantage des planches à voile est qu'elles sont faciles à gréer. Les planches à plus hautes performances, avec de longues lattes et des cambers, peuvent être un peu plus délicates à gréer, mais une voile de débutant ne doit avoir que quelques lattes (si elle en a). Le gréement d'une planche à voile (notamment de sa voile) est à bien des égards similaire à celui de n'importe quel voilier (voir Chapitre 4). Comme pour certains dériveurs, vous n'avez pas de drisse à hisser ; le guindant de la voile se glisse simplement le long du mât. L'opération la plus délicate consiste à fixer le wishbone au mât pour qu'il soit à une hauteur confortable (à peu près à hauteur de la poitrine), et pour cela, demandez l'aide du moniteur.

Une première sortie pas vraiment au sec

Avons-nous déjà mentionné que vous alliez vous mouiller et avoir l'air un peu ridicule lors de vos débuts en planche à voile ? Vous pouvez réduire votre embarras (un peu) en commençant par quelques exercices rudimentaires.

S'habituer au flotteur

Après avoir rassemblé l'équipement qui convient, laissez la voile sur le bord dans un premier temps, et familiarisez-vous avec le flotteur. Voici quelques exercices pour être un peu plus à l'aise sur le flotteur :

- **Exercez-vous à vous coucher sur le ventre sur le flotteur et à le faire avancer en pagayant avec les bras**. Essayez de pagayer en rond.
- **Mettez-vous debout et travaillez votre équilibre**. Gardez les genoux pliés et les bras étendus sur le côté – comme un funambule – ce sera plus facile.
- **Déplacez les pieds vers l'extérieur de chaque côté du flotteur et entraînez-vous à le faire rouler d'un bord à l'autre.**
- **Marchez vers l'avant du flotteur, et entraînez-vous à faire demi-tour, marchez vers l'arrière, et revenez**. Vous ne pourrez pas le faire sur le flotteur d'une planche de vitesse – il est trop petit et trop instable.

Lorsque vous vous sentirez à l'aise sur le flotteur, replacez-le à l'endroit où il se trouvait au départ, et allez chercher la voile.

S'habituer à la voile

L'équilibre est la première difficulté de la planche à voile. La seconde difficulté est qu'une planche à voile n'a pas de gouvernail. Vous gouvernez la planche avec la voile et avec votre poids.

Même si votre moniteur n'a pas accès à un simulateur, vous pouvez développer un sens des forces impliquées par la manœuvre de la voile de la manière suivante.

1. **Dressez la voile debout sur le bord, en retenant le mât avec le pied.**
2. **Placez-vous au vent de la voile et tenez le wishbone par sa poignée avant ou à peu près à ce niveau.**

   La voile faseye comme un drapeau dans le vent.

Note : si elle est équipée de lattes couvrant toute sa largeur, la voile ne faseye pas à la manière d'une voile normale, mais nous ne recommandons pas l'utilisation de voiles ayant des lattes complètes parce qu'elles sont beaucoup plus difficiles à sortir de l'eau.

3. **Regardez la direction sous le vent, avec votre dos au vent et la voile qui s'oriente sous le vent en s'éloignant de vous.**

   Apprenez à être à l'aise dans cette position de faseyement ou de « sécurité », indiquée sur la Figure 14.2, parce que vous serez souvent dans cette position dans les débuts.

Figure 14.2 : Debout sur le bord avec la voile faseyante.

4. **Essayez de pencher la voile sur votre gauche, puis sur votre droite.**

   Lorsque vous êtes sur l'eau, vous faites tourner la planche en penchant la voile de cette façon.

Mouillez-vous les pieds (et tout le reste)

Après avoir fixé le mât et la voile et senti le comportement du flotteur et de la voile, vous êtes prêt à grimper à bord.

Voici les étapes qui vous permettront de sortir de l'eau le gréement (la voile, le mât, et le wishbone) :

1. **Placez le flotteur dans une eau assez profonde pour pouvoir abaisser la dérive complètement.**
2. **Placez la voile sous le vent du flotteur de sorte que le mât et le flotteur forment un T.**
3. **Agenouillez-vous sur la planche au niveau du mât et attrapez le tire-veille.**
4. **Mettez-vous debout et commencez à tirer sur la voile avec le tire-veille pour la sortir de l'eau.**

   Servez-vous bien de tout le poids de votre corps. Pliez les genoux – ne vous esquintez pas le dos.
5. **Lorsque la voile est complètement hors de l'eau, tenez le mât dans une position de faseyement comme vous vous êtes exercé à le faire à terre.**

   Vos pieds sont de part et d'autre du mât.
6. **En tenant le mât avec votre main arrière (la main qui sera le plus en arrière une fois en route), passez votre main d'avant par-dessus et attrapez le wishbone à environ 30 cm derrière le mât.**
7. **Pliez ce bras et faites passer le gréement de l'autre côté de votre corps, de la manière indiquée sur la Figure 14.3.**

   La voile faseye toujours.

Figure 14.3 : Les étapes du démarrage.

8. **Déplacez à tout petits pas vos pieds pour les mettre sur les bords du flotteur tout en attrapant le wishbone avec votre main arrière à environ 30 cm derrière votre main avant. Gardez les deux mains sur le wishbone.**

   Votre bras arrière est la grande écoute. Votre bras avant joue le même rôle que les *haubans* (les câbles qui soutiennent le mât). Si vous tirez sur votre bras arrière sans bouger votre bras avant, vous bordez la voile et vous commencez à avancer.

9. **Tirez sur votre bras arrière de manière à faire face au centre de la voile – une position parfaite pour contrebalancer la force du vent.**

   Vous naviguez au largue !

Éloignez votre corps du gréement suffisamment pour conserver votre équilibre. Vous pouvez contrôler le bordage de la voile par la position de vos bras. Pour border, tirez sur votre main arrière. Pour déborder, vous pouvez soit pousser votre main arrière, soit tirer votre main avant. Pour vous arrêter, revenez simplement à la position de faseyement dite de « sécurité » en lâchant d'abord votre main arrière du wishbone puis en l'amenant vers l'avant pour qu'elle tienne le mât ou le tire-veille.

Naturellement, à ce stade vous connaissez par cœur l'autre méthode pour vous arrêter – tomber dans l'eau.

SÉCURITÉ D'ABORD

Si vous tombez, nagez toujours immédiatement jusqu'au flotteur, sinon il pourrait dériver et s'en aller. Utilisez le flotteur comme ponton de natation pour vous reposer un peu.

CONSEIL

Que vous soyez dans la mer des Caraïbes pour des vacances d'initiation à la planche à voile, en train de prendre des leçons sur un lac de votre région, ou à la maison d'un ami sur la côte, gardez les points suivants à l'esprit tandis que vous exercez vos talents de véliplanchiste :

SÉCURITÉ D'ABORD

- Quand vous tombez, essayez de tomber sur votre derrière au lieu de sauter les pieds en premier, sinon, au cas où il n'y aurait pas assez d'eau, vous risqueriez de vous tordre une cheville.
- En remontant à la surface après une chute, mettez vos mains au-dessus de la tête pour ne pas la cogner sur la voile ou le flotteur.
- Si vous constatez que vous glissez tout le temps du flotteur, il se peut que sa couche antidérapante soit usée. Nous avons aussi vu des flotteurs tellement recouverts de lotion contre les coups de soleil qu'ils étaient aussi lisses que la peau d'un phoque. Si vous rencontrez ce problème, demandez à l'école ou à la boutique de location de planches de vous en donner une autre. Il y aussi des gens qui ne jurent que par les chaussures en caoutchouc spéciales pour planche à voile.

Gouverner la planche

Après avoir maîtrisé la façon de partir en planche à voile, vous voudrez très vite savoir tourner. De nombreux débutants réussissent la première partie, mais ensuite ils continuent indéfiniment parce qu'ils n'ont pas appris comment tourner et revenir, ou parce qu'ils ont tellement peur de tenter un virement qu'ils s'éloignent trop du rivage. (Si vous êtes l'acteur d'un tel scénario, vous serez bien content que la station balnéaire ou le moniteur témoin de votre exploit dispose d'un bateau à moteur !)

Exercez-vous aux techniques consistant à pencher le gréement que vous avez apprise à terre. Le gréement étant dans la position de sécurité, penchez le à droite, et le flotteur pivote vers la gauche – et vice versa (voir Figure 14.4). Continuez cet exercice jusqu'à ce que vous puissiez faire tourner le flotteur de 360 degrés. A mesure que le flotteur tourne, faites de petits pas autour du pied de mât pour que votre dos reste exposé au vent.

Lorsque vous avez tiré la voile hors de l'eau et que vous avancez, vous pouvez aussi gouverner en penchant le gréement vers l'avant ou vers l'arrière tout en gardant la voile bordée par votre main arrière, comme sur la Figure 14.5. La clé de la réussite de l'opération est de garder l'équilibre et pencher le gréement sans trop modifier l'angle que fait la voile avec le vent.

Figure 14.4 : Le gréement étant dans la position de sécurité, penchez-le d'un côté pour faire tourner la planche dans l'autre sens.

En expérimentant ces virages, vous découvrirez rapidement que les allures de grand largue, largue, vent de travers, et les allures de près se ressemblent beaucoup, mais que l'allure vent arrière est un véritable défi. C'est pourquoi la première manœuvre qu'essaie un véliplanchiste est le virement vent debout et non l'empannage.

Gouverner sans safran

Pour comprendre comment une planche à voile peut manoeuvrer sans safran, il suffit de considérer une image simplifiée des forces mises en jeu. Tout d'abord, la voile : comme nous l'avons expliqué au Chapitre 8, lorsqu'une voile est convenablement bordée avec un angle correct par rapport au flux du vent, elle génère une portance, exactement de la même façon qu'une aile. Le *centre de poussée vélique* est le point auquel toutes les forces qui s'exercent sur la voile s'équilibrent – grosso modo à mie hauteur et à un tiers de l'avant de la voile.

Il existe un point d'équilibre similaire sur la coque, appelé *centre de carène*. En simplifiant, on peut considérer que c'est le pivot autour duquel le flotteur tourne dans un virage.

Lorsqu'une planche à voile est *dans le sillon* (naviguant en ligne droite), toutes les forces sont équilibrées, y compris le centre de poussée vélique et le centre de carène. Mais penchez le gréement en arrière tout en le gardant bordé contre le vent, et l'équilibre est rompu. Le centre de poussée vélique se trouve désormais derrière le point de pivotement du flotteur, et la planche à voile lofe, tourne vers le vent. Inversement, en penchant le mât en avant, on place le centre de poussée vélique en avant du point de pivotement du flotteur, et la planche à voile abat, s'écarte du vent.

Quelles sont les conséquences de tout cela ? Simple : pour tourner le bateau vers le vent, penchez la voile vers l'arrière pour que le centre de poussée vélique soit derrière le point de pivotement du flotteur. Pour écarter le bateau du vent, penchez la voile vers l'avant (voir Figure 14.5).

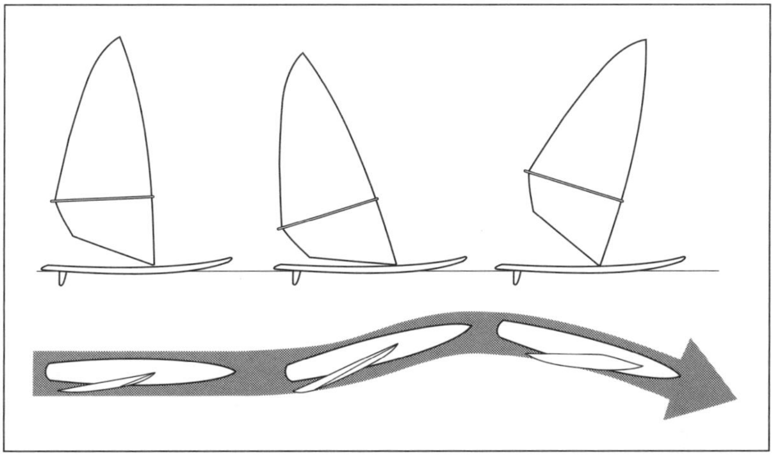

Figure 14.5 : Pour tourner la planche à voile vers le vent, penchez la voile en arrière (au centre) ; pour tourner la planche à voile en l'écartant du vent, penchez la voile en avant (à droite).

Virement vent debout

Virer vent debout veut dire manœuvrer pour passer de l'autre côté de l'angle mort afin que le vent vienne sur l'autre bord. Voici les étapes d'un virement vent debout sur une planche à voile :

1. **Penchez le gréement en arrière pour faire tourner la planche vers le vent.**
2. **Lorsque le flotteur est presque pointé bout au vent dans l'angle mort redouté, faites passer votre pied avant de l'autre côté du mât de façon à vous retrouver avec un pied de chaque côté du mât, le dos au vent.**
3. **Maintenant, tandis que la voile faseye, penchez le gréement sur le côté – de la manière décrite sous le titre « Gouverner la planche » – pour que le flotteur soit pointé pour une allure de petit largue sous la nouvelle amure.**

   Le vent vient maintenant sur l'autre bord de la planche.
4. **Tandis que la planche abat, faites passer votre nouvelle main avant de l'autre côté pour saisir la bôme – de la manière décrite sous le titre « Mouillez-vous les pieds (et tout le reste) » – et bordez la voile avec votre main arrière.**

   Faites de tout petits pas pour aller juste derrière le mât sur le nouveau côté au vent et c'est parti !

CONSEIL

La navigation en ligne droite aux allures allant du près au grand largue est relativement facile à maîtriser, parce qu'à toutes ces allures, les différentes forces sont assez bien équilibrées, et que vous pouvez peaufiner les réglages avec vos bras. L'équilibre ne devient un challenge que lorsque la planche ralentit (comme dans une manœuvre) et quand vous naviguez vent arrière. Exactement comme dans beaucoup d'autres sports, le conseil qui convient est *pliez les genoux !*

Naviguer vent arrière

Lorsque vous naviguez vent arrière, tous ces éléments favorables à la stabilité et au contrôle s'évanouissent. Ayant le vent dans le dos, vous devez vous tenir debout face à la voile, et contrebalancer la traction de la voile poussée par le vent. Désormais, tout mouvement à droite ou à gauche fait rouler le flotteur, et tôt ou tard vous buvez la tasse.

Voici les étapes pour aborder la navigation vent arrière :

1. **Mettez-vous dans la position de sécurité avec la voile qui faseye et faites tourner le flotteur en penchant la voile jusqu'à ce que l'étrave soit pointée sous le vent.**

Restez un instant dans cette position. Cela vous donne une idée du problème de stabilité auquel vous serez confronté après avoir bordé la voile.

2. **Faites tourner de nouveau le flotteur pour le remettre bout au vent, démarrez à une allure de petit largue (comme d'habitude) puis faites tourner la planche en l'éloignant du vent (en abattant), en bougeant constamment vos pieds et en tournant votre corps pour contrebalancer la force de la voile.**

   Au moment où le vent vient directement de l'arrière, la force qui s'exerce sur la voile peut vous paraître sensiblement plus grande.

3. **Pour contrebalancer la poussée du vent sur la voile, tirez sur vos mains pour les rapprocher du corps ou reculez vos pieds d'un ou deux pas – ce qui abaisse vers l'arrière le sommet de la voile – jusqu'à ce que vous ayez l'impression de pouvoir contrôler la voile.**

   Si vous subissez une forte poussée de vent, vous pouvez toujours lâcher votre main arrière (celle qui est la plus proche du *point d'écoute*, ou coin arrière, de la voile) et laisser faseyer la voile pour éviter d'être projeté en avant et dans l'eau.

N'OUBLIEZ PAS

Pliez les genoux pour garder l'équilibre.

Empannage

Maintenant que vous naviguez vent arrière, vous pouvez avoir envie d'essayer un empannage. Un *empannage* set une manœuvre où vous changez d'amure en vous écartant du vent (en abattant). L'empannage sur une planche à voile courte, à haute performance, peut être une sensation extraordinaire, comme l'exécution d'un virage dans un slalom de ski nautique ou avec une planche de surf de neige. Mais sur une grande planche pour débutant, il est plus facile de tourner en virant vent debout et en abattant pour se retrouver sur l'autre amure, car le grand flotteur est difficile à faire tourner.

La manière la plus facile d'empanner est simplement de déborder la voile et de revenir à la position de sécurité, de tenir le mât au niveau du vit-de-mulet, puis de pencher le gréement de façon à faire tourner le flotteur jusqu'à ce qu'il soit pointé pour une allure de largue confortable. Vous repartez ensuite de la manière standard.

On peut exécuter à titre de démonstration une manœuvre élégante d'empannage sur une grande planche. En voici les étapes :

1. **Tout en naviguant vent arrière, reculez-vous vers l'arrière pour enfoncer le tableau dans l'eau.**

2. **Faites tourner la voile (en la gardant gonflée) de manière à ce que le flotteur passe sous la nouvelle amure.**
3. **Lâchez rapidement votre main arrière (proche du point d'écoute) et ramenez vers vous votre main avant.**
4. **Au moment où la voile s'écarte brusquement de vous, faites passer votre main arrière par-dessus l'autre pour saisir le wishbone à environ 30 cm sur le nouveau bord au vent.**

   L'élan donné par la rotation du point d'écoute autour du mât vous permet d'attraper le wishbone avec votre nouvelle main arrière.

5. **Ramenez le wishbone vers vous et partez !**

   Pendant toute cette manœuvre, vous devez maintenir un équilibre précaire sur le flotteur. Si vous n'êtes pas tombé à l'eau, vous serez aux anges !

PETER RACONTE

Naviguer vent arrière sur une longue planche est pénible sauf par petit temps. C'est pourquoi, si je veux atteindre une destination sous le vent, je fais une série de navigations au grand largue, en virant vent debout (pas en empannant) chaque fois que je veux passer sur l'autre amure. S'il y a du vent, cette approche est une manière très agréable d'aller sous le vent, parce que votre planche crée son propre vent et vole littéralement sur l'eau.

Garder l'équilibre

Voir venir les sautes de vent vous aide à garder la voile bordée correctement – ce qui vous permettra aussi de rester plus sec :

- A l'arrivée d'une risée ou rafale de vent, mettez davantage le poids du corps vers l'extérieur et soyez prêt à laisser aller votre main arrière tout en tirant votre main avant vers vous pour déborder légèrement la voile ; ceci vous permettra de garder l'équilibre au lieu d'être bousculé vers l'eau.
- Si vous prévoyez la fin de la risée, vous pouvez ramener votre poids vers le centre pendant que le vent s'atténue.
- Si vous ne faites pas attention au vent, vous pouvez quand même éviter de tomber dans l'eau en arrière en pliant rapidement les genoux et plaçant votre torse au-dessus du flotteur au moment où le vent s'atténue.

CONSEIL

Si vous avez jamais fait du ski, vous savez comment repérer facilement les débutants sur une pente. C'est la même chose en planche à voile – observez le type qui se tient les fesses en arrière. Si vous voulez paraître à l'aise, basculez vos hanches en avant et pliez les genoux !

Revenir à la côte en cas de problème

Si vous avez un problème, comme la disparition du vent ou un équipement cassé, vous pouvez ramener le flotteur et le gréement au bord en pagayant avec les mains. Il est crucial pour votre sécurité que vous sachiez vous sauver par vous-même.

ATTENTION !

Lorsque vous êtes en planche à voile, gardez toujours un œil sur la distance qui vous sépare du bord de l'eau. Ne vous éloignez jamais trop du rivage, pour quelque motif que ce soit.

Si vous devez pagayer sur une courte distance, essayez de mettre le gréement par-dessus l'arrière du flotteur pour qu'il soit partiellement hors de l'eau, couchez-vous ou agenouillez-vous sur le flotteur, et commencez à utiliser vos bras. Le problème que pose cette technique est que la voile agit comme un énorme frein traînant dans l'eau. S'il y a du vent et si vous avez une grande distance à parcourir, vous gagnerez à dégréer la voile. Détachez la bosse d'écoute, enroulez la voile autour du mât, repliez le wishbone contre le mât, et commencez à pagayer, comme sur la Figure 14.6.

Figure 14.6 : Sauvetage par soi-même sur une planche à voile.

Si vous voulez faire des signaux pour obtenir de l'aide, agenouillez-vous ou mettez-vous debout sur la planche et agitez les bras. En cas de détresse, restez toujours avec votre planche – c'est votre principal moyen d'assurer votre flottabilité. Vous aurez beaucoup plus chaud en restant hors de l'eau sur la planche. Si vous avez essayé de revenir en pagayant jusqu'au rivage mais si l'augmentation du fardage (le freinage par le vent) et la traînée des composants du gréement font qu'il est difficile d'avancer, vous pouvez toujours offrir le gréement en sacrifice à Poséidon pour sauver le flotteur – et vous-même.

Les dix endroits favoris de Peter pour la planche à voile

1. Perth, Australie
2. Virgin Islands britanniques
3. Baie de San Francisco, Californie
4. Columbia River Gorge, Oregon
5. Côte nord, Ohau et Maui, à Hawaii
6. Iles Canaries
7. Seal Beach, Californie
8. Jalama Beach, Californie
9. Partout où l'eau est chaude et où le vent dépasse 18 noeuds.
10. Partout où l'eau n'est pas trop froide et où le vent dépasse 18 noeuds.

L'Europe compte aussi de nombreux endroits merveilleux pour la planche à voile, mais je n'ai pas encore eu la chance de les visiter !

Chapitre 15

Techniques avancées sur bateaux légers

Dans ce chapitre :

- Pourquoi plat veut dire vite
- Le rappel
- Le trapèze
- Virement vent debout et empannage en roulant
- Planer et surfer sur les vagues
- Techniques particulières sur catamaran

Une voile humide et une mer qui défile,
Un vent qui suit à toute vitesse,
Et gonfle la voile blanche et bruissante,
Et courbe le mât élégant.

– Allan Cunningham

Aux Chapitres 4, 5, et 6, nous avons décrit les bases de la navigation en dériveur – un bateau agile et instable. Les dériveurs peuvent chavirer (certains plus facilement que d'autres), mais du fait de leur maniabilité, il n'y a pas de meilleur bateau pour exercer et développer vos talents à la voile. En fait, une bonne partie des sujets traités dans ce chapitre s'applique aussi à un quillard.

Lorsque le vent se lève pour atteindre un peu plus de 12 nœuds, c'est le commencement du plaisir. Ce chapitre est surtout consacré à la façon de tirer le plus de vitesse et d'amusement de ces conditions favorables, et nous donnons aussi quelques conseils qui marchent quoi que fasse le vent.

Avant d'aborder les techniques avancées, vous devez acquérir les savoir-faire de base pour naviguer sur dériveur :

- **Savoir nager** : et savoir assez de choses pour porter un gilet de sauvetage de toute façon.
- **Déplacer rapidement votre poids** : par définition, un dériveur n'a pas de *quille* (une nageaoire fixe, lestée, qui sur un quillard tient lieu de dérive) pour réduire la gîte. Votre poids et celui de l'équipage jouent un rôle important pour maintenir un dériveur en position verticale, et donc vous devez être en mesure de réagir vite quand le vent change.
- **Redresser le bateau après un chavirage** : le chavirage peut être amusant, et vous pouvez revoir la question de la sécurité sur petits bateaux au Chapitre 7.
- **Gouverner et tenir (et ajuster) la grande écoute en même temps** : si vous êtes à la barre d'un dériveur pour une ou deux personnes, vous avez besoin de vos deux mains pour le faire marcher.

Après avoir révisé quelques-unes des questions de base et attaché solidement vos affaires dans le bateau (prêtes pour le chavirage), vous êtes prêt à découvrir comment aller vite.

Remonter au vent dans la brise : plat veut dire vite

Au Chapitre 8, nous avons montré pourquoi naviguer à plat (ou du moins en limitant la gîte le plus possible) vous permet d'aller plus vite en remontant au vent dans la brise. Les meilleurs marins sur petits bateaux savent prévoir les changements de vitesse du vent en lisant les marques dessinées par le vent lors de son passage sur l'eau. Ils gardent leur bateau presque parfaitement à plat (l'empêchent de gîter sous l'effet du vent) en naviguant au près (vers le vent). Voici comment : lorsqu'une risée ou une rafale de vent frappe (un supplément de brise), l'équipage prend une ou plusieurs des actions suivantes pour empêcher le bateau de gîter :

- **Se mettre en rappel** : pencher le poids du corps plus vers l'extérieur du bord.
- **Déborder la grand-voile** : donner un peu de mou à la voile pour lui enlever un peu de puissance. Lorsque la risée ou la rafale de vent se termine, il faut *border* la voile.
- **Lofer légèrement** : Gouverner le bateau un petit peu plus près du vent pour que l'avant de la voile commence à *faseyer* (à trembler).

Le rappel

En remontant au vent dans une bonne brise, plus vous faites de rappel, plus vous allez vite. Plus de rappel, c'est facile à dire, mais c'est dur à faire – le rappel est physiquement épuisant. Si votre derrière est sur le bord du bateau, vous ne faites pas beaucoup de rappel. Si vos cuisses sont la dernière partie de votre corps touchant le bateau, comme sur la Figure 15.1, vous obtenez de votre corps l'effet de levier maximal.

Figure 15.1 : Pour aller vite par grand vent, vous devez vous mettre en rappel.

Voici quelques conseils qui vous aideront à prendre la meilleure position de rappel :

CONSEIL

- **Assurez-vous que la longueur du *stick* (l'extension de la barre) est suffisante**. Le stick se connecte à l'extrémité de la barre pour vous permettre de continuer à gouverner tout en faisant du rappel à l'extérieur du bateau.
- **Assurez-vous que votre *grande écoute* (la manœuvre servant à border la grand-voile) est aussi facile à tenir que possible**. Envisagez d'ajouter un palan à cliquet (voir Chapitre 6) et/ou un taquet (qui soit facile à larguer lors d'une risée ou une rafale de vent).

- **Changez de position de temps en temps**. Essayez de croiser vos chevilles dans un sens, puis dans un autre. Essayez de faire du rappel *jambes tendues* pendant quelque temps, puis revenez à la position plus confortable (mais moins efficace) du rappel *genoux pliés*.
- **Essayez de régler la longueur et/ou la tension de votre sangle de rappel pour un maximum de confort.**

Regardez de près les sangles et la façon dont elles sont attachées au bateau. Inspectez-les pour voir si elles sont raguées ou si leurs attaches se défont. Rien n'est plus surprenant (ni humide) qu'une sangle de rappel qui lâche.

Le trapèze pour aller encore plus vite

Imaginez que vous naviguez par vent fort et que vous allez le plus loin possible en rappel. Un autre que vous, d'un poids équivalent mais très grand, tient son bateau plus à plat grâce à un effet de levier plus important. Comme plus plat veut dire plus vite, il vous dépasse. Mais pourquoi ne feriez-vous pas du rappel en vous tenant debout sur le côté du bateau ? Vous pourriez alors dépasser ce type comme un boulet de canon.

C'est ce qu'un *trapèze* vous permet de faire – vous tenir droit sur le bord du bateau pour maximiser l'effet du poids du corps. Le trapèze est une sorte de « super rappel ».

La personne qui a inventé le trapèze devait a) détester le rappel, ou b) être très astucieuse. Un système de trapèze comporte un *câble de trapèze* qui part du haut du mât et va jusqu'à un anneau juste au-dessus du niveau du pont, et une *culotte de trapèze* comportant un crochet au niveau du nombril et qui sert à vous accrocher au câble de trapèze, comme sur la Figure 15.2.

Beaucoup de dériveurs et de catamarans sont conçus pour permettre à un ou plusieurs équipiers de monter au trapèze. Le trapèze demande des dispositions athlétiques, de l'équilibre, et des talents pour la voile (pour prévoir les sautes de vent et ne pas être entraîné dans l'eau ou bousculé contre l'étrave par une vague).

L'artiste trapéziste de la Figure 15.2 est ma coéquipière olympique Pamela Healy. Vous vous demandez peut-être comment Pam réussit à virer de bord vent debout au trapèze. Quand le bateau commence à tourner, elle bondit sur le bateau et se décroche, supportant son poids en se tenant à une petite poignée sur le câble de trapèze. Ensuite, de l'autre main, elle débloque l'écoute de foc de son taquet pendant que le bateau traverse l'angle mort. Quand le bateau est sur la nouvelle amure, elle saute vers l'extérieur au-dessus de l'eau sur l'autre bord, en tenant la poignée de l'autre câble de trapèze (oui, il y a deux câbles, un de chaque bord). Avec l'autre main, elle embraque la nouvelle écoute de foc. Enfin, elle s'accroche, et nous repartons. Une excellente équipière de dériveur comme Pam peut passer d'une amure à l'autre en moins de deux secondes.

Figure 15.2 : Pam Healy (coéquipière olympique de JJ) au trapèze.

Réglage de l'assiette longitudinale

Jusqu'ici dans ce chapitre, nous avons évoqué des techniques pour naviguer au vent par vent fort. Nous allons voir maintenant un sujet qui est important quelle que soit l'allure, de près ou portante – la répartition du poids de l'équipage entre l'avant et l'arrière du bateau. Lorsqu'on s'assoit du mauvais côté sur un dériveur, cela se voit tout de suite, parce qu'il gîte d'un côté ou de l'autre. Les erreurs de répartition du poids entre l'avant et l'arrière ne comportent pas une indication immédiate que quelque chose ne va pas, mais elles ont une grande importance si vous cherchez à maximiser votre vitesse.

CONSEIL

Voici une bonne règle générale : assurez-vous que le bateau repose *sur ses lignes* – c'est-à-dire est posé sur l'eau de la manière prévue par le concepteur, de sorte que ni l'étrave ni la poupe ne sortent de l'eau ni ne s'y enfoncent de façon anormale.

Maintenir le bateau sur ses lignes revient en général à s'asseoir quelque part à proximité du *centre de carène* (le point où s'exercent toutes les forces qui agissent sur le bateau). Si vous pouviez pousser le bateau vers le bas avec un énorme doigt, le centre de carène serait celui où devrait s'exercer cette force verticale pour que le bateau coule en restant horizontal (c'est-à-dire qu'il reste sur ses lignes tout en coulant). En général, si vous vous asseyez à côté de la position de la dérive ou de la quille, vous êtes à peu près au bon endroit.

Voici quelques principes directeurs pour peaufiner la répartition des poids en vue d'une bonne assiette longitudinale.

- **Ne restez pas aux extrémités du bateau**. Avez-vous jamais vu un dériveur dont l'équipage est assis tout à l'arrière, faisant se cabrer le bateau ? Rien ne trahit plus visiblement l'inexpérience de l'équipage.
- **S'il y a plus d'une personne à bord, asseyez-vous l'un près de l'autre.**
- **Par petit temps, déplacez votre poids vers l'avant d'une ou deux épaisseurs du corps**. Vous enfoncerez ainsi l'étrave, réduisant la traînée de la coque lorsque le bateau avance lentement.
- **Si vous faites du rappel ou si vous montez au trapèze à une allure de près, placez-vous à l'endroit où le bateau est le plus large en vue d'un effet de levier maximal.**
- **Par grand vent et si vous êtes au largue ou vent arrière ou si les vagues passent par dessus l'étrave, reculez-vous d'une ou deux épaisseurs du corps**. Cette action sort l'étrave de l'eau et fait flotter le bateau davantage sur l'arrière, sur une forme plus plate, provoquant moins de traînée en naviguant à grande vitesse.

Gouverner sans safran

Chaque fois que vous tournez le safran en gouvernant, vous ralentissez légèrement le bateau. Le safran est en effet comme une sorte de gigantesque frein marin. Imaginez l'eau qui coule le long du safran quand il est droit. Poussez maintenant fortement le safran d'un côté, et tout ce flux est perturbé et devient turbulent. Le résultat net est que le bateau tourne, mais aussi qu'il ralentit.

Vous pouvez toutefois faire tourner le bateau sans utiliser le safran pour éviter de perdre de la vitesse, grâce à deux techniques. Ces deux méthodes peuvent aussi vous permettre de regagner la côte au cas où vous auriez cassé le safran.

- **Utilisation de votre poids** : en faisant gîter le bateau sur un bord ou sur l'autre, vous modifiez l'équilibre du bateau et vous le faites tourner. Lorsque vous (et votre équipier) faites gîter le bateau au vent (vers le vent), le bateau tourne sous le vent (en s'écartant du vent), et vice versa (voir Figure 15.3).

Figure 15.3 : L'utilisation de votre poids pour faire tourner le bateau évite l'effet de freinage du safran.

- **Utilisation des voiles** : vous pouvez aussi modifier l'équilibre d'un sloop en gonflant une voile et en faisant faseyer l'autre. Lorsque vous bordez le foc et que vous débordez la grand-voile, le bateau tourne vers le côté sous le vent (il lofe). Border à bloc la grand-voile en laissant faseyer le foc fait tourner le bateau vers le côté au vent.

Note : la technique consistant à déplacer votre poids pour gouverner ne marche pas aussi bien sur un quillard lourd parce que votre poids est trop faible pour modifier suffisamment la gîte.

Le rock and roll du bateau

En anglais, *roll* veut dire rouler ou faire rouler (un bateau), et rock veut dire le faire rouler de façon répétitive – ce qui pourrait provoquer son chavirage, d'où l'expression *don't rock the boat*. Et bien, sur la plupart des dériveurs, si vous voulez aller vite en ligne droite, vous pouvez faire rouler le bateau de façon répétitive pour qu'il se comporte comme un oiseau qui bat des ailes – notamment par petit temps lorsque la voile claque dans le vent. On fait battre les « ailes » du bateau (dans l'eau et au-dessus de l'eau) en utilisant des techniques dites *cinétiques*. Elles comportent le *rocking*, le *pompage* des voiles (consistant à les border et les déborder alternativement), le virement vent debout en roulant, et l'empannage en roulant. L'agrément de ces techniques est qu'elles vous donne un contrôle plus physique du bateau. En outre, s'il y a beaucoup de vent et de vagues, elles apportent la pointe de vitesse supplémentaire qui permet au bateau de commencer le *planing* (consistant à glisser à la surface de l'eau) et le surf sur les vagues.

Le rock and roll sur un bateau est si rapide que cette pratique est interdite par les règlements des courses. Toutefois, le rocking volontaire est autorisé au cours des manœuvres de virement vent debout et d'empannage. Des coureurs expérimentés ont transformé cette tolérance en une forme d'art, faisant rouler le bateau au cours des virements vent debout et des empannages avec un tel brio que le bateau accélère pendant ces manœuvres.

Virement vent debout en roulant

Voici les étapes d'un virement vent debout en roulant, illustré par la Figure 15.4 :

1. **Démarrez le virement en vous penchant légèrement vers l'intérieur, ajoutant ainsi environ 10 de gîte sur le bord sous le vent.**
2. **Commencez à tourner le safran comme dans n'importe quel virement vent debout.**
3. **Dès que le bateau est presque pointé bout au vent, faites un rappel accentué sur le bord au vent (au vent sur l'amure d'origine) pour amorcer le roulis et bordez en même temps la grand-voile à bloc.**

   Continuez à tourner !
4. **Quand vous êtes sur le point de vous mouiller le derrière, changez rapidement de côté pour aller sur le nouveau bord au vent.**

   Normalement, vous changez de côté lorsque vous avez effectué à peu près 75 pour cent de la rotation du virement (c'est-à-dire quand votre cap est presque celui du plus près sur la nouvelle amure).
5. **Choquez la grande écoute d'environ 30 cm et bordez le foc sur le nouveau bord.**
6. **Tandis que le bateau tourne pour aller au nouveau cap de près, le barreur et l'équipier passent au rappel (ensemble) sur le nouveau bord pour mettre le bateau à plat, bordant la grand-voile pour reprendre le mou donné à l'étape 5.**

   Le bateau gicle en avant sur la nouvelle amure !

   Faites attention – trop de roulis et vous chavirez.

Par petit temps le poids du barreur peut suffire à mettre le bateau à plat sur la nouvelle amure. En pareil cas, l'équipier ne va que jusqu'à l'axe du bateau ou jusqu'à un point suffisant pour mettre le bateau à plat.

A B C D

Figure 15.4 : Phases d'un virement vent debout avec roulis.

ATTENTION !

Le virement vent debout avec roulis demande une grande pratique et une bonne coordination entre le barreur et l'équipier, parce que l'effet de roulis est plus important si les équipiers déplacent leurs corps simultanément. Le timing est crucial. Démarrer le roulis trop tôt ou ne pas faire un rappel suffisant peut entraîner un virement vent debout avec roulis raté, qui peut même ralentir le bateau.

Empannage avec roulis

L'empannage avec roulis est très similaire au virement vent debout avec roulis et demande autant d'entraînement. Voici les étapes d'un empannage avec roulis réussi :

1. **Faites gîter le bateau au vent en faisant du rappel.**
2. **Commencez à abattre doucement au moyen du safran.**
3. **Attrapez la grande écoute et faites passer rapidement la grand-voile sur l'autre bord.**

   Une autre manière de faire consiste à attraper le *hale-bas* (la manœuvre gréée entre la bôme et le mât) pour balancer la grand-voile sur la nouvelle amure.
4. **Juste avant de toucher l'eau avec vos fesses, changez rapidement de côté et mettez doucement mais fermement le bateau à plat en faisant du rappel.**
5. **En même temps que vous changez de côté, embraquez un bon coup la grande écoute pour accentuer l'accélération.**
6. **Faites revenir le bateau à son cap optimal vent arrière et choquez largement la grande écoute.**

Si vous avez lu attentivement tout ce qui précède, le virement vent debout et l'empannage avec roulis peuvent vous sembler contredire les explications de la section « Gouverner sans safran », sur la manière d'utiliser le poids des équipiers pour gouverner le bateau. Mais réfléchissez bien : le changement de gîte initial aussi bien dans le virement vent debout que dans l'empannage contribuent à amorcer le virement et permet un mouvement du safran plus réduit. Le deuxième mouvement de roulis, plus brutal, contredit effectivement les principes énoncés pour gouverner sans safran, mais il communique au bateau un élan incroyable, comme si vous faisiez battre ses « ailes » (les voiles, la dérive et le safran du bateau) !

ATTENTION !

Quand le vent fraîchit, la session de rock and roll peut se conclure par un chavirage – et vous devez faire attention. Ces techniques marchent de façon optimale par vents légers à moyens.

Faites-le rouler

Vous pouvez effectivement faire rouler votre bateau bord sur bord pour générer une bonne propulsion quand il n'y a plus un souffle de vent, comme sur la Figure 15.5. On va plus vite en faisant rouler un dériveur léger qu'en pagayant avec les mains. Ce procédé est même utilisable sur un bateau pour une seule personne.

Figure 15.5 : Pas de vent ? Pas de problème ; ramenez votre bateau en roulant.

Voici comment faire rouler le bateau pour générer votre propre vent :

1. **Descendez complètement la dérive.**
2. **Bordez les voiles comme pour une allure de près serré.**
3. **Le barreur doit maintenir le safran droit, et si vous êtes seul, laissez la barre se déplacer librement.**
4. **Faites rouler violemment le bateau sur un bord.**
5. **Juste avant le moment où le bateau commence à chavirer (toujours un risque si vous ne faites pas attention), faites rouler violemment le bateau sur l'autre bord.**

   Il vaut mieux que celui qui contribue le plus à ce mouvement soit debout et tienne le mât.

6. **Continuez jusqu'à votre destination.**

Planer et surfer sur les vagues

Rien n'est plus excitant que de naviguer à toute vitesse à une allure portante sur un petit dériveur, avec l'eau qui gicle devant l'étrave comme d'une lance à incendie. Même si vous n'allez qu'à 10 nœuds ou même 20 nœuds, la sensation de vitesse est plus forte qu'à une vitesse quadruple dans une voiture – vraiment !

La plupart des quillards lourds sont prisonniers des vagues qu'ils créent en avançant dans l'eau. Mais les dériveurs légers, à condition que le vent leur communique une puissance suffisante, peuvent sauter par-dessus les vagues qu'ils induisent et raser l'eau, à la manière d'un hors-bord ou d'un surfer. Cette action consistant à raser l'eau, appelée *planing*, est possible aux allures portantes. Elle est illustrée par la Figure 15.6.

Figure 15.6 : JJ et Pam en planing à grande vitesse dans de grandes vagues – excitant !

Si vous avez suffisamment de vent, le *planing* ne requiert pas d'action particulière de l'équipage – le bateau se soulève et commence à voler sur l'eau. Dès que vous commencez à planer, vous le savez – à cause du large sourire qui vous fend le visage au moment où votre vitesse dépasse toutes vos espérances.

Un proche cousin du planing est le surf. D'un point de vue technique, on parle de planing dès lors que le bateau se libère de ses propres vagues d'étrave et de poupe et s'élance, quelle que soit la texture de la surface de l'eau ; on parle de surf lorsque la *crête* d'une vague s'empare du bateau et l'accélère en le faisant glisser « en aval » sur le flanc de la vague.

Lorsque nous parlons de surf sur les vagues, nous ne parlons pas d'aller plus près des brisants de la côte. Vous avez un mât, qui se briserait en cas de chavirage dans la houle proche de la côte – indépendamment de ce qui vous arriverait à vous et votre bateau.

Le grand intérêt du surf sur les vagues est que vous pouvez faire du surf sur la houle océanique – tout ce qui comporte une pente. Comme les vagues vont en général dans la même direction que le vent, votre meilleure chance de les attraper est le grand largue ou le vent arrière.

Tout surfeur vous dira que pour attraper une vague, vous devez aller à une vitesse proche de la vitesse de la vague. Sur un voilier, vous devez utiliser ces techniques cinétiques (telles que le rock et le pompage) pour accélérer le bateau au moment où la vague commence à toucher votre tableau.

1. **Orientez le bateau sur une allure de grand largue avec les voiles parfaitement bordées.**

   Si le bateau a un spinnaker, utilisez-le pour avoir davantage de puissance. Voir le Chapitre 8 sur la façon d'utiliser un spinnaker.

2. **Si vous avez une dérive, relevez-la partiellement.**

   Cette action réduit la traînée sous l'eau.

3. **Lorsque vous sentez qu'une vague commence à prendre le tableau du bateau, envisagez de lofer légèrement (de tourner le bateau vers le vent) – de 5 à 20 degrés – (et de border la voile en conséquence) pour accélérer.**

   Lorsque le bateau est pointé vers l'aval sur la vague et commence à accélérer, donnez un bon coup de pompe à la grande écoute en l'embraquant d'un mètre environ à toute vitesse et en la choquant d'autant immédiatement. Si vous êtes au grand largue avec un spi, vous pouvez aussi le pomper.

   Une autre bonne technique cinétique consiste à jeter le (haut du) corps brusquement vers l'avant du bateau et stopper net ce mouvement. Cette technique est désignée en anglais par l'onomatopée *ooching*.

   Si votre pompage et votre ooching ont réussi (et si vous avez assez de vent), vous sentez le bateau partir en avant et descendre schuss sur le flanc de la vague, comme sur la photo de JJ et Pam présentée par la Figure 15.6.

4. **Ramenez rapidement votre poids sur l'arrière du bateau pour élever l'étrave hors de l'eau et permettre au bateau de reposer sur la moitié arrière de la coque, plus plate (ayant davantage la forme d'une planche de surf).**

   Vous faites maintenant du surf, et vous pouvez gouverner le bateau pour qu'il aille droit en descendant le flanc de la vague. Vous devez border vos voiles parce que votre vent apparent passe davantage sur l'avant à mesure que vous accélérez.

   ATTENTION !

   N'en demandez pas trop ! Ne restez pas à surfer sur une vague assez longtemps pour que votre étrave rentre dans le dos de la vague qui est devant vous, inondant le cockpit.

5. **Lorsque vous arrivez près du fond de la vague (le *creux*) et que l'étrave commence à pointer vers le haut, lofez (tournez au vent) d'environ 10 à 20 degrés pour essayer de continuer à descendre sur la portion en pente de la vague ou au moins de prendre de l'élan pour que la vague passe au-dessous de vous.**

6. **Lorsque vous sentez le bateau ralentir, glissez-vous vers l'avant du bateau pour reprendre votre position normale.**

La voile sur catamaran

Si vous savez naviguer sur un quillard ou un dériveur, alors vous savez naviguer sur catamaran, parce qu'un catamaran n'est rien d'autre qu'un voilier avec deux coques au lieu d'une. La Figure 15.7 montre un catamaran typique. Il est vrai que certains multicoques sont des bateaux de croisière gros et lourds, mais nous parlons ici de ceux que vous pouvez lancer depuis une plage, mesurant environ 6 mètres, ou plus petits. Notez qu'un catamaran a des caractéristiques que vous ne trouvez pas sur d'autres voiliers, comme des poutres qui relient les deux coques ; le trampoline – une surface recouverte d'un filet en cordages ou en tissus, entre les deux coques ; des lattes forcées sur toute la largeur de la voile ; et un mât pivotant.

Comme les principes de la voile sur catamaran sont les mêmes que sur n'importe quel bateau, cette section porte principalement sur les domaines où l'on rencontre des différences significatives.

Fabriquer votre propre vent

La grande différence entre les catamarans et les dériveurs est la vitesse. Les catamarans sont plus rapides à toutes les allures, et pour toutes les conditions de vent. Il y a deux raisons à cela : les coques étroites causent très peu de traînée, et le large polygone de sustentation permet à l'équipage de se placer loin des voiles, ce qui lui procure un grand avantage mécanique pour empêcher le bateau de gîter. La plus grande largeur peut être assimilée à un super trapèze – en fait, de nombreux catamarans ont des trapèzes, eux aussi !

Figure 15.7 : un catamaran.

La vitesse des catamarans accentue un phénomène auquel nous avons fait allusion dans les sections de ce chapitre relatives au surf et au planing – le vent apparent se déplace vers l'avant et augmente à mesure que le bateau accélère. (Pour une présentation des principes du vent apparent, voir le Chapitre 8.) A cause de l'effet du vent apparent, les catamarans donnent l'impression de naviguer au près serré, et exigent que les voiles soient bordées à bloc, alors qu'en fait ils naviguent à un angle beaucoup plus grand par rapport au vent. Ils vont tout simplement de plus en plus vite, fabriquant leur propre vent tandis que vous abattez.

Faire voler une coque

Un catamaran ne gîte pas – il vole. C'est certainement l'impression que vous avez la première fois que la coque au vent (celle sur laquelle vous êtes assis) se lève et sort de l'eau. Faire voler une coque est comparable à la gîte sur monocoque et cet effet résulte de l'excès de force du vent. Pour atteindre la vitesse maximale, votre coque au vent doit effleurer les vagues, sans aller plus haut. Cette position minimise la traînée du bateau dans l'eau mais conserve les voiles et les foils (dérive et safran) à des angles proches de l'optimum par rapport à leurs fluides respectifs.

Naviguer avec une coque qui vole n'est pas rapide, et si vous allez trop loin, vous pouvez provoquer le chavirage, mais il est vrai qu'une coque à plus d'un mètre au-dessus de l'eau est une vision spectaculaire. Vous pouvez ramener la coque plus bas sur l'eau de la même façon que vous réduisez la gîte sur un dériveur :

- **Accentuez le rappel (ou montez au trapèze).**
- **Choquez la grande écoute d'une dizaine de centimètres pour diminuer la puissance de votre grand-voile.**
- **Tournez le bateau vers le vent (lofez) pour diminuer la puissance des voiles.**

Lofer marche bien dans la plupart des conditions. Mais s'il y a beaucoup de vent, vous pouvez faire voler votre coque en étant très proche d'une allure vent arrière. Dans ce cas, le fait de tourner le bateau vers le vent augmente la puissance des voiles, et il gîte encore plus. La réaction correcte est alors d'abattre davantage pour ralentir le bateau. La seule façon d'apprendre à reconnaître comment vous pouvez le mieux réduire la puissance (lofer ou abattre) est par l'expérience – et en faisant attention à votre cap par rapport à la direction du vent vrai.

Voiles à lattes complètes

Presque tous les catamarans ont une grand-voile avec des lattes complètes – c'est-à-dire des lattes sur toute la largeur de la voile, du *guindant à la chute* (du bord avant au bord arrière). Grâce au support supplémentaire de ces longues lattes le fabricant de la voile obtient une surface de toile plus importante pour une combinaison donnée de mât et de bôme. Les voiles à lattes complètes ne sont pas réservées aux seuls catamarans ; certains monocoques, tels que les bateaux de la classe de la Coupe de l'America, en ont également.

Surveiller le guindant de la voile pour y observer une petite « bulle » peut être difficile sur de telles voiles parce qu'elles ne faseyent pas de manière aussi visibles que les voiles « soft ». Assurez-vous que votre grand-voile comporte des *pennons*. Voyez le Chapitre 8 sur l'utilisation des pennons.

Au largue pour aller sous le vent

Les catamarans, comme n'importe quel bateau, peuvent naviguer directement vent arrière pour atteindre une destination sous le vent, mais vous pouvez y arriver d'une autre façon, qui est souvent beaucoup plus rapide. Cette méthode implique de tirer des bords sous le vent, en naviguant au largue sous une amure, puis en empannant pour naviguer au largue sous l'autre amure. Bien que la distance parcourue soit plus grande qu'en mettant le cap sur la destination, la vitesse supplémentaire générée en passant au largue et en fabriquant un peu de cette potion magique, le vent apparent (voir Chapitre 8), fait plus que compenser la différence. Cette stratégie nécessite bien sûr de choisir une route en zigzag telle que celle de n'importe quel voilier dans une destination au vent, et d'empanner une ou plusieurs fois, de la manière illustrée par la Figure 15.8.

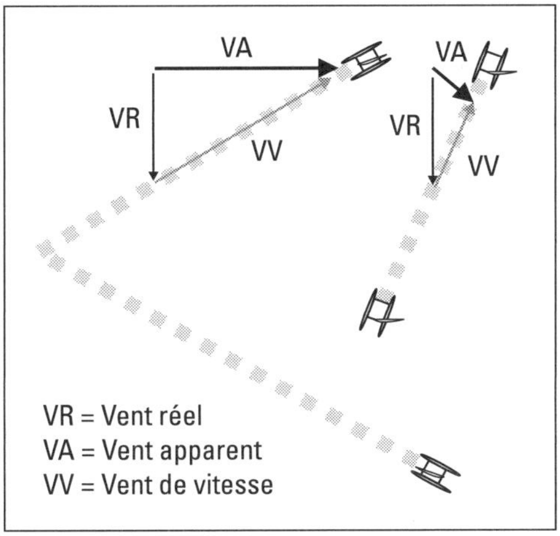

Figure 15.8 : Les catamarans atteignent leurs meilleures performances en naviguant au largue et en fabriquant un peu plus de vent apparent puis en empannant plus tard pour atteindre une destination sous le vent.

Conseils particuliers pour le virement vent debout

Tous les catamarans ne se ressemblent pas, et le virement de bord vent debout peut s'avérer difficile sur certains d'entre eux. Si vous vous trouvez sur l'une de ces catamarans rétifs au virement vent debout, tenez compte des conseils suivants :

- **Assurez-vous que vous allez le plus vite possible sur un cap de près serré avant de commencer votre virement.**
- **Choisissez un endroit assez lisse dans les vagues pour amorcer le virement.**
- **Faites tourner le bateau suivant un arc assez serré.**

Si le bateau a un foc, laissez-le tourné sur l'ancienne amure et laissez-le se *masquer* (gonfler à contre) pendant que le bateau passe dans le lit du vent. En même temps, larguez la grande écoute pour qu'elle file librement. Ce « masquage » du foc combiné avec une grand-voile débordée contribue à la rotation du bateau jusqu'au cap correspondant au près sur la nouvelle amure.

Si le bateau n'a pas de foc, il peut être difficile de virer vent debout. Souvent, le bateau perd son erre, et fini par se stopper bout au vent. Félicitations – vous êtes maintenant dans l'angle mort. Revoyez au Chapitre 5 de quelle manière vous en sortir. La prochaine fois, essayez plutôt d'empanner.

Redressage après chavirage

Le chavirage sur catamaran a un côté spectaculaire. Si vous ne faites pas attention, vous pouvez être catapulté depuis le bord soulevé et atterrir sur la voile ou sur le mât. Voyez le Chapitre 7 sur les principes du redressage d'un bateau, mais voici en outre quelques conseils particuliers pour les catamarans.

La clé est d'éviter de tomber du bateau, dans toute la mesure du possible. Tenez-vous à un *hauban* (câble de support du mât) ou à une partie du trampoline ou de la coque, mais essayez de rester à bord. Si vous tombez, essayez de le faire les pieds en premier (en supposant que vous portez des chaussures ou des bottes) avec les genoux pliés. De cette façon, si vous tombez sur un objet dur, vous aurez plus de chances de vous en tirer sans blessure.

L'étape suivante consiste à empêcher le bateau de faire chapeau (avec le mât pointé vers le bas), parce que le redressage serait alors beaucoup plus difficile que dans le cas du chavirage simple, avec le mât restant horizontal sur l'eau. Si vous avez été assez malin pour rester au sec sur la coque du haut, quittez-la : votre poids sur la coque supérieure n'arrange pas les choses, et il peut en fait ajouter à la pression qui s'exerce sur le mât pour le faire couler. Heureusement, la plupart des catamarans de série ont des sections de mât étanches qui empêchent le bateau de faire chapeau. Certains catamarans ont en outre un flotteur attaché en haut du mât.

Tous les catamarans devraient être équipés d'un bout de redressage. Il s'agit d'un morceau de cordage assez épais (du diamètre d'une grande écoute) gréée pour être aisément accessible en cas de chavirage. En appliquant votre poids (et celui de votre équipier) à l'extrémité du bout de redressage tendu (comme sur la Figure 15.9) vous aurez plus de chances d'obtenir le levier nécessaire pour contrebalancer la force du vent et remettre le bateau droit.

Figure 15.9 : Utilisation d'un bout de redressage pour augmenter le bras de levier et redresser un catamaran chaviré.

Essayez de faire pivoter le bateau de telle sorte que l'étrave soit pointée dans la direction du vent (ou à peu près). Vous pouvez réussir à faire pivoter le bateau en vous tenant simplement debout sur l'étrave « du bas », ce qui augmente la traînée à son niveau de sorte que la poupe puisse être poussée sous le vent. Si cette approche ne marche pas, vous pouvez essayer de faire aller l'étrave au vent en nageant – une tâche épuisante ! Le fait de repousser les lattes de la grand-voile de manière à ce qu'elles soient convexes (en regardant le bateau d'en haut) peut aussi vous aider au redressage, parce que lorsque la voile commence à sortir de l'eau, la forme d'aile de la grand-voile peut alors aider à soulever le mât plus loin hors de l'eau.

Attention à la coque qui retombe ! Lorsque le bateau commence à se remettre droit, il atteint un point critique d'équilibre à partir duquel la coque supérieure est sur le point de tomber très rapidement. Restez à l'écart de la coque et des poutres. Demandez aux équipiers de tenir la coque inférieure ou la poutre d'avant au niveau de la coque inférieure pour empêcher le bateau de continuer à rouler et de chavirer sur l'autre bord, de faire attention aux objets qui pourraient tomber, et d'être prêts à remonter à bord pour continuer à naviguer.

Si vous chavirez sur un bateau qui n'a pas de bout de redressage, vous pouvez vous en fabriquer un en attachant un cordage (l'écoute de foc devrait convenir) au mât ou au rail « supérieur » de support du trampoline. La grande écoute peut aussi servir de bout de redressage, mais assurez-vous d'abord qu'elle est longue et gréée de telle manière que les voiles puissent être complètement débordées quand le bateau sera redressé. Sinon, les voiles peuvent se gonfler au moment où le mât sort de l'eau, et le bateau pourrait se renverser de nouveau.

Une sortie pas vraiment digne

En 1988, nous avons défendu la Coupe de l'America dans un catamaran high tech de 20 mètres, avec une voile en aile. Comme la plupart d'entre nous, y compris notre skipper, Dennis Conner, n'avions qu'une expérience limité des catamarans, notre équipe *Stars & Stripes* a acheté deux catamarans de 12 mètres Formula 40 pour l'entraînement. Nous avons ensuite « mis des turbos » sur ces bateaux, en allongeant de 3 mètres les mâts pour augmenter la surface de toile, et en raccourcissant le polygone de sustentation par une diminution de la largeur des poutres de près d'un mètre. Ces turbos-40 étaient vraiment amusants à faire naviguer, même dans les vents légers de San Diego, mais ils étaient aussi très instables !

L'ouverture annuelle de printemps du Yacht Club de San Diego est l'occasion d'imposantes festivités. Des centaines de membres et d'invités assistent aux cérémonies. Au début de la cérémonie, Dennis et son équipage ont été honorés devant tout le monde, et nous nous sommes ensuite excusés pour partir nous entraîner. Le turbo-40 a alors quitté le quai sous les ovations de la foule, par un vent d'environ 3 nœuds. Le bateau a fait encore une centaine de mètres, après quoi une rafale de vent a frappé nos voiles démesurées. L'équipage avait un peu relâché son attention, et *plouf* – le grand espoir du Yacht Club de San Diego pour défendre la Coupe de l'America a chaviré tout près du club.

Il va sans dire qu'un catamaran de 20 mètres est trop grand pour que son équipage puisse le redresser, et nous avons passé près de trois heures à remettre le bateau d'aplomb, tandis que les festivités se poursuivaient à terre. Nous avons, néanmoins, gagné la Coupe de l'America, et nous n'avons jamais fait chavirer nos bateaux de course.

Chapitre 16

Les principes de la voile en compétition

Dans ce chapitre :

- Comment marchent les compétitions de voiliers
- Courses en équipes
- Courses en matches
- La voile aux jeux olympiques
- La Coupe de l'America
- Grands événements véliques dans le monde

Oh Capitaine ! mon Capitaine ! c'est la fin du terrifiant voyage,

Le navire a surmonté tous les périls, le prix convoité est nôtre,

Le port est proche, j'entends les cloches, le peuple exulte

– Walt Whitman

En lisant ce chapitre, une chose vous paraîtra évidente – autant l'annoncer tout de suite – nous adorons les compétitions à la voile. C'est notre passion, et ce chapitre est très subjectif. Mais au moins, nous vous avons prévenu.

Nous avons couru à tous les niveaux, et la compétition vélique a enrichi nos vies de mille manières. Grâce à la compétition, nous avons voyagé et fait des amis partout dans le monde. JJ, et sa coéquipière Pamela Healy ont représenté les U.S.A. aux jeux olympiques de 1992, gagnant la médaille de bronze des femmes en 470 (un dériveur à deux avec spi et trapèze) réalisant ainsi le rêve de tout athlète, monter sur le podium à la cérémonie d'attribution des médailles. Peter était navigateur des bateaux *Stars & Stripes* pilotés par Dennis Conner qui ont gagné la Coupe de l'America en 1987 à

Perth, en Australie, et de nouveau en 1988, à San Diego, en Californie. Les célébrations de la victoire ont comporté une réception à la Maison Blanche et un défilé à New York avec la traditionnelle *ticker tape parade* – où les gratte-ciel font pleuvoir des confettis et de longs rubans de papier comme ceux des téléimprimeurs d'antan ! JJ a participé à des courses à la voile dès l'âge de 8 ans, Peter à partir de 13 ans. Sans la course à la voile, nous ne nous serions jamais rencontrés ni eu l'occasion d'écrire ce livre. (Bien sûr, le rôle de correcteur et correctrice réciproques nous a paru un challenge intéressant. Nous avons eu parfois besoin de *La vie en couple pour les nuls*.)

Que votre objectif soir une carrière de compétiteur à la voile ou simplement de comprendre ce que font ces bateaux que vous voyez courir sur l'eau à la télévision, ce chapitre peut vous servir d'introduction à ce sport extrêmement divers qu'est la compétition à la voile.

Comment aborder la voile de compétition

La voile de compétition revêt des formes extrêmement variées, depuis les courses informelles du week-end jusqu'aux courses professionnelles du type grand prix, couvertes par la télévision et comportant même des récompenses en argent. Il est certain que les courses de bateaux remontent aux premiers temps où les hommes se sont aventurés sur la mer. C'est au tout début du XIXe siècle que le sport du *yachting* – la course en bateau à voile formalisée – a commencé à se développer. A la fin du siècle, l'Angleterre et les Etats-Unis sont presque entrés en guerre à la suite d'un incident (l'équipe britannique prétendait que les yankees avaient triché) au cours de la plus fameuse course de voiliers, la Coupe de l'America. Les courses de voiliers ont fait partie des épreuves de tous les jeux olympiques des temps modernes. C'est un sport fantastique pour de très nombreuses raisons ; en voici quelques-unes.

La course est ouverte à tout le monde

La course de voiliers est faite pour les gens de toutes les tailles et de tous les âges. Si certains postes sur certains bateaux sont physiquement éprouvants (comme le poste de ceux qui moulinent les winches dans la Coupe de l'America), les caractéristiques les plus importantes d'un bon coureur sont des qualités mentales – concentration, rapidité de réaction, capacités d'analyse, et désir d'apprendre. Même des personnes physiquement handicapées peuvent participer.

Les hommes et les femmes peuvent concourir à égalité dans les sports véliques, à tous les niveaux. En 1995, JJ a eu l'occasion unique de faire partie de l'équipe de l'America, une équipe entièrement féminine de la Coupe de l'America. C'était la première fois, au sommet d'un sport professionnel, que des femmes concourraient directement contre des hommes. Mais dans n'importe quelle course locale, vous voyez des hommes et des femmes concourir les uns contre les autres.

La compétition développe l'esprit sportif

La course en voilier encourage le fair play parce que ce sport se discipline spontanément, reposant sur un ensemble de règles gouvernant les priorités (voir la section intitulée « Les règles du jeu »). Quelques compétitions ont leurs arbitres sur l'eau, mais la plupart des courses se fient à l'esprit sportif des compétiteurs pour assurer le respect des règles.

Les coureurs sont en harmonie avec l'environnement

La course de voiliers a toute l'intensité d'une course automobile comme les 24 heures du Mans, sans le bruit, l'odeur de pneus brûlés, ni celle des gaz d'échappement. Vous êtes au milieu de la nature comme celui qui participe à une course de 4x4 en dehors des pistes, mais vous ne détruisez rien. Du passage de votre bateau, il ne reste que votre sillage.

Pour gagner une course à la voile, vous devez faire travailler tous vos sens, depuis la sensation du vent sur la peau jusqu'à la lecture des indices de changement de vent à la surface de l'eau. En compétition, vous devez faire aller le bateau aussi vite que possible, tout en regardant tout autour pour choisir votre direction.

Course à la voile par temps froid

Certains aiment tellement les compétitions à la voile qu'ils continuent de participer à des courses toute l'année – même sous des climats rigoureux. Personnellement, je pense que dès lors que vous devez casser la couche de glace sur un bateau pour partir à la voile, la sortie doit être très courte, et suivie d'une agréable boisson chaude devant un bon feu de cheminée.

Étant à l'université, j'ai participé à une régate sur le lac Michigan à la fin du mois de novembre. Mes équipiers et moi avons dû utiliser du gros sel (celui qu'on jette sur les routes pour fondre la glace) pour empêcher le pont de se transformer en patinoire et les cordages de devenir raides comme des barreaux de fer.

Les *voiliers sur glace* sont des bateaux à voile incroyablement rapides glissant sur des supports semblables à des patins. Ces bateaux peuvent voler sur la glace à des vitesses extraordinaires – à plus de 160 kilomètres à l'heure. Si vous avez l'occasion de faire du voilier sur glace, n'oubliez pas votre casque.

Les coureurs apprennent toujours quelque chose de nouveau

Imaginez une partie de football qui se déroulerait sur l'eau, où les vagues et le vent modifieraient à tout moment le terrain de jeu – c'est cela une compétition de voile. C'est comme un jeu d'échecs en trois dimensions dans lequel l'échiquier et les joueurs seraient perpétuellement en mouvement. Les matches, la forme de course à un contre un utilisée pour la Coupe de l'America, ont été comparés aux duels aériens. Dans n'importe quel type de course, vous découvrez d'innombrables choses sur le temps, le courant, le comportement hydrodynamique et aérodynamique de la carène et des voiles, la tactique, vos performances sous tension – la liste est sans fin.

Les courses ont lieu dans des endroits sympathiques

Les compétitions de voile nous ont littéralement emmenés l'un et l'autre dans le monde entier. Nous avons visité ainsi certains des endroits les plus agréables du monde, comme Perth, en Australie, et en France, Saint-Tropez. Voilà ce que nous appelons un grand sport !

Comment marchent les compétitions à la voile

Comme vous le savez, il y a des milliers et des milliers de types de voilier différents, et vous pouvez participer à des courses sur n'importe quel type. En outre, les courses ont lieu dans le monde entier, du Cap Horn jusqu'aux fjords norvégiens. Vous pouvez faire concourir des modèles réduits sur des mares et des voiliers sur glace sur des lacs gelés. Certaines courses se déroulent autour de bouées (des marques flottantes ancrées délimitant les virements), et d'autres vont au large d'un point à un autre.

Les courses peuvent ne durer que dix minutes, ou elles peuvent s'étendre sur des mois. Vous pouvez participer à des courses sur *un modèle* (dans lesquelles tous les bateaux sont identiques) ou comportant un système de *handicap* (courses dans lesquelles différents types sont en compétition, les bateaux les plus rapides laissant du temps aux bateaux plus lents).
La majorité des courses de bateaux à voile mettent en jeu des flottes (de nombreux bateaux concourant ensemble les uns contre les autres).

Sans perdre de vue cette immense variété, voici les grandes lignes de ce que vous devez savoir pour participer à un type de compétition vélique très répandu – une course mettant en jeu une flotte, délimitée par des bouées.

Inscription à la compétition

La plupart des courses sont organisées par des yacht clubs locaux. Un document sur la course explique les détails de la *régate* (une série de courses permettant d'établir une note d'ensemble) : le moment du départ de la course, quels types de bateau peuvent participer, le droit d'inscription éventuel, les délais d'inscription, qui organise l'événement, etc.

Après vous être inscrit, vous recevez une copie du *Règlement de la course*. Ce règlement contient d'importants détails tels que les horaires des courses, une carte de la zone de course, et le type de course dont il s'agit. La Figure 16.1 montre une course au vent/sous le vent typique pour une course autour de bouées. La *ligne de départ* est une ligne imaginaire entre un bateau à l'ancre sur lequel siège le comité de la course et une bouée. La ligne d'arrivée est identifiée de façon similaire.

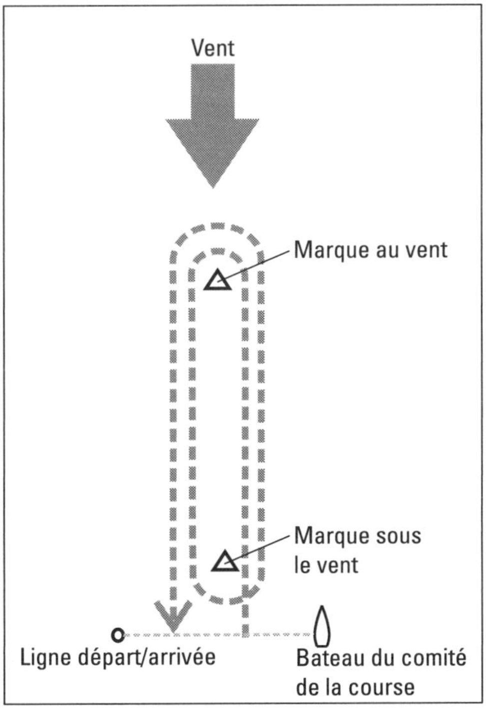

Figure 16.1 : Une course au vent/sous le vent d'un type courant, avec une ligne départ/arrivée.

Après vous être inscrit, vous devez préparer votre bateau et votre équipage pour maximiser vos chances d'avoir de bonnes performances.

Préparation du bateau

L'un des aspects les plus important d'une course est la vitesse du bateau. Si votre bateau est lent, vous pouvez toujours gagner une course en utilisant des tactiques intelligentes et en manœuvrant mieux que vos concurrents, mais il est beaucoup plus facile de gagner sur un bateau rapide. La vitesse d'un bateau résulte de sa préparation – consistant à en peaufiner l'équipement pour qu'il soit rapide et facile à faire naviguer. Il est incroyablement important de disposer du mât et des voiles adaptés aux conditions de vent. Etre sûr que votre bateau peut supporter les efforts associés aux grands vents et à de fortes vagues peut vous éviter l'angoisse d'une avarie. Même les toutes petites choses, comme de polir le dessous de la coque du bateau, peuvent faire la différence entre gagner et perdre.

Préparation de l'équipage

Certains bateaux sont manœuvrés par une seule personne ; d'autres par un équipage nombreux. Quel que soit le nombre des personnes à bord, leurs capacités, leur motivation, et le travail d'équipe de l'équipage sont des éléments cruciaux pour la réussite. Une manœuvre ratée comme celle de l'affalage d'un spi au virement autour d'une bouée peut coûter très cher, mais une bonne équipe peut faire briller un barreur moyen autant qu'une superstar. L'équipage alimente constamment le barreur en informations sur les changements de vent, l'état des vagues, et la position relative des bateaux pour que le barreur puisse gouverner le plus rapidement possible sans avoir trop à regarder tout autour. Plus la compétition est rude, plus il importe que l'équipage opère en parfaite harmonie.

Avant le départ

Au cours de l'heure ou des deux heures qui précèdent le premier départ, les équipiers mettent au point une stratégie basée sur l'observation attentive de la direction et de la vitesse du vent, et d'éventuels changements de courants. Ils peuvent décider de favoriser un côté de la course parce que le vent y est plus fort. Il peuvent aussi utiliser ce temps pour pratiquer certaines manœuvres.

Prendre un bon départ

Le départ est souvent la partie la plus importante de la course. Un bon départ peut vous propulser sur une position inexpugnable – ou en tout cas vous donner une meilleure chance de finir dans les premiers. Une série de signaux sonores et visuels émanant du bateau du comité de la course marque le compte à rebours du départ.

Votre objectif est de vous trouver juste derrière la ligne de départ, en pleine vitesse, juste au moment où le compte à rebours passe à zéro et où le coup de feu du départ est donné. Cela paraît simple, mais il peut y avoir une centaine ou plus de bateaux essayant tous de faire exactement la même chose ! L'un des points à considérer lors du départ est de se demander quelle extrémité de la ligne de départ est « favorisée » compte tenu des conditions de vent et de la position de vos concurrents. En général, les cinq dernières minutes avant le départ sont un chacun pour soi désordonné au cours duquel les bateaux décrivent des zigzags aléatoires jusqu'au moment où *boum !* Au signal, la mêlée grouillante fait place comme par magie à un spectaculaire ballet aquatique, tous les bateaux étant alignés et pointés vers la première marque. La Figure 16.2 illustre le départ parfaitement réussi d'une grande flottille de concurrents.

Figure 16.2 : Le départ impeccable d'une flottille de concurrents.

Contre le vent – la première longueur

La première marque de virement est généralement positionnée directement au vent de la ligne de départ. Comme vous l'avez vu au Chapitre 5, aucun voilier ne peut naviguer aussi près du vent, et donc sur cette première longueur, la flottille effectue des virements de bord jusqu'à la marque supérieure. Naturellement, chacun des bateaux peut atteindre la marque avec un seul virement, mais souvent, à cause des sautes de vent et des autres concurrents, les bateaux doivent faire plusieurs virements. Les considérations tactiques peuvent concerner des changements de vent – même un changement d'orientation de 5 degrés peut influer sur les positions des bateaux en course. Les bateaux qui démarrent sur le côté droit de la course (et naviguent pour commencer tribord amure) sont avantagés par une rotation du vent dans le sens des aiguilles d'une montre, comme on peut le voir sur la Figure 16.3. Mais si le vent tourne en sens inverse, ces mêmes bateaux sont désavantagés – et c'est pourquoi vous devez essayer de deviner avant de partir ce que va faire le vent.

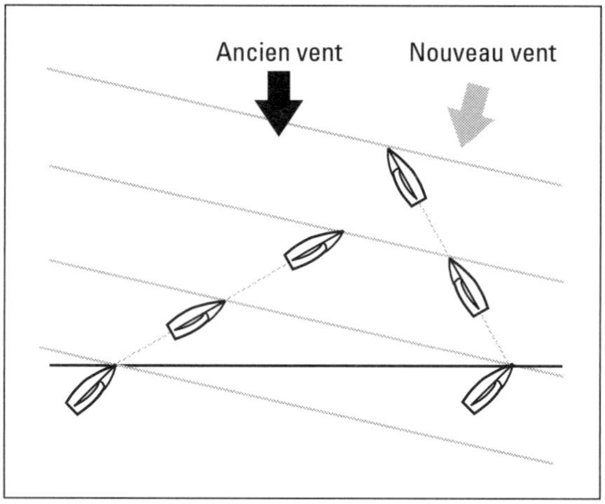

Figure 16.3 : Si le vent tourne sur la droite, les bateaux placés sur la droite de la course ont l'avantage.

Lorsque vous êtes en course en remontant au vent, vous devez aussi vous efforcer de recevoir du vent directement sur vos voiles, et non du vent amorti par les voiles de vos concurrents. Les bateaux qui sont devant essayent souvent de « couvrir » leurs concurrents et de leur faire perdre du terrain. Tout au long de ces diverses tactiques et stratégies, l'équipage essaie de tirer du bateau sa vitesse maximale, réglant les voiles pour qu'elles soient toujours en phase avec les conditions changeantes du vent.

Autour de la marque

Dans la partie ouverte de la course, les bateaux se dispersent sur un mille ou plus, puis ils convergent tous sur la marque. Les virages autour de la marque sont l'occasion pour les équipages de montrer leurs talents tandis qu'ils affalent et hissent des voiles (au niveau de la première marque après laquelle ils iront sous le vent, de nombreux bateaux établissent leur spi coloré), et virent. Un équipage bien entraîné peut à cette occasion gagner de précieuses longueurs de bateau. Heureusement, les règles internationales de la voile précisent quel bateau a la priorité, sinon, les virages effectués en masse autour des marques déchaîneraient le chaos le plus complet.

Avec le vent – la longueur sous le vent

De nombreuses compétitions sont prévues avec deux bouées : une bouée *supérieure* (au vent) et une bouée *inférieure* (sous le vent) proche de la ligne de départ. Sur la seconde longueur, sous le vent, les bateaux continuent de se concentrer sur leur vitesse (voir Figure 16.4) tout en gardant l'œil sur les risées et sur la position des concurrents. Les bateaux qui sont derrière ont désormais l'occasion d'attaquer en utilisant l'ombre de leurs voiles pour déventer les leaders. La vitesse sous le vent est augmentée par l'établissement des spinnakers. Comme nous l'avons vu au Chapitre 8, le spi est délicat à établir, à affaler, et à manœuvrer (lors d'un empannage), et donc il s'agit sur cette longueur de manœuvrer parfaitement le bateau.

Figure 16.4 : Sur la longueur sous le vent, les équipages essaient de tirer chaque once de vitesse de leurs spinnakers.

Le coup de pistolet de l'arrivée

Comme la ligne de départ, la ligne d'arrivée est une ligne imaginaire entre deux objets, en général une bouée et un drapeau sur le bateau du comité de la course. Il n'y a pas de son plus doux que le claquement du pistolet quand vous êtes le premier à franchir la ligne, mais vous n'avez pas besoin de gagner toutes les courses pour gagner une régate. Il vous suffit d'être régulièrement dans le groupe de tête.

Les règles du jeu

Pour jouer à un jeu avec d'autres personnes, vous devez vous mettre d'accord sur les règles. Les règles de la compétition à la voile ont été rédigées par l'organisme qui régit ce sport, l'ISAF (*International Sailing Federation*). Tous les quatre ans, l'ISAF revoit les règles. En 1997, l'ISAF a modifié considérablement les règles en vue de les simplifier.

Si vous voulez participer à une course, obtenez une copie des ces règles de courses universelles de votre organisation nationale (voir Annexe C) ou de votre shipchandler local. Pour vous en donner un aperçu, nous avons regroupé sur la liste ci-après les sept règles les plus basiques de la course à la voile :

- **Évitez les collisions avec d'autres bateaux et avec toute bouée ou marque de virage**. Vous n'êtes pas en bateau-tampon.
- **Vous devez partir correctement**. La ligne de départ doit être franchie après le coup de feu donnant le départ. Si vous êtes parti avant, vous devez revenir et repartir.
- **Tribord amure a la priorité sur bâbord amure**. Cette règle, ainsi que les deux suivantes, fait partie aussi bien du règlement pour prévenir les abordages en mer que des règles spécifiques gouvernant les courses. Voir Figure 16.5.
- **Le bateau sous le vent a la priorité sur le bateau au vent**. Cette règle s'applique lorsque deux bateaux sont sous la même amure ; s'ils sont sous des amures différentes, c'est la règle précédente qui prévaut. Voir Figure 16.5.
- **Le bateau qui dépasse doit passer au large de celui qu'il double**. C'est logique, non ? Le bateau qui rattrape ne doit pas gêner celui qu'il dépasse.
- **Lors du virage autour d'une marque, le bateau qui est à l'intérieur du virage est roi !** Si deux bateaux ou davantage approchent une marque de virage ou un obstacle quelconque en se recouvrant, le bateau qui est à l'intérieur du virage a la priorité.

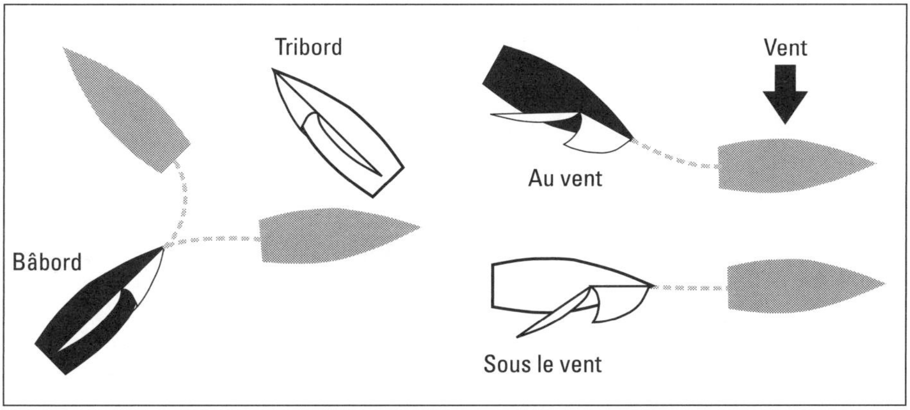

Figure 16.5 : Les règles en course : tribord/bâbord, au vent/sous le vent.

- **Vous pouvez vous racheter – parfois**. Les pénalités en voile dépendent du règlement de la course. Certaines régates vous permettent de vous disculper d'une faute (lorsque vous avez transgressé une règle) en décrivant aussitôt deux cercles complets ou en acceptant la réduction de votre score d'un certain pourcentage. Cependant, dans de nombreuses compétitions, si vous avez gêné un autre bateau, n'avez pas effectué de manœuvre de pénalité, et êtes reconnu coupable lors de l'audience qui suit la course, vous êtes disqualifié – aïe !

Comment gagner – ou du moins commencer à courir

Voici nos conseils pour maîtriser les bases de la navigation en course :

- **Mettez-vous à étudier ce sport**. D'excellents ouvrages ont été publiés sur la compétition à la voile, dont *Expert Dinghy and Keelboat Racing* – Compétition avancée sur dériveur et sur quillard – par Paul Elvström, peut-être le plus grand coureur à la voile de tous les temps, détenteur de quatre médailles d'or olympiques ; la collection *Sail To Win* (de Fernhurst Books au Royaume Uni) ; et *Winning in One Designs*, par Dave Perry. Il existe aussi d'excellents magazines sur les courses à la voile, comme *Sailing World*, Sail, Seahorse (U.K.), et Yachting.
- **Inscrivez-vous à un séminaire sur les courses.**
- **Trouvez le bateau qui convient**. La plupart des rencontres portent sur des flottilles de bateaux. Certaines flottilles organisent même des courses informelles la semaine en fin de journée. De nombreux dériveurs (comme le Snipe ou le Lido 14, le Lightning, le 470, et le Tasar) sont

parfaits pour des équipes mari et femme. Donnez-vous la peine de courir sur différents types de bateaux pour apprendre toutes les manœuvres possibles à bord.

- **Informez-vous bien sur les règles**. Les tactiques appliquées doivent tendre à exploiter les règles à votre avantage. Par exemple, lorsque vous vous rapprochez d'une marque, les bateaux convergent. C'est pourquoi, être tribord amures (avec la priorité) au cours de l'approche, vous donne un avantage tactique.
- **L'entraînement permet d'atteindre la perfection**. Pour gagner, vous devez bien faire des choses très diverses. Vous devez naviguer vite, bien coopérer avec votre équipe, manœuvrer le bateau et les voiles sans heurts, et être sensible à la stratégie et aux tactiques de la course. Les meilleurs coureurs passe beaucoup plus de temps à s'entraîner qu'à courir.
- **Engagez-vous comme équipier**. Vous ne pouvez développer vos talents que par la pratique. De nombreux magazines de voile (que vous trouvez chez votre shipchandler) publient des listes d'équipiers candidats. Mettez votre nom sur une liste. Faites partie de la flottille locale de compétition, et allez aux dîners – la plupart des gens préfèrent courir avec des personnes qu'ils connaissent plutôt qu'avec des inconnus. Allez à la marina où se trouvent les bateaux et présentez-vous aux coureurs. Il arrive qu'une équipe ait besoin d'un remplaçant à la dernière minute, ou s'il y a du vent, elle peut vouloir emmener plus d'équipiers pour empêcher de bateau de trop gîter.

La folle équipée de Bob le motard

Il y a quelques années, l'un de mes amis participait à une compétition dans la baie de San Francisco battue par le vent. Après le premier jour d'entraînement, l'équipage a décidé qu'il fallait plus de poids sur les bords du bateau pour l'empêcher de gîter par grand vent. Ce soir-là, réunis au café habituel, ils ont rencontré le plus grand type qu'ils avaient jamais vu, le dénommé « Biker Bob » – Bob le motard – habillé de cuir de la tête aux pieds, sa moto parquée dans la rue adjacente. Bob avait très envie de participer à une course, et l'affaire s'est vite réglée.

Le matin suivant, les yachtmen ont vu avec stupeur une moto s'arrêter dans le parking du yacht club, et Bob marcher jusqu'au bateau dans ses grands bottes de motard. Quand la flottille a pris le départ, un bateau est parti comme une fusée, beaucoup plus rapide que tous les autres. C'était le bateau de mon ami. Grâce au poids supplémentaire de Bob en rappel sur le bord, le bateau volait littéralement – jusqu'au moment où il a atteint la première marque et où l'équipage a dû manoeuvrer. Le problème, c'était que Bob avait un peu de mal à bouger rapidement dans le bateau avec ses bottes.

L'histoire s'est terminée sans le coup de feu de la victoire. Le problème de mobilité de Bob est devenu de plus en plus sérieux, jusqu'au moment où l'équipage a décidé de l'expédier sous le pont pour qu'il ne tombe pas par-dessus bord. Pendant cette diversion, le reste de la flottille est passé devant. On peut seulement espérer que Bob a continué à courir et qu'il s'est amélioré, mais j'ai des raisons de penser que cette affaire a été sa dernière participation à une course.

Les courses de voiliers dans le monde entier

Il y a de nombreux endroits excellents pour la compétition à la voile, et dans l'ensemble les marins naviguent rarement loin de leur région familière. Mais la plupart des meilleurs coureurs internationaux passent la plus grande partie de l'année en compagnie de leur sac de voyage. Voici un aperçu des courses de voiliers les plus prestigieuses et les plus difficiles.

Les jeux olympiques

La plupart des marins considèrent les jeux olympiques comme la principale compétition à la voile. Les jeux de Sidney en l'an 2000 comporteront dix compétitions différentes pour différentes classes de bateaux, dont la plus grande est celle du Soling, un quillard de 9 mètres pour trois équipiers. Les neuf autres courses sont la planche à voile hommes et femmes (Mistral One-Design), femmes en solo (dériveur Europe), hommes solo (dériveur Finn), open solo (Laser), hommes et femmes deux équipiers (470), open deux équipiers (49er), et open Catamaran (Tornado).

Les jeux de l'an 2000 de Sydney promettent d'être une extraordinaire rencontre de voile (appelée officiellement yachting par le comité international olympique). Certaines compétitions se dérouleront directement devant l'Opéra de Sydney ainsi qu'un peu partout dans le magnifique port de Sydney et dans des hauts lieux de la voile comme Pittwater.

Une compétition olympique de voile représente le test le plus pur des talents marins des concurrents, car tous les bateaux sont strictement du même modèle. Les équipes attendent souvent de nombreuses années avant de mériter leur participation aux jeux (il n'y en a qu'une par pays pour chaque classe de bateau). JJ et Pam Healy se sont entraînées sur la classe 470 pendant sept ans avant de réaliser leur rêve de faire partie de l'équipe olympique U.S.

La Coupe de l'America

La Coupe de l'America est l'événement sportif international le plus ancien au monde, et elle est aujourd'hui le plus grand événement de la voile (par l'intérêt qu'elle suscite dans les médias et le public en général). La course a commencé en 1851 lorsque des yankees astucieux sont partis sur leur goélette rapide America pour l'Angleterre, à la recherche d'éventuels naïfs qui accepteraient de concourir contre eux avec des paris à la clé. N'ayant pas réussi à susciter un challenge pour de l'argent, ils ont participé à une course autour de l'île de Wight, et la suite appartient à l'histoire. America a battu 14 bateaux britanniques dans cette course (malgré une certaine controverse au sujet d'une marque que les yankees n'auraient pas contournée) et ont ramené chez eux une aiguière en argent massif, appelée désormais Coupe de l'America, du nom du bateau qui l'avait gagnée.

Pendant 132 ans, le trophée est resté la possession du New York Yacht Club – la plus longue série de victoires dans l'histoire des sports. Mais en 1983, une équipe d'australiens sur un bateau avec une quille à ailerons a ramené la coupe chez elle. Un équipage U.S. (avec Peter comme navigateur) représentant le San Diego Yacht Club, est allée à Perth en Australie, et a regagné la coupe en 1987, puis l'a défendue à San Diego en 1988. La coupe a été défendue avec succès en 1992 par l'équipe de l'America, mais San Diego l'a finalement perdue en 1995 au profit de Team New Zealand. Le prochain match de la course se déroulera en février 2000 à Auckland, en Nouvelle-Zélande.

Au fil des années, la Coupe de l'America a attiré plusieurs personnages hauts en couleurs. Au environs du changement de siècle, Sir Thomas Lipton a essayé à cinq reprises, sans succès, de gagner le trophée convoité. Ce faisant, il a néanmoins réussi à gagner la clientèle américaine pour ses ventes de thé. On peut citer parmi d'autres joueurs fameux Sir Thomas Sopwith (celui du fameux biplan Sopwith Camel), Cornelius Vanderbilt (membre d'une célèbre dynastie d'industriels), le Baron Bic (vous avez probablement l'un de ses stylos) et Ted Turner (vous avez probablement vu quelques-unes de ses chaînes sur le câble). Plus récemment, le nom d'un homme est étroitement associé avec la Coupe de l'America – Dennis Conner. « DC », que l'on voit sur la Figure 16.4, a gagné la coupe quatre fois, l'a perdue deux fois, et a été à l'avant-garde d'un professionnalisme de plus en plus sérieux dans la compétition.

Figure 16.6 : Dennis Conner, tenant la Coupe de l'America tant convoitée.

Dans les derniers temps, la Coupe s'est généralement déroulée tous les trois ou quatre ans, et au cours du dernier siècle et demi, c'est pratiquement toujours le bateau intrinsèquement le plus rapide qui a remporté la victoire. Comme dans toute course à la voile, la vitesse a une importance majeure dans la Coupe de l'America, et les équipes consacrent des dizaines de millions d'euros à la conception des bateaux.

Si vous devez demander combien cela coûte de concourir pour gagner la Coupe, c'est que vous ne pouvez pas vous le permettre. Pour remporter la Coupe, l'équipe de l'*America* de Bill Koch a dépensé sur trois ans un montant record de 56 millions d'euros. La plus grande partie de cet argent a servi à développer et construire une armada de bateaux, des mâts, des voiles, et d'autres équipements. De nouvelles règles ont été définies pour limiter les dépenses des équipes après la victoire de Koch, mais un budget gagnant comporte toujours huit chiffres significatifs.

Si vous êtes branché sur Internet, vous trouverez des informations en ligne sur la Coupe de l'America à http://www.americas-cup.co.nz/.

Quelle course est-elle la plus importante dans le monde de la voile, la Coupe de l'America ou les jeux olympiques ? Il est certain que la Coupe attire davantage l'attention du public, mais si vous faisiez une enquête auprès des coureurs, les jeux olympiques arriveraient probablement en tête. Peut-être est-ce parce que les talents marins individuels jouent un rôle plus important pour gagner une médaille d'or olympique. Mais pour un coureur de classe internationale, la Coupe de l'America présente un grand avantage – c'est un véritable job.

Grandes courses internationales

Cette section est un guide abrégé des principales courses qui se déroulent de par le monde. Nous listons les courses les plus connues des courses de distance, ainsi que les principales courses mettant en jeu des flottilles, des matches, et des équipes.

- **Admiral's Cup** : un événement historique qui se déroule tous les deux ans à Cowes, en Angleterre, cette série de six courses comporte à la fois des courses autour de bouées et des courses sur longue distance, y compris la célèbre course du Fastnet consistant en un aller/retour jusque en Irlande. Les pays alignent des équipes internationales de trois bateaux chacun, dont beaucoup sont conduits par des équipages professionnels du niveau de la Coupe de l'América. Ils courent sur des sloops océaniques de course de 11 à 15 mètres avec un système de handicap. L'Admiral's Cup a lieu en même temps que l'une des plus anciennes régates, la semaine de Cowes, un événement annuel qui attire des centaines d'amateurs de bateaux plus petits.

- **Tour du monde en solitaire** : s'apparente à la course autour du monde Whitbread, mais dans cette course, les voiliers de 18 mètres sont manœuvrés par une seule personne. Cette course, qui a lieu tous les trois ou quatre ans, s'appelait autrefois la BOC.
- **Skiffs australiens** : ces dériveurs très populaires et passionnants sont conduits par des équipes professionnelles recevant des prix en argent, autour de circuits de course très rapides délimités par des bouées. Récemment, cette course, dont les équipages étaient de trois personnes, a été organisée aussi dans d'autres pays et se déroule désormais sur un bateau pour trois équipiers, l'*Olympic 49ième*, présenté sur la Figure 16.7. A part le vol sur les vagues en planche à voile, il n'y a pas de compétition à la voile plus spectaculaire.

Les matches

Lorsqu'il n'y a que deux bateaux sur la ligne de départ, la course est appelée un *match*. Le plus grand match de voile est la Coupe de l'America. La course sous forme de match a son propre ensemble de règles, légèrement différentes de celles des autres courses, permettant aux deux concurrents de s'affronter de très près, au point que les collisions ne sont pas rare.

Les matches donnent lieu à un arbitrage sur l'eau, avec des arbitres prenant des mesures de « justice immédiate ».

Il est tout à fait passionnant de participer à un tel match. Et contrairement à d'autres compétitions à la voile (que l'on a pu comparer à la contemplation d'une peinture en train de sécher), un match à la voile peut être passionnant à regarder (et nous pensons que la course en équipe – décrite dans la section suivante – peut être encore plus passionnante). Avant le départ, les bateaux se disputent pour avoir le contrôle, décrivant des cercles l'un autour de l'autre et essayant de se renvoyer réciproquement sur les bateaux de spectateurs, dans un jeu subtil de chat et de souris.

- **Circuit européen des multicoques** : ce circuit comporte un ensemble de courses océaniques sur d'immenses (18 mètres et plus) catamarans et trimarans. Des équipes professionnelles conduisent ces navires rapides (20 à 30 nœuds !) à haute technologie, certaines ne comportant que deux équipiers. Des prix en argent très lucratifs et de grands sponsors !
- **Courses à handicap « grand prix »** : des monocoques de 11 à 24 mètres comportant des équipages complets s'affrontent dans toute une série de rencontres du niveau « grand prix » (des courses d'une journée et des courses océaniques) dans le monde entier. Certaines équipes sont professionnelles. Les rencontres les plus prisées ont lieu en Sardaigne, à Kiel, Palma, Hawaii, San Francisco, Newport, Bermuda, Sydney, et Key West.

Figure 16.7 : L'Olympic 49ième.

- **Courses monotype** : les courses les plus concurrentielles du monde sont probablement celles conçues pour un seul type de dériveur, de quillard, de catamaran ou de planche à voile. Ces courses se déroulent littéralement partout dans le monde, et les classes de bateau les plus populaires bénéficient souvent de circuits régionaux, nationaux, et internationaux remarquablement organisés. Les courses monotypes sont le fondement du sport de voile de compétition, et pratiquement tous les meilleurs coureurs mondiaux consacrent la majeure partie de leur temps à ces compétitions.
- **Courses en équipe** : la course en équipe est fascinante. Organisé en général pour des dériveurs à deux équipiers, ce type de course met en jeu le plus souvent six bateaux, trois bateaux par équipe. La tactique et la manœuvre du bateau sont déterminantes dans ce sport passionnant, où les concurrents s'efforcent de retenir leurs adversaires pour permettre à leurs partenaires de gagner du terrain.
- **Tour du monde de Vendée** : un tour du monde sans escale en solitaire – il faut un tempérament spécial pour participer à cette compétition ! Pouvez-vous vous imaginer dans un sloop de 18 mètres de haute technologie, faisant le tour du monde à toute vitesse pendant une centaine de jours ? Il va sans dire qu'il s'agit d'une aventure dangereuse.
- **Course océanique Volvo** : connue autrefois sous le nom de course autour du monde Whitbread, cette course organisée tous les quatre ans oppose des sloops de 18 mètres avec équipages complets (environ 12 personnes). La course est divisée en deux portions, comportant des escales de plusieurs semaines dans différents ports. Les trajets les plus longs et les plus ingrats sont ceux de l'Antarctique, traversé à toute allure en frôlant les icebergs ! Cette partie de la course attire une excellente couverture télévisée.

La prochaine course se déroulera de septembre 2001 à mai 2002. La dernière course – la dernière à s'appeler Whitbread – est partie de Southampton en Angleterre, et s'est terminée huit mois plus tard après des escales en Afrique du Sud ; en Australie ; en Nouvelle-Zélande ; au Brésil ; dans les états de Floride et de Maryland aux Etats-Unis ; et en France. Les escales de la prochaine course n'ont pas encore été annoncé au moment de l'écriture de cet ouvrage. Vous pouvez trouver les dernières informations en temps réel sur cette course, et participer à une course virtuelle sur Internet à http://www.whitbread.org.

- **Circuit mondial des matches** : cette série d'une vingtaine de régates de niveau professionnel sous forme de matches est le terrain d'entraînement des candidats à la coupe de l'America et aux jeux olympiques. Les rencontres ont lieux dans quatre continents, et la plupart comportent des prix et sont couvertes par la télévision. Ce sont des courses de 20 minutes regroupées en événements qui durent une semaine.

La voile à la télévision

Quel que soit le type de course à la voile dont vous êtes un fan, vous pouvez voir plus de courses de voile que jamais auparavant. Grâce à l'intérêt (et aux progrès techniques) que suscite la coupe de l'America, le petit écran vous en offre toujours davantage. Les courses du type grand prix sont aussi reproduites à la télévision, mais généralement en différé, et tronquées pour tenir dans des programmes d'une demie heure ou d'une heure. De temps à autre, vous pouvez voir des programmes spéciaux consacrés à d'autres courses, y compris la course Whitbread autour du monde et d'autres compétition du niveau grand prix, et ce, de plus en plus à mesure que ce sport devient plus populaire.

Cinquième partie

Considérations particulières

« VIRE SUR TRIBORD À LA PROCHAINE SORTIE ! »

Dans cette partie...

Vous souvenez-vous de l'histoire de la chouette et du petit chat qui voguaient sur la mer dans un magnifique bateau vert pois ? Ils ont navigué pendant un an et un jour, jusqu'au pays ou pousse l'arbre bong ? N'avez-vous jamais eu envie de savoir à quoi ressemble un arbre bong ? Non ? Bon, alors n'avez-vous pas toujours voulu partir sur un bateau à voile ? Oui ? Grâce aux talents que vous avez acquis en lisant ce livre et en vous entraînant sur l'eau, vous êtes prêt à vous embarquer pour l'aventure. Dans cette partie, vous pouvez rêver vraiment pendant que nous vous faisons découvrir le monde de la croisière à la voile. Informez-vous sur la façon de louer un bateau dans un lieu de vacance idyllique quelque part dans le monde. Et si vous avez des enfants, nous vous faisons des suggestions pour qu'ils apprécient leur croisière, eux aussi. Après avoir navigué sur des bateaux de location, nous prévoyons que vous voudrez acquérir le vôtre, et vous indiquons les questions à poser avant de conclure cette importante transaction. Enfin, nous supposons que la voile vous plaît assez pour vous donner envie de prendre soin de votre bateau.

Chapitre 17

La location : sous d'autres latitudes

Dans ce chapitre :

- De la location
- Les talents nécessaires pour louer un bateau
- Quelques destinations prisées pour la croisière

Trop longue a été notre attente,
Nos cœurs sont impatients d'embarquer
Joyeux nous lançons l'esquif sur la mer immense,
Sans crainte des rivages inconnus

– Walt Whitman

Imaginez de passer une semaine de vacances avec vos meilleurs amis et votre famille dans l'un des plus beaux coins du monde. Grâce aux sociétés de location de bateaux, vous pouvez prendre de courtes vacances en croisière dans les paradis de la voile du monde entier. Vous pouvez naviguer dans des lieux déserts et passer une semaine sans voir âme qui vive, ou vous pouvez visiter au cours d'une croisière les endroits les plus fameux de la Méditerranée, passant des nuits dans le chic de la Côte d'Azur et de ses night-clubs.

Dans ce chapitre, nous examinons les options dont vous disposez pour louer un voilier et partir. Nous vous aidons aussi pour les aspects commerciaux de la location. Il faut que vous soyez en mesure de louer un bateau sans équipage, et nous vous indiquons les capacités qu'il vous faut pour cela. Et en prime, nous examinons les plus fameux endroits du monde pour la croisière. Qu'attendez-vous donc ? Vous n'avez même pas besoin de posséder un bateau !

La location

Grâce au développement récent d'excellentes sociétés de location de bateaux dans le monde entier, la location d'un bateau demande beaucoup moins de planification que vous pourriez le croire. Tiens, vous pouvez partir aujourd'hui – décrochez simplement votre téléphone ! Les plus grandes sociétés de location vous aident à tout préparer, depuis le voyage en avion jusqu'aux approvisionnements. Vous pouvez même prévoir des vacances du type « croisière et formation » pour réviser vos connaissances durant toute la croisière ou une partie de la croisière, après quoi vous prenez le bateau en location nue.

La manière la plus courante de réserver votre bateau est de traiter directement avec la société de location, mais des courtiers peuvent le faire à votre place. Vous pouvez trouver les différentes sociétés de location en examinant les publicités au dos de certains magazines de voile.

Un excellent magazine pour les amateurs de location est *Cruising World*. Il offre des articles mensuels sur différents lieux de croisière, et publie les résultats d'une enquête annuelle auprès de ses lecteurs sur les meilleures sociétés de location. Vous comprendrez la vogue des vacances en croisière en apprenant que 90 pour cent de ceux qui participent à l'enquête pensent que le coût de leurs vacances était largement justifié et que leurs vacances à la voile se sont bien déroulées. Nous pensons que les 10 pour cent restants n'ont jamais quitté les îles !

Croisière sur un bateau loué sans équipage

La manière la plus courante de louer un bateau est *sans équipage* – en anglais *bareboat charter* – qui ne comporte alors ni skipper ni équipage payants.

Planification de la croisière

Voici les informations dont vous avez besoin pour préparer une croisière réussie sur un bateau loué :

- **Le bateau** : un avantage majeur de la location est qu'elle vous permet d'essayer différents types de voiliers. Si vous tenez à un type de bateau spécifique, obtenez de la société de location un engagement écrit à ce sujet. Dites-vous bien qu'un bateau neuf a moins de chance d'avoir des équipements cassés, mais que toutefois les meilleures sociétés de location ont d'excellents programmes de maintenance pour leurs bateaux. Renseignez-vous sur le temps habituel entre deux locations ; le bateau devrait rester sur la base de la société de location au moins une journée pour une maintenance de routine. Demandez quelle est la solution envisagée si le bateau que vous demandez n'est pas disponible ou s'il n'est pas prêt quand vous arriverez. Si vous naviguez avec un groupe important, procurez-vous un plan des possibilités de couchage du bateau. (Choisissez pour vous-même la couchette la plus grande avec une tête de lit qui vous soit réservée !)

- **Les arrhes et le contrat de location** : lorsque vous réservez un bateau en location, attendez-vous à payer une partie du prix (habituellement 50 % du total) plusieurs mois à l'avance et à recevoir un contrat de location. Ce contrat comporte des modalités de remboursement sous certaines conditions. Le prix moyen d'une semaine de location d'un bateau sans équipage est d'environ 2 000 €. Les prix varient selon la saison, le type de bateau, et l'emplacement. Vous pouvez aussi vous couvrir par une assurance voyage pour le cas d'annulation ; la société de location peut vous en indiquer les tarifs. On peut aussi vous demander de prouver vos capacités marines ; un curriculum vitae peut être utile à cet égard.
- **Couverture des risques et responsabilités** : chaque société de location a ses propres règles en matière d'avarie ou de perte. L'approche typique est soit le versement d'un dépôt de garantie important (400 à 2 000 €) mais remboursable, soit le paiement d'un supplément non remboursable (de 20 € à 35 € par jour).
- **Assistance sur le site de location et services de réparation** : vérifiez de quelle manière vous pourrez contacter la société de location en VHF ou en BLU (voir Chapitre 7) et informez-vous sur la manière dont vous pouvez obtenir des secours. Les téléphones portables deviennent de plus en plus répandus dans les régions où l'on pratique la location de bateau. Certaines sociétés de location ont de petites bases d'assistance sur toute l'étendue de la zone de croisière.
- **Approvisionnement du bateau** : la société de location peut organiser l'approvisionnement en partie ou en totalité, ce qui vous évite de passer une journée à faire les courses dans des marchés que vous ne connaissez pas. Lorsque vous arrivez à bord, rangez les victuailles vous-même, vous saurez ainsi où elles se trouvent. A moins que faire la cuisine sur le réchaud d'un bateau fasse partie à vos yeux des vacances idéales, nous vous conseillons des menus aussi simples que possible, et de prévoir dans votre budget de vacances un certain nombre de repas pris à l'extérieur.
- **Ce qui est inclus** : vous avez besoin d'une annexe marchant à la rame pour aller à terre ; elle doit faire partie de l'équipement standard. La société de location peut vous fournir des équipements de plongée ou d'autres équipements de sport nautique. Nous apportons habituellement nos propres masques et tubas et nous louons les palmes. Mettez par écrit vos besoin d'équipement spécifique et obtenez une réponse écrite.

  Un grill hibachi monté sur l'arrière du bateau est la meilleure façon de faire cuire les poissons que vous allez attraper !

- **Ce que vous devez emporter** : d'une manière générale, n'emmenez pas toutes les choses dont vous pensez avoir besoin. La société de location peut vous conseiller sur les conditions de temps auxquelles vous pouvez vous attendre. L'espace est mesuré, surtout si vous naviguez à plusieurs. Voyez au Chapitre 3 nos conseils sur les besoins d'habillement à bord. Et si vous devez exposer votre peau de la blancheur du lys au soleil des tropiques, prévoyez de la recouvrir quelle que soit la température.

Vérification du bateau

Voici ce à quoi vous devez vous attendre en arrivant à la porte de la société de location, prêt à partir en croisière :

- **Inspection du bateau** : vérifiez que tout l'équipement nécessaire est bien à bord. Inspectez tous les cordages pour voir s'il comportent des traces d'usure et assurez-vous que tous les winches et tous les palans marchent correctement. Passez en revue tout l'équipement en compagnie du représentant de la société de location.
- **Informations sur le bateau** : à votre arrivée, le représentant de la société de location doit vous fournir des informations complètes sur le bateau. Assurez-vous que vous comprenez bien comment marchent tout l'équipement du bord, les voiles, les équipements de sécurité, le système de ventilation, le guindeau de mouillage et de relevage de l'ancre, les installations de la cuisine, les appareils de navigation et les radios, les poulaines (toilettes d'un bateau) et les douches, et bien sûr, l'annexe (le petit bateau de liaison avec la terre).
- **Informations sur la région visitée en croisière** : prenez toujours le temps d'examiner une carte nautique de la région avec un représentant de la société de location. Il doit attirer votre attention sur les attractions locales et sur les dangers éventuels. Demandez son aide pour planifier votre itinéraire ainsi que des solutions de rechange en cas de mauvais temps.
- **Prouvez vos capacités** : on entend parfois cette vieille plaisanterie de la profession :

  > **Q** : quelles qualifications doit-on avoir pour louer un bateau sans équipage ?
  >
  > **R** : un chèque qui ne revient pas impayé.

  Nous espérons que la société de location vous demandera de prouver vos capacités. Il est utile de disposer de diplômes émanant d'écoles de voile homologuées. Si à la suite d'une vérification, la société de location ne pense pas que vous avez les qualifications nécessaire pour conduire le bateau, elle a le droit de refuser votre clientèle ou de vous proposer moyennant paiement la participation d'un chef de bord.

Croisière avec un chef de bord

Si vous avez besoin de vous faire chouchouter pendant vos vacances, louez un yacht avec un équipage complet. Vous pouvez aider à la manœuvre autant ou aussi peu que vous le voudrez. Des repas délicieux apparaîtront aux heures adéquates, et vous pouvez simplement vous reposer et admirer les paysages. Bien évidemment, votre compte en banque se ressentira de ce traitement de première classe. Nous avons vu dans les îles des bateaux de location réellement impressionnants, de 24 mètres et plus, avec un équipage au grand complet. Il pourra même gréer votre planche à voile !

Une solution intermédiaire consiste à louer un bateau avec équipage partiel, pour une « croisière de formation » pendant la première moitié du temps, après quoi, si la société de location pense que vous avez les qualifications requises, vous pouvez terminer vos vacances selon la formule sans équipage.

Qualifications nécessaires

De quels talents avez-vous besoin pour prendre en charge en toute sécurité un bateau de location pendant une semaine ? Vous devez avoir au moins une saison d'expérience comme chef de bord d'un bateau de taille similaire dans des conditions semblables. Heureusement, la plupart des destinations où vous pouvez louer des bateaux sont dans des eaux relativement protégées. (Qui veut prendre des vacances au beau milieu de l'océan ?) De nombreuses destinations vous permettent de naviguer entièrement de jour, mais vous devez aussi tenir compte de la nécessité éventuelle d'avoir à naviguer de nuit. En outre, si vous avez maîtrisé la navigation d'un dériveur pour deux personnes sur un lac mais n'avez jamais été à bord d'un quillard, vous devez prendre quelques leçons et acquérir davantage d'expérience.

Voici la description générale du standard requis par l'association américaine pour la location de bateau, et qui peut donner lieu à l'établissement d'un certificat :

Un niveau avancé des connaissances relatives à la croisière pour des personnes ayant une *expérience de la croisière*. La personne concernée peut jouer le rôle de chef de bord ou d'équipier à bord d'un bateau de 9 à 15 mètres en navigation côtière de jour. Le standard inclut la connaissance des appareils du bord et des procédures de maintenance.

Il n'est pas nécessaire que tous les équipiers soient des marins expérimentés, mais au moins deux d'entre eux doivent être compétents. Voici la liste des dix points sur lesquels vous devez être en mesure de démontrer vos connaissances ou vos capacités :

- **Expérience comme chef de bord au cours d'une croisière d'au moins 48 heures de vie à bord.**
- **Savoir mouiller à l'ancre en toute sécurité, en utilisant l'équipement du bord.**
- **Aptitude au pilotage en vue de côte en utilisant une carte marine.**
- **Compréhension des procédures de sécurité de base pour le type de bateau sur lequel vous vous trouvez – y compris des manœuvres de sauvetage d'homme à la mer.**
- **Aptitude à manœuvrer le bateau au moteur dans des zones encombrées.**
- **Connaissance des équipements du bord, y compris des appareils de navigation, du moteur, des poulaines (toilettes du bord), et de la cuisine.**
- **Compréhension de l'étiquette à respecter au mouillage dans un port très fréquenté.**
- **Savoir former et conseiller des personnes inexpérimentées ou moins expérimentées au sujet du fonctionnement du bateau et des aspects élémentaires de la sécurité.**
- **Savoir naviguer à la voile**. Dites seulement que vous avez lu La voile pour les nuls !

L'annexe – pour retourner à terre

Petit bateau de servitude sur tout voilier de croisière, l'annexe doit satisfaire à de multiples exigences. Elle doit être petite et assez légère pour pouvoir être facilement remorquée derrière le bateau (ou hissée à bord lors de voyages plus importants). Elle doit être assez grande pour pouvoir transporter deux ou trois personnes en même temps, et suffisamment stable pour que vous n'ayez pas besoin de l'équilibre d'une danseuse étoile pour vous y tenir la tête en haut. Comme l'annexe est votre moyen de retrouver votre liberté lors d'une croisière, vous devez être sûr que vous n'allez pas la perdre. Voici quelques conseils pour rendre plus agréable votre vie à bord en compagnie d'une annexe.

- **Apportez une pagaie** : votre annexe peut être pourvue d'un moteur hors-bord. Mais prévoyez un autre moyen de propulsion – pour le cas où !
- **Arrêtez ces coups de boutoir** : les annexes ont l'habitude de cogner contre la coque lorsque le vent tourne à 3 heures du matin. Si vous l'amarrez le long de votre bord avec une ou deux défenses, pensez à bien protéger votre coque pour pouvoir dormir toute la nuit.

- **Amarrez-la solidement** : que vous remorquiez l'annexe derrière le bateau ou que vous la laissiez au sec sur une plage idyllique pendant une promenade d'exploration, assurez-vous qu'elle est bien attachée. Vérifiez que la bosse d'amarrage de l'annexe n'a pas de traces de ragage (usure par frottement) ; si elle vous paraît douteuse, prenez-en une neuve. Sur une plage, placez toujours l'annexe au-dessus du plus haut niveau que la mer et les vagues peuvent atteindre.
- **Prenez des précautions pour la remorquer** : si vous décidez de tirer votre annexe derrière vous en allant d'un endroit à l'autre, retirez-en tout son contenu (avirons, réservoir de carburant, moteur, palmes, etc.) avant de partir. Demandez à la société de location quelles sont ses recommandations pour le rangement de l'annexe. Pour son remorquage, vous devez prendre les précautions indiquées au Chapitre 13. En outre, lorsque vous reculez ou manœuvrez et qu'il n'y a pas beaucoup de place, amarrez l'annexe le long du bord pour ne pas passer par-dessus la remorque.
- **Méfiez-vous des rouleaux** : n'essayez pas d'atterrir avec votre annexe sur une plage ayant des rouleaux énormes ; trouvez un endroit plus calme pour aller à terre. Si vous devez faire atterrir votre annexe dans les vagues, essayez de synchroniser votre approche avec le mouvement des vagues pour que l'une d'elle vous pousse assez loin vers la plage, puis sautez rapidement et attrapez son amarre d'avant pour qu'elle ne revienne pas en arrière. Atterrissez toujours l'étrave en premier et partez toujours l'étrave vers la mer. Evitez de rester dans l'eau entre l'annexe et la plage, car une vague pourrait lancer le bateau contre vous.

Régions de croisières renommées

INTERNATIONAL

La liste suivante comporte une dizaine d'endroits très agréables que nous connaissons. Tous comportent d'excellentes sociétés de location de bateaux, mais vous pouvez bien entendu y aller aussi avec le vôtre.

- **Whitsunday Passage en Australie** : situé dans la Mer de Corail entre Queensland et la Grande Barrière de Corail, le Whitsunday Passage combine les joies de la plongée avec des vents alizés stables du sud-est, notamment de mai à août.
- **Bahamas** : nous vous recommandons particulièrement les Abacos (dans les Family Islands), Eleuthera, et les Exumas. Les Bahamas ont de nombreux hauts-fonds, et vous devez y faire attention aux indices de profondeurs ainsi qu'aux indications de votre sondeur, et piloter votre bateau avec vigilance, de la manière décrite au Chapitre 11. Il y a de nombreux mouillages proches les uns des autres, ce qui vous donne la plus grande liberté pour organiser votre croisière.

- **Iles des Caraïbes** : les Caraïbes sont assurément la destination numéro un dans le monde pour les croisières en voilier de location. Les Iles Vierges britanniques et américaines sont particulièrement prisées. Il y fait beau pratiquement toute l'année (vous avez toutefois intérêt à éviter la saison des ouragans). Ces îles conviennent particulièrement aux débutants de la croisière en bateau de location, grâce à des vents prévisibles, des eaux profondes, de nombreuses zones de navigation protégée, la facilité de la navigation, et de nombreux mouillages magnifiques et sûrs.
- **Keys de Floride** : les Florida Keys offrent des eaux chaudes mais peu profondes.
- **Grands Lacs** : on peut s'échapper des grandes villes qui les entourent et se retrouver loin de tout sur les Grands Lacs. Saviez-vous qu'au nord du Lac Huron, l'eau est claire comme le cristal ?
- **Îles grecques** : elles vous offrent la douceur du climat méditerranéen – sauf les mois d'hiver. Les zones de croisière des Iles grecques peuvent être assez surpeuplées en plein été.
- **État du Maine** : les magnifiques zones de croisière eu Maine ne sont pas faites pour les débutants. Les meilleurs mois pour la voile vont de juillet à début septembre, mais le temps y est incertain. On y trouve un grand nombre de magnifiques mouillages. La croisière y est rendu plus difficile par l'ampleur des marées, la force des courants, la possibilité de brume et la côte rocheuse. Somme toute, les habitués des croisières au large des côtes bretonnes n'y seraient pas dépaysés.
- **Baie des Îles en Nouvelle-Zélande** : le climat y est assez clément pour qu'on puisse y naviguer toute l'année. L'été est la période de pointe de la navigation dans cette région – février et mars.
- **Zone côtière du nord-ouest des États-Unis** : cette région du Pacifique se distingue par ses mouillages féeriques et déserts. Les eaux protégées du Puget Sound sont d'excellentes zones de croisière, mais ses courants sont importants, ses marées de forte amplitude, et l'eau y est froide.
- **Pacifique sud** : les îles de Tahiti, Tonga, et Fiji ont de grandes flottes de bateaux de location. Prenez garde aux cyclones du Pacifique sud dans les mois d'été.

ATTENTION !

Croisières extrêmes en voilier de location

Avez-vous jamais rêvé de doubler le Cap Horn ou de naviguer dans l'Antarctique ? Vous pouvez le faire sur un bateau loué en compagnie de marins experts ! Quelques sociétés se spécialisent dans ce genre d'expédition. Peter a participé à des croisières dans le Beagle Channel et la région autour du Cap Horn à bord du sloop *Pelagic* de 17 mètres de Skip Novak.

Voici quelques adresses à rajouter à notre liste de dix (difficile de faire tenir le monde dans une liste aussi brève) :

- **Californie** : nous adorons les Channel Islands de Californie – une zone de croisière immaculée juste au large de Los Angeles.
- **Baie de Chesapeake** : nous aimons beaucoup les crabes à carapace molle de la Baie de Chesapeake. Veillez toutefois à prendre un bateau à faible tirant d'eau pour accéder à tous les jolis petits ports sur la rive est de la baie.
- **Hollande** : vous pouvez naviguer sur les canaux de Hollande en péniches.
- **Mexique** : les eaux du golfe de Californie à l'intérieur de Baja, au Mexique, peuvent être magiques.
- **Scandinavie** : découvrez ses fjords enchanteur.
- **Thaïlande** : cette destination de croisière en bateau connaît une vogue croissante.
- **Turquie** : nous avons recueilli des échos sur la beauté des croisières en Méditerranée et en Mer Noire au large des côtes turques.

La *haute saison* est le moment de l'année où une destination est le plus demandée. En ce qui concerne le temps, la haute saison est le meilleur moment pour aller dans un endroit particulier, mais sachez que certaines régions sont assez encombrées pendant cette période de pointe – et par ailleurs elles coûtent plus cher. Le tableau 17.1 indique la haute saison des dix destinations pour la location de bateau, choisies parmi les plus recherchées.

Tableau 17.1 : Haute saison de destinations en bateau loué

Destination	*Haute saison*
Bahamas	décembre à mai
Floride	décembre à mai
Caraïbes	décembre à avril
Mexique	novembre à mai
Pacifique sud (Tahiti, Tonga, Fiji, Nouvelle Calédonie)	avril/mai et octobre/novembre
Australie	décembre à mai
Nouvelle-Zélande	décembre à avril
Californie	mai à novembre
Grèce et Turquie	mai à octobre
Nouvelle Angleterre	juin à octobre

Chapitre 18

Croisière avec des enfants

Dans ce chapitre :

- Comment apprécier le bateau à tout âge
- La sécurité près de l'eau
- Règles essentielles concernant les enfants à bord
- Choix judicieux du bateau et du programme de voyage
- Faire participer les enfants
- Apporter ce qu'il faut

Oh, j'admire le fils du pêcheur,
Qui crie en jouant avec sa sœur !
Oh, j'admire le jeune marin,
Qui chante sur son bateau dans la baie !

– Alfred Lord Tennyson

Voici un point important : vous naviguerez plus souvent si vos enfants aiment aussi ce sport. Et naviguer en famille comporte d'autres avantages. Une sortie à la voile d'une journée vous rapprochera les uns des autres par votre coopération à la marche du bateau. Au cours d'une croisière d'une semaine, vous enfants pourront même découvrir que certaines des « nécessités » de la vie à la maison – telles que la télévision, le magnétoscope et les jeux vidéo – sont en réalité des luxes sans lesquels ils peuvent parfaitement vivre.

Dans ce chapitre, nous voyons comment apprécier un voyage à la voile avec des enfants. Nos recommandations visent surtout à vous faire profiter au maximum d'un voyage étendu sur un bateau assez grand, mais nous donnons aussi quelques indications sur l'organisation d'une sortie d'une journée et sur la navigation avec des enfants sur des bateaux plus petits.

Souvenirs d'enfance

J'ai commencé à naviguer à un tout jeune âge sur le voilier de 9 mètres de mes parents. Chaque été, nous partions pour une croisière d'un mois vers les Channel Islands au large de la Californie du Sud avec un chien, au moins trois enfants (des amis nous accompagnaient souvent aussi), et des tonnes d'équipement. Nous vivions de grandes aventures consistant à naviguer, plonger, nager, ramer autour de petites criques, nous promener à terre, collectionner des coquillages, lire, et jouer sur le bateau.

Mon papa travaillait de longues heures quand j'étais petite, et notre croisière d'un mois était pour nous une occasion merveilleuse de le voir en action. Notre papa attrapait, vidait, nettoyait et faisait cuire des poissons et des ormeaux. Notre maman avait la possibilité de se reposer et de lire tandis que nous étions partis avec notre papa, ce qu'elle pouvait rarement se permettre à la maison avec trois enfants.

Préparation de votre équipage familial

La principale raison pour laquelle notre fille, Marly, est à l'aise sur un bateau est que sa présence à bord ne suscite aucune inquiétude chez les adultes. Les enfants sont très sensibles aux émotions des parents et peuvent éprouver les mêmes craintes qu'eux. Si vous avez peur d'avoir des enfants à bord, ils auront peur d'y être. Si vous êtes appréhensif, essayez de déterminer *pourquoi* vous vous faites du souci, puis prenez des mesures concrètes pour vaincre vos angoisses.

Apprenez à vos enfants à nager

La principale crainte des parents est probablement que leurs enfants se noient. Nous ne le répéterons jamais assez : l'une des choses les plus importantes à faire avant toute sortie familiale en bateau est de *s'assurer que tout le monde sait nager*. A ce stade, l'aptitude de vos enfants à nager et à se sentir à l'aise dans l'eau a plus d'importance que tous les autres points relatifs à la voile. En outre, des enfants qui ont confiance dans leurs aptitudes à la natation peuvent apprendre la voile plus facilement parce qu'ils sont plus détendus et ont plus de chance de trouver cela amusant.

Lors de votre choix d'une école, assurez-vous que les moniteurs sont formés aux techniques qu'ils enseignent *et* connaissent les procédures de sécurité essentielles, telles que la réanimation cardiaque.

Si vous naviguez en mer, tenez compte du fait que votre enfant n'aimera pas nager dans l'eau salée – au début – autant que dans une piscine. L'eau salée a un « drôle de goût », pique les yeux, et souvent n'est pas aussi chaude que l'eau d'une piscine ; les vagues sont une difficulté supplémentaire.

Naturellement, ceux qui ne savent pas nager peuvent aussi apprécier la voile. En fait, le vainqueur à quatre reprises de la coupe de l'America, Dennis Conner, ne sait pas nager. Ceux qui ne savent pas nager (et les petits enfants) doivent toujours porter un gilet de sauvetage. Consultez sur ce point la section « Gilets de sauvetage et harnais de sécurité », plus loin dans ce chapitre, et le Chapitre 7.

Autres préparatifs

Pour préparer vos enfants à partir naviguer, vous devez aussi les initier à la sécurité sur l'eau avant de les y emmener. Passez en revue avec vos enfants les informations du Chapitre 7 sur la sécurité, et notamment les informations sur les endroits du pont qui sont sans danger.

Faire suivre à vos enfants un stage de voile est évidemment une excellente façon de les préparer à un voyage familial en bateau. La plupart des enfants apprennent très vite sur de petits dériveurs dans des camps de vacances, des écoles de voile, ou avec un ami plus âgé ou un parent qui navigue. Voyez au Chapitre 2 les options d'apprentissage de la voile dont vous disposez pour vos enfants.

Choix du bateau

Tandis que votre équipage se prépare, vous pouvez réfléchir au type de bateau sur lequel vous allez l'emmener. Le critère le plus important est le *niveau d'expérience du parent.*

Nous déconseillons fortement à des marins novices de jamais emmener des enfants à bord de la plupart des bateaux. Les marins novices doivent partir à la voile avec des gens qui ont plus d'expérience qu'eux-mêmes. Pour les marins du niveau intermédiaire, la chose la plus importante est qu'ils choisissent un bateau dans lequel ils soient à l'aise – pour que les enfants soient eux-mêmes à l'aise et profitent pleinement de leur sortie en mer.

Type de bateau recommandé

Les marins débutants, jeunes ou vieux, sont généralement plus à l'aise sur un quillard que sur un dériveur. Un *quillard* – décrit de manière plus précise au Chapitre 1 – a une quille lourde, lestée, sous sa coque, assurant sa stabilité et l'empêchant de chavirer. Les *dériveurs* sont généralement plus petits (moins de 6 mètres) ont une *dérive* légère, rétractable à la place d'une quille, et sont de ce fait moins stables et peuvent chavirer.

Du fait de leur taille, les quillards sont la seule option pratique pour des voyages en famille de quelque durée. Voici quelques autres raisons pour lesquelles les quillards sont aussi la meilleure solution pour des sorties de courte durée.

À partir de quel âge un enfant peut-il naviguer ?

Un enfant n'est jamais trop jeune pour profiter d'un voyage en bateau dès lors que vous, votre bateau, et votre équipage y sont préparés. Nous avons emmené notre fille, Marly, en bateau, depuis avant sa naissance. Chaque été, nous allons à l'Ile Catalina – 20 milles au large de Los Angeles, sur le bateau de mes parents. Il y a des jeux et des livres à bord pour l'occuper pendant le trajet, mais le moment qu'elle préfère est celui où nous sommes au mouillage.

Lorsqu'elle commençait à marcher, Marly considérait les bateaux comme des lieux d'amusement, et elle passait des heures à faire tourner les winches pour entendre le bruit de leurs engrenages. Donner de petits morceaux de pain à manger aux poissons (et aux goélands malins) pouvait l'occuper pendant des heures. Maintenant, à l'âge de cinq ans, elle adore pêcher avec son papa et passe une grande partie de son temps à imaginer des aventures extraordinaires – comme d'attraper des poissons imaginaires et de les donner en pâture à ses animaux en peluche, toujours affamés. (Son animal préféré est un requin.)

- Les quillards ont souvent des cabines sous le pont, qui sont bien pratiques pour l'heure de la sieste, pour y garder des petites choses qui se mangent, et pour étaler des jouets.
- La plupart des quillards ont un cockpit assez profond, où les enfants peuvent jouer en toute sécurité et voir les paysages sans risquer de tomber par-dessus bord. Un bateau de plus de 8 mètres a probablement des filières qui fournissent une sécurité supplémentaire pour les tout petits.
- La proximité de l'eau sur les dériveurs a un côté excitant, mais ils ont moins de place, et souvent chaque membre de l'équipage a un poste spécifique. Il est ainsi plus difficile de veiller au confort et à la sécurité d'un petit enfant et de le distraire, quelles que soient vos qualités de marin.

CONSEIL

Si vous tenez vraiment à naviguer avec vos enfants, mais si vous avez seulement suivi un cours de voile et si vous n'avez guère d'autre expérience, alors votre meilleur choix de bateau est un petit quillard (moins de 8 mètres) – mais *seulement* pour naviguer de jour par des vents légers à modérés et dans des eaux protégées.

Le Tableau 18.1 propose des règles générales concernant l'âge minimal des enfants sur divers types de bateau, compte tenu de l'expérience du marin.

Note : ce tableau suppose des conditions de vent et de mer faciles à modérées dans des eaux protégées. Dans ce tableau, un marin novice est censé avoir suivi un cours pratique de base à la voile et posséder peu d'expérience pratique ; un marin de niveau intermédiaire a suivi un cours pratique de base et a six mois à deux ans d'expérience pratique ; et les marins avancés ont trois ans ou plus d'expérience dans des conditions de vent variées. Un « x » indique que nous déconseillons vivement à des marins novices d'emmener des enfants, quel que soit leur âge, sur ces bateaux.

Tableau 18.1 : Âge minimal suggéré pour emmener un enfant selon le type de bateau

	Niveau d'expertise de l'adulte		
Type de bateau	***Novice***	***Intermédiaire***	***Avancé***
Dériveur de moins de 4 m.	x	10 ans	5 ans
Dériveur de plus de 4 m.	x	6 ans	3 ans
Quillard de 6 à 8 m.	10 ans*	6 ans	Nouveau-né
Quillard de plus de 8 m.	x	6 ans	Nouveau-né

* Pour les marins novices, nous recommandons de ne naviguer avec des enfants que sur un petit quillard, à conditions que les enfants soient bons nageurs et soient à l'aise dans des situations nouvelles pour eux.

Si vous choisissez un dériveur

D'après notre expérience, l'aspect le plus effrayant des dériveurs pour les petits enfants est la brusque modification de la *gîte* – l'inclinaison du bateau – et la crainte de chavirer. Mais si vous emmenez les enfants en dériveur, voici quelques conseils pour que tout aille pour le mieux :

- Une journée chaude, de l'eau chaude, des vêtements chauds – veillez à ce que les enfants aient assez chaud, même s'ils sont mouillés.

- Avant de quitter le quai ou la plage, parlez-leur de la gîte. Mettez-les dans le bateau et montrez-leur comment déplacer leur poids pour contrebalancer la gîte.
- Passez en revue ce qu'il faut faire si le bateau chavire (voir Chapitre 7). Allez sur l'eau et procédez à un chavirage contrôlé (en tirant le bateau pour qu'il se renverse) pour qu'ils voient avec quelle facilité on peut redresser le bateau.
- Soyez prêt à déplacer votre poids souvent dans le bateau pour minimiser la gîte sur l'eau.
- Tenez bien les petits pour qu'ils se sentent en sécurité.
- Si possible, faites asseoir les enfants au centre du bateau à un endroit sûr leur permettant de se tenir.
- Soyez confiant pour que vos enfants aient confiance, eux aussi.
- Vos enfants et vous-même devez porter des gilets de sauvetage.

Choisir le bon itinéraire

CONSEIL

Il est tout à fait possible d'emmener des enfants dans des croisières lointaines et de faire en sorte qu'ils restent très contents, mais des sorties courtes séparées par des périodes assez longues au mouillage ou à quai à destination sont ce qu'il y a de mieux, à moins que cela ne vous dérange pas d'entendre un million de fois la question « Quand est-ce que nous y arriverons ? »

- **Distance** : n'allez pas trop loin les quelques premières fois. Commencez par des sorties d'un après-midi, puis essayez un voyage avec une nuit à bord, et approchez-vous progressivement de votre objectif de longue distance.
- **Climat** : si vous devez partir dans des régions peu clémentes, veillez à ce que chacun ait suffisamment de vêtements pour rester chaud et au sec. Vous trouverez quelques conseils sur l'habillement au Chapitre 3.

Rendre le bateau sûr pour des enfants

La sécurité à bord commence avant le départ. Avant que votre petite famille ne monte à bord d'un bateau de croisière, mettez en œuvre ces conseils de sécurité :

- **Installez des filets le long des filières.** Les filets, tels que ceux de la Figure 18.1, forment une barrière entre votre enfant (ses jouets et les animaux domestiques) et l'eau. Même s'il y a un filet, ne laissez jamais votre enfant sans surveillance sur le pont.
- **Ne permettez jamais de se pencher par-dessus ou à travers les filières – qu'il y ait ou non un filet.**
- **Édictez et faites respecter l'interdiction de courir (surtout une fois en route).**
- **Veillez à ce que les ouvertures dans les filières aient des fermetures que les petites mains ne peuvent pas défaire.**
- **Regardez à quel endroit atterrirait un enfant en tombant par le panneau.** Y a-t-il dans la cabine des angles proéminents qu'il faudrait rembourrer ?
- **Placez un auvent au-dessus du cockpit lorsque vous êtes au mouillage.** Les coups de soleil peuvent réduire à néant le plaisir qu'éprouve un enfant à être sur un bateau. Un auvent fournit un endroit frais où se reposer.

Figure 18.1 : Fixez des filets sur les filières de votre bateau.

Les mesures de sécurité sur l'eau

Il ne suffit évidemment pas de rendre le bateau plus sûr pour les enfants. Le travail de parent n'est jamais terminé, et c'est particulièrement vrai lorsque vous naviguez.

Gilets de sauvetage et harnais de sécurité

Laissez-vous votre petit enfant aller dans une voiture sans l'installer dans un siège pour enfant ? Probablement pas. Dans le même esprit, vous veillerez à ce que votre enfant porte toujours un gilet de sauvetage sur l'eau. Consultez au Chapitre 7 les informations relatives aux gilets de sauvetage. Lorsque vous achetez un gilet de sauvetage pour enfant, pensez aux points particuliers suivants :

- Une couleur vive se verra mieux. Des bandes réflectives sont également souhaitables. Vous voulez repérer instantanément votre enfant s'il tombe à l'eau.
- Une sangle passant entre les jambes pour que le gilet ne glisse pas.
- L'*engin de sauvetage individuel* ne doit pas être encombrant au point d'empêcher l'enfant de serrer ses deux mains devant lui (sinon il ne pourra pas se tenir commodément à bord).

Si vous appréhendez toujours la proximité de l'eau pour votre enfant, même muni d'un gilet de sauvetage, faites-le tester le gilet de sauvetage en piscine.

De nombreuses familles qui vivent à bord d'un voilier utilisent le harnais de sécurité à la place du gilet de sauvetage une fois en mer. Un harnais de sécurité protège complètement du risque de passer par-dessus bord et laisse l'enfant libre de circuler sans être engoncé dans son gilet de sauvetage. Le harnais de sécurité doit être exactement à la taille de l'enfant sans pouvoir glisser au niveau des épaules et, pour les petits enfants, comporter une sangle entre les jambes. La sangle peut être fixée par-devant ou par-derrière et elle doit être crochée sur un objet solide au centre du bateau, comme sur la Figure 18.2. Veillez à ce que la sangle soit suffisamment courte pour que l'enfant ne puisse pas atteindre l'eau. (Vous trouverez davantage d'indication sur les harnais de sécurité au Chapitre 7.)

Surveillez les enfants

Vous devez surveiller votre enfant qui joue sur un bateau comme s'il jouait à côté d'une rue où il y a beaucoup de circulation – le danger est toujours présent, et les parents doivent savoir à tout instant ou se trouvent leurs enfants.

Lorsque Marly est sur un bateau, nous sommes rassurés de savoir qu'elle sait nager parce que nous savons qu'elle ne paniquera pas si elle tombe à l'eau. Mais malgré cela nous ne la laissons jamais seule sur le pont même pour une seconde.

Figure 18.2 : Un harnais de sécurité n'est sûr que s'il est croché comme il faut.

SÉCURITÉ D'ABORD

Voici quelques règles de sécurité que vous pouvez commencer à appliquer en croisière avec des enfants :

- Les enfants ne peuvent être sur le pont qu'en compagnie d'un adulte, et les enfants doivent prévenir cet adulte quand ils redescendent sous le pont.
- Pendant la navigation, les enfants ne peuvent pas aller sur le pont sans l'autorisation d'un adulte ni sans leur harnais de sécurité et/ou leur gilet de sauvetage.
- Soyez conscient de toutes les façons dont un enfant peut accéder au pont – ils peuvent vous surprendre en ouvrant le panneau avant eux-mêmes et en grimpant tout seuls sur le pont.
- Sachez quand vous êtes « de garde ». Nous nous repassons toujours verbalement la responsabilité de la garde de l'enfant.
- Soyez tout aussi prudent à quai.

Mériter le droit de s'en aller tout seuls

Pour un enfant, partir dans l'annexe soi-même ou avec des amis est une étape importante. Pour le parent, voir son enfant partir sur l'annexe pour la première fois est aussi éprouvant que de le laisser partir en bicyclette pour la première fois jusqu'à la maison d'un ami à plusieurs rues de distance (même si l'épreuve est plus que compensée par un moment de tranquillité très appréciable). L'essentiel est de lui apprendre ce qu'est la sécurité, et de fixer certaines règles.

Vos enfants un peu plus âgés doivent maîtriser plusieurs choses avant de partir indépendamment.

- **Ils doivent savoir manier l'équipement**. Ils doivent savoir comment manœuvrer un bateau et le faire aborder une plage ou en partir en toute sécurité, et comment faire des nœuds pour l'amarrer de façon sûre s'il s'agit d'accoster.
- **Ils doivent être prêts à faire face à des situations de danger**. Faites un exercice d'homme à la mer, apprenez-leur ce qu'il faut faire si le bateau se remplit d'eau, et la manière de propulser le bateau s'ils perdent un aviron. Passez en revue avec eux les informations du Chapitre 7 sur la sécurité.
- **Ils doivent prouver qu'ils sont capables d'agir de manière responsable**. Un comportement responsable inclut le port de leur gilet de sauvetage même lorsqu'on ne les voit pas, et la manipulation soigneuse de l'équipement.
- **Ils doivent être informés sur la direction du vent, les marées, les courants, et les rochers dans les environs**. Ramer contre le vent ou le courant peut être épuisant ou impossible. Avant qu'ils ne s'en aillent, revoyez avec eux les éléments du Chapitre 11 sur la navigation et examinez une carte de la région avec vos enfants.

Disposer d'une autre annexe à rames, d'un kayak ou de tout autre moyen de transport une fois qu'ils sont partis est commode pour vous, mais ce peut être crucial du point de vue de la sécurité (autrement dit, comme moyen de secours) s'ils ne reviennent pas. Si vous n'avez pas d'autre bateau, ayez un plan pour en emprunter un si les choses tournaient mal.

En somme, vous devez faire tout ce qu'il faut pour que vos enfants se sentent à l'aise et en sûreté sur le bateau. Vous pourrez alors leur faire confiance lorsqu'ils sont partis s'amuser – parce que, comme disait le rat d'eau dans *Le vent dans les saules* « Il n'y a rien... d'aussi intéressant que de s'activer de droite et de gauche sur un bateau ».

Permettre aux enfants d'aider sur un bateau

Même si vos enfants n'ont jamais pris de leçons de voile, ils peuvent apprendre beaucoup au cours d'une journée sur l'eau, surtout si vous leur permettez de participer à certains travaux.

Les enfants peuvent faire presque n'importe quoi sur un bateau sous la supervision d'un adulte, mais certains travaux, dont les suivants, peuvent toujours faire partie du domaine des enfants :

- **Faire en sorte que tous les cordages soient clairs.** L'un comme l'autre, nous avons passé des heures, étant enfants, à lover soigneusement tous les cordages.
- **Hisser les couleurs le matin et les descendre le soir (voir Figure 18.3).**
- **Relayer les commandes lors du mouillage ou d'une prise de coffre.**
- **Laver le pont. Ou sinon on les met aux fers dans la cale !**
- **Ranger les défenses et les bosses d'amarrage.**
- **Faire des nœuds.**

Figure 18.3 : La tâche favorite de Marly à bord est d'enrouler la bannière étoilée.

CONSEIL

Naturellement, le travail qui plaît le plus aux enfants est de barrer. Vous ne confiez pas volontiers les clés de la voiture familiale à un enfant, mais sur un bateau, vous pouvez satisfaire en toute sécurité l'inéluctable requête « dis papa, laisse-moi conduire ». C'est aussi une bonne occasion de leur donner une leçon d'initiation à la voile.

JJ RACONTE

À l'école sur l'eau

Faire étudier la carte par les enfants plus âgés, les laisser noter la route, et faire l'estime (tous aspects de la navigation traités au Chapitre 11) peut être un excellent moyen de les faire utiliser leurs connaissances en arithmétique et en géométrie, tout en leur apprenant à lire une carte marine. La navigation astronomique est aussi un excellent exercice intellectuel, mais même si vous ne possédez pas de sextant, être sur l'eau est l'occasion d'explorer les joies de l'astronomie. Sur un bateau vous êtes entourés par la nature, au-dessus comme au-dessous de l'eau ; emportez des livres pour faciliter l'identification de vos compagnons sauvages.

Rendre agréable un voyage plus étendu

Cette section comporte des conseils sur les vêtements et les livres à emporter pour que des enfants un peu plus âgés soient heureux pendant une croisière assez longue – et sur la façon de naviguer avec un bébé sans remplir une cabine entière avec des affaires de bébé. C'est évidemment vous-même qui savez le mieux ce qui peut faire le bonheur de vos enfants, mais voici quand même quelques suggestions.

Comment bercer le bébé

À l'ancre, il est plus commode de faire dormir un bébé à même le sol, tout à l'avant du bateau pour que personne ne marche dessus, plutôt que d'avoir peur qu'il ne grimpe par-dessus le bord d'une couchette ou n'en tombe. Imaginez un endroit à l'abri de tout danger où laisser un bébé éveillé au cas où l'on a besoin de tout l'équipage sur le pont.

Pour dormir en route, assurez-vous que les couchettes ont des *toiles de roulis* – des morceaux de tissus qui forment un « mur » souple sur le bord aval de la couchette, ou une planche de couchette – une planche amovible qui sert de bordure pour cette couchette et empêche un dormeur d'en tomber lorsque le bateau gîte.

CONSEIL

Avant tout et surtout – la nourriture. Rien ne rend les marins plus grognons que le manque de nourriture, même pour un après-midi de voile. Après les émotions que leur procurent leurs expériences de la voile, les enfants sont réconfortés s'ils retrouvent au moment des repas ce qu'ils aiment manger d'habitude. Et bien qu'il soit plaisant de revenir à la nature et de pêcher des poissons pour vos repas, pensez lors de vos préparatifs que les poissons peuvent ne pas mordre.

Naviguer avec bébé

CONSEIL

Lors d'un voyage assez long avec un bébé, il est probablement raisonnable d'emporter des couches jetables, car le lavage de couches en tissus pourrait très vite épuiser votre réserve d'eau. Mais les couches jetables prennent beaucoup de place, et vous devrez emporter suffisamment de sacs en plastique à fermeture étanche pour stocker les couches utilisées en vue de les jeter dans une poubelle sur la côte.

Vous pouvez laisser le landau portable à la maison – il prend beaucoup trop de place, et le cockpit (avec un auvent de toile pour protéger le bébé du soleil) fait un excellent parc où le bébé peut jouer.

Nous utilisons un seau comme baignoire portative lorsque nous sommes à bord, et une douche solaire (un sac en plastique noir rempli d'eau douce réchauffé par le soleil) marche bien pour assurer la propreté des enfants (et aussi des adultes). Une douche solaire est présentée sur la Figure 18.4.

Figure 18.4 : Une douche solaire est ce qui se rapproche le plus d'une douche chaude sur un bateau à voile.

Gardez-la propre

L'un des grands bienfaits de la voile est qu'elle vous met en harmonie avec la nature. Au fil des années, nous avons vu certaines étendues d'eau devenir plus propres, tandis que d'autres paraissaient de jour en jour davantage polluées par les détritus. Comme nos enfants hériteront de cette Terre, nous devons donner l'exemple aussi bien à terre que sur l'eau.

Gardez nos eaux propres. Les règlements sont d'ailleurs très stricts sur ce que vous pouvez jeter lorsque vous naviguez près d'une côte. Emballez toujours vos ordures ménagères lorsque vous naviguez. Notre ami Cam Lewis (qui a établi un record en naviguant sur catamaran autour du monde en 79 jours sans escale) a fait en sorte que son équipage conserve et emballe toutes les ordures dans des sacs en plastique. Evitez toute émission de produit chimique ou pétrolier. Et enseignez à vos enfants à quel point la propreté de l'eau est importante pour nous tous !

JJ RACONTE

Conseils pour les futures mamans

Vous pensez peut-être que la voile n'est pas compatible avec une grossesse ? Il n'en est rien. En fait, j'ai navigué aux Etats-Unis, au Japon, et en Espagne pendant une grossesse. Un conseil rapide pour les voileuses enceintes : votre centre de gravité est plus haut que d'habitude – et donc vous devez faire spécialement attention en montant à bord d'un dériveur instable (surtout si vous êtes aussi grosse que j'étais et ne pouvez plus voir vos pieds).

En outre, même si vous n'avez jamais éprouvé le mal au coeur du matin et ne souffrez pas d'habitude du mal de mer, les mouvements d'un bateau peuvent vous donner un peu le vertige quand vous êtes enceinte. Naturellement, les femmes enceintes ne peuvent pas prendre de médicaments contre le mal de mer. J'ai essayé des bandelettes d'accupression sur les poignets, et j'ai eu l'impression qu'elles me faisaient du bien. J'ai aussi gardé à portée de la main une provision de bonbons salés, de pommes, et de ginger ale, et me suis efforcé d'avoir toujours quelque chose dans l'estomac. Vous trouverez à l'Annexe A davantage de conseils sur la façon de lutter contre le mal de mer.

Emporter ce qu'il faut

Même si vous êtes comme JJ et si l'idée d'amorcer un hameçon avec un morceau de calamar vous révulse, les enfants peuvent avoir envie de passer toute la journée à pêcher. Voici des suggestions pour garder les enfants occupés pendant le mouillage :

- **Des seaux supplémentaires pour contenir les découvertes faites sur la plage tels que les Bernard-l'hermite**
- **Des cannes à pêche, des lignes et des hameçons**
- **Des tubas, des masques, et des palmes, ainsi que « hublots d'observation » pour observer les créatures au fond de l'eau depuis un bateau à rames.**

CONSEIL

Méfiez-vous des jeux et des jouets comportant de petites pièces qui peuvent se perdre sur le pont – certains jeux peuvent devoir rester en bas. Désignez une zone réservée (un endroit à l'écart tel qu'une cabine arrière) pour y stocker les jouets, les jeux, et les précieuses collections de coquillages et de galets.

ATTENTION !

Nous avons indiqué l'utilité des seaux comme baignoire à bébés et lieu d'accueil des Bernard-l'hermite, en dehors de leur fonction normale qui est le nettoyage des ponts. Mais faites attention quand vous essayez de remplir un seau sur un côté du bateau une fois en route. La force de l'eau peut vous arracher le seau des mains – ou faire passer un enfant par-dessus bord.

Livres à emporter

Les enfants lisent davantage à bord d'un bateau qu'à la maison (notamment si vous éliminez les jeux vidéo portables). Et ils pourraient vous surprendre en lisant des livres plus gros et plus anciens que vous ne le pensiez. C'est pourquoi, en plus des romans et des polars que vous amenez à bord, n'oubliez pas d'apporter aussi des livres pour vos enfants. Il existe de nombreux ouvrages pour les jeunes enfants sur la navigation à voile et la vie aquatique. Marly connaît déjà par cœur *La chouette et le petit chat*, de Edward Lear). Voici quelques-uns des livres dont nous espérons qu'elle les appréciera (parce que nous les avons aimés) quand elle sera un peu plus grande :

- *Dove*, Robin Lee Graham
- *Maiden Voyage*, Tania Aebi
- *Expédition du Kon Tiki*, Thor Heyerdahl
- *Le tour du monde en quatre-vingt jours*, Jules Vernes
- *Le tour du monde en soixante dix-neuf jours*, Cam Lewis et Michael Levitt
- *Jonathan Livingston Seagull*, Richard Bach
- *L'île au trésor*, Robert Louis Stevenson
- *Island of the Blue Dolphins*, Scott O'Dell
- *The Voyage of the Dawn Treader*, C.S. Lewis

Et n'oubliez pas d'emporter les livres à caractère encyclopédique donnant des informations sur les étoiles, le temps, ainsi que sur les oiseaux, les poissons, les rochers et les coquillages du pays visité !

PETER RACONTE

Vol en spinnaker – des montagnes russes naturelles

Si vous et votre familles êtes des marins chevronnés, une manière amusante de passer l'après-midi au mouillage consiste à placer le bateau de telle manière que les enfants puissent voler en spinnaker, comme sur la figure. Par vent modéré et si l'eau est chaude, il n'y a plus qu'à faire ce qui suit :

1. **Ancrez le bateau dans la mauvaise direction – avec la poupe au vent. (Voir le Chapitre 9 au sujet du mouillage à l'ancre.)**
2. **Attachez une chaise de gabier comme siège à faire glisser le long d'un cordage frappé sur les deux coins inférieurs du spinnaker. Crochez le haut du spinnaker à la drisse.**
3. **Accrochez un très long bout de rappel partant d'un point d'écoute de la voile (coin inférieur de la voile) à l'étrave de votre bateau.**
4. **Demandez à vos amis sur le pont de hisser le spinnaker, mais empêchez-le de se gonfler en demandant à quelqu'un d'autre de tirer sur le bout de rappel pour que la voile faseye à proximité de l'eau.**
5. **Sautez à l'eau avec un ami.**
6. **Grimpez dans la chaise et faites-la glisser jusqu'au milieu du bout qui relie les deux coins.**
7. **Larguez le bout de rappel et demandez à un ami qui est dans l'eau d'écarter les deux coins de la voile pour que le vent l'attrape, et c'est parti !**

Un jour de vent soufflant en rafales, le vol en spinnaker peut vous procurer des sensations fortes !

Chapitre 19

Prendre soin du bateau

Dans ce chapitre :

- Entretien du bateau et des voiles
- Choix de l'équipement qui convient
- Utilisation du moteur
- Hivernage du bateau

Il est temps de vieillir,
De rentrer de la toile

– Ralph Waldo Emerson

Dans ce chapitre, nous parlons des talents et des techniques utiles pour l'équipement et l'entretien d'un bateau et de ses divers éléments. Il y a une trentaine d'années, cette question représentait un aspect beaucoup plus important de la possession d'un bateau, mais depuis que les constructeurs sont passés du bois à la fibre de verre, l'entretien est devenu beaucoup plus facile. Pour ceux d'entre vous qui préférez laisser les travaux pénibles à d'autres, vous avez le choix parmi une pléthore de parcs de bateaux et de professionnels de l'entretien des bateaux. Vous pouvez aussi louer des bateaux auprès de sociétés de location ou de clubs de voile et éviter ainsi tout travail d'entretien. (Voir le Chapitre 17 sur la location et le Chapitre 2 sur la manière de trouver des clubs de voile.)

Les opérations de base de l'entretien d'un bateau sont amusantes, et nous espérons que vous serez de cet avis après avoir lu ce chapitre. S'agissant des réparations importantes, nous nous adressons d'habitude à des professionnels, non parce que nous ne pourrions pas faire le travail, mais parce que ce genre de projet paraît interminable, et n'est jamais exécuté aussi bien quand nous nous en occupons nous-mêmes.

Tout maintenir en parfait état

A l'époque glorieuse de l'amiral Horatio Nelson de la British Navy, l'équipage d'un navire nettoyait les ponts chaque jour à l'aube sauf par les temps les plus extrêmes. Les voiles inutilisées devaient être ferlées avec une précision toute militaire. Cette tradition d'efforts pour qu'un bateau ait un bel aspect, chaque chose étant où elle doit être et rangée de façon parfaitement correcte, est toujours bien vivante. C'est pour partie une question de professionnalisme marine et pour partie une question de fierté de propriétaire. Votre bateau et vos voiles montrent qui vous êtes – et qui se promènerait avec du guano sur la tête ?

Une inspection régulière du bateau pour en détecter les points d'usure et de fatigue peut vous éviter des problèmes une fois sur l'eau. De nombreuses parties d'un bateau préviennent par des signes de rouille ou des crevasses avant de lâcher. Le point clé est de savoir où regarder pour repérer les signes d'usure d'une pièce – et de ne pas oublier de regarder. Dans ce chapitre, nous commençons par l'examen des parties qui requièrent le plus d'entretien systématique (les cordage, le gréement, et les voiles), puis nous verrons le mât, la coque, et le moteur (pour le cas où vous en auriez un).

Le gréement courant

Le *gréement courant*, que nous avons décrit au Chapitre 1, se compose de toutes les manœuvres (cordages, palans...) dites courantes servant à établir les voiles, à les orienter, en réduire la surface ; ce sont principalement les écoutes et les drisses. Aussi le gréement courant travaille-t-il énormément à chaque fois que vous naviguez, et vous devez donc le maintenir en excellent état – vous ne pouvez pas faire naviguer un bateau avec une grande écoute cassée. Nous allons donc parler de ce qu'on trouve à profusion sur un bateau – les cordages.

Généralités sur les cordages

Il en existe une grande variété sur un bateau, et on les désigne le plus souvent par leur utilisation (drisse, bosse d'amarrage, écoute), parfois leur forme ou leur structure (filin – cordage câblé – ou tresse), et on précise parfois le matériau employé (Kevlar, Tergal, Nylon...). Lors de la sélection d'un cordage, il convient de tenir compte des caractéristiques suivantes pour déterminer ce qui convient à l'usage prévu.

- **Résistance** : Tous les cordage servant au gréement courant doivent être dans un matériau synthétique à cause de sa résistance supérieure. Depuis quelque temps, le plupart des cordages utilisés sur les bateaux de course ont une âme dans un matériau ultra moderne comme le Vectran, le Spectra, ou le Kevlar – très léger et incroyablement résistant.

  Différents cordages ont des résistances différentes, selon l'usage auquel on les destine. Une écoute de foc doit être plus résistante que le bout servant à l'étarquage du guindant. Une aussière ou une remorque doit être très résistante mais en même temps très élastique. Votre halin servant à la récupération d'un homme à la mer devrait pouvoir flotter (voir ce sujet au Chapitre 7). Une bosse d'amarrage doit être résistante à la tension et aux ragage (frottement). Certaines utilisations comme le rangement demandent un cordage d'une très grande élasticité.

- **Diamètre** : la résistance d'un cordage augmente avec son diamètre. Certaines fibres high tech sont plus résistantes que du fil métallique de même diamètre. Le confort joue un rôle important dans le cas d'un cordage que vous tenez constamment en main – et c'est pourquoi vous avez besoin d'une grande écoute relativement épaisse, et assez molle. Si un cordage doit passer par différentes poulies et reste généralement tournée sur un taquet (comme un régleur de pataras), vous devez opter pour un filin plus petit pour diminuer la friction (et pour des poulies plus petites, moins coûteuses).

- **Couleur** : si tous les cordages sont blancs sur un bateau, cela peut entraîner des confusions (sans parler de la monotonie).

- **Coût** : allez voir le rayon des cordages chez votre shipchandler (la plupart des quincailleries n'ont pas en stock de bons cordages pour la voile), et vous comprendrez pourquoi autant de bateaux ont des cordages en polyester blanc – tous ces matériaux colorés et high tech sont CHERS !

- **Toucher** : un cordage plus mou et plus doux au toucher est plus facile à tenir – mais plus coûteux (et peut-être portez-vous des gants de toute façon).

Filins par oppositions aux cordages tressés

TERMES SPÉCIFIQUES

Les cordages qui ont trois brins visibles torsadés en spirale s'appellent des *filins*. Les filins, qui sont en général moins chers, sont couramment utilisés comme amarres ou comme remorques. Toutefois, pour le gréement courant du bateau, les *cordages tressés* sont beaucoup plus agréables. Comme le suggère leur nom, les cordages tressés ont un aspect montrant de minuscules fibres tressées ensemble. Un cordage tressé a souvent une âme intérieure (pour laquelle on utilise ces fibres de l'âge aérospatial) supportant l'essentiel de la tension. La Figure 19.1 montre un filin et un cordage tressé.

Figure 19.1 : Un filin (à gauche) et un cordage tressé (avec une âme, à droite), dont les composants sont mis en évidence.

Les épissures

A l'annexe B nous vous montrons comment faire une boucle dans un cordage en faisant un nœud de chaise. Une autre façon, plus durable, d'aménager une boucle dans un cordage est de faire un œil épissé. Les *œils épissés* sont plus nets, moins encombrants que les nœuds, et on les trouve en général à l'extrémité d'une drisse (où le cordage est fixé à une manille), et à l'extrémité d'une aussière reliée à une chaîne ou une ancre. Il faut beaucoup de temps à un débutant pour en faire une, mais un professionnel y arrive en moins de cinq minutes (mais il vous facturera probablement une heure de travail !). Si l'œil doit supporter une tension importante, (comme une aussière), vous devez insérer un anneau intérieur (renfort métallique ou plastique en forme de larme) dans l'œil pour répartir la tension et empêcher le ragage (usure par frottement). La figure 19.2 montre un œil épissé au bout d'une aussière tressée avec un anneau intérieur pour empêcher le ragage (à droite).

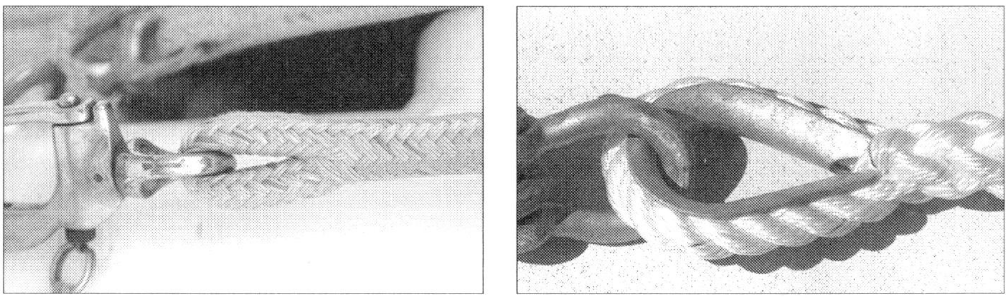

Figure 19.2 : Deux exemples d'œil épissé.

Vous trouverez facilement chez votre shipchandler un livre sur les nœuds et les épissures, probablement intitulé matelotage (c'est le nom français de cette très vieille activité), et vous verrez qu'il y a trop de nœuds et d'épissures différents pour que vous puissiez apprendre à les faire tous.

Aller jusqu'au bout du bout

Quel que soit le type de cordage utilisé, son extrémité peut être un problème s'il commence à s'effilocher – parce qu'alors la partie utile du cordage devient de plus en plus courte. La solution la plus simple pour la plupart des cordages consiste à faire fondre l'extrémité au moyen d'une brûleur à butane, quelques allumettes, ou un *couteau chaud* (que l'on peut trouver au rayon des cordages d'un shipchandler). Dans le cas des cordages tressé, il arrive que l'âme du cordage ne brûle pas. Il faut alors sortir et sectionner une dizaine de centimètres de l'âme, et faire fondre le segment correspondant de la tresse extérieure. Si le brûlage ne marche pas, vous pouvez toujours faire un nœud simple à l'extrémité du cordage (une solution temporaire), l'entourer de ruban collant, ou faire une *surliure*, dont on peut voir un exemple sur la Figure 19.3.

Figure 19.3 : Une surliure est utilisée à l'extrémité d'un cordage pour l'empêcher de se décommettre.

La *surliure*, la méthode traditionnelle pour arrêter l'extrémité d'un cordage ou d'une épissure, exige l'utilisation d'une aiguille spéciale de voilier et d'un fil synthétique solide. Enroulez le fil en le serrant autour du cordage pour qu'il se tienne, et cousez solidement cet entourage après le cordage pour qu'il ne puisse plus se décommettre – s'effilocher – lors de son utilisation. Il peut être utile de brûler l'extrémité du cordage à l'extérieur de la surliure.

Soins à apporter aux cordages

Un cordage qui n'est pas en service doit être soigneusement lové. (Nous avons décrit la façon de lover un cordage au Chapitre 6.) Si vous naviguez en mer, rincez les cordages mouillés à l'eau douce après votre sortie. Suspendez les cordages mouillés à un endroit où ils peuvent sécher et essayez de les entreposer (dans la mesure du possible) à l'abri des rayons du soleil, dont les effets sont incroyablement néfastes. Inspectez vos cordages périodiquement pour voir s'ils sont usés, notamment aux endroits où ils portent en tension sur une poulie ou tout autre objet. Pour faire durer vos cordages plus longtemps, vous pouvez envisager de permuter de temps à autre les extrémités des drisses et des écoutes – l'équivalent vélique de la rotation des pneus d'une voiture.

L'accastillage

On appelle ainsi les pièces qui permettent aux cordages de faire leur travail – les winches, les poulies, les manilles, et les taquets. Comme nous l'avons déjà dit, un point important de la maintenance de l'équipement du bateau est l'inspection visuelle – consistant à rechercher des fêlures dans les parties métalliques, des signes de corrosion, ou d'autres indications d'anomalie.

Poulies

Votre bateau comporte un grand nombre de ces poulies ; il y en a probablement qui pendent de la bôme, reliées au pont, et d'autres dans le mât (voir Chapitre 6). Il existe un grand nombre de tailles et de formes de poulies, et elles doivent être adaptées aux tâches qu'on leur confie, pour fonctionner sans problème. Voici les principaux points à considérer :

- **Résistance** : le fabricant donne des indications sur la charge que la poulie peut supporter. Habituellement (mais pas toujours), plus la poulie est grosse, plus elle est résistante. La taille de la boucle métallique ou de la manille utilisée pour relier la poulie au bateau fournit une indication de la résistance de la poulie. Un poulie trop faible peut se déformer. Souvent, un *réa* (la partie mobile en forme de roue sur laquelle passe le cordage) qui ne tourne pas bien est le premier indice d'un problème.
- **Utilisation visée** : certaines poulies sont spécialement conçues pour les câbles métalliques ; elles ont le plus souvent des réas en métal. Si vous placez un câble dans une poulie faite pour du cordage, le réa peut se casser ou un sillon peut s'y creuser. En outre, n'utilisez pas un cordage trop épais dans une poulie. Il vaut mieux utiliser un cordage de diamètre trop petit, ce qui réduit le frottement.

Un point fort de la plupart des poulies marines est qu'elles ne nécessitent que peu d'entretien. Rincez-les à l'eau douce après une journée en mer, et tenez compte de leur préférence pour un stockage à l'abri des rayons ultraviolets. Certaines poulies doivent être lubrifiées de temps à autre ; mais vérifiez auprès du fabricant le type de lubrifiant à utiliser, car le mécanisme pourrait se gommer si vous utilisez un produit inadapté. Souvent, le point faible est la façon dont la poulie est reliée au bateau – par sa manille.

Les manilles et mousquetons

On trouve partout des manilles sur un bateau, tout comme les poulies. Il existe des manilles torses, des manilles à visser, et une pièce d'accastillage très voisine appelée le mousqueton, dont il existe aussi de nombreuses variantes – mousqueton de drisse, à ouverture sous tension, à émerillon... Voici quelques points à considérer lors du choix, de l'installation et de la maintenance des manilles et mousquetons :

- **Résistance** : le fabricant spécifie la charge de travail supportable en toute sécurité ; cependant, le diamètre du métal utilisé vous donne une idée de sa résistance.
- **Accessibilité** : le *mousqueton* est plus facile à ouvrir, mais il est parfois plus gros et coûteux. La manille proprement dite, en forme de D, est beaucoup plus courante, mais elle est plus difficile à ouvrir rapidement.
- **Sécurité** : les manilles, et notamment celles qui sont attachées aux coins des voiles, sont vraiment secouées dans tous les sens lorsque les voiles faseyent. Il peut être opportun d'entourer un mousqueton de ruban collant pour l'empêcher de s'ouvrir accidentellement. Les manilles comportent souvent une vis, que l'on peut serrer avec une clé à molette. Comme pour tout ensemble vis et écrou, faites attention de ne pas abîmer leur filetage en les vissant de travers.

  D'autres manilles ont des *anneaux* ou des *clavettes* de sécurité, comme celles de la Figure 19.4. Les anneaux sont plus faciles à mettre en place et à enlever, mais il faut les recouvrir de ruban collant pour éviter qu'elles n'accrochent quelque chose et s'ouvrent. Les clavettes ne doivent pas être trop longues et il faut ouvrir leur extrémité juste assez pour pouvoir les enlever en cas d'urgence, et les recouvrir de ruban collant, parce que leurs pointes sont très aiguës.

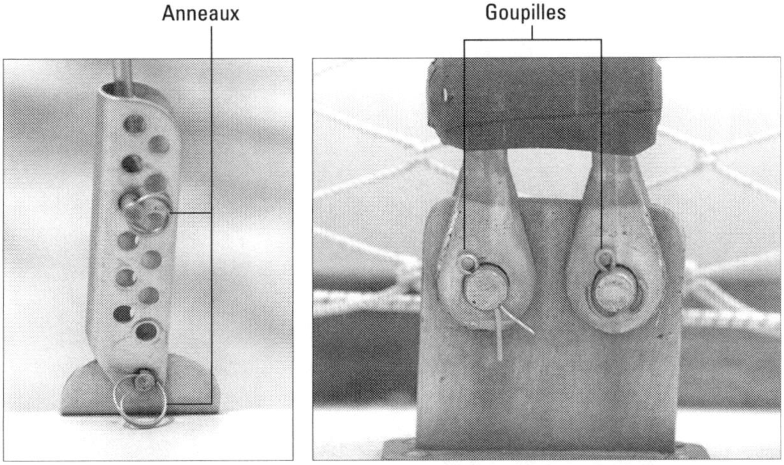

Figure 19.4 : Système de lattes à trous avec des axes assurés par des anneaux (à gauche) et par des goupilles (à droite).

Les winches

Nous avons décrit les winches et les modalités de leur utilisation aux Chapitres 4 et 6. Comme ils comportent beaucoup plus de parties mobiles que les poulies, ils requièrent davantage de soins. La documentation du fabricant ou le personnel du shipchandler peuvent vous aider à choisir un winch (mais la plupart des bateaux en comportent déjà un grand nombre) et vous fournir des pièces détachées et des produits d'entretien. Voici les principaux points relatifs à la maintenance des winches.

- **Nettoyage** : démontez le winch complètement au moins une fois par an (ce démontage s'apparente à celui de toute mécanique un peu compliquée – rappelez-vous bien où va chacune des pièces !) et nettoyez toutes les parties métalliques intérieures. Un grand seau avec quelques centimètres d'essence ou de solvant pour peinture et une brosse à dents conviennent parfaitement pour cette opération. Mettez à sécher les pièces nettoyées sur une grande surface d'éponge ou de tissus éponge et prévoyez un grand nombre de chiffons pour faire ce travail salissant.
- **Éliminez le sel du winch** : rincez-le à l'eau douce après son utilisation et veillez à ce que tous les trous de drainage autour de sa base soient ouverts pour permettre à l'eau de pluies éventuelles de s'écouler.
- **Lubrifiez le winch** : lisez les instructions spéciales du fabricant à ce sujet. Après avoir enlevé la poupée et l'avoir mise de côté, inspectez et lubrifiez toutes les parties mobiles et toutes les surfaces de roulement. Faites particulièrement attention aux *cliquets* qui permettent au winch de tourner dans un sens et non dans l'autre, et que l'on peut voir sur la Figure 19.5. Les cliquets doivent pouvoir bouger facilement si on les touche avec le doigt, et le ressort être suffisamment puissant pour les faire revenir à la positon « ouvert ». S'ils ne bougent pas librement après un nettoyage et une lubrification, remplacez aussi bien les cliquets que les ressorts concernés. Inspectez et lubrifiez vos winches au moins deux fois par an (et plus si vous utilisez le bateau fréquemment).

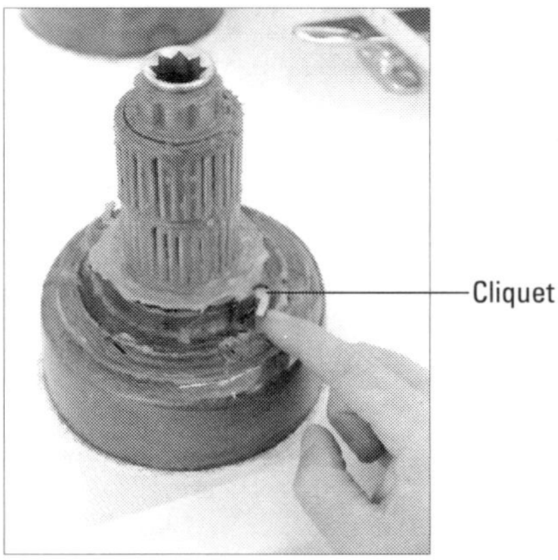

Figure 19.5 : Vérification des cliquets à l'intérieur d'un winch.

N'oubliez pas – une inspection visuelle régulière est indispensable. Observez si le winch fonctionne bien, et inquiétez-vous de toute saccade lors d'une utilisation en tension, et de tous bruits bizarres. En outre, lorsque vous avez démonté un winch pour le lubrifier, examinez toutes les pièces internes pour voir si elles comportent des signes d'usure ou de fatigue.

Inspection du mât

Comme vous le savez maintenant, le mât est supporté par des câbles qui font partie de ce qu'on appelle le *gréement dormant*. Au Chapitre 13, nous avons évoqué les conséquences éventuellement funestes de l'un des principaux cauchemars du marin – le démâtage accidentel.

Pour inspecter le mât, vous devez d'abord vous assurer qu'il est droit en l'examinant depuis la base. Sur un quillard avec des haubans, vous pouvez ajuster les *ridoirs* (qui servent à régler la tension) pour redresser le mât. Si votre mât est tordu, demandez l'aide d'un spécialiste de l'accastillage.

Selon l'utilisation de votre bateau, vous pouvez avoir à inspecter le mât deux fois par an, chaque mois, ou même plus souvent – surtout après avoir navigué dans des conditions sévères, soumettant le gréement dormant à des efforts maximaux. Sur un dériveur ou un petit quillard, vous pouvez démonter le mât pour l'inspecter. Sur un bateau plus grand, vous devez envoyer quelqu'un en haut du mât.

Pour hisser quelqu'un en haut du mât, vous avez besoin d'une *chaise de gabier* – un système du genre harnais formant une « chaise » et qui peut se fixer à la drisse. Vous pouvez être obligé d'utiliser un winch si la personne désignée pour monter est lourde. Ne mettez pas votre sécurité à la merci d'un mousqueton de drisse ; attachez toujours la drisse à la chaise de gabier avec un nœud de chaise. La personne qui monte au mât doit s'attendre à une ascension mouvementée si vous êtes en route, surtout s'il y a des vagues, car les mouvements de l'eau sont accentués au sommet du mât. Assurez-vous toujours que les outils ou tous objets lourds (qui peuvent faire des dégâts sur le pont s'ils tombent) sont bien assurés en montant là-haut. Pour cette même raison, ne vous placez jamais au-dessous de quiconque travaille dans le gréement.

Dans toute la mesure du possible, utilisez une drisse supplémentaire comme secours quand vous allez là-haut. Vous ne voulez pas découvrir que la drisse est usée une fois en haut du mât !

Recherchez des signes d'usure ou de dégâts aux endroits suivants :

- **Sections du mât** : les fêlures et les parties enfoncées sont de mauvais signes – de même que les rivets manquants.
- **Réas** : toute drisse passe par un réa que vous devez examiner et éventuellement lubrifier.
- **Barres de flèche** : essayez de faire bouger les barres de flèches en les secouant à leurs extrémités. Les mouvements sont de mauvais signes, à moins qu'elles n'aient été clairement conçues pour pouvoir bouger latéralement (vers l'avant et l'arrière à l'extrémité extérieure). Regardez s'il y a des signes de fatigue aux extrémités intérieures et vérifiez leur fixation aux haubans.
- **Gréement dormant** : les extrémités du gréement dormant, qui comportent une sorte de boucle ou autre moyen par lequel on peut le fixer, sont les premiers endroits où il convient de regarder. Regardez bien, parce qu'un hauban cassé entraîne presque forcément la perte du mât. Comme pour tout système de fixation métallique, recherchez des craquelures, des signes de déformation et de corrosion.
- **Cadènes** : les *cadènes* sont les fixations qui relient le gréement dormant au bateau.
- **Ridoirs** : certains ridoirs – ce sont des dispositifs de réglage utilisés principalement pour raidir des barres ou câbles – sont sur le pont ; certains peuvent se trouver en l'air. Ils doivent être lubrifiés si l'on effectue un réglage sous tension.
- **Poches d'eau** : tous les endroits où l'eau peut s'accumuler sont des sources de corrosion. Regardez sous les parties recouvertes de plaques ou de rubans et partout où l'eau pourrait se cacher.

Entretien des voiles

Les voiles sont le moteur de votre bateau, et vous devez les maintenir en excellente condition.

Pliage des voiles

Après utilisation, une voile doit être rangée d'une manière qui soit commode pour la voile comme pour vous-même. Certains coureurs roulent leurs voiles après une journée sur l'eau. Rouler les voiles peut épargner davantage le tissus dont elles se composent, mais c'est une tâche fastidieuse. Une approche plus facile consiste à les plier.

CONSEIL

Vous pouvez facilement rouler des voiles qui ont des lattes complètes, comme celles de la plupart des catamarans, parce que les lattes fournissent un support, à la manière des lattes d'un store. Il est plus facile de rouler ces voiles que de retirer toutes les lattes et de plier la voile dans un deuxième temps.

Vous pouvez plier les voiles en accordéon depuis la bordure vers le haut, les pliures étant parallèles à la bordure. Les grand-voiles peuvent être pliées de cette manière directement sur la bôme pour y être stockées commodément, comme sur la Figure 19.6.

Figure 19.6 : Une grand-voile repliée sur la bôme et assurée – rabantée – avec de petits cordages appelés rabans.

Toutes les voiles peuvent être pliées de la manière suivantes :

1. **Choisissez un endroit adéquat et étendez la voile dans toutes ses dimensions (autant que possible).**

   Trouvez un endroit au moins aussi long et aussi large qu'un volet de la voile repliée. Les gazons sont d'excellentes surfaces de pliage ; les parkings sont néfastes parce qu'ils sont rugueux et sales.

2. **Enlevez les lattes.**

   A l'exception des toutes petites lattes insérées à titre permanent dans les chutes de certains focs, enlevez toutes les lattes pour pouvoir plier la voile plus complètement.

3. **Étalez la bordure, et une personne étant placée au point d'amure et l'autre au point d'écoute, commencez à plier la voile en accordéon, en commençant par le bas, comme sur la Figure 19.7.**

   Tirez chacun de votre côté juste assez pour définir le pli du volet suivant.

Figure 19.7 : Pliage d'une voile – commencez à partir du bas et allez vers le haut.

4. **Continuez jusque en haut.**

   Tous les volets doivent avoir approximativement la même largeur – environ 30 cm pour une voile de dériveur et 1 m. ou plus pour la voile d'un quillard de 15 mètres.

5. **Roulez la voile et mettez-la dans son sac.**

   Lorsque vous arrivez à la têtière (le coin supérieur renforcé de la voile), commencez à rouler ou plier la voile dans le sens de la longueur pour lui donner une forme compatible avec celle du sac à voile.

Entreposage des voiles

Voici quelques recommandations pour le rangement des voiles après une journée sur l'eau :

- **Gardez ensemble tous les éléments associés**. S'il y a des lattes ou d'autres équipements qui vont avec une voile, conservez-les dans le même sac que la voile.
- **Conservez-les à l'abri du soleil**. Les rayons ultraviolets du soleil dégradent le tissus de la voile et les coutures entre les *laizes* (bandes de tissus dont sont faites les voiles). C'est pourquoi vous devez recouvrir les voiles et les ranger hors d'atteinte des rayons du soleil quand vous ne vous en servez pas.
- **Limitez l'importance des pliures**. Si vous n'êtes pas obligé de rouler les voiles pour en faire un paquet plus petit, ne le faites pas. Essayez de ne pas plier d'éventuelles fenêtres de plastique transparent.

- Stockez-les au sec. Si vous repartez faire de la voile le lendemain, il n'y a pas lieu de sécher des voiles mouillées, mais si vous devez stocker les voiles plus longtemps que quelques jours, vous devez les faire sécher. Une pelouse ou le pont du bateau conviennent bien pour étaler les voiles et les mettre à sécher. Si vous les rangez pour l'hiver, faites aussi un effort supplémentaire pour enlever le sel en les rinçant.

Entretien des voiles

La plupart des voiles souffrent le plus en cours de route. Voici comment vous pouvez conserver à vos voile un bel aspect et les faire tenir plus longtemps :

- **Ne les laissez pas battre trop longtemps**. Le faseyement dégrade les voiles plus vite que le soleil. Lors de la coupe de l'America, les équipages font effectivement le compte du nombre de fois qu'une voile a subi un changement d'amure parce qu'elle faseye lors du virement, ce qui réduit sa vie en tant que voile de compétition. Ne laissez jamais vos voiles faseyer au mouillage ou à quai.
- **Ne naviguez pas sans lattes**. Sans le support des lattes, les voiles sont surchargées à l'endroit des lattes manquantes.
- **N'utilisez pas les voiles quand il y a trop de vent**. Certaines voiles, notamment les spinnakers, sont taillées dans un tissus léger qui peut se déchirer même par vent modéré.
- **Inspectez les coutures, les goussets, et les coins, pour voir s'il y des signes d'usures ou des déchirures**. C'est généralement à de tels endroits que se produisent les déchirures. S'il y a des parties douteuses, portez la voile chez un voilier, sortez l'aiguille et le fil à voile, ou collez un morceau de ce tissus collant dont nous avons parlé au Chapitre 13.
- **Protégez-les des frottements**. Les endroits où se produisent les frottements sont souvent ceux où une voile cogne contre les barres de flèche et contre les filières au cours des virements vent debout. Une couche de tissus collant appliquée aux endroits à risque fournit une protection suffisante.

Lorsqu'une voile comporte une déchirure ou un trou, faites-la réparer par un voilier. Vous pouvez néanmoins vous référer au Chapitre 13 si votre humeur du moment est dans le mode « do it yourself ».

Entretien de la coque

En nettoyant votre bateau au jet après avoir navigué, regardez de près certaines régions soumises à des efforts importants, et où peuvent apparaître des défauts. Ouvrez l'œil à la recherche de craquelures ou de signes d'infiltration d'eau dénotant des zones de faiblesse. Parfois, certaines fixations reliées à la coque, soi-disant en « acier inoxydable », commencent à comporter des traces de rouille. Si possible, exercez une force limitée sur toutes ces fixations et secouez-les pour voir si elles tiennent toujours bien. Voici certaines parties de la coque et du pont au-dessus de la flottaison qui subissent des efforts importants et doivent être inspectées après chaque sortie :

- ***Capelages* ou cadènes (fixations métalliques sur les côtés du bateau auxquelles sont attachés les haubans)**
- **Étai creux pour le passage du foc**
- **Barre d'écoute de grand-voile et grande écoute**
- **Pied de mât et *emplanture* (le point où le mât quitte le pont)**
- **Points de fixation des autres pièces d'accastillage**

Sous le bateau

Si votre bateau est un dériveur, vous pouvez peut-être facilement le retourner une fois à terre pour examiner le dessous de la coque et y travailler. L'endroit le plus commode pour examiner un quillard est la remorque ou tout autre support à terre – ou vous pouvez aussi mettre un masque et un tuba. Les mêmes principes s'appliquent que pour les parties situés au-dessus de la flottaison. Examinez plus particulièrement les zones d'efforts importants ci-après :

- **Les points de fixation de la quille ou de la dérive, et du safran** : recherchez de petites craquelures horizontales qui peuvent se former à l'endroit où la quille en plomb rejoint la coque ou la base de la quille, ou des traces de rouille sur les boulons de fixation de la quille. Demandez à un professionnel d'examiner tout endroit douteux.
- **Le système à gouverner** : vérifiez le safran et les endroits où il est fixé pour voir s'il comporte des signes d'usure. Si vous avez une barre à roue, vérifiez la pièce autour de l'axe du safran qui le relie aux câbles de la roue, ainsi que les câbles du système.
- **L'arbre de l'hélice et la structure qui le supporte (si vous avez un moteur inboard)**

La plupart des dériveurs et des quillards hivernent au sec (on les garde hors de l'eau quand ils ne naviguent pas) et sont heureux de reposer sur leur support en gel coat d'origine. Si votre bateau vit dans l'eau, il comporte probablement déjà une couche de peinture de protection spéciale, empêchant la prolifération des anatifes (coquillages) ou des algues gluantes. Si vous envisagez de passer une nouvelle couche de peinture de protection, renseignez-vous sur les restrictions en vigueur dans les parages. Certains types de ces peintures toxiques sont interdits, notamment sur des lacs d'eau douce et propre.

Lorsque vous choisissez une peinture de protection, tenez compte des informations données par le fabricant. Certains types de peinture marchent mieux conviennent mieux dans certaines situations.

Moteur

Au fait, cet ouvrage n'est-il pas consacré à la voile ? Oui, mais la plupart des quillards au-dessus de 8 mètres ont un moteur, bien pratique pour accoster dans les endroits étroits, dans les situations dangereuses, ou même – Dieu vous en préserve, lorsque le vent meurt.

Utilisation du moteur

Comme nous n'avons pas évoqué jusqu'ici le fonctionnement des moteurs, c'est le bon endroit pour combler cette lacune. Pour commencer, lisez le manuel de l'utilisateur ; c'est la meilleures source d'information sur l'utilisation de l'appareil. Voici quelques règles générales d'utilisation valables pour tous les types de moteur :

- **Ne comptez pas sur la marche arrière** : nous avons parlé de la manœuvre d'un bateau au moteur lors d'un accostage au Chapitre 6. Rappelez-vous simplement que l'effet de la marche arrière, si le bateau avance sur son erre à une vitesse significative, est ridiculement faible, et que par conséquent vous ne pouvez pas compter sur un coup de moteur en marche arrière pour stopper le bateau.
- **Regardez où passe l'eau** : la plupart des moteurs inboard ont des trous pour le refroidissement par eau et l'échappement des gaz, ou des tuyaux, que vous pouvez voir depuis le pont. Ils sont souvent placés dans le tableau. Lorsque vous démarrez le moteur, vérifiez que l'eau sort (en général un flux lent, avec des pulsations) ce qui vous confirme que le système de refroidissement marche comme il faut.

- **Ralentissez pour changer de vitesse** : dites voir, ce n'est pas une voiture de location. Réduisez les gaz au minimum avant de changer de vitesse.
- **Ventilez le bateau avant d'utiliser le moteur** : des gaz explosifs de toute nature peuvent s'accumuler dans la cale d'un bateau. Assurez-vous que la zone autour du moteur (qui peut chauffer et émettre des étincelles) est ventilée avant de démarrer. Si le bateau a un ventilateur dans le compartiment du moteur, faites-le tourner pendant au moins une minute. Veillez à ce que la cabine du bateau ait été ouverte pendant quelque temps, et vérifiez qu'il n'y a pas d'odeurs particulières venant du bas avant de lancer le moteur.
- **Vérifiez la température** : une température élevée vous signale un problème au niveau du système de refroidissement (c'est souvent un sac en plastique aspiré contre l'entrée d'eau). Evitez de faire tourner le moteur à plein gaz – ce qui peut provoquer une surchauffe. Vérifiez le compte-tours si vous en avez un, et maintenez le au niveau prévu pour que le moteur fonctionne sans danger, ou au-dessous. Si votre manuel d'utilisateur ne comporte pas cette indication, demandez conseil à un professionnel.

Entretien du moteur

Comme dans le cas de votre voiture, vous voulez probablement laisser les opérations majeures d'entretien (et peut-être aussi les opérations mineures) à un professionnel. L'entretien du moteur de votre bateau est très, très important. L'eau de mer, des sources de carburant pas toujours impeccables, et un fonctionnement à différents angles de gîte peuvent avoir des effets catastrophiques sur les meilleurs moteurs. Voici quelques points importants à ne pas oublier :

- **Changez l'huile**. Faites-le régulièrement ; c'est le sang de votre moteur. Vérifiez régulièrement le niveau d'huile.
- **Vérifiez les filtres**. Vous devez avoir un filtre à carburant adéquat, ainsi qu'un séparateur d'eau et de sédiments dans le système d'alimentation du moteur – vérifiez et nettoyez-le régulièrement.
- **Faites des rinçages pour enlever ce sel**. Le sel corrode le métal. Vous pouvez rincer à l'eau douce le système de refroidissement, au moyen d'un dispositif spécial qui s'attache sur un tuyau d'arrosage. Rincez les parties extérieures du moteur à l'eau douce.
- **Emmenez des pièces de rechange**. Si vous prévoyez un déplacement assez long, vous devez avoir certaines pièces de rechange courantes et savoir comment les installer. Demandez au mécanicien qui s'occupe du moteur de vous donner une bonne liste et des instructions.

Quitter le bateau

Lorsque la voile est terminée et qu'il est temps de rentrer à la maison, vous devez faire en sorte que votre bateau ne souffre pas et soit en sécurité pendant votre absence.

Court terme

Si vous devez revenir au bateau dans les quelques jours qui suivent, ou même dans le courant du mois, les quelques conseils suivants vous permettront de trouver votre bateau prêt à repartir lorsque vous déciderez la prochaine sortie :

- **Minimisez l'infiltration d'eau** : les dériveurs peuvent être rangés sens dessus dessous si vous enlevez le mât. Si vous laissez le mât en place, essayez d'incliner le bateau pour que l'eau de pluie s'écoule rapidement. De nombreux bateaux ont des ouvertures de drainage prévues à cet effet. La plupart des cockpits des quillards se drainent automatiquement, mais assurez-vous que tous les panneaux et toutes les ouvertures sont bien fermés. Une bâche passant par-dessus la bôme et fixée sur les bords peut aussi contribuer à empêcher la pluie de pénétrer.
- **Ne défoncez pas la coque, s'il vous plaît** : faites attention lorsque vous rangez votre dériveur à terre. S'il est rangé avec le mât en place, veillez à ce que la coque soit supportée en plusieurs points, pas en un seul point auquel la coque pourrait s'enfoncer et s'affaiblir. S'il est rangé sens dessus dessous, regardez à quel endroit le pont est le plus solide – souvent exactement au niveau de l'étrave, près des cadènes, ou au niveau du tableau.
- **Protégez-le du soleil** : rangez tout ce que vous pourrez (cordages, poulies, voiles) à l'abri des rayons du soleil.
- **Protégez votre gréement contre le vent** : vous savez comment fixer la coque, mais pensez aussi à tout ce qui pourrait se détacher un jour de grand vent et s'envoler (comme n'importe quelle voile, y compris un foc à enrouleur et des drisses, pouvant faire un bruit infernal).
- **Assurez la coque** : si le bateau est rangé à terre, il doit être attaché de façon sûre. Si votre bateau vit sur l'eau, vérifiez bien les amarres ou les lignes de mouillage. Au Chapitre 6 et 9, nous expliquons la meilleure façon d'amarrer un bateau à quai.

Long terme

Si vous devez quitter votre bateau pendant plus d'un mois, vous devez faire d'autres efforts pour qu'il continue d'être heureux :

- **Couvrez-le** : chaque fois que c'est possible, couvrez votre équipement pour le protéger de la pluie, du soleil, et de la saleté.
- **Moteur** : demandez à votre mécanicien s'il y a quelque chose à faire et quoi, par exemple pour empêcher la formation de glace dans le bloc moteur. Déconnectez les cosses de la batterie.
- **Fluides** : videz les réservoirs d'eau et d'essence et remplissez complètement les réservoirs de gazole.
- **Garage à bateau** : la plupart des grands quillards sont conduits à un garage à bateau, nettoyés (tout particulièrement au-dessous de la flottaison), dégréés, et couverts de bâches de protection pour l'hiver. Veillez à ce que le bateau repose sur un support adéquat et est bien attaché.
- **Lubrification** : envisagez de lubrifier toutes les parties mobiles, y compris certaines parties du mât, pour limiter les conséquences de l'inactivité.
- **Moisissure** : si vous vivez sous un climat humide et si vous voulez ranger votre bateau sous des bâches, il sera là-dessous un peu comme dans une culture de moisissures. Emmenez et ranger chez vous tout ce qui pourrait en souffrir.
- **Voiles** : c'est le moment où jamais de prendre le temps et de faire l'effort de rouler les voiles – si vous avez un endroit pour les ranger. Vous pouvez aussi demander à votre voilier de vérifier vos voiles dans son atelier.

Sixième partie

La partie des Dix

Dans cette partie…

Vous voici parvenu au terme de cette excursion dans le monde envoûtant de la voile. Nous espérons vous avoir fait partager notre passion, mais nous souhaitons aussi vous voir acquérir peu à peu les solides compétences qui vous permettront d’éprouver les joies intenses de ce sport, sans jamais en négliger les dangers.

Les informations regroupées dans cette sixième et dernière partie satisferont votre curiosité grâce à quelques informations rapides et précises. Vous découvrirez dix trucs à connaître absolument avant d'acheter un bateau et dix nœuds que tout voileux qui se respecte doit savoir faire.

Chapitre 20

Dix trucs à connaître avant d'acheter un bateau

Il y avait évidemment de grandes différences entre tous ces bateaux. Pendant très longtemps j'ai navigué sur un bateau qui était si lent, que nous ne savions plus en quelle année nous avions quitté le port. Mais bien sûr, ce n'était pas toujours ainsi.

– Mark Twain, *Vie sur le Mississippi*

Voulez-vous vraiment acheter un bateau ? Ceci nous rappelle un excellent cartoon de Walt Disney dans lequel Goofy passe chaque jour devant un magasin de bateau en revenant de son travail. Un jour, alors qu'il rêve de bateau, il rentre dans le magasin et achète un bateau, sans poser aucune question. Dans un état de transe, il accroche le bateau sur une remorque derrière sa voiture et part pour le lac. Comme tous les cartoons, celui-ci finit bien, et nous voudrions que l'achat de votre bateau se termine bien lui aussi. Il est facile de commencer à regarder des bateaux et de tomber en transe en rêvant que l'on part à la voile. C'est pourquoi nous vous indiquons les questions que vous devez poser (au vendeur comme à vous-même), pour trouver un bateau qui réponde à vos besoins.

Chaque année, des expositions de bateaux se tiennent dans le monde entier pour attirer les acheteurs potentiels. Les bateaux sont propres et ils brillent, et les brochures sur papier glacé vous font saliver. Certaines expositions, parmi les meilleures, ont lieu pendant les mois d'hiver, alors que tout le monde rêve à la joie des mois d'été passés sur l'eau.

Si la voile est pour vous une nouveauté, l'achat d'un bateau peut être intimidant. Ce chapitre peut vous aider à rassembler les informations grâce auxquelles vous pourrez prendre cette grande décision. A bien des égards, acheter un bateau représente une décision encore plus importante que l'achat d'une maison. Au fait, si votre maison brûle, vous pourrez toujours dormir dans votre bateau. (Tous les membres de votre famille ne seront pas forcément d'accord avec cette remarque.) Les prix d'un dériveur neuf de 4 mètres commencent aux environs de 2 000 euros, tandis que les prix d'un quillard de 8 mètres commencent aux environs de 13 000 euros.

Si vous êtes branché sur Internet, consultez le guide de l'acheteur de voilier du magazine Sail (http://207.149.72.198) ou le site du Starboard Tack Sailboat Trader (http://www.starboardtack.com).

À quoi utiliserez-vous le bateau ?

Prévoyez-vous de faire des sorties d'une journée ou des voyages en croisières assez longues ? Voulez-vous commencer à participer à des courses ? Avez-vous besoin de recevoir votre patron ou d'autres amis ? Aimez-vous les efforts sportifs, ou êtes-vous plutôt du genre marin père tranquille ?

Où utiliserez-vous le bateau ?

Naviguerez-vous dans des eaux protégées ou en pleine mer ? Quels sont les vents les plus forts et les mers les plus agitées auxquels vous vous attendez au cours de vos sorties ? Différents bateaux conviennent plus ou moins bien à différentes régions. En Californie du Sud, par exemple, une zone de croisière très prisée comprenant les Channel Islands et l'île Catalina, se trouve à 20 milles de Los Angeles. Comme pour rejoindre l'île Catalina vous devez naviguer en plein océan, il vous faut un bateau plus grand et mieux équipé que si vous restez à proximité des côtes.

Une autre question est, « Quelle est la profondeur ? » Certains fabricants proposent deux modèles de bateaux de croisière – un à faible tirant d'eau, très apprécié dans les régions à hauts-fonds, et un autre, standard, avec un tirant d'eau plus important.

Alors que j'enseignais la voile un été à Nantucket, j'ai eu la chance de pouvoir faire des sorties d'une journée sur un Beetle Cat pendant mes jours de congé. Grâce à son faible tirant d'eau et à sa dérive, le Beetle Cat convenait parfaitement pour les bancs de sables autour de Nantucket. L'une de mes sorties favorites consistait à sortir du port, à aller pêcher des palourdes tout l'après-midi, et de rentrer avec mes palourdes pour le festin.

Où allez-vous garder le bateau ?

Y a-t-il un endroit d'où vous pouvez lancer le bateau, de sorte que vous pouvez le placer sur une remorque ou sur le toit d'une voiture et le laisser chez vous ? Avez-vous accès à un endroit où vous pouvez le laisser dans l'eau, tel qu'une marina ou un yacht club ? Renseignez-vous avant d'acheter pour savoir si des emplacements sont disponibles dans votre région.

Qui allez-vous emmener ?

Certains dériveurs, et même certains petits quillards, peuvent être commodément manœuvrés par une seule personne. D'autres bateaux peuvent être manœuvrés par une ou deux personnes mais peuvent facilement emmener d'autres occupants, inexpérimentés. Certains dériveurs ou quillards à haute performance ont besoin d'équipages experts et peuvent ne pas avoir de place pour des invités supplémentaires.

CONSEIL

Rassembler un nombre suffisant de marins expérimentés pour chacune de vos sorties en mer peut être un casse-tête. Faites la liste des membres potentiels de votre équipage et assurez-vous que vous n'aurez pas besoin de chacun d'eux pour quitter le quai. (Vous pourriez constater que certains de vos équipiers ont d'autres obligations de temps à autre.)

Combien pouvez-vous vous permettre de dépenser ?

Certes, vous lisez de temps en temps dans la presse du dimanche des histoires sur la vente aux enchères d'un méga-yacht appartenant à magnat de l'immobilier dont les affaires ont mal tourné. Lorsque vous calculez ce que vous pouvez dépenser, n'oubliez pas de prévoir un budget de fonctionnement réaliste, y compris l'argent nécessaire à l'achat d'équipement de renouvellement. Pour un dériveur, ce cordage que vous devez remplacer ne coûtera peut-être que quelques dizaines d'euros, mais le même élément pourra vous coûter dix fois plus dans le cas d'un quillard. Appelez des marinas pour vous renseigner sur le prix d'un emplacement, et demandez au chantier de bateaux voisin de vous faire une proposition couvrant tous les frais entraînés par un carénage et une maintenance annuelle. En première approximation, plus le bateau est grand et actif, plus les frais de fonctionnement sont élevés.

Votre style de vie implique-t-il une « maintenance de luxe » ? Si c'est le cas, vous pouvez envisager un bateau traditionnel en bois ou un bateau de course ayant besoin de nouvelles voiles après chaque grande régate. Maintenir en parfait état une vieille goélette en bois, c'est un peu comme l'entretien de la Tour Eiffel – quand vous avez fini de la peindre, il est temps de la repeindre. Cependant, de nombreux bateaux modernes n'ont besoin que de très peu d'entretien annuel. Consultez le Chapitre 19 au sujet de l'entretien que nécessite un bateau typique.

Où devez-vous acheter votre bateau ?

La plupart des bateaux sont vendus par des marchands de bateaux, un peu comme les voitures, mais certains fabricants vendent leurs produits directement aux utilisateurs. Les dériveurs et les petits quillards d'occasion sont généralement vendus par leurs propriétaires. Consultez les tableaux d'affichage des marinas et les pages d'annonces des périodiques consacrés à la plaisance. Les courtiers en bateaux ne s'impliquent généralement que dans les transactions relatives à des bateaux d'occasion importants. Leurs honoraires sont payés par le vendeur, et ils peuvent vous aider à traiter différents aspects de l'opération, notamment le financement, un peu comme un agent immobilier.

En avez-vous pour votre argent ?

Il peut être important d'acheter un bateau qui conservera une bonne valeur de revente, surtout si c'est votre premier bateau. Vous devez à cet égard prendre en compte les goûts de votre marché local. Par exemple, un bateau traditionnel en bois a plus de valeur sur la Côte Nord-Est des Etats-Unis que dans les Caraïbes. Essayez de penser à l'avenir : à mesure que vous progresserez, vos goûts en matière de bateau peuvent changer, et un achat précipité aujourd'hui peut ne plus convenir demain. Les bateaux neufs sont un peu comme les voitures neuves – ils peuvent perdre une bonne partie de leur valeur au moment où vous partez avec. Veillez à obtenir un inventaire complet de tout ce qui est fourni avec le bateau, pour être sûr que ce sondeur ultramoderne sera effectivement installé quand vous aurez réglé la facture.

Quel est l'état de navigabilité du bateau ?

Un examen payant est la meilleure façon de déterminer la navigabilité du bateau, ce qui implique sa sortie de l'eau et son inspection. Un spécialiste vous fournira un rapport officiel détaillé sur sa navigabilité. Une telle opération convient surtout lors de l'achat d'un quillard. Dans le cas d'un dériveur, vous pouvez avoir à vous contenter de vos propres dons d'observation. Demandez aussi au vendeur un historique de l'entretien du bateau. Un « essai en mer » un jour de bonne brise (l'équivalent marin de l'essai d'une voiture) peut aussi vous aider à déterminer la navigabilité du bateau.

Quel équipement vous faut-il ?

La lecture de ce livre peut vous donner une idée de l'équipement à prévoir sur votre bateau. Comme pour tout le reste, les conditions locales et le type de navigation envisagé sont à prendre en considération. Voyez d'autres bateaux de la marina locale ou demandez à des marins du coin ce qu'ils recommandent comme équipement. Par exemple, à San Diego, où le vent dépasse rarement 12 nœuds, vous n'aurez probablement jamais besoin d'un petit foc qui sert par grand vent, mais si vous devez naviguer dans la baie de San Francisco, ce sera la voile dont vous vous servirez tout le temps.

Quel est ce type de bateau ?

Reconnaissez-le – vous regardez les autres voitures sur la route pour en trouver une que vous aimeriez avoir. C'est la même chose pour les bateaux. Un de ces jours, vous verrez passer un bateau absolument parfait, mais comment savoir de quel bateau il s'agit ? De nombreux bateaux ont une marque sur leur grand-voile indiquant leur type. Parfois cette marque est le logo d'une classe, et d'autres fois c'est le logo du fabricant. Certains bateaux comportent un dessin stylisé (comme le Laser ou le Thistle) que vous devez connaître pour pouvoir les identifier, tandis que d'autres logos sont évidents même pour les non-initiés (505, Melges 24).

Chapitre 21

Dix nœuds connus de tous les voileux

Nul autre qu'un acrobate ou un marin n'aurait pu grimper le long de la corde de la cloche depuis la base, et nul autre qu'un marin n'aurait pu faire les nœuds par lesquels la corde était attachée à la chaise.

– Sir Arthur Conan Doyle

Cette annexe passe en revue les nœuds utilisés de façon classique sur un voilier. Sur la plupart des bateaux, vous trouverez quelque part un nœud de chaise, un nœud en huit, et peut-être quelques demi-clés. A l'aide d'une longueur de corde de deux mètres, vous pouvez vous entraîner à faire ces nœuds chez vous et les maîtriser rapidement. (Si vous avez besoin de tourner un cordage sur un taquet, voyez le Chapitre 4.)

Nœud simple

Un *nœud simple* est le nœud de base que vous utilisez pour attacher vos chaussures, et comme vous le verrez dans les sections suivantes, c'est la première étape de nombreux nœuds marins. Si votre maman ne vous a fait porter que des chaussures avec des fermetures en Velcro et si vous ne savez pas faire un nœud simple, regardez la Figure B.1 pour apprendre à lacer vos chaussures. (Peut-être aurez-vous besoin d'acheter *Comment s'habiller pour les nuls* dès qu'il sera sorti.)

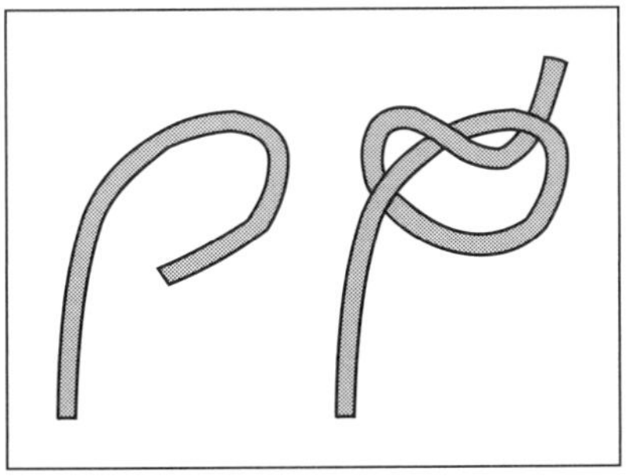

Figure B.1 : Le nœud simple.

Nœud en huit

Le *nœud en huit* est facile, mais il est amusant à faire et il peut vous éviter bien des ennuis. Lorsque vous êtes assis dans le bateau, parcourez les drisses ou les écoutes du regard du début à la fin. La « fin » est probablement tournée sur un taquet. Sur les bateaux plus petits, toutes ces *manœuvres courantes* doivent avoir des nœuds en huit, comme celui de la Figure B.2, à leur extrémité, pour les empêcher de sortir des filoirs et des poulies par lesquelles elles passent. Vous pouvez nous croire, lorsqu'un cordage sort de son chemin normal, c'est un vrai problème, surtout s'il s'agit d'une drisse !

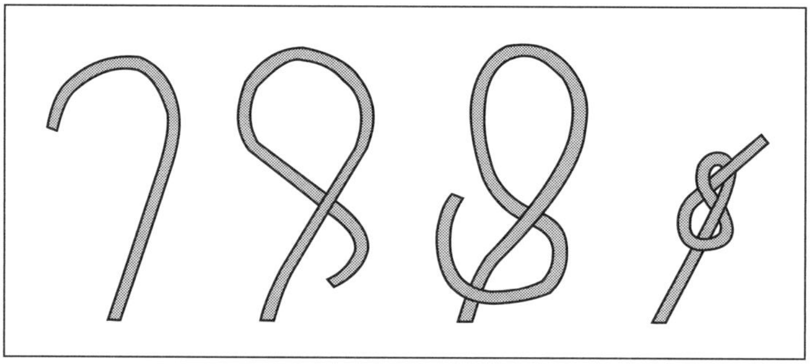

Figure B.2 : Le nœud en huit.

Notez que du fait des charges plus importantes sur les bateaux plus gros, vous ne devez pas faire de nœuds en huit à l'extrémité des écoutes de spi, parce que vous pouvez avoir besoin de laisser filer complètement l'écoute à travers les poulies en cas de danger.

La raison pour laquelle on fait un nœud en huit au lieu d'un nœud simple est que le nœud en huit est plus facile à défaire sous tension (une caractéristique de la plupart des bons nœuds marins) ; un nœud simple peut être très serré. En outre, le nœud en huit est plus gros et de ce fait risque moins de glisser autour d'un taquet ou de passer à travers une poulie.

Voici comment faire un nœud en huit :

1. **Faites une boucle au bout du cordage.**
2. **Passez l'extrémité au-dessous, au-dessus, puis à travers la boucle, pour obtenir un nœud qui ressemble à un huit.**

Nœud de chaise

Le *nœud de chaise* est un très beau nœud, et on peut l'appeler le nœud principal pour la voile – facile à faire, facile à défaire, et pratique un peu partout sur le bateau. Il forme une boucle (de la taille que vous voulez) à l'extrémité du cordage et on s'en sert habituellement pour attacher les écoutes de foc à la voile. Sur beaucoup de dériveurs, vous utilisez un nœud de chaise pour attacher la drisse à la voile.

La meilleure façon de se rappeler comment faire un nœud de chaise est celle utilisée pour les enfants – en imaginant un lapin qui sort de son terrier, comme sur la Figure B.3.

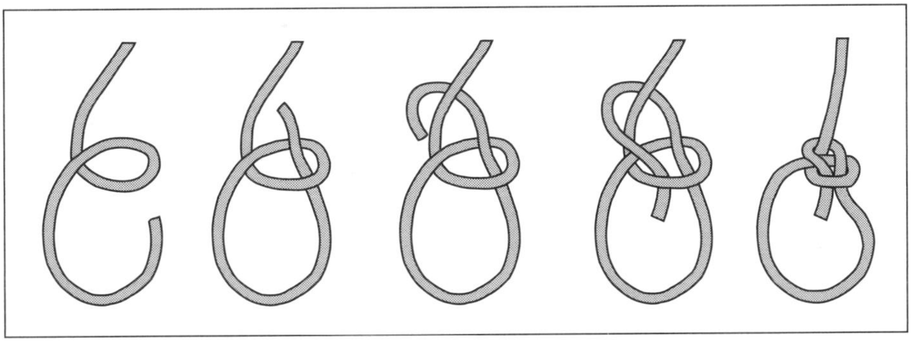

Figure B.3 : Un nœud de chaise.

Voici comment faire et défaire un nœud de chaise :

1. **Faites une boucle représentant le terrier du lapin.**
2. **Le lapin sort du terrier, passe derrière l'arbre.**
3. **Le lapin redescend dans le terrier.**
4. **Tirez sur chacune des trois extrémités pour serrer le nœud.**

Pour défaire un nœud de chaise, tirez sur la partie formée quand le lapin « passe derrière l'arbre » et le nœud se desserre facilement.

Nœud plat

Le *nœud plat* est un nœud que vous pouvez avoir pratiqué chez les scouts. C'est seulement deux nœuds simples, le premier étant noué droite par-dessus gauche, et l'autre gauche par-dessus droite (ou vice versa), comme sur la Figure B.4. (En faisant les deux nœuds simples dans le même sens, on obtient un *nœud de vache*.)

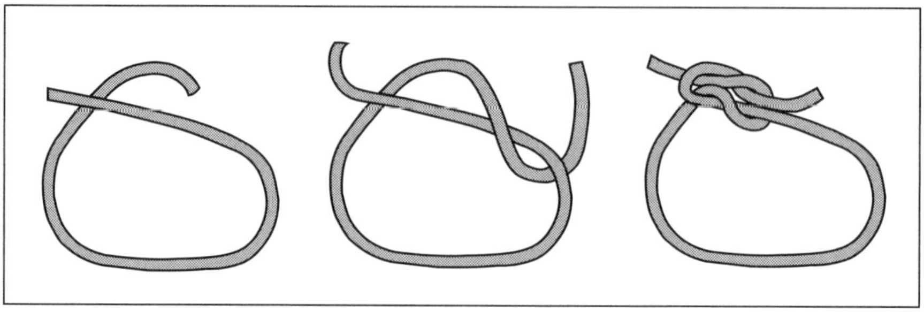

Figure B.4 : Le nœud plat.

Faites un nœud plat de la façon suivante :

1. **Faites un nœud simple (le premier nœud que vous faites en attachant vos chaussures).**
2. **Le deuxième nœud simple doit être fait dans le sens opposé.**

   Si vous avez placé la partie gauche par-dessus la partie droite pour le premier nœud, placez la partie droite par-dessus la gauche pour le second nœud.

Votre nœud est correct si les portions terminales du cordage sont parallèles au parties dormantes – et si le nœud forme ainsi deux boucles symétriques. Utilisez un nœud plat pour relier ensemble deux longueurs de cordage du même type.

Nœud de ris

Le *nœud de ris* est une sorte de version temporaire du nœud droit. Il est très utile pour des tâches comportant une tension faible, à caractère esthétique, comme pour ferler une voile repliée sur la bôme. Le nœud de ris n'est rien d'autre que le nœud que vous faites pour attacher vos chaussures.

Deux demi-clés

Les *deux demi-clés* sont en réalité deux nœuds simples noués autour de la partie dormante d'un cordage. Ce nœud rapide a de nombreuses utilisations temporaires, y compris d'attacher une remorque autour du mât d'un dériveur pour le remorquer rapidement. Les deux demi-clés servent aussi à attacher temporairement un cordage sur un winch ou un autre objet fixe. Si le cordage doit être sous tension, ajoutez le frottement supplémentaire d'un ou deux tours autour de l'objet avant de faire les demi-clés (d'où l'expression *tour mort et deux demi-clés*). Vous pourrez ainsi dénouer le cordage facilement, même s'il a été tendu au maximum. Le tour mort et deux demi-clés est présenté sur la Figure B.5.

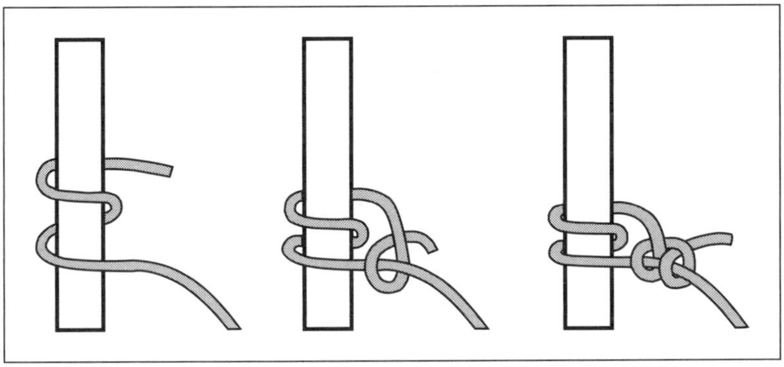

Figure B.5 : Tour mort et deux demi-clés.

Voici comment faire un tour mort et deux demi-clés :

1. **Faites deux tours autour du mât ou de l'objet pour pouvoir tenir le cordage confortablement dans la main.**
2. **Nouez deux demi-clés (deux nœuds simples) autour de la partie dormante du cordage.**

Le tour mort et deux demi-clés est à mon avis le nœud le plus sous-estimé. C'est le nœud le plus pratique qui soit ; il est d'une utilité fantastique partout sur un bateau. Celle de ses qualités qui me plaît le mieux est la facilité avec laquelle on peut le faire, même dans les situations où il faut vite fixer ce cordage maintenant !

Nœud de cabestan

Le *nœud de cabestan*, un proche cousin des deux demi-clés, doit être noué *autour* de quelque chose, par exemple une filière ou un piquet. C'est un nœud rapide pour attacher des défenses, attacher des amarres à un piquet, et tout ce qui est utilisé à titre temporaire. La première boucle vous permet de tenir le cordage en place, et vous pouvez ensuite faire la seconde boucle par sécurité. Contrairement au tour mort et deux demi-clés, le nœud de cabestan peut être très difficile à défaire sous tension. Voyez les étapes de sa réalisation sur la Figure B.6.

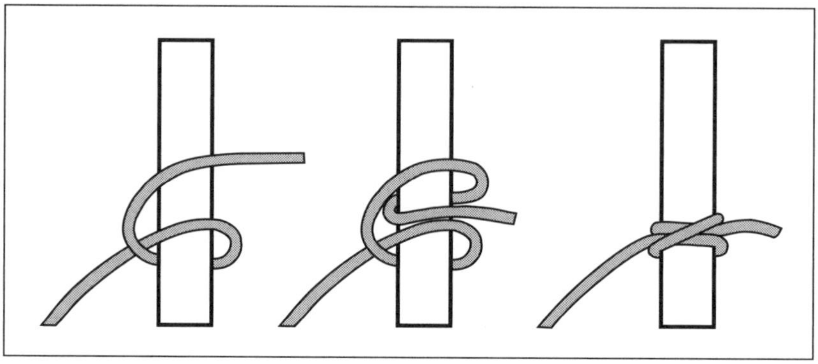

Figure B.6 : Le nœud de cabestan

Voici comment faire un nœud de cabestan :

1. **Faites une boucle autour du poteau ou d'un autre objet.**
2. **Faites une autre boucle en passant par-dessus la première.**
3. **Placez l'extrémité libre sous la seconde boucle.**
4. **Tirez sur les deux extrémités pour serrer.**

Nœud de grappin

Le *nœud de grappin* n'est pas un nœud courant, parce que d'autres nœuds, tels que le nœud de chaise et le tour mort avec deux demi-clés peuvent aussi faire son travail. Ce nœud a moins de chances de se desserrer que le nœud de chaise mais il est plus difficile à défaire, ce qui en fait un bon nœud si vous voulez qu'il reste en place longtemps. Le nœud de grappin est souvent utilisé pour attacher une ancre à une aussière. Il est présenté sur la Figure B.7.

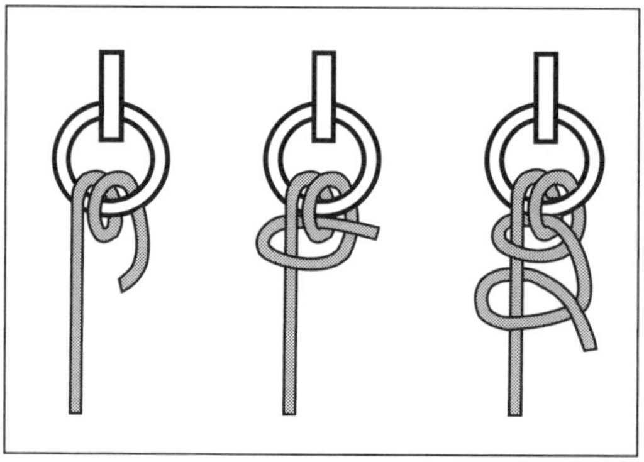

Figure B.7 : Le nœud de grappin.

Voici comment faire un nœud de grappin :

1. **Faites deux boucles autour de la manille ou de la chaîne d'ancre.**
2. **Passez l'extrémité du cordage à travers les deux boucles et tirez.**
3. **Ajoutez une autre demi-clé par sécurité.**

Deux demi-clés à capeler

C'est un nœud formidable à usages multiples, qui fait beaucoup d'effet parce que vous pouvez vous en servir pour vous sortir d'une difficulté. On peut s'en servir pour attacher un cordage à un autre. Il tient tellement bien que vous pouvez l'utiliser pour reprendre la tension à l'extrémité d'un autre cordage dans une situation d'urgence, comme lorsque des tours mordent sur la poupée d'un winch, bloquant la manœuvre concernée (voir Chapitre 6). En regardant attentivement la Figure B.8, vous verrez qu'une demi-clé à capeler est un nœud de cabestan avec un ou deux tours supplémentaires.

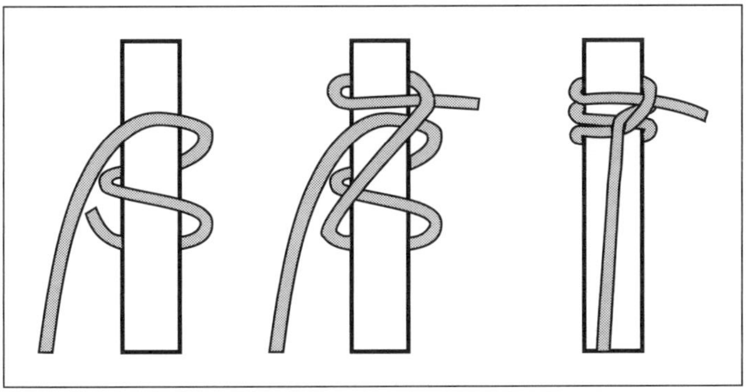

Figure B.8 : La demi-clé à capeler.

Voici comment faire une demi-clé à capeler :

1. **Faites deux boucles autour du cordage ou de l'autre objet à attacher.**
2. **Passez l'extrémité libre par-dessus les deux boucles et faites une troisième boucle.**
3. **Passez l'extrémité libre sous la troisième boucle et serrez.**

CONSEIL

Enroulez toujours des deux premières boucles d'une demi-clé à capeler du côté le plus proche de la direction dans laquelle vous allez tirer. Par exemple, si vous attachez un cordage à une drisse qui descend du mât, faites d'abord des tours en bas, parce que vous allez tirer vers le bas. La troisième boucle (la « demi-clé » qui en fait un véritable nœud) s'enroule au-dessus des deux premières.

Nœud de camionneur

Nous avons longtemps montré aux enfants dans différents cours de voile une vieille séquence vidéo dans laquelle on voyait un dériveur de 4 mètres s'envoler du toit d'une voiture et glisser dans un fossé. Curieusement, la musique et l'humour du commentateur rendait cette scène désopilante, mais si votre bateau s'envole de *votre* voiture, vous ne trouverez pas cela drôle. Attacher correctement un bateau sur une voiture ou sur une remorque est un art difficile, mais le *nœud de camionneur* (qui combine un système de palan avec un nœud) rend cette tâche beaucoup plus facile. Vous pouvez en voir l'illustration sur la Figure B.9.

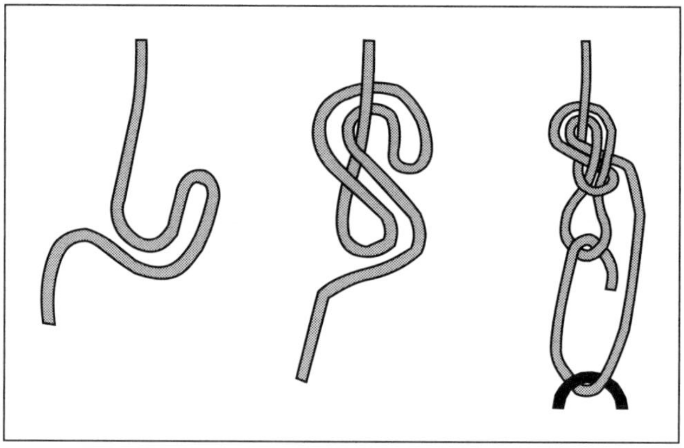

Figure B.9 : Le nœud de camionneur.

Voici les étapes de réalisation du nœud de camionneur :

1. **Faites une boucle à environ un mètre de l'extrémité du cordage.**
2. **Faites un nœud simple avec la boucle et serrez-le, de manière telle que la boucle soit assez grande pour y faire passer le cordage.**
3. **Passez l'extrémité du cordage autour de la galerie de votre voiture ou d'une barre de votre remorque.**
4. **Repassez le cordage dans la boucle du nœud de camionneur et tirez.**

   Vous avez réalisé un palan rapide à deux brins. Vous pouvez fixer le cordage avec deux demi-clés.

À chaque fois que j'ai installé mon dériveur olympique pour l'emmener en voiture le long de la côte ou jusqu'à la Floride, Peter a fait le tour du bateau et attaché de nouveau chaque cordage avant mon départ. Son nœud favori pour attacher un bateau sur un toit de voiture (ou une remorque) est le nœud de camionneur.

Sachant comment faire ces nœuds (surtout le nœud de chaise et le tour mort et deux demi-clés) et les utiliser correctement peut vous faire gagner beaucoup de temps et augmentera votre sécurité à bord. Maîtrisez-les, et vous serez bien parti pour devenir un « vrai marin ».

Annexe A

Premiers secours en mer

Dans ce nid d'orties, le danger, nous cueillons cette fleur, la sécurité.

– William Shakespeare

Le but de cette annexe est de vous donner une idée des maladies ou accidents les plus fréquents à bord d'un bateau, et de leurs remèdes de base. À l'évidence, tout peut arriver lorsque vous êtes en mer, et vous pouvez avoir à faire face à une immense variété de problèmes médicaux, depuis le coup de soleil jusqu'à la mise au monde d'un enfant. Cette annexe donne quelques conseils sur ce qu'il faut faire avant d'embarquer, et traite des problèmes les plus fréquents à bord, y compris l'hypothermie, le mal de mer, et les coups de soleil.

Avant d'embarquer

Nous l'avons dit ailleurs dans ce livre, mais on peut le redire : vous, et tous ceux que vous prévoyez d'emmener avec vous sur l'eau, devez savoir nager. Voyez le Chapitre 18 au sujet du choix d'une école de natation pour vos enfants.

Nous vous recommandons aussi fortement de connaître les procédures de réanimation cardiaque, indépendamment de vos projets de navigation. Si vous êtes en mer, le personnel spécialisé mettra beaucoup plus de temps à venir à votre secours en cas de besoin, et les procédures de réanimation cardiaque permettent de maintenir une personne en vie en attendant les secours spécialisés. L'enseignement de ces procédures débordent du cadre de cet ouvrage, mais vous pouvez les apprendre en quelques heures dans un centre de la Croix Rouge.

CONSEIL

N'oubliez pas de demander à la personne qui vous initie à ces procédures de vous montrer comment les utiliser en cas de noyade.

En outre, il est fortement recommandé d'emporter un manuel sur les premiers soins, ainsi qu'une boîte de secours.

Emportez un manuel sur les premiers soins

Même si vous n'envisagez pas une croisière de longue durée, il est raisonnable de faire l'acquisition d'un bon manuel sur les premiers soins. Vous pouvez demander conseil à ce sujet à votre médecin ou regardez les ouvrages disponibles chez votre libraire ou votre shipchandler, mais nous croyons utile de reproduire ici intégralement la partie de la bibliographie du « Nouveau cours des Glénans » consacrée à ce sujet important :

Soins à bord

- Chauve Jean-Yves, *La Médecine du bord*. Guide pratique, Arthaud, 1978.
- *Guide médical de bord pour les navires de la Marine marchande sans médecin*, Imprimerie nationale.
- Justins Douglas et Colin Berry, *Premiers Soins en mer*, Pen Duick, 1993.
- Organisation mondiale de la santé, Guide médical international de bord, Ed. de l'OMS, 1989.
- Pire Jean-Claude et Carolet Carole, *Secourisme en mer*, Vagnon 1993.
- Tibika Bernard, *Manuel de secourisme nautique*, Masson 1983.

Emportez une boîte de secours

Pour toute sortie, même courte, emportez une bonne quantité de nourriture et d'eau potable, un bon livre sur les premiers secours (voir la liste des ouvrages recommandés dans la section précédente), et une boîte de secours bien garnie si votre bateau dispose de suffisamment de place. Il est important également d'emporter de la glace, et nous vous recommandons également ces produits perfectionnés qui se transforment en compresses froides quand vous les pressez ou quand vous les secouez.

Rangez votre boîte de secours dans un compartiment sec et étanche avec une liste du contenu collé sur la boîte pour faciliter son utilisation. Cette boîte doit contenir les articles listés sur le Tableau A.1.

Tableau A.1 : Ce qu'il faut mettre dans la boîte de secours

Compresses stériles non adhésives*	Paquets de gaze hydrophile*
Plusieurs sortes de bandes (adhésives et élastiques)*	Coton hydrophile*
Pansements hydrogel et/ou moleskine (pour les ampoules ouvertes et les brûlures)	Agrafes pour rapprocher les lèvres d'une plaie sur la peau

Solution antiseptique (pour nettoyer les blessures)	Pommade antibiotique (pour réduire l'infection sur les coupures et brûlures et favoriser la guérison)
Seringue pour nettoyage des plaies	Ciseaux (pour couper les pansements)
Epingles à nourrice	Seringue et aiguille jetables
Pince pour enlever les échardes	Thermomètre médical
Suppositoires pour stopper les vomissements	Pilules contre le mal de mer (et/ou remèdes injectables ou sous forme de suppositoires)
Pilules ou liquide contre l'acidité stomacale	Médicaments contre la douleur
Laxatifs	Remèdes contre les diarrhées
Gouttes pour le nettoyage des yeux	Pilules contre les allergies
Pommade à l'hydrocortisone 1 %	Lotion contre les irritations
Attelles	Crème solaire
Aloe vera	Pommade/poudre pour les pieds
Compresses à froid instantané	Lotion pour les piqûres d'insecte
Lampe de poche	Bouillotte(s)

** à conserver dans des boîtes étanches*

Avant de partir, familiarisez-vous avec ces divers articles et revoyez dans votre manuel sur les premiers soins la façon de traiter les brûlures, les coupures, les saignements, et les blessures à la tête.

CONSEIL

Encore un point : si l'une des personnes à bord a besoin d'un médicament pour le traitement d'une affection chronique, vous devez absolument emporter ce médicament. Un vent capricieux peut toujours transformer une sortie de trois heures en une aventure qui se termine tard dans la nuit, et vous devez en tenir compte !

Surmonter l'hypothermie

Nous avons évoqué le risque de perte de chaleur du corps au Chapitre 7. C'est ce qu'on appelle l'*hypothermie*. La température de votre corps baisse 25 fois plus vite dans l'eau froide que dans de l'air à la même température, et par conséquent l'hypothermie affecte très souvent des personnes qui tombent par-dessus bord, mais elle peut aussi affecter des personnes sur le pont naviguant par temps froid, surtout la nuit. Les symptômes de l'hypothermie commencent par un défaut de circulation aux extrémités – les doigts de la main et des pieds. A mesure que votre tête se refroidit, vos réactions mentales et physiques deviennent plus lentes, vous pouvez avoir du mal à vous exprimer et être désorienté. Les tremblements sont une tentative du corps pour se réchauffer, et l'hypothermie est encore plus dangereuses quand on ne tremble plus. Au stade le plus avancé, l'hypothermie peut entraîner la perte de conscience, l'arrêt cardiaque, et la mort. Comme nous l'avons signalé au Chapitre 7, les Coast Guards ont une règle 50-50-50 sur l'hypothermie : si une personne est restée 50 minutes dans de l'eau à 50 degrés F (10 degrés C), ses chances de survie sont de 50 pour cent.

Les victimes de l'hypothermie doivent être réchauffées *progressivement*, et vous devez réchauffer d'abord la région centrale (près du cœur) :

1. **Débarrassez la victime de ses vêtements mouillés.**
2. **Placez la victime dans un sac de couchage avec des couvertures chaudes.**
3. **Placez des compresses chaudes au milieu de la poitrine de la victime pour élever la température de son corps au niveau du cœur ou faites entrer un équipier (ou deux) dans le sac de couchage pour la réchauffer avec la chaleur de leur corps.**

   Cette approche visant à réchauffer la victime peut vous paraître bizarre, mais elle peut sauver une vie.
4. **Utilisez la réanimation cardiaque si la victime est inconsciente et sans pulsations.**
5. **Quand la victime reprend conscience, donnez-lui des boissons chaudes ou tièdes (pas trop chaudes) et des aliments à haute énergie.**

   Évitez de lui donner de la caféine ou de l'alcool.

Eviter le mal de mer

Certains marins chevronnés jurent qu'ils n'ont jamais éprouvé la moindre sensation de nausée en mer, mais pour d'autres, l'arrivée de cette sensation peut anéantir le plaisir de ce qui aurait pu être une magnifique journée sur l'eau. Voici une liste de plusieurs mesures pour réduire les chances d'éprouver des nausées :

- **Evitez l'alcool (ou ses suites).**
- **Evitez les nourritures riches et grasses.**

- **Regardez l'horizon**. Des distractions telles que gouverner le bateau ou participer à un travail sur le pont peuvent aussi vous aider à vous sentir mieux.
- **Ayez toujours des aliments solides dans votre estomac**. Des crackers ou du pain conviennent très bien.
- **Avalez de petites quantités de boissons gazeuses**. Certaines personnes jurent par cette règle.
- **Restez sur le pont**. Restez au grand air, loin des fumées d'échappement (si votre bateau a un moteur).

Divers médicaments combattent le mal de mer, mais la plupart doivent être pris avant l'apparition des symptômes. Bien sûr, comme dans le cas de n'importe quel médicament, vous ne devez pas les utiliser si vous êtes enceinte, en dehors de l'avis d'un médecin. Même si vous êtes enceinte, votre docteur pourra peut-être vous conseiller un bon remède. Les pilules contre le mal de mer vendues sans ordonnance, telles que la Dramamine, doivent être prises une heure avant le départ en mer et peuvent entraîner un état de torpeur et dessécher la bouche. Un pansement diffusant de la Scomolamine, un médicament utilisé par les astronautes, a été retiré du marché mais pourrait de nouveau être disponible prochainement aux États-Unis. Dans ce pays, vous pouvez même acheter une boisson appelée *Sailor Sparkling Fruit Drink*, avec un goût de ginger ale, susceptible d'apaiser votre estomac.

Ayez l'œil sur toute personne qui a le mal de mer. Le mal de mer peut rendre faible, désorienté, et donner une grande envie de dormir – ce qui est dangereux sur le pont. Aidez la personne qui a le mal de mer à s'installer confortablement au grand air. Si c'est juste une petite sensation de malaise, faites-la gouverner pour la distraire. Et si vous ne vous sentez pas bien vous-même, n'ayez pas honte ; cela arrive à tout le monde, tôt ou tard.

N'OUBLIEZ PAS

Si vous vomissez, essayez de le faire sur le bord sous le vent, sous le vent de tout le monde (y compris de vous-même).

CONSEIL

Pour ceux d'entre vous qui préparent le déjeuner d'un groupe de marins, un repas sur l'eau n'est pas l'occasion de mettre en œuvre des recettes épicées ou grasses. Tenez-vous en à des aliments de base somme les sandwiches, des viandes faciles à digérer comme la dinde ou le poulet rôtis, et prévoyez plein de crackers, de pommes, de biscuits et autres aliments faciles à manger (et à digérer). Un jour de gros temps sur l'eau, vos équipiers vous seront reconnaissant d'avoir suivi ce conseil.

Eviter les coups de soleil

Les effets directs du soleil à longueur de journée, combinés à ceux de sa réflexion sur l'eau, font que les marins sont très sujets aux coups de soleil. Les conseils suivants vous aideront à éviter de ressentir de douloureuses brûlures en fin de journée :

- **Mettez de la crème solaire avant de quitter le quai.**
- **Appliquez de la crème solaire plusieurs fois par jour – surtout si la mer est agitée.**
- **Utilisez toujours une crème à protection totale**. Nous essayons d'avoir toujours un stick de crème solaire dans la poche pour pouvoir l'appliquer fréquemment sur le nez, les lèvres, et les oreilles.
- **Portez toujours un chapeau et des lunettes de soleil.**
- **Si vous avez la peau claire ou si vous naviguez dans une région tropicale, portez une chemise à manches longues, et coton léger (avec un col pour protéger votre cou) et des pantalons longs**. En protégeant votre peau de cette façon vous profiterez mieux de votre voyage. Vous serez étonné de voir à quel point vous pouvez bronzer tout en étant entièrement couvert toute la journée.

Compte tenu du nombre de gens que nous connaissons qui passent leur vie à naviguer, nous avons des amis qui ont dû se battre contre le cancer de la peau, et ce n'est pas une bataille agréable. Alors s'il vous plaît, faites attention au soleil. Et si vous attrapez des brûlures sérieuses, sachez que les produits à base d'aloe vera contribuent à calmer les brûlures. Buvez beaucoup de liquides frais et essayez de porter des vêtements lâches en coton qui aideront votre peau à guérir.

Combattre la déshydratation

La déshydratation et l'épuisement sous la chaleur sont deux des plus dangereuses maladies des marins, parce que le corps refuse le remède, qui consiste à aller au frais et à boire beaucoup de liquide. En cas de déshydratation grave, votre corps rejette toute prise de liquide par des vomissements, ce qui vous déshydrate encore plus. Une déshydratation grave peut se terminer par un séjour à l'hôpital pour vous réhydrater par perfusion. C'est pourquoi vous devez essayer de boire le plus de liquide possible quand vous êtes sur l'eau.

S'il fait très chaud, vous pouvez vous déshydrater même quand vous avez l'impression d'avoir absorbé des liquides toute la journée. Une manière de voir si vous vous déshydratez est de voir à quelle fréquence vous urinez. Si vous n'avez pas du tout utilisé les *poulaines* (les toilettes du bord) pendant la journée, c'est que vous devez boire beaucoup plus d'eau.

HISTOIRES DE MARINS

Quand il faut y aller, il faut y aller. Mais il y a des gens qui sont très réticents à utiliser les poulaines. La façon de s'en servir est une question à poser à l'avance au capitaine du bateau, parce que certaines poulaines peuvent être déconcertantes, et il vaut mieux assister à une démonstration avant de s'en servir, que de s'en servir et de découvrir que vous ne pouvez pas tirer la chasse d'eau (répugnant !). Si le bateau n'a pas de poulaines, vous pouvez toujours vous accrocher à l'extérieur du bord ou utiliser un seau. La clé de l'utilisation d'un seau – ne le renversez pas (vraiment répugnant) !

Annexe B

Les associations de voile dans le monde

Comme des phalènes dans les brumes, scintillants dans l'éclat des jours sans nuages, avec leurs larges voiles ventrues.

Ils glissent dans le vent, soulevant l'eau verte de leurs proues acérées tandis que sur leurs ponts rampent leurs équipiers.

– William Carlos Williams

Nous avons mentionné au Chapitre 2 que la plupart des pays ont une organisation qui peut vous aider à trouver une école de voile locale. Nous avons listé une partie de ces organisations. Contactez la Fédération Internationale de Voile si le pays qui vous intéresse n'est pas sur cette liste ou pour obtenir les dernières mises à jour :

International Sailing Federation
Ariadne House, Town Quay, Southampton, Hampshire, SO14 2AQ
Royaume Uni
Téléphone 44-1703-635111
Courrier électronique : 100574.3126@compuserve.com

Pays	***Organisation***	***Coordonnées***
Algérie	Fédération Algérienne de Voile	CFS BP 88, I Biar, Alger, Algérie, 213-2-121854
Allemagne	Deutscher Segler-Verband Abt. Führerscheine, Segelschulen und Ausbildung	Gründgenstrasse 18, D-22309 Hamburg, Allemagne, 49-40-6320090
Australie	Australia Yachting Federation	Locked Bag 806, Post Office Molisons Point NSW, Australia 2061, 61-2-99224333
Autriche	Vereinigung Oesterreichischer Yachtsport- und Windsurfschulen (VOYWS)	Zochbauerstrasse 4/54 A1160 Wien, Autriche, 43-229827095

Pays	*Organisation*	*Coordonnées*
Belgique	Fédération Royale Belge du Yachting Halve	Maanstraat 2C, 8620 Nieuwpoort, Belgique, 32-58-230282
5103551	Vlaamse Trainersschool Sportkaderopleiding, BLOSO	Kolonienstraat 31, B-1000, Bruxelles, Belgique, 32-2-
Bermuda	Bermuda Yachting Association	P.O. Box HM 1418, 12 Reid St., Walker Arcade, HM FX Hamilton, Bermuda, 1-295-7935
Brésil	Federacao Brasiliera de Vela e Motor	R. Alcindo Guanabara 15/8 Andar, Conjunto 802 20031, Rio de Janeiro, Brésil, 55-21-2203738
Canada	Canadian Yachting Association	1600 James Naismith Drive, Gloucester, Ontario, K1B 5N4, Canada, 1-613-7485687
Chili	Federacion Chilena de Navegcion à Vela Vicuna Mackenna à Vela Vicuna	Mackenna 40 Casilla 2239, Santiago, Chili, 56-2-222-8564
Chine	Chinese Yachting Association	9 Tiyuguan Rd., Beijing, 100763, Chine, 86-107122438
Danemark	Danish Sailing Association	Idraettens Hus, DK 2605 Broendby, Danemark, 45-43262626
Estonie	Kalev Yacht Club	Pirita tee 17, EE0019 Tallinn, 372-2-239127
Etats-Unis	US Sailing Association	P.O. Box 1260, 15 Maritime Drive, Portsmouth, RI, 02871, Etats-Unis, 1-401-683-0800
	American Sailing Association	12922 Marquesas Way, Marina del Rey, CA 90292, 1-310-822-7171
Finlande	Finnish Yachting Association	Radiokatu 20, SF-00240, Helsinki, Finlande, 358-9-34812461
	Sailing School Regati	pst. 1-6K EE0019 Tallinn, Estonia, 372-2-237241

Pays	*Organisation*	*Coordonnées*
France	Fédération Française de Voile	17, rue Henri Bocquillon, 75015 Paris, France, 01 40 60 37 00
Hong Kong	Hong Kong Yachting Association	1009 Sports House, 1 Stadium Path, So Kon Po, Causeway Bay, Hong Kong, 852-2504-8159
Inde	Yachting Association of India	c/o Chief of Naval Staff, Room No.326 'C' Wing, Sena Bhavan, DHQ PO, New Delhi, 110011, Inde, 91-11-3012183
Irlande	Irish Sailing Association	3 Park Road, Dun Laohaire, Co Dublin, Irelande, 353-1-2800239
Israël	Israel Yachting Association	P.O. Box 4575, 4 Marmorek St., Tel Aviv 64254, Israël, 972-36856262
Italie	Centro Nautico Levante	P. Campanella 10 10141 Torino, Italie, 011-7723529
Japon	Japan Yachting Association	Dr. Kishi Memorial Hall, 1-1-1 Jinnan, Shibuya-ku, Tokyo, 150 Japan, 81-334812357
La Barbade	Barbados Yachting Youth Training Association	P.O. Box 40, Bridgetown, Barbados, 1-246-436-9037
Mexique	Federacion Mexicana de Vela	Cordoba 42, Piso 11, Col. Roma Norte del Cuauhtemoc, 06700 Mexico, D.F., 52-55334664
Monaco	Yacht Club de Monaco	16 Quai Antoine 1er, MC 98000 Monaco, 377-93-106300
Norvège	Norwegian Sailing Federation	Hauger Skolevei 1, 1351 Rud Oslo, Norvège, 47-67-568575
Nouvelle-Zélande	The New Zealand Yachting Federation	P.O. Box 90-900, AMSC, Auckland, New Zealand, 64-9-3032360

Pays	*Organisation*	*Coordonnées*
Pays-Bas	Koninklijk Nederlands Watersport Verbond	Postbus 87, 3980 CB Bunnik, Runnenburg, 12,3981 A2 Bunnik, Pays-Bas, 31-306566550
	Commissie Watersport Opleidingen (CWO)	Postbus 87, 3980 CB Bunnik, Pays-Bas, 31-30656566
Pologne	Polski Zwiazek Zeglarski	Chocimska 14, 00791 Varsovie, Pologne, 48-22-495731
Portugal	Federacao Portuguesa de Vela	Doca de Belem, 1300 Lisboa, Portugal, 351-13647324
Royaume Uni	Royal Yachting Association	RYA House, Romsey Road, Eastleigh, Hampshire SO50 9YA England, 44-1703627400
Singapour	Singapore Yachting Association	495, Tampines Ave.5, Tampines Sports Hall, Singapore 529649, 65-7833379
Suède	Svenska Seglarforbundet	Box 14232, 104 40 Stockholm, Suède, 46-84590990
Suisse	Schweizerischer Segel Verband SSV/USY	Haus des Sportes, Laubeggstr.70, 3000 Bern 32, Suisse, 41-31-359-7266
Uruguay	Yacht Club Uruguayo	Casilla de Correo 527, Montevideo, Uruguay, 598-2-701433
	Yacht Club Punta del Este	598-42-40219

Glossaire

à contre : se dit d'une voile (souvent un foc) gonflée du « mauvais » côté.

abattée : mouvement incontrôlé d'un bateau qui s'écarte du lit du vent.

abattre : s'écarter du vent (tourner sur le bord sous le vent).

accastillage : toute la « quincaillerie » sur un bateau (cadènes, ridoirs, pitons, poulies, filoirs, manilles, mousquetons, winches, vit-de-mulet, taquets...).

accostage : arrivée et amarrage d'un bateau à un quai, un ponton, ou un autre bateau.

accoster : effectuer un accostage.

adonner : se dit du vent quand il s'écarte de l'axe du bateau. Contraire de *refuser*.

affalement : action d'affaler.

affaler : faire descendre une voile rapidement.

affourcher : placer deux ancres devant le bateau de telle manière que lorsque les ancres ont croché, les aussières fassent un angle d'environ 45 degrés.

alignement : relevé de deux points situé sur une même ligne que le bateau, identifiés sur une carte, en vue de déterminer la position du bateau.

alizés : vents d'est relativement stables soufflant dans les tropiques (nord-est dans l'hémisphère nord, sud-est dans l'hémisphère sud).

allures (de navigation) : l'allure peut se définir comme l'angle que fait le cap du bateau avec le vent réel. L'allure vent de travers (90 degrés) marque la séparation entre les allures de près, correspondant à un angle plus fermé, et les allures portantes, correspondant à un angle plus ouvert.

allures de près : allures de navigation pour lesquelles l'angle du bateau avec le vent est inférieur à 90 degrés, ce qui permet de remonter au vent. On distingue le *près*, le *près bon plein*, et le *petit largue*, qui se définissent par l'angle du vent avec le bateau, plus ou moins fermé. On parle aussi du *meilleur près*, qui est l'allure la plus efficace pour remonter au vent, sujette à variation selon le bateau et les conditions de vent et de mer. Les allures de près s'opposent aux *allures portantes*.

allures portantes : allures de navigation permettant d'aller sous le vent, c'est-à-dire *au portant*. On distingue le *largue*, le *grand largue*, et le *vent arrière*. Ces allures s'opposent aux *allures de près*.

amure : bord sur lequel le bateau reçoit le vent lorsqu'il navigue à la voile. S'il n'est pas vent arrière, il est nécessairement *bâbord amures*, ou *tribord amures*.

ancre : élément principal du mouillage d'un bateau (qui se compose essentiellement d'une ancre, d'une chaîne et d'une aussière), l'ancre contribue à l'immobilisation du bateau grâce à son poids qui la maintient au fond et à ses pattes qui lui permette de s'accrocher.

anglaise : palan à deux brins gréé sur un palan à quatre brins, donnant une démultiplication de 2 ¥ 4 = 8.

angle d'attaque : angle formé par la corde d'un objet en forme d'aile (une voile) et un fluide à travers lequel il passe. Lorsque l'angle d'attaque est nul, la portance est nulle ; lorsque l'angle d'attaque augmente, la portance augmente, puis elle diminue jusqu'à s'annuler, au moment du *décrochage*.

angle mort : un angle d'environ 90 degré délimité par les allures du plus près bâbord amures et du plus près tribord amure. Dans l'angle mort, un bateau ne peut plus remonter au vent, il ralentit sur son erre, puis s'immobilise, et cule. Lors d'un virement vent debout, le bateau doit avoir une vitesse suffisante pour traverser l'angle mort et reprendre de la vitesse sur l'autre amure.

appareillage : départ d'un bateau (depuis un quai, un coffre, un corps mort, un mouillage forain...).

ardent : se dit d'un bateau qui au plus près ou au près bon plein, a tendance à lofer.

armer : armer un bateau, le préparer pour partir à la voile.

ariser (une voile) : réduire la surface d'une voile exposée au vent en prenant un ris.

assurer : fixer un objet de manière sûre, telle qu'il ne puisse se défaire.

au vent : (1) La direction depuis laquelle souffle le vent. *Remonter au vent* = aller dans la direction d'où vient le vent. (2) Un objet B est *au vent* d'un objet A lorsque le vent souffle de B vers A.

aulofée : mouvement imprévu et soudain du bateau vers le vent, qui peut survenir par vent fort.

bâbord : bord gauche du bateau en regardant vers l'avant. S'oppose à tribord.

bâbord amures : allure à laquelle le vent arrive sur le bord gauche du bateau.

baissée : mouvement de la marée descendante. On dit aussi le jusant. Continue jusqu'à l'étale de basse mer.

balancine : manœuvre passant par le haut du mât, qui peut servir à maintenir la bôme horizontale pendant que la grand-voile est affalée partiellement lors d'une prise de ris.

balancine de spi : manœuvre passant par le haut du mât, reliée à l'extrémité extérieure du tangon, dont elle sert à régler la hauteur, en combinaison avec un hale-bas (éventuellement) et avec le bras.

balcon d'avant : cadre métallique entourant l'étrave et auquel s'attachent les extrémités avant des filières.

balise : tourelle en maçonnerie servant de *marque de navigation*.

barre : (1) Commande qui sert à gouverner le bateau, reliée au safran. *La barre franche* a la forme d'une barre, placée dans le même plan que le safran. Quand on déplace la barre d'un côté, le safran tourne du côté opposé. La *barre à roue* est située dans un plan perpendiculaire à l'axe du bateau et est reliée au safran par un système de câbles. Le bateau tourne du côté où l'on tourne la roue. (2) Sur certaines côtes, zone continue parallèle à la côte où les vagues déferlent, formant une sorte de barrière. Le même phénomène peut se produire en travers d'un estuaire.

barre d'écoute : rail transversal sur lequel peut glisser d'un bord à l'autre un chariot que l'on bloque dans une certaine position et qui est le point d'attache de la grande écoute au bateau (*le point de tire*), ce qui permet de changer l'angle d'attaque sans changer le dévers de la voile.

barre de flèche : espar servant à écarter les haubans du mât.

barrer : gouverner le bateau.

barrette : un axe métallique fermant une manille ou un autre système de fixation sur un bateau.

barreur : équipier qui dirige le bateau.

bau : la largeur du bateau. Le bau maximal ou maître bau est la largeur maximale du bateau.

Beaufort : voir échelle de Beaufort.

beaupré : tangon fixe.

bôme : espar horizontal qui supporte la partie inférieure de la grand-voile.

bord : (1) L'expression « à bord » veut dire sur ou dans le bateau. (2) Côté du bateau, comme dans l'expression bord au vent ou bord sous le vent. (3) Utilisé dans l'expression « tirer des bords », qui veut dire remonter au vent en faisant des virements vent debout successifs, c'est à dire louvoyer.

bordé : flanc du bateau.

border (une voile) : la tirer contre le vent pour qu'elle se gonfle, en *embraquant* son écoute.

bordure : la partie inférieure d'une voile.

bosse d'amure : bosse servant à étarquer le guindant de la grand-voile.

bosse d'empointure (ou bosse d'écoute) : manœuvre servant à régler la tension de la bordure de la grand-voile. On peut par exemple étarquer la bosse d'empointure pour réduire le creux de la voile dans sa partie inférieure.

bouée : objet flottant (mais ancré) servant de marque de navigation ou pour le mouillage (il s'agit alors du flotteur d'un corps mort ou d'un coffre).

bout : prononcé boutte. Cordage.

bras de spi : manœuvre frappée sur le point d'amure du spi, passe par l'extrémité extérieure du tangon, dont elle sert à régler la hauteur, en combinaison avec un hale-bas (éventuellement) et une balancine.

brisants : vagues qui se brisent sur un haut-fond.

brise de mer : vent produit les jours chauds, lorsque la chaleur supplémentaire de la terre fait souffler une brise froide depuis l'eau vers l'intérieur des terres.

brise de terre : vent soufflant de la côte vers la mer.

cabestan : winch ; le terme cabestan désigne généralement les appareils plus importants des gros bateaux, et winch ceux des bateaux de plaisance.

cadène : ferrure fixant un câble du gréement dormant au bateau.

cadre : la notion de cadre permet d'optimiser la route d'un voilier pour atteindre une destination au vent dans le minimum de temps. Le cadre est un losange dont les deux sommets sont le bateau et sa destination, et les côtés les routes possible sur chacune des deux amures pour atteindre la destination avec un seul virement de bord, en supposant la direction et la force du vent constantes, et en l'absence de courants. Si le bateau sort du cadre, il doit faire davantage de chemin pour atteindre la destination. Si le vent tourne, le cadre bascule, et le bateau peut ou non se retrouver à l'extérieur du nouveau cadre, selon l'amure choisie pour le premier bord.

cale : partie la plus basse de l'intérieur du bateau.

cambers : lattes forcées prenant appui sur le mât (dans le cas d'une voile de planche à voile).

cape : la cape est une technique utilisée pour faire dériver le bateau sous le vent en le laissant avancer lentement, lorsque le vent et les vagues sont trop forts pour naviguer sans danger, ou pour marquer un temps d'arrêt. Elle consiste à masquer le foc tout en gonflant la grand-voile partiellement au près ou au petit largue.

cat-boat : voilier qui n'a qu'une seule voile, pas de foc.

catamaran : voilier à deux coques.

centre de carène : point où s'exercent toutes les forces qui agissent sur le bateau.

centre de poussée vélique : point où s'exercent toutes les forces qui agissent sur une voile.

chaise de gabier : sorte de harnais servant à hisser un équipier en haut du mât.

chandeliers : piquets de support des filières.

chapeau : voir *faire chapeau.*

chasser : se dit d'une ancre qui ne tient pas et glisse sur le fond.

chaumard : conduit de chaîne sur le plat-bord d'un bateau.

chavirage : action de chavirer.

chavirer : renverser le bateau de telle manière que le haut du mât se trouve dans l'eau.

choquer : laisser filer un cordage, par exemple l'écoute d'une voile.

chute : bord arrière d'une voile.

ciseaux : établir les voiles en ciseaux, faire passer le foc sur le côté du mât opposé à celui de la grand voile. Cette façon d'établir les voiles, pour que le foc ne soit plus déventé par la grand-voile, n'est possible qu'aux allures vent arrière et grand largue.

clair : un cordage est clair lorsque son extrémité peut filer librement.

clamcleat : taquet d'une forme permettant à un cordage de glisser dans un sens, mais non dans l'autre.

clapot : vagues courtes et profondes.

cliquet : voir *poulie à cliquet.*

cockpit : l'endroit où s'assoit l'équipage pour faire marcher le bateau.

coffre : mouillage constitué d'un flotteur fixé au fond de façon permanente par une chaîne à laquelle un bateau peut s'amarrer. Cette opération s'appelle *prendre un coffre.*

coinceur : voir taquet coinceur.

coinceur à came : taquet comportant deux parties mobiles en forme de mâchoire crantée, utilisant l'action d'un ressort pour s'ouvrir et pour tenir.

compas : boussole sur un bateau.

compas à pointes sèches : outil métallique à deux pointes, utilisé en navigation pour reporter des distances sur une carte.

coque : le corps du bateau.

corde : ligne droite reliant le bord avant (le guindant) et le bord arrière (la chute) de la voile.

Coriolis : voir *force de Coriolis.*

corps mort : mouillage constitué d'un flotteur relié au fond de façon permanente par une chaîne et un orin (cordage immergé) auquel un bateau peut s'amarrer. Cette opération s'appelle prendre un *corps mort.*

côte sous le vent : côte sous le vent du bateau, exposée au vent et aux vagues.

cotre : voilier monocoque à un mât, dont le mât est placé vers le milieu du bateau.

coulisseaux : boucles placées à intervalles réguliers le long du guindant d'un foc pour le rattacher à l'étai.

courant : mouvement horizontal de l'eau créé par les marées, la pesanteur, ou le vent.

couronne : synonyme de rose. Pourtour de la partie mobile d'un compas.

creux : gonflement d'une voile, mesuré par le pourcentage du creux au point le plus profond par rapport à la longueur de la corde.

culer : reculer (terme utilisé pour un bateau).

cunningham : voir *œillet de cunningham.*

déborder (une voile) : donner du mou à une voile en *choquant* son écoute (en la laissant filer). Contraire de border.

déclinaison : angle entre la direction du nord magnétique et celle du nord vrai. Le symbole de la déclinaison est *D*.

défense : coussin généralement en caoutchouc ou en liège placé entre le bord du bateau et le quai ou un autre bateau pour protéger la coque. On dit aussi pare-battage.

déplacement : poids d'un bateau, ainsi appelé parce qu'il déplace un volume d'eau dont le poids est égal à celui du bateau (conformément au principe d'Archimède).

décrocher, décrochage : se dit d'une aile, d'une voile, d'une dérive ou d'une quille dont la portance s'annule lorsque l'angle d'attaque devient trop grand. Le décrochage est provoqué par les remous du fluide.

démâtage : accident comportant la rupture et/ou la perte du mât.

dérive : nageoire centrale rétractable, non lestée, d'un dériveur, pour l'empêcher de dériver (de se mouvoir latéralement).

dérive latérale : dérive rétractable fixée sur le côté du bateau.

dérive pivotante : dérive qui peut être abaissée ou relevée en la faisant pivoter sur un axe en haut du puits de dérive.

dérive sabre : dérive qui peut être abaissée ou relevée verticalement à travers une ouverture dans la coque, appelée puits de dérive.

dériveur : un bateau à voile équipé d'une dérive.

dévers : angle entre la corde de la voile en haut et en bas, qui a de ce fait une forme hélicoïdale. Grâce au dévers, l'angle d'attaque peut être adapté à la direction du vent apparent, qui est généralement différente en haut et en bas de la voile, le vent réel – surtout par petit temps – étant plus fort en haut de la voile qu'en bas.

déviation : différence angulaire entre le cap magnétique indiqué par le compas et le cap magnétique réel ; erreur spécifique du compas. Le symbole de la déviation est d.

drisse : cordage passant par le mât, utilisé pour hisser une voile.

échelle de Beaufort : échelle de mesure de la force du vent.

échouage : consiste à mettre volontairement le bateau en contact avec le fond, sur des béquilles ou sur le flanc, à ne pas confondre avec l'*échouement*, inattendu, involontaire, et généralement plus brutal.

échouement : accident au terme duquel le bateau se retrouve en contact avec le fond.

écoute : principale manœuvre pour le réglage d'une voile. On borde une voile en *choquant* son écoute ; on la déborde en *embraquant* son écoute. L'écoute de grand-voile s'appelle la grande écoute.

embraqueur : dispositif d'un winch permettant à une personne seule de mouliner à deux mains, le cordage qui sort du winch étant bloqué au fur et à mesure. On dit aussi que le winch est *self-tailing*.

embraquer (un cordage) : tirer sur un cordage qui a du mou pour le tendre.

empannage : changement d'amure réalisé en abattant. L'empannage implique le passage de la bôme sur le bord opposé. Lorsqu'il n'est pas accidentel, synonyme de *virement lof pour lof*.

empanner : changer d'amure en abattant (en s'écartant du vent).

emplanture : emplacement où se fixe le pied du mât.

engin de sauvetage individuel : nom officiel du gilet de sauvetage.

enrouleur de foc : système de rangement du foc et de réglage de sa surface, par enroulement autour de l'étai. Un système similaire peut être utilisé pour la grand-voile (enrouleur de bôme, ou enrouleur de mât).

enverguer : faire glisser une ralingue d'une voile dans la gorge d'un espar (exemple : enverguer la ralingue de la bordure dans la gorge de la bôme).

épissure : technique de matelotage permettant de relier à titre permanent deux cordages ou deux parties d'un même cordage (dans le cas d'un œil épissé) autrement que par un nœud, sans augmenter le diamètre du cordage.

erre : vitesse acquise du bateau.

espar : les espars constituent l'armature sur laquelle sont établies les voiles ; on regroupe sous cette appellation le mât et les barres de flèche, la bôme, la vergue (pour des voiles rectangulaires), le tangon.

estime : détermination de la position du bateau à partir d'un point fait antérieurement, en se basant uniquement sur les changements intervenus depuis : vitesse, cap, courants, dérive, etc.

étai : le câble de support du mât à l'étrave.

étale : moment où le mouvement de la marée s'interrompt, à la suite du *jusant* et avant le *flot* – étale de basse mer, ou après le flot et avant le jusant – étale de pleine mer.

étarquer : augmenter la tension sur un cordage, un câble, directement ou par le biais d'un palan ou d'un winch.

étarquage : action d'étarquer.

étrave : avant du bateau.

éviter : se dit d'un bateau au mouillage qui tourne sur son ancre sous l'effet du vent et du courant, en décrivant un arc dont le rayon est le *rayon d'évitage*.

faire chapeau : se dit d'un bateau chaviré, qui se retrouve mât pointé vers le fond (ou planté dans le fond).

fanal (pl. fanaux) : feu sur un bateau.

faseyement : action de faseyer.

faseyer : on dit qu'une voile faseye lorsqu'elle bouge sous l'action du vent, parce qu'elle n'est pas suffisamment bordée ou n'est pas bordée du tout.

fausse panne : naviguer sur la fausse panne, naviguer vent arrière avec la bôme du mauvais côté du bateau.

ferler : rouler ou plier une voile et l'attacher.

fetch : la distance parcouru sur une mer libre par le vent, et qui engendre la *mer du vent* c'est-à-dire le système de vagues créé par le vent. Le fetch est aussi la durée pendant lequel le vent à soufflé depuis une côte pour établir la mer du vent.

feu de mouillage : tout navire de plus de 7 mètres au mouillage doit montrer un feu blanc visible sur tout l'horizon.

feux de route : feux (fanaux) obligatoires d'un bateau faisant route, définis par le *Règlement pour prévenir les abordages en mer*.

filières : câbles attachés au balcon et à des piquets appelés *chandeliers*. Les filières sont placées tout autour du pont pour empêcher les occupants du bateau de tomber par-dessus bord.

filin : cordage comportant trois brins visibles torsadés en spirale. S'oppose au cordage tressé.

filoir : conduit fixé au pont par lequel passe une manœuvre telle qu'une écoute de foc.

flot : mouvement de la marée montante. On dit aussi la montée. Continue jusqu'à l'étale de pleine mer.

flottaison : trace de la surface de l'eau autour de la coque.

foc : voile d'avant le plus couramment utilisée.

force de Coriolis : force due à la rotation de la terre, incurvant la direction de masses d'air ou d'eau qui autrement se déplaceraient en ligne droite.

franc-bord : la distance entre le pont et l'eau.

frapper (un cordage sur un objet) : attacher son extrémité à un objet.

fuite : la fuite est une tactique utilisée par très gros temps lorsque toute navigation est devenue impossible. Elle consiste à ralentir le bateau jusqu'à ce qu'il n'ait plus que sa *vitesse de manœuvrance* (juste suffisante pour pouvoir gouverner), en affalant les voiles, et si nécessaire en laissant traîner des objets dans l'eau.

gaffe : perche munie d'un crochet à son extrémité, pour atteindre des objets éloignés.

garcettes de ris : cordages placés au niveau d'une bande de ris et servant à serrer l'excédent de toile lors d'une prise de ris.

gardes : amarres supplémentaires partant du milieu du bateau et allant dans des directions opposées des amarres de pointe avant et de pointe arrière, pour immobiliser plus complètement le bateau.

génois : un grand foc qui va plus loin que le mât.

gîte : inclinaison du bateau sur un bord.

gîter : prendre ou avoir de la gîte.

glène : ce qu'on obtient en lovant un cordage.

goélette : voilier à deux mâts ou plus. Le mât avant est plus court que le mât arrière, et s'appelle le mât de misaine (par opposition au grand mât). Une goélette à gréement aurique porte des voiles rectangulaires.

gousset : poche allongée perpendiculaire à la chute d'une voile, dans laquelle on insère une latte.

GPS (Global Positioning System) : un système de navigation utilisant des satellite pour indiquer la position.

grand largue : allure portante, où l'axe du bateau fait avec le vent un angle plus ouvert que dans le cas du largue.

grande écoute : écoute de grand-voile, que l'on embraque pour border la grand-voile, et que l'on choque pour la déborder.

grand-voile : la voile la plus en arrière d'un bateau à un mât, normalement attachée au mât le long du guindant.

gréement courant : tout ce qui sert à manœuvrer les voiles, à les établir, à en modifier la surface ou la forme, et à les régler (drisses, écoutes, balancine, hale-bas, tangon, etc.).

gréement en tête : se dit d'un sloop dont l'étai est attaché au sommet du mât.

gréement fractionné : se dit d'un sloop dont l'étai arrive seulement à peu près aux trois quarts de la hauteur du mât.

gréement dormant : câbles et pièces d'accastillage qui permettent de soutenir le mât (haubans, étai, pataras, ferrures de barres de flèche et de bôme). S'oppose au *gréement courant.*

gréement Marconi : gréement le plus courant, dans lequel la grand-voile a une forme triangulaire et est montée sur un espar inférieur, la bôme.

guindant : bord avant d'une voile.

guindeau : une sorte de treuil sur la plage avant, utilisé pour ramener l'aussière et la chaîne.

hale-bas : palan qui relie la bôme à la base du mât, servant à contrôler le dévers de la grand-voile au grand largue et au vent arrière.

haler : tirer pour amener vers soi ou vers le bateau (une ancre, un homme à la mer...).

halin : long filin pouvant servir à haler un homme à la mer jusqu'au bateau.

haubans : câbles de support allant depuis le mât jusqu'à chacun des deux bords du pont.

haut-fond : zone où la profondeur de l'eau est très faible.

hors-bord : se dit d'un moteur qui se fixe sur le bord du bateau, par opposition au moteur inboard.

hydroptère : Les hydroptères ont des foils attachés par des supports, permettant de soulever la coque hors de l'eau aux grandes vitesses.

hypothermie : perte de chaleur du corps.

inboard : se dit d'un moteur intérieur au bateau par opposition à un moteur hors-bord.

isobares : lignes sur une carte reliant les points d'égale pression atmosphérique.

isobathes : courbes de niveau indiquant le relief sous-marin.

journal de bord : enregistrement chronologique de tous les événements, actions ou circonstances méritant d'être notés sur un bateau (état de la mer et du vent, cap, vitesse, virements de bord, changements de quart, incidents, etc.).

jusant : mouvement de la marée descendante. On dit aussi la *baissée*. Continue jusqu'à l'étale de basse mer.

ketch : voilier à deux mâts, dont le plus grand est devant, et dont le mât arrière est placé devant la mèche du gouvernail.

laizes : bandes de tissus dont sont faites les voiles.

lancer : lancer un bateau, le mettre à l'eau.

largue : allure portante, où l'axe du bateau fait avec le vent un angle supérieur à 90 degrés, mais plus fermé que dans le cas du grand largue.

latitude : Distance angulaire d'un point du globe à l'équateur ; les points situés sur l'équateur sont à la latitude 0, ceux qui sont dans sur la moitié nord du globe ont une latitude nord, et ceux qui sont sur la moitié sud ont une latitude sud. Une ligne joignant des points de même latitude sur une carte est un *parallèle*.

lattes : supports insérés dans des goussets perpendiculairement à la chute d'une voile pour lui conserver sa forme.

lest : alourdissement de la quille pour augmenter la stabilité du bateau.

ligne de foi : repère matérialisant l'axe du bateau et constitué d'une ou deux fiches verticales sur le pourtour de la rose du compas.

ligne de mouillage : ce qui relie l'ancre à un bateau au mouillage, en principe une aussière et/ou une chaîne.

ligne : un ou plusieurs cordages, câble, ou chaîne, correspondant à une tâche particulière. Exemple : ligne de mouillage, pouvant comporter une aussière et une chaîne.

lignes de vie : câbles ou sangles très résistants, fixés solidement au bateau, pour crocher les harnais de sécurité.

loch : appareil servant à mesurer la vitesse du bateau dans l'eau et/ou la distance parcourue.

lof : côté du bateau frappé par le vent ; venir au lof, *lofer*.

lofer : faire tourner le bateau au vent (vers le vent).

lof pour lof : voir *virement lof pour lof*.

longitude : lignes verticales sur une carte ou une mappemonde désignant la distance angulaire (de 0 à 180 degrés) à l'est ou à l'ouest du méridien origine.

louvoyer : remonter au vent en faisant des virement vent debout successifs, pour atteindre une destination au vent.

lover : arranger un cordage inutilisé ou la partie inutilisée d'un cordage en boucles concentriques, pour former une *glène*.

maître-bau : partie la plus large de la coque.

manille : pièce d'accastillage le plus souvent en forme de U et fermée par une barrette, servant à relier de manière souple différents éléments tels que cordage, chaîne, voile, etc.

manœuvrance : voir *vitesse de manœuvrance*.

manque à virer : le fait de se retrouver dans l'angle mort lors d'une tentative de virement vent debout.

marée : vague géante qui fait le tour du globe à peu près deux fois par jour, due à la force de gravité de la lune (et dans une moindre mesure, du soleil).

marnage : amplitude entre basse mer et pleine mer.

marque cardinale : marque de navigation signalant un danger ; le code d'une marque cardinale indique sa propre position par rapport au danger.

marques de navigation : repères constitués par des bouées, des balises ou des perches scellées dans le fond ou sur un rocher, fournissant des instructions ou des informations pour guider la navigation.

marque latérale : marque de navigation utilisée surtout dans les chenaux ; le code d'une marque latérale indique si elle doit être laissée à bâbord ou à tribord.

masquer : border une voile à contre pour qu'elle se gonfle sur l'autre face.

mât : poteau vertical supportant les voiles.

mâtage : action de mâter.

matelotage : techniques utilisée pour la réalisation des nœuds et des épissures.

mâter : dresser et fixer le mât.

meilleur près : allure de près la plus efficace pour remonter au vent.

mer du vent : vagues crées par le vent.

méthode d'arrêt rapide : méthode de sauvetage d'homme à la mer, une technique de sauvetage mettant l'accent sur l'arrêt du bateau à tout prix.

méthode du huit : méthode de sauvetage d'homme à la mer consistant à s'en écarter en abattant, puis à lofer et virer vent debout, et à abattre à nouveau pour revenir sur l'homme à la mer. La méthode d'arrêt rapide est désormais préférée.

mille nautique : distance égale à une minute de latitude (1/60ème de degré), soit 1 852 mètres. L'adjectif nautique est généralement omis en français, qui ne risque guère la confusion avec le mille anglais. (Le mille nautique est 1,15 fois plus grand que le mille terrestre.)

monocoque : bateau à une seule coque.

mordre : se dit des tours sur la poupée d'un winch lorsqu'ils se chevauchent.

mouillage : (1) Action de mouiller, qui consiste à descendre et à fixer une ancre sur le fond. (2) Ensemble des éléments utilisés pour mouiller (ancre, et *ligne de mouillage* qui se compose d'une chaîne et/ou d'une aussière).

mouillage forain : emplacement généralement abrité où l'on peut mouiller sur ancre.

mouillage permanent : un coffre ou un corps mort.

mouiller : descendre et faire tenir sur le fond l'ancre reliée au bateau par les autres composants du mouillage – chaîne, aussière.

mouliner : tourner la manivelle d'un winch.

mousqueton : pièce d'accastillage ayant une fonction similaire à celle d'une manille (relier de manière souple différents éléments tels que cordage, chaîne, voile, etc.). Un mousqueton comporte un mécanisme ou ressort permettant de le crocher ou le décrocher facilement.

moutons : crêtes mousseuses au sommet des vagues.

multicoque : bateau à plusieurs coques (catamaran, trimaran).

nœud : (1) opération réalisée sur un cordage ou plusieurs, en général pour le ou les lier entre eux ou à d'autres objets. (2) unité de mesure de vitesse (du bateau, du vent, des vagues...) sur l'eau. Une vitesse de 1 nœud est une vitesse de 1 mille nautique à l'heure. La vitesse d'un bateau par rapport à l'eau peut se mesurer en laissant filer dans l'eau un cordage (le loch) comportant des nœuds régulièrement espacés, et en comptant les nœuds – d'où le nom de cette mesure de vitesse – qui ont filé dans un temps déterminé.

nord magnétique : direction du nord donnée par un compas bien réglé (dont la *variation* est égale à 0), par opposition au *nord vrai*.

nord vrai : direction du pôle nord, par opposition au *nord magnétique*.

œil épissé : boucle permanente tissée à l'extrémité d'un cordage.

œillet : petit anneau de plastique ou de métal inséré ou cousu dans une voile, pour y passer un cordage ou la fixer à un crochet.

œillet de cunningham : œillet situé près du point d'amure de la grand-voile, par lequel on passe une bosse d'amure pour ajuster la tension du guindant de la grand-voile.

œillet de ris : œillet situé au niveau le plus en arrière des points de ris, par lequel on fait passer une bosse de ris (qui joue le même rôle que bosse d'empointure servant à régler l'étarquage de la bordure) pour étarquer la base d'une grand-voile arisée.

orin : cordage immergé, par exemple un bout relié de façon permanente à la chaîne d'un corps-mort.

palan : jeu de poulies par lesquelles passe un cordage, produisant une démultiplication de l'effort, proportionnelle au nombre de brins du palan.

panne : voir *fausse panne*.

parallèle : ligne horizontale sur une carte ou une mappemonde joignant les points qui sont à une même latitude.

pare-battage : défense.

pataras : câble de support reliant le haut du mât à l'arrière du bateau.

paumelle : protection de cuir qui se fixe sur la paume, pour pousser une aiguille à travers plusieurs couches de tissus à voile.

pennons : petits morceau de fil attachés à une voile ou au gréement dormant comme indication de la direction du vent et pour voir si les voiles sont correctement bordées.

perche IOR (International Offshore Rule) : perche flottante de 2 mètres environ, portant à son extrémité un pavillon et un feu.

petit largue : allure de près proche du vent de travers.

pilotage : navigation impliquant une détermination fréquente de la position.

piper : se rapprocher très légèrement plus près du vent que le cap du plus près.

plaisance : ensemble des activités liées aux bateaux qui n'ont pas un but utilitaire, dits bateaux de plaisance.

planche à voile : planche de surf équipée d'une voile.

planer : glisser sur la surface de l'eau.

planing : technique consistant à faire glisser le bateau à la surface de l'eau.

point : détermination de la position du bateau et report de cette position sur la carte. Il existe de nombreuses façons de faire le point (intersection de plusieurs relèvements ou alignements, arcs capables, point astronomique, système GPS...).

point d'amure : le coin situé en avant et en bas d'une voile.

point d'écoute : le coin situé à l'arrière et en bas d'une voile.

point de drisse : point situé au niveau du coin supérieur d'une voile, auquel s'attache la drisse pour hisser la voile.

point de rosée : la température à laquelle l'air devient saturé de vapeur d'eau.

point de tire : premier point par lequel passe l'écoute d'une voile (poulie, chariot de barre d'écoute...).

pont : le dessus de la coque.

portance : poussée créée par le déplacement d'un foil (tout objet en forme d'aile) dans un fluide, plus ou moins forte (ou nulle) selon l'angle d'attaque.

portant : vent arrière ou grand largue.

poulaines : les toilettes sur un bateau.

poulie à cliquets : poulie dont réa tourne librement lorsqu'on embraque la manœuvre, mais est bloqué et ne tourne pas du tout dans l'autre sens. Le frottement sur le réa bloqué permet de tenir plus facilement un cordage lorsque la tension est forte.

poupe : l'arrière du bateau.

poupée : tambour du winch.

près : allure de près en bordure de l'angle mort, celle pour laquelle l'angle du vent avec le bateau est le plus petit.

près bon plein : allure de près correspondant à un angle du bateau avec le vent moins fermé que dans le cas du près, plus fermé que dans le cas du petit largue.

proue : l'avant du bateau.

puits de dérive : fente au milieu d'un dériveur dans laquelle se lève ou s'abaisse la dérive.

quillard : un voilier muni d'une quille.

quille : nageoire centrale fixe, lestée, qui empêche le bateau de dériver et assure sa stabilité en limitant la gîte, ce qui exclut en principe le chavirage.

ragage : usure ou détérioration par frottement (pour un cordage).

raguer : user ou détériorer par frottement.

ralingue : un cordage (souvent recouvert de tissus) cousu le long du guindant ou de la bordure d'une voile.

rappel : consiste à se pencher à l'extérieur, pour contrebalancer la gîte. Se mettre en rappel, faire du rappel.

rayon d'évitage : rayon de l'arc décrit par un bateau qui évite au mouillage.

réa : « roue » mobile à l'intérieur d'une poulie.

refuser : se dit du vent quand il se rapproche de l'axe du bateau. Contraire de *adonner*.

régate : série de courses à la voile. Le classement de chaque concurrent dans la régate est établi en fonction de ses résultats pour l'ensemble des courses.

règle Cras : règle en plastique transparent sur laquelle sont dessinés une flèche (figurant le sens du cap ou de l'orientation recherchée) et deux rapporteurs pourvus chacun d'une double graduation. Cette disposition permet de mesurer facilement un cap vrai (l'angle que fait une direction avec le nord vrai) en se basant sur l'un des parallèles ou méridiens tracés sur la carte.

règles parallèles : outil de navigation formé de deux règles plastiques transparentes reliées entre elles, pouvant se rapprocher et s'écarter tout en restant parallèles. Sert à reporter une direction d'un endroit de la carte à un autre. Utilisé surtout sur les bateaux américains ou britanniques à la place de la règle Cras ou du rapporteur breton.

relèvement : angle d'un objet perçu depuis le bateau avec une direction de référence (nord magnétique ou nord vrai).

relèvement magnétique : angle d'un objet perçu depuis le bateau avec le nord magnétique. Le relèvement magnétique, corrigé de la déclinaison (Est ou Ouest), donne le relèvement vrai.

relèvement vrai : angle d'un objet perçu depuis le bateau avec le nord vrai. Obtenu en ajoutant la déclinaison Est à l'indication du compas (ou en retranchant la déclinaison Ouest).

remorque : cordage utilisé pour remorquer un bateau.

ridoir : pièce d'accastillage qui sert à raidir un câble du gréement dormant.

ris : système de réduction de la surface de voile exposée au vent. On dit *prendre un ris*, *ariser* une voile.

rose : pourtour de la partie mobile d'un compas.

rouf : le dessus de la cabine du bateau.

roulis fatal : chavirage vers le vent ; se produit généralement en naviguant vent arrière.

safran : nageoire orientable verticale faisant partie du système à gouverner du bateau, contrôlée par une barre franche ou une barre à roue.

saisine : bout servant à saisir un objet.

saisir : attacher un objet, généralement avec un bout (qui peut être une « saisine ») pour l'empêcher de bouger malgré les mouvements du bateau.

sandow : cordage élastique.

self-tailing : se dit d'un winch muni d'un *embraqueur*.

sextant : appareil qui mesure la hauteur angulaire d'un corps céleste au-dessus de l'horizon.

shipchandler : magasin d'articles pour la plaisance.

SHOM (Service hydrographique et océanographique de la Marine) : organisme officiel français émetteur de cartes marines et de documents nautiques.

sloop : voilier monocoque à un mât, dont le mât est placé nettement en avant du milieu du bateau. C'est le type le plus courant de voilier moderne. Voir aussi *cotre*.

sonde : sur une carte marine, hauteur d'eau en mètres, par rapport à un niveau de référence qui est le niveau des plus basses mers connues.

sondeur : instrument de navigation mesurant la profondeur de l'eau sous le bateau.

sous la fausse panne : un bateau navigue ou est sur la fausse panne quand le vent vient du même bord que celui où la bôme est placée, ce qui peut entraîner un empannage accidentel.

sous le vent : (1) La direction vers laquelle souffle le vent. (2) Un objet A est sous le vent d'un objet B, lorsque le vent souffle de B vers A. (3) Sur un bateau, le bord sous le vent est le bord opposé à celui qui reçoit le vent en premier.

spi : voir spinnaker.

spinnaker : grande voile spéciale en forme de parachute utilisée aux allures portantes. On utilise souvent le terme abrégé spi.

stick : extension de la barre, utilisée pour le rappel sur un dériveur ou un catamaran.

surliure : technique traditionnelle de matelotage utilisée pour arrêter un cordage (l'empêcher de se décommettre).

tableau : partie extérieure de la poupe.

tangon : vergue légère qui s'attache au mât et supporte le point d'amure du spi lorsqu'il est établi.

taquet : pièce d'accastillage servant à bloquer une manœuvre.

taquet coinceur : taquet sur lequel il n'est pas nécessaire de tourner le cordage pour le bloquer, et que l'on peut débloquer rapidement, grâce à la forme du taquet, ou à un levier.

taquet de tournage : taquet classique sur lequel on tourne la manœuvre à bloquer.

têtière : coin supérieur (renforcé) d'une voile.

tirant d'eau : distance entre la surface de l'eau et le point du bateau le plus bas.

tire-veille : bout servant à sortir de l'eau et à relever le mât et la voile sur une planche à voile.

tourmentin : voile de secours, obligatoire à bord.

tourner (un cordage sur un taquet) : le fixer sur un *taquet de tournage*.

trampoline: le trampoline est une surface recouverte d'un filet en cordages ou en tissus, entre les deux coques d'un catamaran.

trapèze : système utilisé pour un rappel plus efficace, mettant en jeu un harnais appelé culotte de trapèze, comportant un crochet qui s'attache à un câble de trapèze rattaché au mât.

tribord : bord droit du bateau quand on regarde vers l'avant. S'oppose à bâbord.

tribord amures : allure de navigation dans laquelle le bateau reçoit le vent sur tribord.

trimaran : voilier à trois coques.

variation : (1) Différence entre le cap compas *Cc* et le cap vrai *Cv*. Le symbole de la variation est w. Ces trois valeurs sont liées par la formule Cv = Cc + w. La variation est égale à la somme algébrique de la déclinaison D et de la déviation d. (2) Sur une carte marine, indication de l'évolution annuelle de la *déclinaison* en un point (la déclinaison évolue lentement dans le temps).

venir au lof : lofer.

vent apparent : le vent perçu à bord du bateau. Combinaison du vent résultant de l'avancement du bateau – *vent de vitesse* – et du vent qui souffle effectivement sur le bateau – *vent réel*.

vent de vitesse : composante du vent apparent générée par la vitesse du bateau.

vent réel : vent qui soufflerait sur un objet immobilisé par rapport au fond. S'oppose au vent apparent, qui est celui auquel est soumis effectivement le bateau.

vent de travers : allure correspondant à un cap à angle droit avec la direction du vent. Cette allure est intermédiaire entre les *allures de près* et les *allures portantes*.

vergue : espar en haut d'une voile rectangulaire.

virement lof pour lof : virement vent arrière, empannage.

virement vent debout : changement d'amure en passant par l'angle mort. Le bateau doit avoir une erre suffisante pour ne pas se retrouver vent debout.

vit-de-mulet : articulation reliant la bôme au mât.

vitesse de manœuvrance : vitesse suffisante pour que le safran agisse.

voile latine : le gréement à voile latine comporte une voile triangulaire. La bôme se croise avec le mât et est rattachée à un autre espar long et mince appelé antenne. La bôme et l'antenne pivotent l'une et l'autre autour du mât.

voilier : (1) Bateau à voiles. (2) Professionnel qui conçoit, fabrique et répare des voiles.

winch : mécanisme de manœuvre des cordages, composé d'un cylindre vertical appelé *poupée* sur lequel on peut enrouler un ou plusieurs tours, et qui peut être tourné au moyen d'une manivelle, ce qui fournit un avantage mécanique pour étarquer un cordage soumis à une traction importante. Au pluriel, les winches.

wishbone : le gréement à wishbone est utilisé sur les planches à voile. La bôme est dédoublée et placée de part et d'autre de la voile.

yacht : terme distingué pour désigner un bateau de plaisance.

yawl : voilier à deux mâts, dont le plus grand est le mât d'avant, et dont le mât arrière est placé derrière la mèche du gouvernail.

Index alphabétique

E

F

G